权威·前沿·原创

皮书系列为
"十二五""十三五"国家重点图书出版规划项目

山东省中小企业发展报告
（2018）

ANNUAL REPORT ON THE DEVELOPMENT OF SMALL AND
MEDIUM ENTERPRISES IN SHANDONG (2018)

山东省中小企业局
齐鲁财富网
主　编／孙国茂　张登方

社会科学文献出版社
SOCIAL SCIENCES ACADEMIC PRESS (CHINA)

图书在版编目(CIP)数据

山东省中小企业发展报告.2018/孙国茂,张登方主编.--北京:社会科学文献出版社,2018.10
(山东蓝皮书)
ISBN 978 - 7 - 5201 - 3641 - 9

Ⅰ.①山… Ⅱ.①孙… ②张… Ⅲ.①中小企业 - 企业发展 - 研究报告 - 山东 - 2018 Ⅳ.①F279.275.2

中国版本图书馆 CIP 数据核字(2018)第 233301 号

山东蓝皮书
山东省中小企业发展报告(2018)

主　　编 / 孙国茂　张登方

出 版 人 / 谢寿光
项目统筹 / 高　雁　颜林柯
责任编辑 / 颜林柯　王春梅

出　　版 / 社会科学文献出版社·经济与管理分社 (010) 59367226
　　　　　 地址:北京市北三环中路甲 29 号院华龙大厦　邮编:100029
　　　　　 网址:www.ssap.com.cn

发　　行 / 市场营销中心 (010) 59367081　59367018
印　　装 / 三河市龙林印务有限公司

规　　格 / 开　本:787mm × 1092mm　1/16
　　　　　 印　张:19.25　字　数:289 千字
版　　次 / 2018 年 10 月第 1 版　2018 年 10 月第 1 次印刷
书　　号 / ISBN 978 - 7 - 5201 - 3641 - 9
定　　价 / 89.00 元

皮书序列号 / PSN B - 2018 - 750 - 6/6

本书如有印装质量问题,请与读者服务中心 (010 - 59367028) 联系

▲ 版权所有 翻印必究

《山东省中小企业发展报告（2018）》编委会

名誉主任　汲斌昌　山东省经信委主任

主　　任　王兆春　山东省中小企业局局长

副 主 任　胡立新　山东省中小企业局副局长、二级巡视员

编委会成员　胡汝银　上海证券交易所原首席经济学家、教授、博士生导师

　　　　　　　黄运成　中国证监会研究中心原巡视员、教授、博士生导师

　　　　　　　袁红英　山东社会科学院副院长、研究员

　　　　　　　张玉明　山东大学管理学院教授、博士生导师

　　　　　　　张志元　山东财经大学金融学院教授、博士生导师

　　　　　　　董彦岭　山东财经大学金融学院教授

　　　　　　　张登方　山东省中小企业局政策调研处处长

　　　　　　　滕典敏　山东省中小企业局创新服务处二级调研员

　　　　　　　李　菡　中国人民银行济南分行处长

　　　　　　　刘　博　山东省金融工作办公室处长

　　　　　　　李　雪　齐鲁股权交易中心总经理

　　　　　　　常　欣　青岛蓝海股权交易中心总经理

　　　　　　　王安中　山东省中小企业服务机构促进会会长

　　　　　　　张衍森　山东瀚讯信息技术有限责任公司董事长

　　　　　　　李　彪　山东瀚讯信息技术有限责任公司总经理

主　　编　孙国茂　张登方
编写组成员　孙国茂　闫小敏　姚丽婷　刘　叶
　　　　　　　孙钰展　孙东东　李宗超　褚真真

机构介绍

齐鲁财富网是一家致力于"服务大众"的专业财经网站，目标是服务山东230万家中小微企业和1亿人口，为客户提供具有战略参考价值的细分产业研究、财富管理、资本市场数据库服务等专项领域解决方案。现已打造成集网站、移动客户端、微信、微博等多种新兴传播媒介于一体的财富管理综合信息平台。

特约近百名国内知名经济专家：李扬、夏斌、吴晓求、贾康、贺强、胡汝银、管涛、巴曙松、姚洋、韦森、姚景源、王松奇、李锦、杨涛、易宪容、何杰、李迅雷、郭田勇、施光耀、胡金焱、袁红英、杨东、黄震、陈柳钦、张卫国、孙国茂等。与中国社会科学院、北京大学、中国人民大学、中央财经大学、中国金融四十人论坛、山东大学、山东社会科学院、山东财经大学、青岛大学、济南大学、万得资讯、中国上市公司市值管理研究中心、山东省扶贫基金会、齐鲁股权交易中心、青岛蓝海股权交易中心、山东省小额贷款企业协会、山东省民间融资机构协会、山东省普惠金融研究院等近百家机构及山东电视台、中金在线、金融界、和讯网、新浪财经、凤凰网等近百家专业媒体建立了密切合作关系。

立足齐鲁，根植山东，以建设经济文化强省为导向，以服务新旧动能转换为目的，专注金融信息、财富管理和多层次资本市场分析，潜心进行山东上市公司、新三板和区域股交中心挂牌公司研究，设立"鲁股市场"（stock.qlmoney.com）、"上市公司·新三板挂牌公司数据库"及实现项目、资金、技术互联互通的"中小企业信息库"（firm.qlmoney.com）；增设"商业故事会"专题，汇集鲁商奋斗故事，分享成功经验。

齐鲁财富网日均访问用户超过60万人次，在山东地方性财经网站中排名第一。公司力争打造成立足地方、面向全国的权威、有价值、兼具财富管理和资本智慧等多重功能的专业服务平台！

主编简介

孙国茂　山东省泰山产业领军人才、山东省高端金融人才，山东省政府研究室特邀研究员，青岛大学经济学院特聘教授、博士生导师，中国公司金融论坛创始人，《公司金融研究》主编。先后担任济南大学公司金融研究中心主任、济南大学金融研究院院长、山东省资本市场创新发展协同创新中心主任、济南大学商学院教授等职。主要研究领域为公司金融、资本市场和制度经济学。著有《公司价值与股票定价研究》、《制度、模式与中国投资银行发展》、《金融改革、创新和公司金融》、《山东省普惠金融发展现状》和《普惠金融组织与普惠金融发展》等多部个人专著；在《管理世界》、《中国工业经济》和《经济学动态》等学术期刊以及《人民日报》、《经济参考报》和《中国证券报》等重要报纸上发表论文100多篇，其中30多篇被《新华文摘》和人大复印报刊资料转载；连续7年主编《中国投资银行竞争力研究报告》，连续5年主编《山东省上市公司市值管理评价报告》，连续4年主编《山东省互联网金融发展报告》。主持国家社科基金项目、省部级重大研究课题以及横向研究课题10多项，获得山东省社会科学一等奖、二等奖等多项。2012年创办中国公司金融论坛，并已连续成功举办7届，在学术界和金融界产生巨大反响。作为山东省政府研究室特邀研究员和金融专家，参加原山东省省长郭树清主持召开的山东省"十三五"规划讨论、山东省金融"十三五"规划讨论、山东省资本市场"十三五"规划讨论和《山东地方金融条例》讨论。

张登方 山东省寿光市人，中共中央党校博士研究生。现任山东省中小企业局政策调研处处长、一级调研员，曾兼任山东省担保行业协会秘书长、山东省中小企业管理咨询协会秘书长，是中共山东省委组织部"名师送教"名师，主要从事中小企业发展的管理与研究工作。主持编制了《山东省乡镇企业"十五"发展规划》、《山东省乡镇企业"十一五"发展规划》、《山东省中小企业民营经济"十二五"发展规划》和《山东省产业集群发展规划（2016-2020年）》，在《质量管理》等上发表文章20多篇。主要著作有《亮点丛书·民营经济读本》（2003年由山东人民出版社出版）、《共铸诚信·诚信山东建设研究》（2005年由山东人民出版社出版）、《担保企业会计实务》（2010年由中国商业出版社出版）、《山东中小企业年鉴（2017）》（2017年由中国文史出版社出版）、《山东中小企业年鉴（2018）》（2018年由中国文史出版社出版）、《山东省中小企业发展报告（2018）》（2018年由社会科学文献出版社出版）。

摘　要

　　习近平总书记在党的十九大报告中强调,"深化科技体制改革,建立以企业为主体、市场为导向、产学研深度融合的技术创新体系,加强对中小企业创新的支持",标志着现阶段我国中小企业迎来重要的历史发展机遇期。当前,我国中小企业消耗了不足40%的资源,却创造了全国六成以上的GDP,缴纳了五成的税赋,七成以上的技术创新和新产品开发是由中小企业完成的,当然中小企业还为国家和社会提供了八成以上的就业岗位。事实充分说明,我国中小企业已经发展成为社会主义市场经济的重要组成部分,成为促进我国经济可持续发展及全面建成小康社会的中坚力量。

　　40年来,山东中小企业经历了三个发展阶段,走出了一条从无到有、从小到大,不断成长、不断转型升级的道路。一方面,山东实施新旧动能转换重大工程给全省中小企业发展创造了难得的机遇。2017年,山东中小企业发展呈现以下特点:一是中小企业数量持续快速增加;二是转型升级和创新驱动带来的新兴业态蓬勃发展;三是吸纳就业显著,作为创汇主力军作用进一步显现。另一方面,山东中小企业也普遍面临主营业务收入下降,利润总额、利税总额减少的问题。及时总结中小企业发展过程中的经验和问题,对于指导山东省中小企业健康发展、完善中小企业监管体系具有现实意义。山东蓝皮书——《山东省中小企业发展报告(2018)》秉承及时有效、客观权威、科学严谨的理念,全面梳理并总结了中小企业发展的历史沿革,客观评价了中小企业发展现状及存在的问题,并在系统分析、研究的基础上提出了推动山东省中小企业发展的建议。全书分为总报告、分报告、专题报告和附录4个部分。

　　总报告从山东中小企业发展的经济社会环境、历程和现状,省委省政府支持中小企业发展的相关政策,山东省中小企业在实施新旧动能转换重大工程和区域经济发展中的作用等方面，研究和总结认为，山东省在中小企业发展改革的过程中应避免以前"大水漫灌"式的模式，讲求精细化，以创新驱动；脱离投资拉动的老套理念，在新旧动能转换的"浪潮"中实现自身的价值，实现自我的壮大和成长。

分报告从山东中小企业对社会的贡献、经营绩效研究、融资情况分析、双创发展情况4个方面分析2017年全省中小企业的发展状况。对社会的贡献方面，报告从山东省中小企业对经济总量、劳动就业、财政税收、进出口贸易的贡献4个维度体现全省中小企业在实施新旧动能转换重大工程中发挥的重要作用。经营绩效研究方面，通过对山东规模以上工业中小企业、新三板挂牌的中小企业以及山东区域性股权交易市场挂牌的部分中小企业经营数据进行分析，反映了山东中小企业经营现状及存在的问题。融资情况分析方面，从正规融资和民间融资角度，对山东中小企业资本市场融资、银行贷款现状以及互联网金融等方面进行分析，最终发现山东中小企业融资呈现以传统融资方式为主、银行与企业间信息不对称以及风险投资逐渐被认可等特点。双创发展情况方面，通过"双创"的环境、创业主体、创业载体、资金支持、创新能力5个维度分析山东中小企业"双创"发展的现状及特点。

专题报告部分独创"山东省中小企业发展指数"，从微观指标、宏观经济指标、社会指标3个维度，选用22个经济量化指标测算山东省中小企业发展指数。结合多篇分报告对山东中小企业的现状进行研究，发现全省中小企业存在错过互联网经济发展机遇、过度依赖低端产业、"双创"载体同质化、经营管理水平较低等5个方面的问题。报告有针对性地提出推动中小企业建立现代企业制度、加快工业互联网建设、引导中小企业集群化发展、强化人才支撑、完善服务体系等7个方面的发展建议。

附录部分提供了山东场外市场挂牌中小企业数据列表，该表涵盖在全国中小企业股份转让系统、齐鲁股权交易中心、青岛蓝海股权交易中心挂牌上市的中小企业的主要经营、财务数据，供读者研究参考。

关键词：山东省中小企业　经营绩效　新旧动能转换　评价体系

Abstract

General Secretary Xi Jinping stressed in his report to the 19th National Congress: "Deepen the reform of the science and technology system, establish a technology innovation system that is enterprise-oriented, market-oriented, and in-depth integration of production, education, and research, and strengthen support for innovation in small and medium-sized enterprises." The key words of supporting the development of the private economy and small and medium-sized enterprises appeared in the 19th National Congress report many times, which provided important support for the sustained and healthy development of small and medium-sized enterprises in China, marking the important period of historical development opportunities for small and medium-sized enterprises in China at this stage. At present, China's small and medium-sized enterprises consume less than 40% of resources, but they have created more than 60% of the country's GDP and paid 50% of the country's taxes, and more than 70% of the technological innovations and new product development have been created by small and medium-sized enterprises. Of course, it also provides more than 80% of jobs for the country and society. The facts fully show that China's small and medium-sized enterprises have developed into an important part of the socialist market economy and become the backbone of promoting the sustainable development of our economy and building a moderately prosperous society in an all-round way.

In the past 40 years, Shandong's small and medium-sized enterprises have experienced three stages of development, and they have taken a road of continuous growth, transformation and upgrading from scratch to small. The implementation of the new and old kinetic energy conversion project in Shandong has created a rare opportunity for the development of small and medium-sized enterprises in the province. In 2017, the development of small and medium-sized enterprises in Shandong showed the following characteristics. First, the number of small and medium-sized enterprises continued to increase rapidly; Second, transforming and upgrading and innovation-driven new forms of business will flourish. The third is to absorb employment significantly, as the main force of foreign exchange creation to further show. On the other hand, the small and medium-sized enterprises in Shandong generally face the problem of the decline of the main business income and the decrease of the total profit and the total profit tax. Summarizing the experience and problems of the SME development process in time is of practical significance for guiding the healthy development of SMEs in Shandong Province and improving the SME supervision system. The Shandong Blue Book · "Annual Report on The Development of Small and Medium Enterprises in Shandong (2018)" upholds the concept of timely, effective, objective, authoritative, and scientific rigour. It comprehensively combs and summarizes the historical evolution of the development of small and medium-sized enterprises, and objectively evaluates the development status quo and existing problems of small and medium-sized enterprises. On the basis of system analysis and research, the author puts forward some suggestions to promote the development of small and medium-sized enterprises in Shandong Province. The book is divided into four parts: general report, sub-report, thematic report and appendix.

The general report studies and summarizes the economic and social environment, development history and development status of small and medium-sized enterprises in Shandong, the relevant policies of the provincial and provincial governments to support the development of small and medium-sized enterprises, and the role of small and medium-sized enterprises in implementing major projects for the conversion of old and new kinetic energy, and regional economic development. In the course of the reform of the development of small and medium-sized enterprises, Shandong province should avoid the old "flood of water and water" mode of development, emphasize the old idea of fine-tuning and innovation-driven away from investment and achieve its own value in the "wave" of old and new kinetic energy transformation. To grow and grow.

The sub-reports analyze the development status of small and medium-sized

Abstract

enterprises in Shandong province in 2017 from four aspects: contribution to society, business performance analysis, financial acquisition and double creation development. In the analysis of contributions to society, the report reflects the important role played by small and medium-sized enterprises in the implementation of major projects for the conversion of old and new kinetic energy from the contribution of small and medium-sized enterprises in Shandong Province to the economy, employment, taxation, and import and export. In terms of business performance analysis, this paper analyzes the operating data of small and medium-sized enterprises above the scale of Shandong, small and medium-sized enterprises listed on the new three-board, and some small and medium-sized enterprises listed on Shandong regional equity, and reflects the present situation and existing problems of Shandong small and medium-sized enterprises. In terms of financial access, from the perspective of formal financing and non-governmental financing, we analyzed the financing of small and medium-sized enterprises in Shandong, the current situation of bank loans, and Internet finance. Finally, it is found that the financing of small and medium-sized enterprises in Shandong province is mainly based on traditional financing methods, information asymmetry between banks and enterprises, and venture capital is gradually recognized. In the aspect of double creation development, the present situation and characteristics of "double creation" development of small and medium-sized enterprises in Shandong were analyzed through five dimensions: "double creation" environment, entrepreneurial subject, entrepreneurial carrier, capital support, and innovation ability.

The special topic reports of the original "Shandong Small and Medium Enterprise Development Index", from the microscopic indicators, macro indicators, social indicators three dimensions, selected 22 economic quantitative indicators to measure the development index of small and medium-sized enterprises in Shandong Province. Combined with several reports on the status of Shandong small and medium-sized enterprises, it is found that the small and medium-sized enterprises in the province have missed the opportunity for the development of the Internet economy, over-reliance on low-end industries, dual innovation carrier homogenization, and low management level. The report specifically put forward seven development suggestions such as promoting small and medium-sized

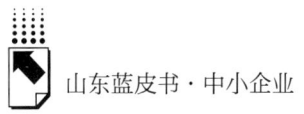

enterprises to establish a modern enterprise system, accelerating industrial Internet construction to guide the development of small and medium-sized enterprises in clusters, strengthening the support of talents, and improving the service system.

The appendix section provides a list of small and medium-sized enterprises listed in Shandong OTC market. This information covers the main operating and financial data of small and medium-sized enterprises listed in the National SME share transfer system, Qilu equity trading center, and Qingdao Lanhai equity trading center, for readers to study.

Keywords: Small and Medium Enterprises in Shandong; Business Performance; Conversion of New and Old Energy; Evaluation System

序 中小企业应当走创新发展之路

汲斌昌[*]

党的十九大报告提出，深化科技体制改革，建立以企业为主体、市场为导向、产学研深度融合的技术创新体系，加强对中小企业创新的支持，促进科技成果转化。党的十九大报告关于中小企业创新的论断为新时期我国中小企业发展指明了方向。

自党的十六大提出"两个毫不动摇"后，我国中小企业进入一个持续健康发展的阶段。尤其是党的十八大以来，党中央、国务院高度重视中小企业发展，连续出台一系列政策措施，取消和调整一批行政审批项目，实施"三证合一"登记制度，加大对小微企业增值税、营业税以及所得税的优惠力度；金融监管部门引导银行业金融机构加大对小微企业信贷支持力度，实现小微企业贷款增速、户数、申贷获得率"三个不低于"目标；财政资金转变支持方式，开展小微企业创业创新基地城市示范。国家出台的一系列政策措施使中小企业加速发展，取得了举世瞩目的成就。党的十八届三中全会提出的"激发中小企业创新活力"，赋予了中小企业新的历史使命。目前，从整体上看，我国中小企业创新能力在不断提升，创业领域也不断拓宽。新业态、新模式不断涌现，中小企业在产业链和创新链中的作用日益凸显，产业集群快速发展。但是，中小企业发展也面临许多问题和困难。竞争环境恶化、融资约束加剧、管理人才缺乏等问题对中小企业的制约日益明显。要克服这些困难，中小企业唯有不断提高自己的创新能力，走创新发展之路。

---

[*] 汲斌昌：山东省经济和信息化委员会党组书记、主任。

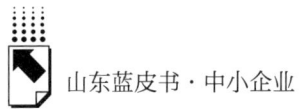

一 创新是中小企业内涵发展的必然选择

中国经济已经进入重大转型期，支撑中国经济发展的要素条件正在发生变化，劳动力、资源、环境成本都在提高，传统模式的发展空间越来越小。历史和现实都证明，单纯靠规模扩张推动发展的道路难以为继。习近平总书记曾经说过，"企业是科技和经济紧密结合的重要力量，应该成为技术创新决策、研发投入、科研组织、成果转化的主体"。"要制定和落实鼓励企业技术创新各项政策，强化企业创新倒逼机制，加强对中小企业技术创新支持力度，推动流通环节改革和反垄断反不正当竞争，引导企业加快发展研发力量。"改革开放40年来，我国的经济总量和市场容量不断增加，已经成为世界上最大的单一市场之一。尽管我国经济进入新常态，中美贸易摩擦使国际市场充满风险，但2017年我国社会消费品零售总额仍达到惊人的366262亿元，比2016年增长10.2%。这说明，市场的不确定性和需求多样性要求企业具备科技创新能力，进而满足市场多样化的需求。进入知识经济时代，在科技发展的带动下，消费者越发追求个性，市场需求的多样化越发明显，为中小企业的技术创新提供了无限的机遇与空间。目前，中小企业数量占企业总数的99%，在创造经济财富、安排就业岗位、增加财政收入、促进科技创新和优化经济结构等方面，发挥着不可替代的重要作用。可以说，在众多的中小企业中谁能率先满足多样化的市场需求，谁就占有了主动权。中小企业必须走创新驱动发展之路，实施科技创新战略，只有广大中小企业坚持走创新发展之路，才能实现党的十九大提出的"推动经济发展质量变革、效率变革、动力变革，提高全要素生产率，着力加快建设实体经济、科技创新、现代金融、人力资源协同发展的产业体系，着力构建市场机制有效、微观主体有活力、宏观调控有度的经济体制，不断增强我国经济创新力和竞争力"目标。

二 中小企业需要确定创新目标，建立创新机制，消除创新制约

中小企业实施创新战略首先要确定正确的创新目标。这意味着企业必须对创新具有深刻的认识，具有从自身角度来探寻提高创新能力和保障创新驱动发展战略实施的方法。在大多数情况下，中小企业经营目标与自身优势和市场环境密不可分。对于大多数中小企业而言，经营目标可能随着市场环境的变化而变化，市场需求决定了企业向市场提供的产品和服务。事实上，企业每一次根据市场环境的变化来调整经营目标都是一种创新。为实现创新目标，企业必须制定符合其发展需求的创新战略，不断提高创新研发能力，利用要素创新和要素组合方法创新等必要的手段。

中小企业实施创新战略的关键是建立创新机制。企业创新活动与企业内部环境密切相关，组织制度创新为中小企业创新驱动发展战略实施提供内部环境的保障，技术创新为创新驱动发展战略实施提供技术支持，企业文化创新为创新驱动发展战略实施提供文化保障，组织层级结构的创新为创新驱动发展战略实施提供机制保障。企业通过积极的创新活动去改变企业内部环境和氛围，在企业内部形成创新的思潮、创新驱动的意识，让创新习惯化并成为一种团队精神。对于中小企业来说，拥有创新技术和能力固然重要，但更重要的是建立创新机制，掌握创新驱动的本质，学会用创新的思维去分析和解决问题。为了保证创新战略的有效实施，中小企业应当设立专门的创新组织机构来领导创新活动，明确创新的目标和责任，合理组织管理人员努力提高劳动效率，以此机制来保障创新、推动创新。

应消除阻碍中小企业创新的各种不利因素。首先是解决创新能力不足问题。创新能力不足主要表现为以下几个方面。一是创新人才匮乏。我国从事科研开发和技术创新的人员绝大多数集中在国有大企业，在中小企业从事技术创新的人员不仅难以满足需求，而且存在流失现象，影响了中小企业的自主创新。二是技术创新投入意愿不足。由于创新需要较大投入，而投入难以

很快得到相应回报，中小企业更愿意把资金投入周期短、回报率高的项目中，以获得近期的、现实的经济利益。多年来，企业和市场的扩张速度远远快于创新周期，大多数中小企业很难专注创新，创新内在动力不足。三是创新资金不足。中小企业资本社会化程度低且总量小，难以应对技术创新成本高、回收期长等风险，另外，由于融资难、融资贵，中小企业在资金方面面临较大制约。四是信息不畅。中小企业获取信息途径较少而且时效不高，缺少充足的科技信息和市场信息，直接影响中小企业创新发展。其次是克服创新的社会环境不完善问题。世界各国经验表明，中小企业需要根据环境的变化不断进行产业转型升级，而中小企业转型升级的关键是建立良好的创新环境。我国中小企业创新的外部环境不完善主要表现在以下几个方面。一是科技体制对中小企业技术创新的保障力度不够。科研经费投入方面缺乏响应中小企业创新需求的机制，不能为中小企业技术创新提供应有的支持。二是财税政策对中小企业技术创新的支持力度不足。2017年新修订的《中华人民共和国中小企业促进法》规定，国家在税收政策上支持和鼓励中小企业的发展。财政、科技等部门也出台了很多支持企业创新的政策。但在实践中一些中小企业由于种种原因，难以获得该项政策支持。三是针对中小企业技术创新的服务支持体系不完善。中小企业在创新过程中，缺少各种中介机构对技术进行价值评估、咨询、风险投资等的支持，导致企业创新信息缺乏、创新周期较长、创新成本增加。四是针对中小企业的科技金融支持体系不完善。五是知识产权制度不完善影响了中小企业创新的投入动力。在知识产权保护方面，专利侵权等问题还比较严重，影响了企业技术创新投入的积极性。

三　多措并举支持中小企业创新

党的十八大以来，习近平总书记在不同场合多次强调中小企业发展的三个"没有变"，即非公有制经济在我国经济社会发展中的地位和作用没有变，我们鼓励、支持、引导非公有制经济发展的方针政策没有变，我们致力于为非公有制经济发展营造良好环境和提供更多机会的方针政策没有变。习总书记的系列讲话要求全社会从国计民生的高度认识中小企业的创新发展，为中小企业转型升级创造良好条件。

第一，应当进一步完善财税资金政策对中小企业创新的资助机制。建立以财政资助中小企业平台、中小企业平台带动科研院所的需求为导向的经费投放与管理机制，从经费流向机制方面解决产学研合作问题，加快企业与科技资源的有机结合，改变科研院所研究活动脱离产业实际的局面。

第二，建立健全创新支持服务体系。建立公共技术服务机构。采取政府引导、市场化运作、开放服务的方式，在中小企业比较集中和具有产业集聚优势的地区，重点支持建立一批公共技术服务机构，以为中小企业技术创新提供设计、信息、研发、试验、检测、新技术推广、技术培训等全方位服务，为中小企业自主创新提供场地、仪器设备、技术人才等技术支持。鼓励中小企业技术服务机构建立技术服务专家库，组织大学、科研机构、企业离退休技术人员采用灵活多样的形式为中小企业提供技术咨询、技术指导和技术诊断服务。

第三，加快建立中小企业保护知识产权支援体系。通过财政购买中介服务、中介支援中小企业的做法，鼓励发展一批支援中小企业知识产权保护的律师事务所，提高中小企业知识产权创造、运用、保护和管理水平。以培育具有自主知识产权优势的中小企业为重点，加强宣传和培训，普及知识产权知识，推进重点区域和重点企业试点，开展面向中小企业的专利辅导、专利代理等服务。加大对侵犯知识产权和制售假冒伪劣产品的打击力度，维护市场秩序，保护创新积极性。

第四，要加大对中小企业创新发展的金融支持力度。建立健全创业投资机制，促进风险投资机构发展；完善技术交易市场、产权交易市场，促进技术与资本的有机结合；鼓励金融机构开展对中小企业的金融产品创新，完善金融服务，对符合条件的企业可开展知识产权和非专利技术等无形资产的质押贷款试点，加大对中小企业技术创新的金融支持力度；积极推进多层次的信用担保体系建设，鼓励开展针对中小企业技术创新的多层次信用担保。完善资本市场，积极促进科技型中小企业上市发展。

四 山东中小企业应抓住机遇，走创新发展之路

目前，山东省正在实施的新旧动能转换重大工程，客观上要求山东省中小企业走出一条创新发展之路。省委书记刘家义在山东省全面展开新旧动能转换重大工程动员大会上的讲话指出："要进一步增强企业创新动力、活力和实力……与大众创业万众创新紧密结合，在一些重点领域布局培育'小巨人'企业，实现几何级增长、跳跃式发展。"在新旧动能转换的大背景下，山东中小企业应当按照高质量发展的要求，以推进供给侧结构性改革为主线，加快推动质量变革、效率变革和动力变革，努力形成全省中小企业创新发展、持续发展、领先发展的新格局。年初，山东省出台了《关于加快推进全省中小企业新旧动能转换的实施意见》，提出了推进全省中小企业新旧动能转换的10项重点工作。具体地说，全省中小企业应当从以下几个方面加快创新发展。一是重视技术创新。加大内部人才培养以及外部人才的引进力度，提高研发投入，开发先进适用的技术、工艺和设备，研制适销对路的新产品，提高产品质量和竞争力，巩固企业发展地位。二是重视管理创新。中小企业应根据发展规模和行业特点，选择合适的管理方式，特别是要加大对创新的激励力度。三是重视商业模式创新。制造服务化、服务网络化、网络全球化，这是商业发展的新趋势。中小企业要积极利用互联网技术进行商业模式创新，通过商业模式创新降低成本和开拓个性化、全球化市场。

2018年7月29日

目 录

Ⅰ 总报告

B.1 山东省中小企业发展综述 …………………………………… 001
    一 山东经济发展现状及中小企业发展环境 ……………… 002
    二 山东中小企业发展现状及特征分析 …………………… 019

Ⅱ 分报告

B.2 山东省中小企业对社会的贡献 ………………………………… 037
B.3 山东省中小企业经营绩效研究 ………………………………… 073
B.4 山东省中小企业融资情况分析 ………………………………… 120
B.5 山东省中小企业双创发展报告 ………………………………… 141

Ⅲ 专题报告

B.6 山东省中小企业发展指数研究 ………………………………… 169
B.7 山东省中小企业发展存在的问题 ……………………………… 187
B.8 山东省中小企业发展建议 ……………………………………… 201

Ⅳ 附录

B.9 山东场外市场挂牌中小企业数据列表 …………………… 216

B.10 参考文献 …………………………………………………… 255

后记 麦克米伦缺口、金融排斥与中小企业困境 ………………… 268

致 谢 ……………………………………………………………… 278

总 报 告

General Report

B.1
山东省中小企业发展综述

摘　要： 山东是我国改革开放后出现中小企业较早的省份。从早期的乡镇企业到后来规范化的公司制企业，40年来，山东中小企业经历了三个发展阶段，走出一条从无到有、从小到大，不断成长、不断转型升级的道路。山东实施新旧动能转换重大工程给全省中小企业发展创造了难得的机遇。2017年，山东中小企业发展呈现以下特点，一是中小企业数量持续快速增加；二是转型升级和创新驱动带来的新兴业态蓬勃发展；三是吸纳就业显著，作为创汇主力军作用进一步显现。另外，山东中小企业也普遍面临主营业务收入下降，利润总额、利税总额减少的问题。本报告从山东中小企业发展的经济社会环境、历程和现状，省委省政府支持中小企业发展的相关政策，山东中小企业在实施新旧动能转换重大工程和区域经济发展中的作用等方面研究和总结，认为山东省在中小企业发展改革的过程中应避免以前"大水漫灌"式的模式，讲求精细化、以创新驱动；脱离投资拉动的老套理念，在新旧动能转换的"浪潮"中实现自身的价值，实现自我的壮大和成长。

关键词： 山东省中小企业　经济运行　新旧动能转换

一　山东经济发展现状及中小企业发展环境

党的十九大提出，"激发和保护企业家精神，鼓励更多社会主体投身创新创业"，要"支持民营企业发展，激发各类市场主体活力"，要"努力实现更高质量、更有效率、更加公平、更可持续的发展"。习近平总书记在党的十九大报告中还强调，"深化科技体制改革，建立以企业为主体、市场为导向、产学研深度融合的技术创新体系，加强对中小企业创新的支持"，标志着现阶段我国中小企业迎来重要的历史发展机遇期。我国民营企业90%以上是中小企业，通常，我们把民营企业与中小企业画等号。当前，我国中小企业消耗了不足40%的资源，却创造了全国六成以上的GDP，缴纳了五成的税赋，七成以上的技术创新和新产品开发是由中小企业完成的，当然中小企业还为国家和社会提供了八成以上的就业岗位。事实充分说明，我国中小企业已经发展成为社会主义市场经济的重要组成部分，成为促进我国经济可持续发展及全面建成小康社会的中坚力量。

回顾40年改革开放，我国经济持续高速增长与民营经济的发展和中小企业的崛起密切相关。2002年11月，党的十六大提出了"必须毫不动摇地鼓励、支持和引导非公有制经济的发展"等一系列新理论、新政策，表明党对非公有制经济的地位和作用的认识达到了一个新的高度。2002年，民营经济投资比重达到48.7%，首次超过国有经济，位居各类经济投资之首。2005年2月,国务院出台《关于鼓励支持和引导个体私营等非公有制经济发展的若干意见》(即"非公经济36条"),这是新中国成立以来第一次把国家鼓励、支持和引导非公有制经济发展的方针进行政策化和具体化。出台意见的目的在于放宽非公有制经济市场准入条件,为民营经济和中小企业提供更加宽松的政策环境和更为广阔的发展空间。2005年,民营经济投资比重达到60%;民营经济GDP占GDP比重达到50%。2007年10月,党的十七大报告在继续强调两个"毫不动摇"的基础上又提出了"坚持平等保护物权,形成各种所有制经济平等竞争、相互促进新格局"。2008年底,全国登记注册的私营企业达到657.42万户,注册资金达到11.74万亿元。2009年9月,国务院又出台《关于进一步促进中小企业发展的若干意见》(即"中小企业29条")。"中小企业29条"包含了对中小企业支持的政策措施,体现了党中央、国务院发展中小企业的新思路。

2010年5月,国务院又发布了《关于鼓励和引导民间投资健康发展的若干意见》(即"新非公经济36条"),进一步拓宽了民营经济的投资空间,推动非公有制经济投资方面的内容进一步具体化。2012年9月以来,全国中小企业数量和注册资本年平均增长率分别为16.7%和27.9%,2014年企业注册登记制度改革以来,企业数量增速进一步加快,每年以20%左右的速度增长(见图1)。

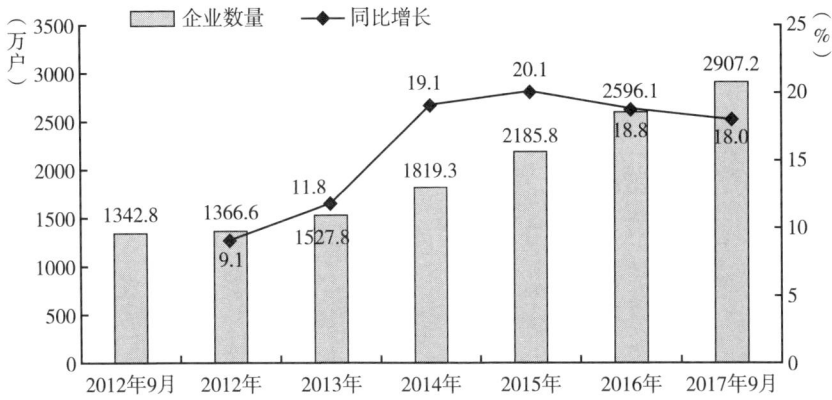

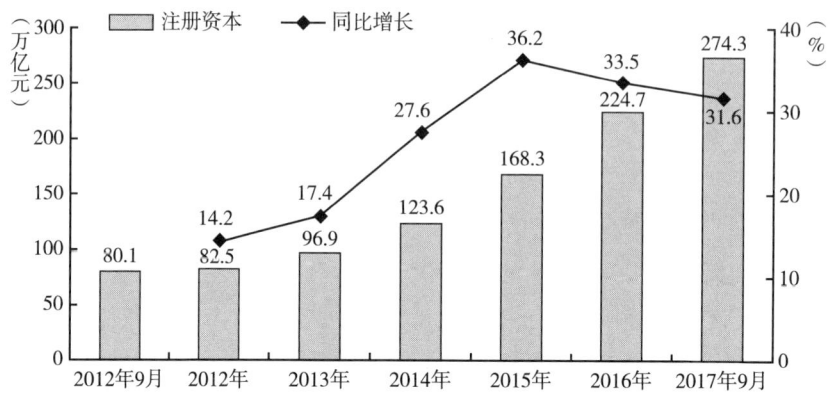

图 1　全国中小企业数量与注册资本变化（2012 年 9 月至 2017 年 9 月）

资料来源：国家统计局、齐鲁财富网。

在过去的十几年里，我国中小企业立足国内外市场的巨大需求，不断扩大生产，实现规模发展。党的十八大以来，随着国家政策法规体系日益完善，很多中小企业利用资本市场开展资本运营，通过 IPO 上市或发行企业债券等融资方式壮大企业资本实力，提高企业竞争力。未来，我国中小企业将迎来更加良好的发展机遇和更加开放的国内环境。首先，我国经济社会发展基本面长期趋好，新型工业化、信息化、城镇化、农业现代化建设持续推进，国内市场潜力巨大，产业体系更加完备，科技水平大幅提高，劳动力素质明显改善，基础设施日益完善，生产要素综合优势更加突出，总体环境良好。其次，随着大众创业、万众创新深入推进，中小企业发展政策环境不断优化，特别是国家实施《中国制造 2025》和推进"互联网＋"行动，使中小企业的创新动力和内生活力进一步释放。与此同时，我国中小企业也将面对更加激烈的国际市场竞争，只有通过加强与国际市场的融合与接轨或者积极实施"走出去"战略，才能不断提高企业国际化经营水平和国际市场竞争力。现实表明，中小企业在促进经济繁荣稳定、切实解决人员就业及推动科技创新等领域发挥着举足轻重的作用。从国际经验看，即使是发达国家也是如此，中小企业在一国经济发展中发挥着重要作用，对经济增长、就业、技术进步和国际贸易等举足轻重。同时，中小企业是大企业发展的依托，是活跃市场的基本主体,也是经济活力的具体体现。正如诺贝尔经济学奖得主芬恩·基德兰德(Finn E. Kydland)所说:"在世界很多国家中,真正驱动生产、驱动经济的就是那些富有创造力的中小企业。"

在谈到中小企业发展时不得不涉及的一个问题就是中小企业的界定和划分。应该说这也是本报告最基本和最重要的内容之一。在展开山东中小企业发展情况介绍之前,首先需要明确界定的是不同行业中小企业的划分标准。其实,对于中小企业的划分标准,不同国家和地区在经济发展的不同阶段并不一致,甚至对于不同行业中小企业的界定标准也不尽相同。通常,这种界定和划分随着经济发展水平的提升而动态变化。从我国民营企业发展的历史看,早期的民营企业或中小企业绝大部分是乡镇企业。从理论上讲,这些中小企业一般都是规模较小或处于创业阶段和成长阶段的企业。无论是经济发展理论还是实践活动均证明,中小企业的蓬勃发展及数量的不断激增,是社会经济发展到一定阶段的内在要求,是保证物价总水平稳定均衡、保持市场竞争活力、促进经济可持续发展、保障充分就业的前提。无论是有着高度自由化市场的发达国家还是处于市场制度变迁的发展中国家,中小企业都已成为促进国民经济发展的重要助力,加快中小企业发展,可以为国民经济持续稳定增长奠定坚实的基础。在本报告中,对中小企业的划分标准采用工业和信息化部、国家统计局、国家发展改革委、财政部四部委2011年联合发布的《关于印发中小企业划型标准规定的通知》(工信部联企业〔2011〕300号)分类标准。

(一)2017年山东经济发展及运行分析

2017年,山东全省上下认真贯彻落实习近平总书记提出的"走在前列"根本要求和凤凰涅槃、腾笼换鸟等重要指示精神,加快推进新旧动能转换重大工程,全省经济总体保持稳中向好发展态势。产业结构持续优化,动能转换持续加快,推动经济实现高质量发展的有利因素不断累积,经济发展的稳定性、协调性、柔韧性和可持续性持续增强。全省实现生产总值72678.18亿元,比2016年增长7.40%(见图2)。具体地说,2017年全省第一产业增加值为4876.74亿元,增长3.5%;第二产业增加值为32925.12亿元,增长6.3%；第三产业增加值为34876.32亿元，增长9.1%。人均经济总量达到72851元，增长6.5%，按年均汇率折算，为10790美元。2017年全省经济运行出现一些令人瞩目的新特征。

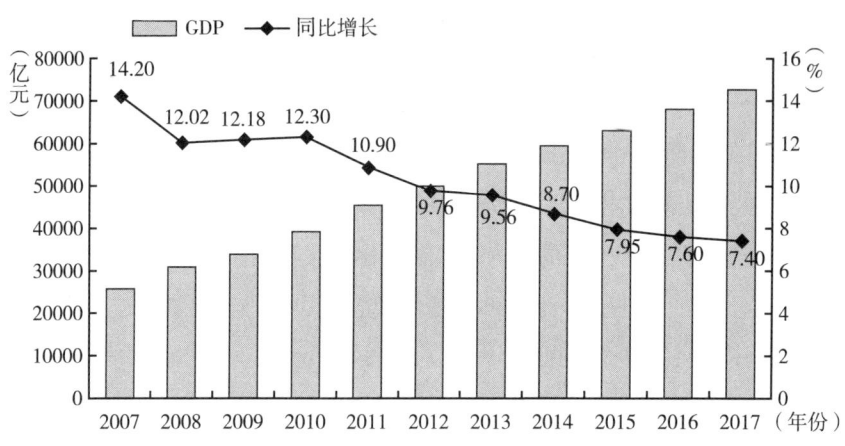

图2 山东省GDP与增速变化（2007～2017年）

注：图中原始数据来源均为山东省统计局。每年中央及地方统计部门会根据地方实际情况对统计数据的口径做出调整。相关统计口径的变化可能导致年度相关数据出现一定的统计误差，误差不会造成统计结果出现重大变化。

资料来源：山东省统计局、齐鲁财富网。

一是实施新旧动能转换重大工程激活新引擎。充分发挥新旧动能转换重大工程的主导作用，"无中生有"和"有中出新"竞相涌现，新旧动能转换加速发力成为经济高质量发展的助推器。2017年，传统行业高端化加快推进，玻璃纤维和玻璃纤维增强塑料制品制造增长超过10%，有色金属合金制造业增长70.2%。高新技术产业发展迅猛，高新技术产业增加值增速超过规模以上工业4.0个百分点，比2016年同期增加3.1个百分点；装备制造业增加值增长11.0%，对规模以上工业的贡献率达45.0%，成为促进工业持续发展的重要推手。工业机器人、城市轨道车辆产量分别增长六成及八成以上。

二是"三去一降一补"成效逐步显现。全省全面深化体制机制改革，注重优势产业成果转化，查漏补缺，配置资源更加优化，供给质量明显提升。2017年,全省规模以上工业产品销售率达到98.9%。通过化解低端无效产能,六大高耗能行业持续低位运行,实现增加值增长3.6%,比2016年降低了6.7个百分点。第四季度煤炭、轮胎、平板玻璃产能利用率分别升至81%、80%和81%,处于79%~82%的产能利用合理水平。2017年全省积极推行房地产去库存政策,商品房去库存稳步推进。商品房待售面积为3257.3万平方米,比2016年同期下降22.0%。由于山东省积极推行去库存、去杠杆,推出一系列措施和办法以实现为企业减负,因此,2017年规模以上工业企业资产负债率为54.6%,比2017年年初小幅下降0.2个百分点;每百元主营业务收入成本同比降低0.4元。扎实推进全省基础设施建设,年内完成投资9999.3亿元,增长29.2%,高于全部投资增速21.9个百分点;占全部投资的比重为18.4%,比2016年提高3.4个百分点。

三是经济转型升级迈上新台阶。年初,山东省人民政府办公厅下发的《山东省人民政府办公厅关于加快推进工业创新发展转型升级提质增效的实施意见》(鲁政办发〔2017〕1号)提出,加快推进发展动能由以要素驱动为主向创新驱动主导转变、产业分工由价值链中低端向中高端转变、资源配置由市场机制不全与政府职能错位并存向有效市场与有为政府协同联动转变、方式目标由注重规模扩张向着力提质增效转变"四个转变"。通过一系列"组合拳",推动工业创新发展、转型升级、提质增效。坚持做好"存量变革"和"增量崛起"两篇大文章,在保持增速平稳的基础上,向高质量发展新阶段更进一步。2017年,全省产业结构进一步优化,"三二一"结构基本确立,三次产业之比为6.7:45.3:48.0,服务业比重比2016年提高1.3个百分点,高于第二产业2.7个百分点,对经济增长的贡献率达56.4%,拉动经济增长4.2个百分点。农林牧渔服务业快速发展,实现增加值增长12.9%,快于全部服务业3.8个百分点。农业生产稳定,粮食总产量连续6年稳定在900亿斤以上,2017年达到944.64亿斤,较2016年增加4.50亿斤,是历史第一高产年,稳居全国第3位。规模以上工业生产增速7年来首次回升,实现增加值增长6.9%,比2016年提高0.1个百分点,增速扭转了2011年以来的持续下滑局面。工业技术改造投资16728.6亿元,增长14.1%,比2016年提高6个百分点,占全部工业投资的六成以上,比2016年提高6.6个百分点。服务业可持续发展能力进一步提高,实现投资增长12.5%,比2016年提高5.5个百分点,比全部投资快5.2个百分点。

四是消费拉动和市场需求展现出新的内涵。借助互联网和信息技术,大众消费观念和消费模式加快升级,市场需求不断优化。2017年,全省社会消费品零售总额为33649.0亿元,增长9.8%。体育文娱、家居家装、民用汽车等品质升级类消费额持续攀升。有效投资规模扩大,固定资产投资完成54236.0亿元,增长7.3%,其中高耗能行业投资仅增长3.8%,比2016年降低13.7个百分点;亿元以上项目带动力强,完成投资增长19.1%,对全部投资增长贡献率高达164.6%。对外贸易增长较快,实现进出口总额17823.9亿元,增长15.2%,比2016年加快11.7个百分点。

五是实现质量效益的新突破。2017年4月,山东新旧动能转换重大工程正式启动。省委书记刘家义在省第十一次党代会上提出,加快新旧动能转换,促进经济转型升级、提质增效。2017年,全省经济坚持质量第一,效益优先;居民收入持续增加,城镇居民人均可支配收入与农村居民人均可支配收入均有超过8%幅度的增长,城乡居民人均收入倍差为2.43,同比缩小0.01。一般公共预算收入为6098.5亿元,同口径增长6.6%,其中税收收入增长9.1%,占比超七成。

六是民生和社会保障取得新进展。刘家义在省第十一次党代会上还强调:"建设经济文化强省,民生改善是最真切、最生动、最温暖的诠释。要按照人人参与、人人尽力、人人享有的要求,织密扎牢民生保障网,提升公共服务水平,使改革发展成果更多更公平惠及全省人民。"2017年,山东在经济发展的同时,把改善和保障民生作为各项工作的重中之重,人民群众的获得感和幸福感明显提高。全年就业形势良好,城镇新增就业128.28万人,超额完成预定计划;年末城镇登记失业率低于3.5%。物价温和上涨,全年居民消费价格上涨1.5%,涨幅比2016年回落0.6个百分点。民生支出增加,公共安全、社会保障和就业、住房保障支出分别增长 8.3%、14.0% 和 24.7%。新型城镇化水平稳步提升，年末常住人口达到 10005.83 万人，常住人口城镇化率升至 60.58%，比 2016 年末提高 1.56 个百分点。

七是绿色发展初现成效。实施新旧动能转换重大工程要求推进生产生活方式绿色化，坚持"绿水青山就是金山银山"发展理念，坚持以市场为导向、以法治为保障的原则，以环保督查为突破口，不间断不定期地开展环境治理专项行动，实现自然效益与经济效益的双赢。2017 年，规模以上工业万元增加值能耗下降 9.9%，降幅比 2016 年扩大 4.7 个百分点。新能源发电量增长 29.7%，增速高于规模以上工业发电量 34.2 个百分点。规模以上工业能耗扭升转降，降幅为 3.2%，自 2017 年 7 月以来，已连续 5 个月呈现下降态势；煤炭消费量下降 6.6%，创十多年来年度最大降幅。从节能水平看，规模以上工业重点监测的 68 项单位产品综合能耗指标中，有 42 项指标低于 2016 年，占 61.8%。

八是区域经济发展的龙头效应进一步凸显。2018 年 1 月 3 日，《国务院关于山东新旧动能转换综合试验区建设总体方案的批复》（国函〔2018〕1 号）批准了《山东新旧动能转换综合试验区建设总体方案》。方案将青岛确定为新旧动能转换综合试验区三核引领之一，明确青岛市的核心引领地位，发挥海洋科学城、东北亚国际航运枢纽和沿海重要中心城市综合功能，突出西海岸新区，打造东部沿海重要的创新中心、海洋经济发展示范区，形成东部地区转型发展新的增长点。全省 17 地市发展水平差异较大，地区间经济社会发展不平衡。青岛继 2016 年经济总量首次突破万亿元大关以来，2017 年继续迅猛增长至 11037.28 亿元，不仅居全省榜首，而且遥遥领先排名第二的烟台（7338.95 亿元）和排名第三的济南（7201.96 亿元），高出烟台、济南 50% 还多。全省除了莱芜市外，其余 16 个地市经济总量均突破 2000 亿元。17 个地市的平均经济总量为 4290.19 亿元。其中，青岛、烟台、济南、潍坊、淄博、济宁和临沂 7 个地市的经济总量高于山东省平均水平。由图 3 可见，山东省区域经济发展不平衡，东部沿海地区经济相对发达，西部地区发展相对缓慢。

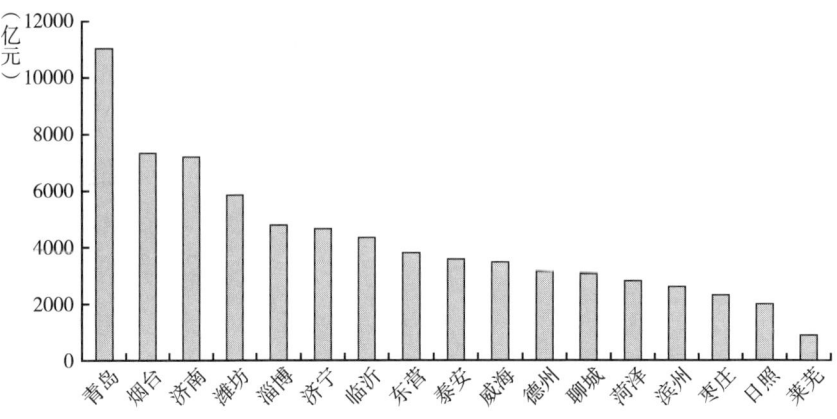

图 3　山东省地市经济总量统计（2017 年）

注：图中原始数据来源均为山东省统计局。每年中央及地方统计部门会根据地方实际情况对统计数据的口径做出调整。相关统计口径的变化可能导致年度相关数据出现一定的统计误差，误差不会造成统计结果出现重大变化。

资料来源：山东省统计局、齐鲁财富网。

（二）山东经济运行过程中存在的问题

1. 转方式调结构进展缓慢，创新驱动力度不足

由于历史和自然条件等多方面因素影响，山东形成了资源密集型的产业架构，产业低端、经营效益差、污染严重是其主要的特点。山东省总能耗及主要污染物排放总量两项指标在全国排名靠前。其中，煤炭消费量占全国的比重超过 10%；二氧化硫、氮氧化物、化学需氧量排放居全国榜首。另外，山东省 2017 年单位生产总值财政贡献率不足 8.5%，分别低于广东、浙江及江苏三省。以上种种问题反映了山东转方式调结构力度不足。想改变目前产业结构不合理、结构转型困难等问题，山东还有很长的路要走。

其实，2008 年爆发的国际金融危机曾经给山东带来产业转型升级的倒逼压力和浴火重生的重大机遇。当时，广东、江苏和浙江等一些南方省份抓住机遇，搭上了转方式调结构的头班车，并接力配合中央推行供给侧改革，迎来了难得的发展机遇。广东实施产业、劳动力"双转移战略"，加速推动"腾笼换鸟"；江苏实施产业高端发展、信息化引领等六大行动，推动产业向"高轻优强"调整优化；浙江实施"四换三名"工程，打造经济升级版，推动了经济质量和效益提升，在新一轮竞争中走在了前列。反观山东，转方式调结构力度不足，现代服务业发展缓慢。不仅如此，在山东整个企业体系中，资源型产业也占比过大。具体来看，服务业仍以交通、商贸、餐饮住宿等传统服务业为主，现代服务业发展较慢。

高新技术产业发展滞后是制约山东经济又好又快发展的另一原因。在2018年初召开的山东省全面展开新旧动能转换重大工程动员大会上，省委书记刘家义在谈到山东高新技术产业发展现状及未来方向时指出，"大量事实表明，领先科技出现在哪里、高端人才流向哪里，发展的制高点和经济的竞争力就转向哪里。建设综合试验区，为我们有效吸纳人才、资金、技术等创新要素，加快建设技术创新体系，建立科技成果转化和产业化的体制机制，提供了有利契机和重大平台，有助于一揽子解决长期制约我省科技创新的重大瓶颈和现实难题"。在阐述高新技术产业重要性时，刘家义书记再次强调，"2016年，全省高新技术产业产值占规模以上工业产值的比重为33.8%，分别比江苏、浙江低7.7和6.3个百分点，甚至比我们近邻河南还低1.1个百分点；全社会科技研发经费支出占比2.30%，分别比广东、江苏、浙江低0.22、0.32和0.09个百分点；PCT（《专利合作条约》）国际专利申请量广东有2.4万件，我省1399件，仅为广东的5.8%。这些数字，反映的是我省科技创新能力不强，警醒的是科技革命和产业变革的机遇正从我们身边悄然滑过"。

省委省政府推动实施的新旧动能转换重大工程把创新驱动和发展高新技术产业放在重要的位置，提出，把握全球科技革命和产业变革趋势，加快推动新技术异军突起、新产业培育壮大、新业态层出迭现、新模式蓬勃涌现，积极培育新的经济增长点，形成引领支撑经济发展的强大动能。首先，对于高新技术及科学技术本身而言，科技一直是支撑经济中心地位的强大力量。有的国家抓住这个机遇，一跃成为世界强国；有的国家与这样的机遇失之交臂，不可避免地走进"落日的辉煌"。一个国家是这样，一个省也是如此。其次，当前，新一轮科技革命和产业变革加速孕育、集聚迸发，正在引发产业分工重大调整，重塑地区竞争格局。兄弟省份纷纷寻找科技创新的突破口,抢占未来发展的制高点。实际上,在科技革命面前"无问西东",谁抢占了科技高地,谁就能在激烈竞争中脱颖而出。相比之下,山东与兄弟省份广东、浙江等的差距还比较明显。

山东、广东和浙江三省统计局公布的最新经济运行统计公报显示,尽管在2017年山东高新技术产业增加值增长10.9%,增速高于规模以上工业4.0个百分点,比2016年加快3.1个百分点;装备制造业增加值增长11.0%,比2016年加快3.4个百分点,对规模以上工业的贡献率达45.0%,成为工业增长的主引擎。工业机器人、城市轨道车辆、新能源汽车产量分别增长60.7%、80.2%和300.0%。2017年,高新技术产业增加值连续12个月保持10%以上增速,高新技术产业产值占规模以上工业产值的比重达到35.0%。但相较于广东、浙江,差距在逐步扩大。浙江省统计局数据显示,以浙江2017年高新技术产业发展为例,浙江2017年全年高技术、高新技术、装备制造、战略性新兴产业增加值增长较快,占规模以上工业产值的比重分别为12.2%、42.3%、39.1%和26.5%,比2016年提高0.5个、1.1个、0.7个和1.0个百分点,对规模以上工业增长的贡献率分别为21.7%、56.9%、55.9%和35.7%;节能环保、健康、高端装备、文化等制造业增加值较快增长。计算机通信电子、专用设备、仪器仪表、汽车制造等行业增速在15%以上。上述数据无不在各个方面表明了山东在科技创新及高新技术产业发展方面还有很长的路要走。当然也正如刘家义书记所言,只要我们积极顺应科技革命和产业变革大趋势,用好综合试验区"金字招牌",就能在重要科技领域实现重大跨越,不断提高经济创新力,再造山东创新发展新优势。

2. 固定资产投资增长放缓,经济增速持续下滑

受供给侧结构性改革和"三去一降一补"宏观政策影响,2017年全省固定资产投资完成54236.0亿元,增长7.3%,增速比2016年回落了3.2个百分点(见图4)。按照产业分析,2017年服务业投资完成26330.1亿元,增长12.5%,增速分别比第一、二产业投资快1.8个和10.0个百分点;占全部投资的比重为48.5%,比2016年提高2.7个百分点。服务业中,互联网和相关服务业、金融业等现代服务业投资快速增长,分别增长39.8%、

35.6%。按照所有制分析，国有投资完成9568.2亿元，增长30.8%，快于民间投资增速28.7个百分点；占全部投资的比重为17.6%，比2016年提高3.3个百分点。国有投资对投资增长的贡献率达到110.7%，比2016年提高86.7个百分点，拉动投资增长4.0个百分点。工业技改投资为16728.6亿元，增长14.1%，增速比2016年提高6.0个百分点；占工业投资的比重为64.3%，比2016年提高6.6个百分点。在高新技术产业、高耗能行业、装备制造业、产能过剩行业中，技改投资分别增长17.3%、17.2%、10.8%和7.8%，依次比2016年提高14.9个、3.6个、7.1个和10.7个百分点。基础设施投资完成9999.3亿元，增长29.2%，高于全部投资增速21.9个百分点；占全部投资的比重为18.4%，比2016年提高3.4个百分点。基础设施投资对全部投资增长的贡献率达到115.2%，比2016年提高82.9个百分点。

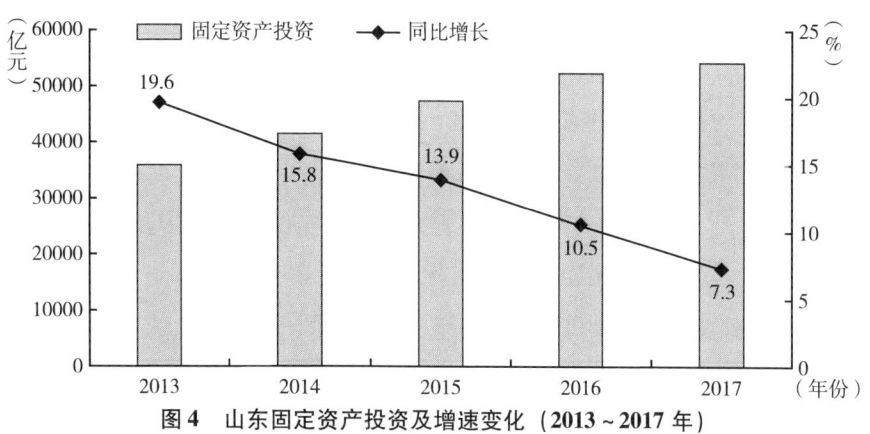

图4　山东固定资产投资及增速变化（2013～2017年）

注：图中原始数据来源均为山东省统计局。每年中央及地方统计部门会根据地方实际情况对统计数据的口径做出调整。相关统计口径的变化可能导致年度相关数据出现一定的统计误差，误差不会造成统计结果出现重大变化。

资料来源：山东省统计局、齐鲁财富网。

随着固定资产投资增速下降，全省经济增速也呈现连续下滑趋势。2017年山东经济增速虽然高于全国0.5个百分点，但仍分别低于浙江省、广东省0.4个、0.1个百分点。值得注意的是，虽然山东省经济总量在全国排名第三，但是与排名第二的江苏省经济增速相比差距越来越大，近10年来，江苏省经济增速除2017年低于山东省外，其余年份均超过山东省。山东省经济总量和增速与广东、浙江和江苏三省的差距明显，这与三个省份转型早、转型力度大、竞争力持续增强不无关系。早在10年前，广东省为了推动产业优化升级、促进区域经济协调发展，就在全国率先提出"腾笼换鸟"战略。

2008年5月，广东省委、省政府出台《中共广东省委 广东省人民政府关于推进产业转移和劳动力转移的决定》（粤发〔2008〕4号），制定多项政策措施推进产业转移和劳动力转移。2013年为了破解浙江经济过多依赖低端产业、过多依赖低成本劳动力、过多依赖资源要素消耗、过多依赖传统市场和传统商业模式的问题，浙江省委、省政府审时度势，做出加快推进"四换三名"的重大决策（四换即腾笼换鸟、机器换人、空间换地、电商换市，三名即培育一批知名企业、知名品牌和知名企业家）。浙江省最早在全国提出建立创新型省份，2013年获科技部批复创新型省份建设方案，明确提出坚持以优化产业结构为主攻方向，着力打造浙江经济"升级版"，坚持以企业为主体，着力推进产学研协同创新，坚持以市场为导向，着力从需求端推动科技成果产业化，坚持以创新平台为载体，着力拓展转型升级和创新发展空间，坚持以深化改革开放促创新，着力激发创新活力和提升创新效率，坚持以优化环境为保障，着力形成党委领导、政府引导、各方参与、社会协同的创新驱动发展格局。在多项转型政策实施背景下，继2012年全国进入"三二一"产业结构以来，广东、浙江和江苏三省分别于2013年、2014年、2015年将产业结构调整为"三二一"结构，而山东省则在2016年才实现第三产业首度超过第二产业，成为拉动经济增长的主动力。

3. 企业经济效益企稳，外贸数据显隐忧

受"三去一降一补"宏观调控政策的影响，2017年山东无论是大型国有企业还是中小微企业都经历了去产能及供给侧改革的洗礼。7月初，国家正式下达山东省527万吨钢、175万吨铁去产能计划，省政府迅速将计划下达潍坊、莱芜、滨州和临沂四个地市的8家企业。截至9月底，8家企业按照国家要求对相关产能予以关停，全面完成2017年钢铁去产能任务。加上2016年完成的钢铁去产能数量，全省累计去掉钢产能797万吨，去掉铁产能445万吨，钢铁产业结构进一步优化，市场环境进一步改善，生产效益进一步提升。

应当说,"三去一降一补"使山东企业普遍发生很大变化。首先从企业产业结构角度来看,全省上下坚定不移推进转型升级、提质增效,"三二一"的产业格局得到进一步巩固。服务业带动作用增强,主导经济发展的特征更明显,2017 年 1～10 月,服务业投资完成 22221.1 亿元,增长 15.7%,增速明显快于第一、二产业。企业所属产业进一步优化。从企业规模角度来看,规模以上服务业利润增长 21.6%,软件信息、文化旅游、家居家装、特色餐饮等需求旺盛。重化工业增势放缓,六大高耗能行业增加值增速持续回落,高端产品产量逆势上扬;企业经济效益持续提升,41 个大类行业中有 27 个行业利润实现增长。然而在这华丽数据的背后我们也应该理性地看到,2018 年以来,虽然工业品价格回升、工业经济效益改善,但利润主要集中在上游行业及国有企业、大型企业,中小微企业实际经营困难依然较多。

除此之外,从对外贸易角度来看,2017 年山东外贸交出一份亮丽答卷。综合山东省商务厅、青岛海关和济南海关最新消息,2017 年山东省进出口额达 17823.9 亿元,同比增长 15.2%,外贸增速高于全国 1 个百分点,进出口规模和增速创五年来新高。尽管山东外贸数据无论是进出口规模还是增速方面都创出了近年来新高,但值得注意的是,在这份外贸成绩单中,我们可以发现,2017 年原油为山东第一大进口商品,进口额为 1838.9 亿元,增长 81.5%,占全省进口总额的 23.4%。除此之外,作为关键零部件的集成电路的进口额为 394.5 亿元,增长 14.8%,占全省进口总额的 5%;自动数据处理设备进口增长 1.6 倍。上述数据折射出山东资源能源对外依赖度较高、自身科技创新能力及核心竞争力欠缺的问题依然没有得到根本性的解决。

4. 与广东、江苏和浙江三省差距不断加大

虽然近年来山东省经济总量稳步增长——2007～2017 年全省经济总量累计增长 181.95%,并且在全国的排名保持不变,但是自 2009 年以来山东与广东和江苏两省的差距逐渐拉大,2017 年的差距更为明显。2007 年山东省经济总量与广东省的差距为 6000.10 亿元,2017 年这一差距扩大到 17201.05 亿元;2007 年山东省经济总量与江苏省的差距仅为 241.57 亿元,但发展至 2017 年,两省经济总量差距扩大到 13222.72 亿元(见图 5)。

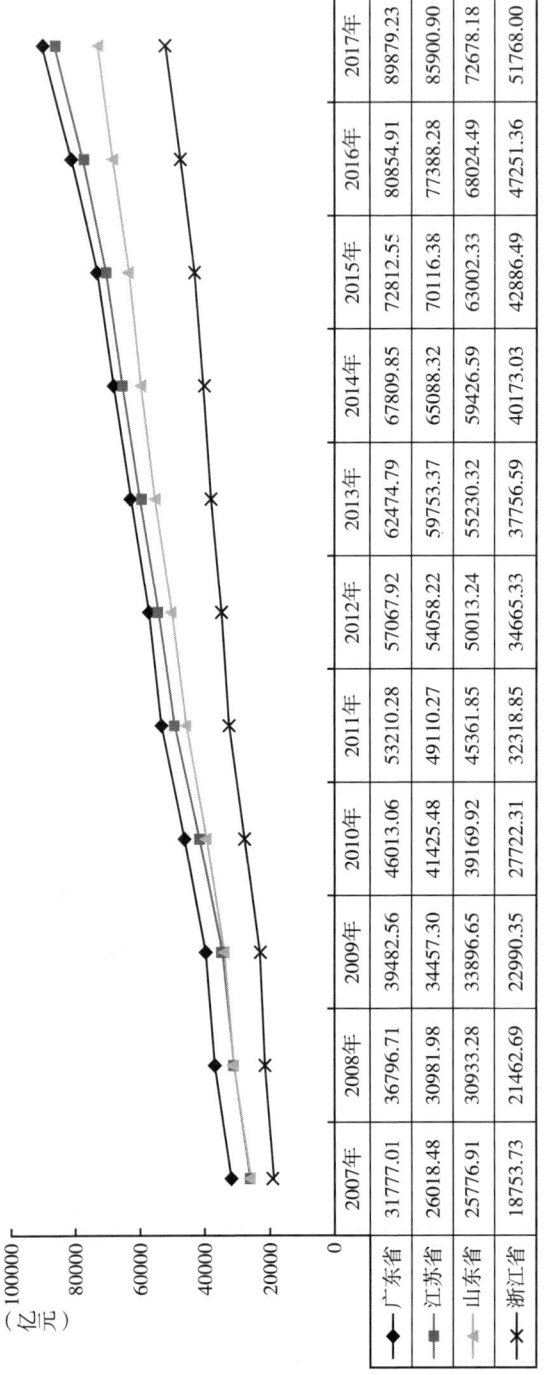

图 5　四省经济总量比较（2007～2017 年）

资料来源：各省统计局、齐鲁财富网。

2017年山东经济总量突破7万亿元大关，比2016年再上一个新台阶。统计核算，全省经济总量为72678.18亿元，比2016年增长7.40%。其中，第一产业增加值为4876.74亿元，增长3.5%；第二产业增加值为32925.12亿元，增长6.3%；第三产业增加值为34876.32亿元，增长9.1%。三次产业构成比为6.7∶45.3∶48.0。人均生产总值为72851元，按年均汇率折算为10790美元。一般而言，由于广东、江苏、山东和浙江四省经济总量居全国前四位，四省的基本省情、经济发展阶段、发展水平与发展模式较为接近，四省通常被学界拿来相互比较。2017年广东经济总量逼近9万亿元，江苏经济总量突破8万亿元，山东经济总量突破7万亿元，浙江经济总量突破5万亿元。尽管四省总是作为各式各样的样本被专家、学者参照，但实际上，山东与广东、江苏和浙江三省在经济发展质量上差距较大。首先从经济总量角度来看，2017年山东经济总量突破7万亿元，但与排名第一的广东和排名第二的江苏差距巨大。从人均经济总量水平来看，山东与其余三省的差距更为明显，尽管总量上山东位列全国第三，人均经济总量却排名第八。这也从一个侧面说明山东是经济大省却不是经济强省。更重要的是，GDP排名第四的浙江省近年来与山东的差距，正在缩小，这说明，浙江一直没有放松对山东的全力追赶。从2017年排名看，无论是经济总量增长速度还是人均经济总量，浙江均排在山东之前，这需要引起山东全省的足够重视（见表1、表2）。

表1 全国及四省经济总量增速（2007～2017年）

单位：%

年份	全国	浙江	广东	山东	江苏
2007	11.40	14.67	14.90	14.20	14.90
2008	9.00	10.05	10.40	12.02	12.70
2009	8.70	8.94	9.65	12.18	12.45
2010	10.30	11.90	12.40	12.30	12.70
2011	9.20	9.00	10.00	10.90	11.00
2012	7.80	7.98	8.16	9.76	10.10
2013	7.70	8.24	8.49	9.56	9.56

续表

年份	全国	浙江	广东	山东	江苏
2014	7.40	7.60	7.80	8.70	8.70
2015	6.90	7.96	8.00	7.95	8.53
2016	6.70	7.55	7.50	7.60	7.80
2017	6.90	7.80	7.50	7.40	7.20

资料来源：国家统计局、齐鲁财富网。

表2　全国及四省人均经济总量（2007～2017年）

单位：元

年份	全国	山东	广东	浙江	江苏
2007	20505.00	27604.00	33272.00	36676.00	33837.00
2008	24121.00	32936.00	37638.00	41405.00	40014.00
2009	26222.00	35894.00	39436.00	43842.00	44253.00
2010	30876.00	41106.00	44736.00	51711.00	52840.00
2011	36403.00	47335.00	50807.00	59249.00	62290.00
2012	40007.00	51768.00	54095.00	63374.00	68347.00
2013	43852.00	56884.94	58833.00	68804.72	75354.00
2014	47203.00	60879.10	63469.00	73002.05	81874.00
2015	50251.00	64168.30	67503.00	77643.69	87995.00
2016	53980.00	68733.00	74016.00	84916.00	96887.00
2017	59660.00	72851.00	81089.00	92057.00	107189.00

资料来源：国家统计局、齐鲁财富网。

应该看到，2013～2017年，浙江始终把发展的着力点放在实体经济上，转型升级取得重大成就。浙江省持续推进"四换三名"、"个转企、小升规、规改股、股上市"和"浙商回归"工作，同时"互联网+"、"机器人+"和"标准化+"工作成效明显。2017年山东刚刚将新旧动能转换提上日程，但浙江的新旧动能转换早在几年前就已经悄然进行。2017年浙江加快培育发展新动能，研发经费支出为1260亿元，新增发明专利授权量28742件，新增高新技术企业2010家、科技型中小微企业8856家。新增境内外上市公司96家，上市公司实施并购337起。但就新上市的公司数量而言，山东2017年新增境内外上市公司30家。浙江新增上市公司数量是山东的3.2倍。

山东省2017年人均经济总量为72851.00元，同比增长5.99%①。虽然人均经济总量高于全国水平，但是与广东、浙江和江苏三省相比有较大差距。广东省人均经济总量比山东高出11.31%，浙江省人均经济总量比山东高出26.36%，江苏省人均经济总量比山东高出47.13%。由图6可以看出，自2009年江苏省人均经济总量超过浙江省之后，持续强劲增长并领先其他三省，而山东人均经济总量在四省中最少，与广东、浙江和江苏三省的差距呈逐渐拉大的态势。2017年山东人均经济总量水平相当于江苏省2013年的水平、浙江省2014年的水平和广东省2016年的水平。

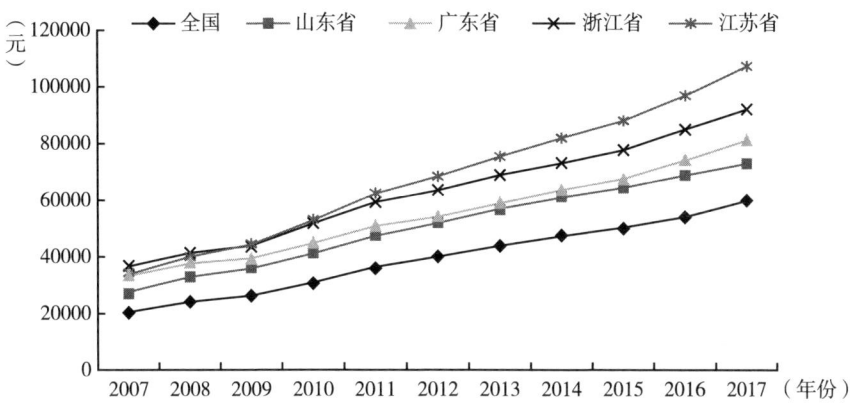

图6　全国及四省人均经济总量比较（2007~2017年）

资料来源：国家统计局、齐鲁财富网。

二　山东中小企业发展现状及特征分析

近年来，在供给侧结构性改革的大背景下，山东中小企业以新的发展理

---

① 表2中原始数据来源均为山东省统计局。每年中央及地方统计部门会根据地方实际情况对统计数据的口径做出调整。相关统计口径的变化可能导致年度相关数据出现一定的统计误差，本数据为根据表2数据计算获得，与山东省统计局公布的数据有部分误差，误差不会对报告结论产生重大影响。

念为引领不断发展。2012～2017年连续6年全省中小企业数量保持快速增长态势，其中，2015年新增24万户，2016年新增41万户，2017年新增35万户，达到225万户，在全国排名第三。全省中小企业数量达到第一个100万户用了30年，达到第二个100万户仅用了不到4年的时间。中小企业数量大幅增加，不仅增强了经济活力和提高了创新能力，提供了大量的就业机会和税收，也证明了一个事实：中小企业正凝聚山东经济发展的新动能。

2017年山东正式启动新旧动能转换重大工程。2017年3月，《山东省中小企业"十三五"发展规划》出台。规划提出，到2020年全省中小企业数量发展到240万户，万人拥有企业数达到245户，年均新增就业200万人以上；实现增加值占到全省GDP的60%，税收占到65%，主营业务收入占到70%左右；研发投入占销售收入达到2%以上，新产品产值达到40%以上，战略性新兴产业中小企业营业收入占全部中小企业营业收入的比重高于全国平均水平；全省应用电子商务的中小企业达到75%以上，电子商务销售年均增长不低于10%；60%以上的规模以上中小企业完成规范化公司改制，新增规模以上中小工业企业5000户以上。

2017年7月，在全省支持非公有制经济健康发展工作会议上，省委书记刘家义提出，全面打造非公有制经济发展新优势。力争经过几年努力，非公有制经济在全省经济中的比重明显提高，发展质量和效益明显提升，发展活力和竞争力明显增强，为山东创新发展、持续发展、领先发展提供战略支撑。

（一）山东中小企业发展历史沿革

中小企业是国民经济发展的重要力量，是多种经济成分共同发展的主要形式和市场主体，是拉动经济增长的新动力、新引擎。山东中小企业发展兴于改革开放，立于乡镇企业，成于市场经济。改革开放以来，山东中小企业在省委省政府的正确领导下，高举中国特色社会主义伟大旗帜，认真贯彻落实中央决策部署，不断解放思想，深化改革，锐意进取，开拓创新，取得了辉煌的成绩，为推动全省经济社会发展发挥了重要作用。

改革开放以来，山东中小企业从发展乡镇企业起步，在改革改制和创新驱动中茁壮成长，在发展民营经济中提升壮大。中小企业、乡镇企业、民营经济三者互为主体，相互包含，相辅相成，互动发展。全省各级党委政府充分调动广大群众的积极性和创造性，解放思想，敢为人先，大胆探索，奋力向前，推动全省中小企业实现快速健康发展。进入21世纪以来，中小企业市场化、国际化、信息化、服务化步伐明显加快，成为推动国民经济增长的新动力。40年来，山东中小企业经过了从无到有、从弱到强的波澜壮阔的发展历程。

1. 改革开放初期中小企业迎来春天（1978~1992年）

1978年11月，党的十一届三中全会召开。党中央重新制定了国家发展路线，决定将党和国家的工作重点转移到经济建设上来，这无疑为我国中小企业的产生和发展提供了可能。山东中小企业发展始于20世纪的乡镇企业。随着农村经济体制改革的发展，中小企业最早以乡镇企业的形式开始出现。1979年，中共山东省委、山东省人民政府发出《关于大力发展社队企业的通知》，就全省社队企业发展问题制定了一系列方针政策。同年11月，省委、省政府下发《贯彻执行国务院〈关于发展社队企业若干问题的规定（试行草案）〉的通知》，从发展规划、重点行业、资金、税收和管理机构等方面对社队企业做出具体规定。全省各地根据不同资源条件和"因地制宜，适当集中"的原则，大办以粮、油、果、菜等为主要内容的种植企业，大办以牛、猪、羊、禽、兔等为内容的养殖企业。1982年9月，党的十二大提出了"计划经济为主，市场调节为辅"的经济发展原则。

1979年至1981年，山东省委、省政府根据中央统一部署，对社队企业开展了全面的整顿，针对社队企业存在的诸多盲目性等问题制定了相应的整顿措施。截止到1981年，山东整顿企业7600多个，关停并转社办企业3897个。全省社队企业发展到22万多个，拥有股东资产净值43.5亿元，职工402万人，总产值108.7亿元，经过5年的整顿，山东社队企业总产值平均增长15.6%，比前20年平均增幅提升5.5个百分点，企业规模总体扩大，并在调整中稳步前进，发展质量明显提升。

20世纪80年代，省委、省政府决定发展乡镇企业的主要原因来自三个方面。一是农村人口较多，但靠农业（如种植业）增效增收有局限性。二是山东国有企业较多，为国有企业配套服务的企业少。三是江浙经济发展模式对山东产生示范作用。因此，省委、省政府决定把兴办乡镇企业作为加快农村和整个经济发展的战略重点，并决定从1987年起，省委、省政府主要负责人每年召开一次现场办公会，每次解决一两个突出问题，把乡镇企业发展纳入国民经济和社会发展总体规划，并将其列入各级党政任期目标。省委、省政府先后四次派人到江苏、浙江考察调研，学习和借鉴江苏、浙江两省经验，提出了一系列加快乡镇企业发展的政策措施，以促进全省乡镇企业快速发展。

1984年7月，山东省委、省政府贯彻落实中央战略决策精神，做出进一步大力发展乡镇企业的决定，取消对乡镇企业原有的各种限制，放宽政策，鼓励乡镇企业加快发展。随着乡镇企业发展阻碍被逐步清除，1984年全年与1981年相比，全省乡镇企业的发展出现了一个新飞跃。全省乡镇企业数量较1981年增加了3倍以上，职工人数增加了230多万人，乡镇企业产值、工业产值分别增长73.6%和68.6%。1986年，山东把发展乡镇企业作为振兴农村经济乃至山东经济的战略重点。省委再次出台《关于进一步加快乡镇企业发展的若干规定》，明确提出要在继续实行各项保护扶持政策的同时，进一步强化乡镇企业自我积累、自我发展的机制。

1989年12月，山东在全国率先推动乡镇企业法制化建设。省人大常委会第十三次会议颁布实施《山东省乡（镇）村集体工业企业管理条例》。1990年6月，《中华人民共和国乡村集体所有制企业条例》发布。国家和山东省相继以法规形式把对乡镇企业行之有效的各项政策固定下来，乡镇企业发展步入法制化时代。有了法律的保障，山东乡镇企业的发展机制也越来越灵活，发展势头更加强劲。1991年，山东省委、省政府认真总结了全省乡镇企业发展的四条基本经验，出台了《关于推动乡镇企业持续、稳定、协调发展的决定》，推动二次创业，明确提出发展乡镇企业是建设社会主义新农村的希望所在，是实现现代化建设第二步战略目标的关键，把中小企业作为经济发展的战略重点来抓，鼓励引导企业上质量、上档次、上水平、上规模，进一步提高企业经济效益、整体素质和市场竞争力，有力地促进了全省中小企业快速发展。从1991年起，全省乡镇企业系统建立并实行承包责任书制度。这些方针和措施贯穿全省乡镇企业"八五"发展计划的始末，对乡镇企业的发展起到了重要的指导和推动作用。

1992年初，邓小平在我国改革开放前沿城市——深圳发表了著名的南方讲话，带来了一次思想大解放，为中小企业发展提供了强大的动力。邓小平说："计划经济不等于社会主义，资本主义也有计划；市场经济不等于资本主义，社会主义也有市场。计划和市场都是经济手段。"邓小平的南方讲话从理论上冲破多年来市场经济的束缚，为中国建立社会主义市场经济体制创造了理论基础。山东中小企业以"三个有利于"为标准，坚持发展是硬道理，大胆闯、大胆试，掀起了新一轮发展高潮。同年9月，党的十四大进一步提出，中国经济体制改革的目标是建立社会主义市场经济体制，以进一步解放和发展生产力。由此，社会主义市场经济在中国正式确立。随着改革开放的不断深入，市场经济发展水平的逐步提升，中小企业进入快速发展期。中小企业发展环境不断优化，政策措施力度不断加大，服务体系建设日臻完善，人才队伍素质显著提高，创新能力明显提升，综合实力快速增长。特别是进入20世纪90年代，国内市场经济体制日趋成熟，经济全球化进程不断加快，市场竞争日益加剧，中小企业发展步入转折的关键时期。

据统计，"七五"期间全省乡镇企业总产值年均增长32.4%；乡镇工业产值年均增长40.1%；外贸出口交货值年均增长70.9%。"八五"期间，发展速度进一步加快。1992年，乡镇企业总产值达到2344亿元，比1991年增长58%；乡镇工业产值为1793亿元，增长54.8%，占全省工业总产值的比重达到51%，成为全省工业的"半壁江山"。

2.市场经济全面铺开，中小企业发展面临挑战（1993~2012年）

1993年9月，党的十四届三中全会的《中共中央关于建立社会主义市场经济体制若干问题的决定》提出："建立社会主义市场经济体制，建立适应市场经济要求，产权清晰、权责明确、政企分开、管理科学的现代企业制度。"社会主义市场经济全面铺开，山东中小企业发展既面临诸多机遇，又面临多元化挑战。首先从国家政策方面来看，改革开放以来，中央和地方各级政府出台很多信贷、税收、用地等扶持政策，大力促进中小企业发展。特别是20世纪90年代中期，在国家财政金融政策和投融资体制改革后，1994年国家实行新税制，取消对中小企业减税政策，由过去大多实行定额或定率的征税方式，变为统一按税制规定征税，与国有企业相比，中小企业的税费负担相对较重，失去了低成本、低价格的市场竞争优势。与1990年相比，1995年，全省平均每个乡村工业企业拥有固定资产原值增长3.4倍，产值增长5.4倍。乡镇企业产值过10亿元的县比1990年增加95个，过5亿元的乡（镇）增加598个，过亿元的村增加693个。"八五"时期成为山东乡镇企业发展最快最好的时期之一。

1994年，乡镇企业销售额为3735亿元，比1993年增长56.4%；工业增加值为1411亿元，增长63%；实现利润220亿元，增长67.4%；外贸出口交货值为376亿元，增长82.8%。经济规模扩大，竞争能力增强。到1994年底，全省累计组建省级企业集团157家，国家级企业集团4家，实行股份合作制企业为5.98万家，总股本金合计为347亿元；全省按《中华人民共和国公司法》组建的公司制乡镇企业为1811家。乡镇企业不仅成为农村经济发展的主要部分，也是国民经济的重要支柱和社会主义市场经济的先导力量。

1996年《中华人民共和国乡镇企业法》的通过把乡镇企业的改革和发展推向一个新阶段。山东乡镇企业按照党的十四届五中全会确立的经济发展要贯彻经济体制从传统的计划经济体制向社会主义市场经济体制转变、经济发展方式从粗放型向集约型转变两个根本性转变的要求，深化改革，转轨变型，加快产权制度的改革，主动与市场经济要求和国际惯例接轨，大力推进两个根本性转变，发展水平上了一个更高的层次。

随着市场经济体制的不断深化，国有大企业经济体制改革步伐加快，凭借雄厚的经济、技术基础和人才储备，快速融入市场经济大潮，市场竞争力进一步增强。"三资"企业和民营企业的迅速崛起则从另一个方面冲击着中小企业的发展。面对国有大企业的"财大气粗"，面对"三资企业"丰富的管理经验、先进的人才优势，民营企业经营机制更加灵活，这就导致中小企业在市场竞争中的优势进一步弱化，随着社会生产力的不断提升，市场也逐渐由卖方市场转为买方市场，许多商品由短缺变为过剩，出现积压滞销的情况。这些均对中小企业的可持续发展形成阻碍。随着世界经济一体化发展，国际市场竞争不断加剧，中小企业在国际市场上的竞争领域、范围和对象都发生变化。中小企业技术和管理水平相对较低，产品质量、科技含量和附加值总体不高，在全球经济一体化不断发展和市场进一步开放的背景下，中小企业的短板和弱点逐步显露，在国际市场竞争中往往处于不利地位。

有挑战就有机遇。1996~2010年，山东中小企业迅速发展壮大，成为全省经济发展新的增长点，成为富民强省的重要力量，在经济与社会发展中的地位越来越重要。同时在这个阶段，山东省中小企业已成为拉动全省经济增长的重要力量。山东登记注册的中小企业数量占全部登记注册企业数量的90%以上，中小企业的年产值增长率一直保持在30%左右，远远高于同时期山东总体经济增长速度，对整个经济增长的贡献率越来越大。从1997年开始，山东全面深化乡镇企业股份制改革。截至1997年底，全省已改制的企业为5.62万户，改制面为60%左右。其中，按公司法组建的股份制企业为2329户，股份合作制企业为2017万户，实现租赁经营的企业为1.63万户，并在同年，山东成立全省乡镇企业深化改革工作领导小组。1998年，山东省委、省政府确定全面推广以股份合作制为主的乡镇企业产权改革形式，在坚持多种改革形式推广的同时，改革形式开始向以股份合作制、股份制、出售和租赁为主转变。从1998年开始，山东省委、省政府推动乡镇企业二次创业。同年，山东省财政首次安排专项扶持资金，重点推动企业转换经营运行机制，连续三年每年拿出2000万元对全省乡镇企业二次创业进行扶持，省里重点选择100家企业进行试点。

1999年全省乡镇企业产权改革取得重大进展，改制面为70%以上，60%的企业触动产权。改制程序逐步规范，持股方式相对集中，利益主体日益明确，产权制度改革的阶段性成果得到巩固，企业发展的生机和活力得到进一步恢复和增强。

党的十五大后，山东乡镇企业改革步伐进一步加快。全省乡村集体企业改制面为85%以上，其中涉及产权的占67%，部分县（市）改制面为95%以上。"十五"时期（2001~2005年），工作重点由以组建企业集团为主逐步转为发展大企业大集团，把培育发展重点企业集团作为加快山东乡镇企发展的重大战略举措,大力实施"四个一批"战略。到 2004 年 7 月,全省民营企业集团数量由 2001 年的 20 户增加到 63 户,占全省重点工业企业集团的比重达到 31.7%,比 2001 年增长 17 个百分点。

到 2005 年,全省中小企业产值占全省 GDP 的 50%,占据全省经济的"半壁江山"。工业新增产值 70% 以上是由中小企业创造的。流通领域,中小企业占零售网点的 90% 以上。食品、造纸、印刷行业七成以上的产值,服装、皮革、文体用品等八成以上的产值,木材和家具行业九成以上的产值,全都归功于民营企业。

2002~2007 年,《中华人民共和国中小企业促进法》和《山东中小企业促进条例》(以下简称"一法一条例")先后通过,中小企业进入法制化发展和高质量发展的新时代。全省中小企业认真贯彻落实"一法一条例",进一步解放思想,以结构调整和深化供给侧改革为主线,以提升质量、效益为中心,不断培育新的经济增长点,加快新旧动能转换。到 2011 年底,全省 17 地市全部设立了促进中小企业发展领导小组,省、市和县设立中小企业发展专项资金 8 亿元,设立"过桥还贷资金"34.27 亿元,另有 11 个市设立中小企业贷款风险补助资金 3740 万元。

2012 年 10 月,党的十八大召开。党的十八大再次强调坚持"两个毫不动摇",提出要保证各种所有制经济依法平等使用生产要素、公平参与市场竞争、同等受到法律保护,明确要"提高大中型企业核心竞争力,支持小微企业特别是科技型小微企业发展"。党的十八大提出经济增长方式的转变客观上要求中小企业改变以往过多依靠扩大投资规模和增加投入的方式谋求自身的发展,更多地依靠企业自身技术创新来提升企业的经济效益和盈利收入。通过技术创新增加产品和服务的附加值;通过管理水平提升解决人才问题,提高企业市场竞争力;通过文化内涵提升,使产品和服务精致化,最终建立企业品牌和文化。

从 20 世纪后期到党的十八大召开,在这一发展阶段,要"更大程度更大范围发挥市场在资源配置中的基础性作用"。正是在这一时期,山东乡镇企业改制工作基本完成,这为全省中小企业和个体私营经济快速崛起奠定了基础，因此，这一时期是山东中小企业和民营经济迅猛发展的重要时期。在这一时期，全省中小企业发展环境不断优化，政策措施力度不断加大，服务体系建设日趋完善，人才队伍素质显著提高，创新能力明显提升，对全省经济发展的贡献也明显增加。

3. **市场经济蓬勃发展，中小企业发展前景广阔（2013年至今）**

国家"十二五"规划把中小企业发展放在重要位置，明确提出"激发中小企业创新活力，发挥企业家和科技领军人才在科技创新中的重要作用"和"支持和引导非公有制经济发展"。"十二五"期间，山东制定出台一系列政策措施推进产业结构调整，促进经济增长方式转变。其实，早在"十二五"规划之前，山东中小企业就已经按照把"结构调整落实在项目上"的工作思路，突出技术创新项目，围绕新兴产业、科技创新、技术改造、节能减排、产业集群五个重点方面，每年推出200个中小企业结构调整重点项目，引导中小企业结构调整和产业升级。到2011年底，全省中小企业三次产业占比由2002年的12.1∶53.5∶34.4调整到9.1∶50.3∶40.6。2010~2013年，山东省财政集中发放中小企业专项资金1.5亿元，对30个重点产业集群进行扶持，全省特色产业镇和产业集群的龙头带动、产业协作配套和公共服务能力得到明显提升，中小企业由"小而散"转向"小而群"，到2013年底，全省年销售收入过10亿元的产业集群达到426个，其中过50亿元的为287个，过100亿元的为161个。全省销售收入过10亿元的特色产业镇发展到356个。

2013年11月，党的十八届三中全会召开。《中共中央关于全面深化改革若干重大问题的决定》提出，"使市场在资源配置中起决定性作用和更好发挥政府作用"，这是社会主义市场经济理论的一次重大突破。2016年，山东召开全省产业集群工作会议，制定《产业集群发展规划（2016－2020年）》，重点发展培育7大类新兴产业集群，改造和提升13大类传统产业集群，打造一批高等级、高质量、高效益、智慧型产业集群；截止到2017年底，全省年营业收入过100亿元的产业集群达到235个，省级产业集群为140个，产业集群是山东中小企业发展的重要组织形态。

（二）山东中小企业发展现状

党的十八大以来，山东中小企业在以习近平同志为核心的党中央及山东省政府的坚强领导下，以新发展理念为统领，主动适应、把握和引领新常态，大力发展新经济，推动新旧动能转换，创造新格局。山东地方政府大力深化"放管服"和商事制度改革、加大财税金融政策支持力度，这一系列举措使全社会创业激情和市场活力进一步迸发。一大批中小企业从无到有、由小到大、由弱到强，使全省经济结构更加合理，经济布局更加完善。自2013年以来，全省先后分11批削减601项省级行政审批事项；市、县级行政权力事项分别压减42.6%、24.2%，相继出台"三证合一"、"五证合一"、"两证整合"、"多证合一"和市场主体登记全程电子化等多项政策措施，持续优化营商环境。推动普惠金融创新服务，建立"省中小企业普惠金融融资平台"，和多家省级银行合作，推广济南试点经验，在全省开展"阳光转贷""贷款直通"等特色服务。齐鲁股权交易中心推动挂牌企业对接省级直投基金，已有246家挂牌企业获得7.4亿元资金支持。2012~2017年，国家将小型微利企业所得税优惠政策享受范围由6万元逐步提高到10万元、20万元、30万元、50万元，山东符合条件的小微企业优惠政策受惠面达到100%。仅2016年一年时间为企业减轻成本负担600多亿元，其中仅降低社保缴费比例一项，就减轻企业负担约38.31亿元。此外，全省年均下发用于扶持中小企业的专项资金，涉及创业创新示范基地、产业集群转型升级示范、科技创新等多个项目。在"大众创业、万众创新"的背景下，山东省"双创"热潮推动新旧动能加速转换，促进新经济快速发展。全省先后制定了《关于编制发展"专精特新"中小企业规划实施"育苗扶壮"工程的通知》和《关于培育支持中小企业"一企一技术"研发中心的意见》，以开展"一企一技术"和"专精特优"创新活动为抓手，推进中小企业创新发展、转型升级。通过重点支持和培育提升，引导企业采用新技术、新工艺，提高竞争力。

截至2017年底，全省中小企业数量达到225万户，比2016年增长

18.42%。与2012年相比。5年累计增加了144万户,增长178%。尤其是商事制度改革以来,2014~2017年,新增中小企业135万户。2017年,全省规模以上中小工业企业增加值增长6.1%,实现营业收入8.7万亿元,出口交货值为3921.7亿元,利税总额为7467.18亿元,从业人员达到555.42万人,中小企业成为支撑全省经济稳中向好发展的重要力量。除此之外,截止到2017年12月31日,山东实有私营企业注册资本达到11.1万亿元,中小企业发展为各级财政提供了大量税金,增加了地方财政收入。山东中小企业创造的税收收入占全省地方财政收入的50%以上,山东省中小企业局提供的数据显示,2017年山东省规模以上中小企业实缴税金2431亿元,占全省规模以上工业所缴税金总额的52.3%,在相当一部分市、县(市、区),财政收入主要源于中小企业。

当前,我国经济发展进入新常态,传统发展模式难以为继,发展新经济、培育新动能成为全社会的共识。山东省委、省政府把加快新旧动能转换、培育新动能作为推进全省经济社会发展的重大工程,中小企业作为新旧动能转换的重要战场、发展新经济的重要力量,肩负着推动新旧动能转换的重要使命,处于转型升级创新发展的关键时期。近年来,全省中小企业创业创新活力不断增强,发展质量、效益稳步提升,新旧动能转换有序推进,新模式、新产业蓬勃发展,呈现稳中有进、进中向好的发展态势。

不仅如此,截至2017年底,山东还拥有省级"一企一技术"研发中心1127家、创新企业1104家,平均每个研发中心和企业拥有专利13项。自2012年以来,全省各级政府部门扶持中小企业技改项目4000多个,投入资金50多亿元,重点扶持"一企一技术"和"专精特新"中小企业,促进了一批高新技术企业应运而生。烟台持久钟表集团有限公司的产品被广泛用于高铁、机场、核电设施和船舶,达到国际先进水平,其参与5个领域的国家级标准制定,产品畅销全国和其他30多个国家和地区。山东聚力焊接材料有限公司有30余项科研成果填补了国内空白,产品远销50多个国家和地区。产业集群已经成为山东省聚集创新、转型升级的重要集合体。产业集群发展使山东省经济发展方式由过去大企业带小企业、独立分散、自成体系转变为大中小企业并举、集聚配套、互动创新。实施产业集群壮大工程和培育千亿元级创新型产业集群意见已写入省委全委会报告。

新兴业态蓬勃发展，2017年，全省电商交易额为3.49万亿元，增长32.02%；淘宝村发展到245个，比2016年增长126%。另外，2017年山东省服务业发展方兴未艾。现代服务业、新兴服务业、生产性服务业呈现快速发展态势，仓储物流、设计研发、文化旅游、信息咨询、医疗卫生、融资担保等新兴服务业态快速发展，推动了产业结构的优化升级。

2017年，山东中小企业在创新方面也有了新的发展，中小企业是技术创新的主战场。山东先后召开了全省中小企业创新发展转型升级工作会议和全省中小企业发展新经济经验交流会，研究部署发展新经济的思路、方式和重点任务。对全省237个发展新经济实践案例经验分门别类进行归纳、提炼、推广。成立中小企业发展新经济宣讲团，并先后在35个重点县（市、区）举办巡回宣讲，阐述中小企业发展新经济的关键领域、实施路径和政策措施，培训政府管理人员和重点企业负责人8500多人。除了在创新形式上采取交流会等模式外，在大政策略上更是较以往有了明显的突破。最为明显的是，山东省积极响应国家号召，全力推进新旧动能转换政策的实施。2017年4月24日，山东省委常委会召开会议，省委书记刘家义指出，落实好以习近平同志为核心的党中央对山东工作的希望和要求，关键要抓住新旧动能转换这个牛鼻子，在转方式、调结构上下功夫。

中小企业在技术创新方面表现出较强的创造力。从山东中小企业发展历程来看，它正逐步呈现以知识和技术密集型取代传统的劳动密集型、资本密集型的发展趋势，开始走专精特新的发展道路。山东中小企业有较强的创新活力，全省65%的发明专利和80%以上的新产品均来自中小企业。2017年，山东首次推出全省创新转型优胜企业363家、"隐形冠军"198家、瞪羚企业100家；"一企一技术"研发中心和创新企业达到1127家和1104家；"专精特新"企业达到2566家。"新技术、新产业、新业态、新模式"企业同比增长38.4%。全省中小企业在科技创新、技术开发等领域意识不断增强,逐步实现发展方式由粗放向精细化、集约化转变。

同时,加快互联网等新一代信息技术发展。山东召开全省中小企业"互联网+"推进会议,举办中小企业"互联网+"高峰论坛,遴选208个制造业企业、101个服务业企业、65个产业集群、59个平台列入"互联网+"示范计划,定期调度,重点培育。落实工信部关于促进中小企业"专精特新"发展的指导意见,着力提升企业专业化水平、管理能力,培育自主品牌。山东2566家省级"专精特新"企业、198家"隐形冠军"企业形成了一批行业细分领域的"小巨人"。山东省中小企业局与北京大学、清华大学、哈尔滨工业大学等5所高校签订产学研项目对接及培训战略合作协议,搭建企业与高校的产学研对接平台。山东大力推动物联网、云计算、大数据、人工智能和企业管理、生产和服务等环节深度融合,创新发展业态和模式。

2017年11月,山东召开了全省中小企业数字化智能化推进会议。为加速中小企业数字化,山东举办数字化智能化培训班,并配合出台了推动中小企业数字化智能化的指导意见,引进航天云网等专业机构,组建数字化智能化推进联盟,实行财政补贴助推"企业上云"。值得注意的是,中小企业成为这一波新旧动能转换的主战场,一批新经济发展的典型案例不断涌现,比如新技术类的山东水发环境科技有限公司,研制的新型纳滤膜材料及组件突破了膜材料、制备工艺及膜应用等技术瓶颈,打破国外垄断,填补了国内空白。

山东中小企业在"大众创业"中始终发挥着压舱石的重要作用。截至2017年底,山东下辖各区县政府在"双创"领域的总投入已逼近30亿元,其中直接用于各类孵化载体的创建资金为5.9亿元。截止到2017年12月31日,山东省10家科技企业孵化器、41家众创空间入围国家级公示名单,两者数量累计分别达到85家和203家,继续排在全国前列。山东各类众创空间达681家,各类孵化器为442家,加速器为64家,孵化载体数量较2016年12月31日分别实现大幅度增长。实际上正是大量创新创业政策的出台及

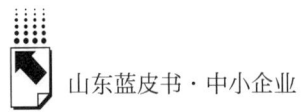

各类众创空间及创业孵化器的快速发展为中小企业的可持续发展提供了重要的基础，发挥了助力作用。

最后，从2017年全省中小企业融资情况分析来看，受实体经济下行压力持续加大影响，部分中小企业出现经营困难。特别是缺少抵押物的中小微企业融资难、融资贵问题更加突出。具体分析参见分报告《B.4 山东省中小企业融资情况分析》。需要指出的是，由于受到数据搜寻的限制，总报告在阐述山东中小企业融资情况时仅以山东具有重要代表性的青岛市为例。2017年，地方政府本着"解决一笔融资、帮扶一家企业、稳定一个行业"的理念，加强政银担保对接合作，创新搭建多层次融资服务平台，推进产融结合与担保增信，扩大优惠贷款、低费过桥、直接融资规模，各项政策性措施共帮助4921家（次）企业解决低成本融资317.15亿元。

（三）山东省中小企业的发展方向和主要任务

习近平总书记在党的十九大报告中强调："创新是引领发展的第一动力，是建设现代化经济体系的战略支撑。""加强对中小企业创新的支持，促进科技成果转化。"作为经济运行中最具活力的组织部分，中小企业发展趋势代表整个国家的经济发展趋势，中小企业科技创新也推动着整个社会的科技创新。诺贝尔经济学奖得主、美国耶鲁大学教授埃德蒙·菲尔普斯（Edmund Phelps）在他著名的《大繁荣：大众创新如何带来国家繁荣》一书中提出："国家层面的繁荣源自民众对创新过程的普遍参与。它涉及新工艺和新产品的构思、开发与普及，是深入草根阶层的自主创新。"这意味着，与大企业相比，中小企业才是大众创新的主体，因此，山东中小企业要想在新旧动能转换重大工程中充分发挥作用，就必须加大创新力度，在以下几个方面重点突破，有所作为。

一是以新技术产业化为主导，抓住一批前沿科技成果的产业化。充分利用互联网、物联网、云计算、大数据等新一代信息技术，加快促进新技术、新产品、新工艺研发应用及产业化。具体地说，第一是发展智能机器人。加大对智能机器人的研发投入，推动机器人向可识别、智能帮手方向发展，研发培育一批智能机器人、工业机器人、服务机器人，并且在各领域尤其是装备制造业中推广应用。第二是发展增材制造。增材制造采用新型加工工艺和制造方式。要提高增材设备核心部件的研发能力，以高精度、高性能、高效率为目标，研究金属结构件激光增材制造控形控性，制造熔覆喷头等核心部件及工艺装备，促进增材制造产业发展。第三是发展大数据技术。运用现代信息技术，逐步将企业生产制造、市场销售、售后服务等环节数字化，实现设备和生产要素的在线化，以大量生产服务市场研发数据，开发新的商业空间。第四是发展新材料产业。瞄准国际先进技术，加强与国际一流研发团队合作，引进关键研发设备，加速产业化步伐，争取在纳米材料与器件、先进结构材料、先进功能材料、先进碳材料、超导材料、极端环境材料等领域实现较大作为。

二是以推进知识产业为引领，培育一批设计创意、软件服务等智慧产业。智慧产业是源自个人创意与技能发展的产业，如教育、培训、咨询、策划、广告、设计、软件、动漫、影视、艺术、科学、法律、会计、新闻、出版等。具体地说，第一是发展设计创意产业。相对于传统产业土地厂房占用和材料能源消耗来说，设计创意产业是轻资产轻消耗产业，但创造价值方式更多，空间更大。要整合社会资源，发展工业设计、平面设计、工程设计、动漫设计、工美设计、服装设计以及集成电路设计等专业特色设计。引导设计创意产业集约集聚发展。第二是发展软件服务业。深入挖掘行业特色应用和细分市场，加快工业软件设计研发和安全可靠信息系统推广应用，培育壮大信息技术服务业。

三是以"互联网+"为依托，培育发展一批平台企业。"互联网+"实现人机互联、在线互通，催生出新型平台经济，不断变革和重塑现代经济的微观基础。网络平台可以促成双方或多方供求交流和交易，既是一种新经济形态，也是一种商业模式。具体地说，第一是发展网络平台。积极培育一批垂直专业平台、行业平台、科技平台，在专项需求和个性需求上挖掘更大潜力。鼓励引导高新技术龙头企业平台化转型、总部型服务企业平台化发展，把平台经济、数字经济建设与小城镇建设结合起来,创造产业新形态。学习推广杭州湾信息港的成功经验。第二是借台搭台发展。引导中小企业积极融入软件应用商店、开放开发平台、电子商务平台、金融支付平台等新兴平台的生态体系,借助平台优势,实现企业转型发展。第三是发展众创众筹。推动大众创业,让自然人变成经济人,让创意变成现实。加快各地双创中心发展,针对产业行业发展重点、难点,整合优势资源,推动创新,打造科技服务创新平台,帮助在孵企业提升产品品质,提高科技水平。加快众创空间建设,努力打造市场化、专业化、集成化、网络化的众创空间,构建特色服务模式和商业模式。以"新服务、新生态、新潮流、新概念、新模式、新文化"为指引,提升各创业服务中心的能力和水平;利用闲置写字楼、废弃工厂等,建设有利于双创人员思想交流、构想碰撞的工作环境。第四是发展物流平台。建设一批专业化、特色化物流平台。

四是以创新驱动为动力,培育发展一批科技型品牌公司。引领中小企业将更多的注意力集中于核心业务上,加大研发投入,采用新技术、新工艺,打造优质的产品和服务。培育一批核心竞争力强、企业成长性高、具有远大前景的"隐形冠军"。具体地说,第一是培育创新型企业。引导骨干企业采取自主创新、综合创新、引进消化吸收再创新等方式,瞄准世界先进技术,如机器人、人工智能、计算机技术、生物技术、材料技术进行攻关,掌握尖端核心技术,开发前沿产品,实现超常规发展。第二是培育高技术高附加值高成长企业。开展"一企一技术"活动,加大研发经费投入,加强企业研发机构建设。引导企业开展技术创新、管理创新、商业模式创新,不断提高技术、工艺、产品品牌竞争力。第三是培育"隐形冠军"和行业"小巨人"。加大细分领域的创业创新力度,在产品质量、技术工艺、产业链条的空白点和薄弱环节上寻求突破,创造更多的适合自身发展的技术绝活和专有技术。

五是以《中国制造2025》为引领,培育发展一批智能制造示范企业。山东达驰电气研制具有自主知识产权的变压器自动化生产线,建立多品种多规格的中低压配电变压器产品混流生产、少人操作的智能化柔性生产系统。

整体生产效率提高了20%，产品研制周期缩短了20%以上，企业运营成本降低了20%。具体地说，第一是开展智能制造试点。以《中国制造2025》为引领，实施中小企业智能化改造专项行动。在生物医疗、石化油服、钢材生产、传统纺织等行业开展流程性智能制造；在高端装备制造、电子元器件、航空航天、家用汽车生产、高端服饰等行业开展离散性智能制造；在化肥农药、专业电气设备等行业开展网络协同制造；在服装、家居装饰等行业开展个性化定制；在医疗器械、精密仪器等行业开展远程运维服务。第二是打造智能云平台。充分发挥云平台作用，开放入口、实现信息共享，推动中小企业借助云平台，推进生产线的全面自动化、管理信息化和数字化升级。成立智能制造服务联盟，建立智能制造专家库，组建智能制造咨询与服务团队，健全对接服务机制，为企业方案设计、系统集成、装备技术和融资支持等提供普惠式服务。第三是建立智能制造协同机制。推动数字化模块的研发推广，实现生产体系、设计体系、市场体系数字化，实现互通共享。鼓励产业龙头企业与科研机构建立智能制造协同创新中心，建立产学研相结合的成果转化基地，使智能制造人才培养和创新成果转化逐步实现常态化发展。

六是以发展"互联网＋"为重点，培育发展新业态、新模式。具体地说，第一是发展"互联网＋"制造业。加快研发、设计、制造、营销及管理的信息化；鼓励支持引导传统企业加强企业信息平台建设，实施研发、生产、管理、售后信息管控，促进传统制造企业向服务制造业和服务业转化。第二是发展电子商务。继续开展电子商务推进年活动，大力发展跨境电商、农村电商、电商平台、电商产业园区，进一步提高中小企业电商应用率，用电商规模化催生产业专业化、集聚化。第三是发展幸福产业。打造独具魅力的文化旅游、观光旅游、休闲旅游、商务旅游、美食旅游、红色旅游、生态旅游等新型旅游业。推广荣成盛泉养老服务公司经验，大力发展以满足居民多样化、个性化生活需求为目标的家政服务、社区服务、养老服务、健康服务、医疗服务、家庭用品配送、实物租赁、家庭救助等幸福产业。第四是发展互联网服务业。发挥互联网对服务业的全面渗透和引导要素配置的作用，开展线上线下结合服务。

七是以绿色发展为指引，培育发展一批低能耗低碳环保的清洁能源企业。具体地说，第一是发展清新高效能源企业。充分利用精细化管理、研发投入、资源回收等管理和技术手段，提升企业节能降耗水平，降低企业成本，实现绿色发展。第二是发展新能源和新能源汽车。借助新能源汽车列入战略性新兴产业的良机，利用各种扶持培育政策，加大技术研发创新和平台合作力度，培植新的竞争优势。第三是发展科技环保产业。专注绿色产业链条，促进技术和产品的研发生产，打造优势产品和拳头产品，带动产业发展。

分 报 告
Sub-reports

B.2
山东省中小企业对社会的贡献

摘　要： 2017年山东中小企业对全省贡献显著。在经济方面，数量持续增加，年末达225万户；全年规模以上中小工业企业增加值继续保持增长态势，涌现一批产业集群及双创示范基地，新业态经济贡献开始显现。在就业方面，山东规模以上中小工业企业从业人数多年保持在500万人之上，中小企业就业贡献显著。在财政税收方面，中小企业实现利税总额7467.18亿元，占全部规模工业利税总额近六成。在对外贸易方面，中小企业出口交货值为3921.70亿元，占山东对外贸易主力民营企业进出口额的四成；山东中小企业与广东、江苏和浙江三省相比在创新和贸易方面存在一定差距。山东中小企业通过借鉴经济发达省份的先进经验，做到取长补短，在实施新旧动能转换重大工程中发挥重要作用。

关键词： 中小企业贡献　财政税收　劳动就业　出口创汇

改革开放以来，我国中小企业通过学习国有企业和国外企业先进经营管理理念，不断成长、壮大，成为国民经济不可或缺的一部分。中小企业不仅在确保国民经济适度增长、缓解就业压力、实现产业结构升级、推进工业4.0等方面发挥重要作用，还能为地方创造财税收入，增加外汇储备。目前，中小企业已成为推动国民经济发展，构造市场经济主体，促进社会稳定的基础力量。2017年9月，第十二届全国人大常委会第二十九次会议审议并通过了修订的《中华人民共和国中小企业促进法》，其于2018年1月1日正式实施，修订后的法律能够有效改善中小企业经营环境，保障中小企业公平参与市场竞争，维护中小企业合法权益，促进中小企业创业创新和扩大城乡就业，让中小企业在国民经济和社会发展中继续发挥重要作用。国家工商总局数据显示，截至2017年末，我国实有市场主体9814.80万户；其中，企业3033.70万户，占全部市场主体的比重为30.90%。另外，工信部中小企业发展促进中心数据显示，我国中小企业占企业总数的99.70%，贡献了80%的城镇就业、70%的技术创新、60%的GDP和50%以上的税收收入，是中国经济的重要组成部分。随着我国经济进入新常态，国家大力推进供给侧改革和产业结构转型升级，在一定程度上给中小企业发展带来了压力。近几年我国政府陆续出台了一系列针对中小企业的扶持政策和减免企业税费负担的政策，这些措施在一定程度上使中小企业获益。

山东省十分重视中小企业发展，在企业注册、财政扶持、税收减免等政策方面给予大力支持。2017年，全省中小企业数量在之前三年大幅增长的基础上，继续保持了增长态势。截至年末，山东市场主体数量达到806.80万户，位列广东、江苏之后，排名第3；全省规上工业企业户数再攀新高，年末达225万户，同比增长18.42%，全年新增35万户；全省私营企业数量达209.70万户，个体工商户达561.80万户。全年省内规模以上中小工业企业实现利润5036.42亿元，规模以下工业实现增加值1686.3亿元；2017年规模以上中小企业从业人数为555.42万人，实现利税总额为7467.18亿元，出口交货值为3921.70亿元，中小企业为全省经济发展做出重要贡献。为培植经济新动力，2017年山东省评选出31个产业集群及双创示范基地，产业集群涵盖支柱产业、先进制造业、现代服务业三大类别的21个不同门类，有效支持了"双创"建设。在取得成绩的同时，全省中小企业也出现了主营业务收入、利润总额下滑等问题，与广东、江苏和浙江等发达省份比较，存在管理水平、服务意识、职业化水平等方面上的差距，因此，山东中小企业应该在发挥自身优势的同时，虚心学习先进省份中小企业发展经验，在新旧动能转换工程中发挥重要推动作用。

本报告将围绕山东中小企业对本省经济总量贡献、劳动就业贡献、财政税收贡献、进出口贸易贡献四个方面进行阐述，并在省内各市之间进行比较，其中在经济总量贡献和进出口贸易贡献两个方面还与广东、江苏和浙江三个省份进行了比较，进而找出山东中小企业发展的优势和差距，认识到自己的不足，从而更好地学习发达省份中小企业发展的经验。

一 经济总量贡献

中小企业作为国民经济和社会发展的重要力量，是创新的活力源泉、就业的主体、经济贡献的重要基础，大力促进中小企业发展意义重大。我国经济进入新时代，中小企业在统筹稳增长、促改革、调结构、惠民生、防风险各类民生工程中将有重大空间可以发挥。中小企业应该按照创新驱动发展理念，培养自主品牌，拥有更多自己的知识产权，走专精特新的道路，在自己发展壮大的同时，也为国民经济做出贡献。

（一）中小企业对山东经济的贡献

1. 中小企业数量增加

（1）全国市场主体数量增加

中小企业是国民经济的重要组成部分，是推动国民经济持续发展的重要力量，在吸收劳动就业、构建和谐社会方面发挥着重要的作用。中小企业作为市场竞争机制的真正参与者和体现者，在一定程度上可看作经济发展的基本动力，反映了经济分散化、多样化性质的内在要求，中小企业参与市场竞争体现了其具有先进性、顽强性和生命力。

2017年，为了提高中小企业服务质量，全国31个省（区、市）开通全程电子化登记系统，电子营业执照全面实施，多地推行手机App、最多跑一次、零见面等创新举措，成为国务院"放管服"改革中的亮点。"放管服"改革有效促进了市场主体的发展，2017年我国实有市场主体9814.80万户，比2016年增长12.7%；其中全年新设市场主体1924.90万户，同比增长16.6%，平均每天新设5.27万户。

（2）山东市场主体增幅高于全国

2017年山东工商和市场监管部门不断深化商事制度改革，大力实施小微企业"双升战略"，积极完善企业信用监管体系，着力打造营商环境"高地"，市场主体持续快速健康发展，为助力新旧动能转换重大工程发挥了积极作用。截至2017年末，山东市场主体数量达到806.80万户，实际增加户数为96.80万户。全年新登记市场主体为149.6万户，扭转了2016年的下降态势（降幅为7.10%）；注册资本为3.4万亿元，同比增长25.30%。与全国对比来看，2017年末，山东市场主体数量占全国市场主体数量的8.22%。从市场主体增幅看，山东比全国高0.9个百分点；从新设市场主体增幅看，2017年全国增幅为16.6%，而山东为4.5%，比全国低12.1个百分点。山东在新设市场主体增幅方面明显落后于全国，在培育中小企业方面能力有待提高（见图1）。

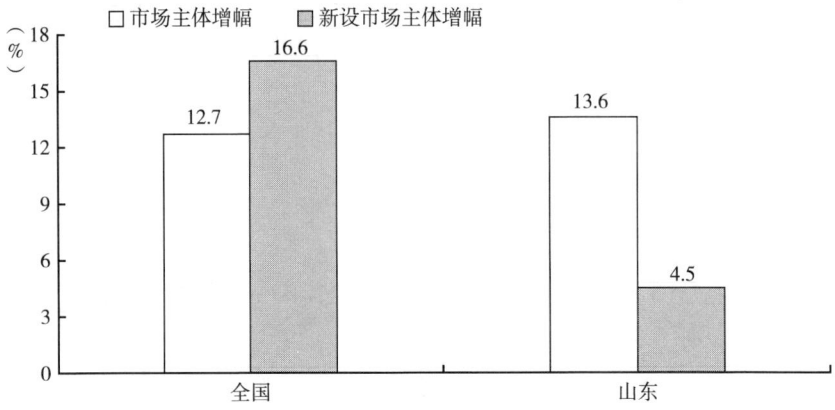

图1 全国与山东市场主体、新设市场主体增幅比较（2017年）

资料来源：国家工商总局、山东省工商局、齐鲁财富网。

山东省中小企业对社会的贡献

2017年末山东中小企业户数为225万户,占全省市场主体数量的27.89%;中小企业户数同比增长18.42%,比市场主体增幅高4.82个百分点;全年新增中小企业35万户,占全省新登记市场主体的23.40%(见表1)。各地积极落实"双升战略",落实中小微企业的帮扶措施,激发了市场活力,中小企业已成为山东市场主体的重要力量。

表1 山东省市场主体与中小企业数量及增幅对比(2017年)

单位:万户,%

名　称	整体数量	增幅	新登记数量	增幅
市场主体	806.80	13.60	149.60	4.50
中小企业	225.00	18.42	35.00	0.36

资料来源:山东省工商局、山东省中小企业局、齐鲁财富网。

(3)中小企业数量持续增加

2017年,山东省认真落实"双创""中国制造2025""互联网+""一带一路"等重点任务,营造良好发展环境,推动中小微企业发展。全年中小企业呈现良好发展势头,中小企业户数创出历史新高,2017年末达225万户,全年新增35万户,比2016年增长18.42%(见图2)。新增加的中小

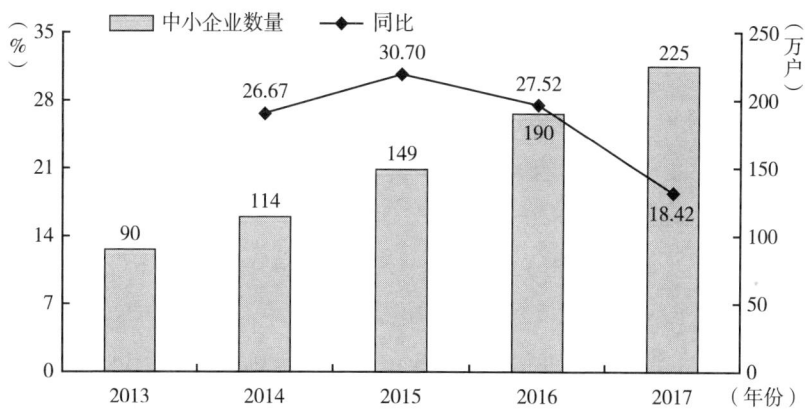

图2 山东省中小企业数量统计(2013~2017年)

资料来源:山东省中小企业局、山东省工商局、山东省统计局、齐鲁财富网。

企业促进了山东经济发展和社会就业，成为支撑山东经济转型升级的生力军。其中，私营企业和个体工商户也保持了增长态势，截至2017年末，私营企业数量达209.70万户，比2016年增长19.90%，实有增加户数为34.80万户；个体工商户达561.80万户，比2016年增长12.00%，实有增加户数为60.00万户（见表2）。

表2 山东市场主体数量及增幅统计（2017年）

单位：万户，%

市场分类	实有户数	增幅	实有增加户数
中小企业	225.00	18.42	35.00
私营企业	209.70	19.90	34.80
个体工商户	561.80	12.00	60.00
市场主体	806.80	13.60	96.80

资料来源：山东省中小企业局、山东省工商局、山东省统计局、齐鲁财富网。

2. 中小企业增加值保持增长

（1）山东工业增加值增速高于全国

2017年中国工业经济运行总体平稳，主要指标明显改善，整体形势向好。工信部数据显示，全年工业增加值总量达到28万亿元人民币，比2016年增长6.4%，增加值占GDP的比重为33.9%，比2016年同期提高了0.54个百分点。其中，2017年规模以上工业增加值增速达到了6.6%，是2015年以来增长速度最快的一年。从山东省来看，2017年山东工业生产平稳增长。全年工业增加值为28705.7亿元，比2016年增长6.6%，高于全国0.2个百分点，占本省GDP的39.5%，比全国平均水平高出5.6个百分点。规模以上工业增加值增长6.9%，比全国高出0.3个百分点（见图3）。其中，轻工业增长6.9%，重工业增长6.9%，装备制造业增长11.0%，高技术产业增长10.9%，六大高耗能行业增长3.6%，工业结构进一步优化。

（2）中小企业增加值增速情况

2017年山东规模以上中小工业企业增加值继续保持增长态势。山东省统计局数据显示，全省规模以上中小工业企业增加值比2016年增长6.10%，占全部工业企业增加值的63.60%，占全省GDP的23.64%。从2015～2017年情况来看，尽管全省规模以上中小工业企业增加值增速有所下降，但总体呈现稳步增长态势，增加值占全部工业企业增加值的比重始终稳定在60%之上（见图4）。山东省委省政府十分重视中小企业发展，出台了《山东省人民政府关于贯彻国发〔2012〕14号文件进一步支持小型微型企业健康发展的实施意见》《山东省人民政府关于促进全省民营经济加快发展的意见》《山东省人民政府办公厅关于扶持新注册小微企业发展的意见》等文件，为中小企业科技创新、转型升级创造良好政策环境，激发创新活力，推动转型发展。通过政策支持，中小企业发挥创业创新精神，做到生产专业化、工艺精细化、服务特色化、技术高新化，激发创新活力，推动转型发展。

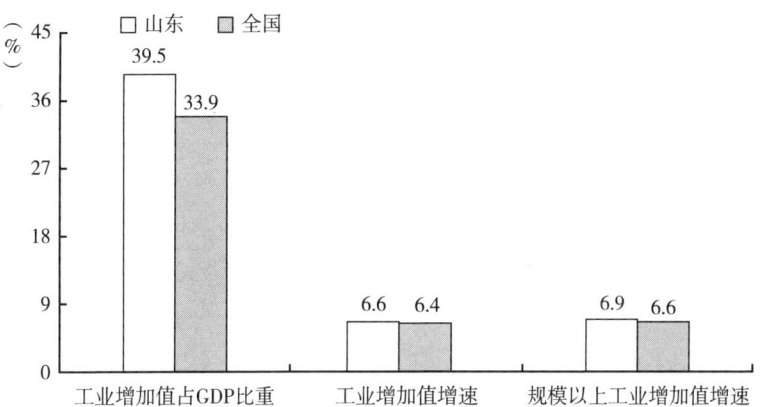

图3　山东省与全国工业增加值增速对比（2017年）

注：山东工业增加值占GDP的比重中GDP是指本省的GDP。
资料来源：国家统计局、山东省统计局。

3. 产业集群促进经济发展

改革开放以来的实践表明，越是中小企业发展较快的地区，越是相对富裕的地区。利用中小企业灵活善变的优势，引导它们放开搞活，对活跃市场能起到重要效果。现代经济发展中既存在集中化的趋势，同时也保持着不断分散的制衡过程，主要表现为几乎所有竞争性行业或领域中都存在大量的中小企业。中小企业竞争激烈,是推动市场活跃、成长的基本力量。同时,中小企业的集聚效应,也是推动产业集群发展的重要因素。为此,山东省政府根据实际情况,统筹规划,积极推动产业集群发展。

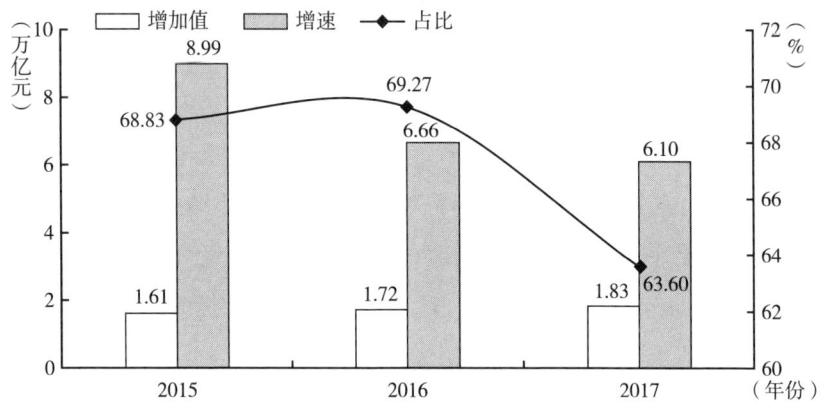

图4 山东省规模以上中小工业企业增加值、增速及占全部工业企业增加值的比重(2015~2017年)

注:增加值、增速是指山东省规模以上中小工业企业的增加值、增速;占比是指山东省规模以上中小工业企业增加值占全部规模以上工业企业增加值的比例。

资料来源:国家统计局、山东省中小企业局、山东省统计局、齐鲁财富网。

2017年1月,《山东省人民政府办公厅关于加快推进工业创新发展转型升级提质增效的实施意见》公布,明确全省要推进22个重点行业转型升级,重点围绕家电、农机、造纸等特色产业,形成集聚效应显著的产业集群。山东省财政厅会同发改委、经信委、科技厅、商务厅和中小企业局,启动了对产业集群的新一轮资金扶持;3年内重点培育10个5000亿元级支柱产业集群、30个千亿元级主导产业集群和50个500亿元级特色产业集群,这些产业集群未来将对经济发展起到重要带动作用。另外,作为推进新旧动能转换和经济结构升级的重要力量,山东十分重视双创工作,大力推进双创示范基地建设,将双创纳入规范、科学发展道路,发挥其对经济发展的关键支撑作用。为培植经济新动力,2017年,省财政扶持了一批产业集群及双创示范基地,产业集群涵盖支柱产业、先进制造业、现代服务业三大类别的21个不同门类,涵盖范围涉及生物医药、电子元器件、文化创意、节能环保等(见表3)。

表3　山东双创产业集群及示范基地（2017年）

（1）支柱产业集群转型升级示范（培育）名单	（3）现代服务业产业集群转型升级示范名单
潍坊动力装备产业集群	济南历下区现代服务业产业集群
烟台新材料产业集群	威海环翠区现代服务业产业集群
淄博高端化工产业集群	青岛灵山湾影视文化产业集群
东营石化产业集群	临沂兰山商城物流业产业集群
济宁装备制造产业集群	聊城烟店轴承商贸产业集群
临沂工程机械产业集群	枣庄台儿庄古城文化产业园
滨洲高端铝产业集群	菏泽天华电商物流产业园
（2）先进制造业产业集群转型升级示范名单	（4）双创示范基地名单
菏泽曹县林木制品产业集群	德州高新技术服务创业服务中心示范基地
临沭复合肥产业集群	潍坊高新区生物医药小微示范基地
滕州玻璃产业集群	烟台芝罘区"互联网+电子商务、文化创意、节能环保示范"基地
临朐铝型材产业集群	枣庄山亭区豆制品标准化生产示范基地
金乡大蒜深加工产业集群	莱芜高新区双创示范基地
博兴商用厨具产业集群	淄博淄川区昆仑镇陶瓷+高端锻压装备示范基地
广饶橡胶轮胎产业集群	潍坊奎文区小微企业创业创新示范基地

资料来源：山东省经济和信息化委员会、齐鲁财富网。

（二）地市中小企业特色表现

1. 青岛规模以上中小工业企业数量排名全省靠前

截至2017年末，在山东17地市中，规模以上中小工业企业数量超过4000家的共有2个，为青岛和临沂，数量分别是4349家和4010家；数量为3000～4000家的也有2个市，为潍坊和菏泽，数量分别为3745家和3574家。其中，省会济南以1928家居全省第10位（见图5）。山东各地市之间差距较大，尤其经济最为发达的青岛市，数量遥遥领先，和莱芜相比，数量是其7.88倍。另外，省会济南排名远不及经济相对较弱的菏泽（第4位）、德州（第5位）和聊城（第8位），凸显出与省会城市不匹配的尴尬地位。

从青岛来看，当地政府十分重视中小企业发展，树立新发展理念，主动适应经济新常态，以深化供给侧改革为主线，营造和优化"双创"发展新环境，突出能级提升、示范引领，培育新动能，引领中小企业转型升级。2017年，青岛围绕建设国家区域服务业中心目标，聚焦制约业内发展的难点问题，破除体制机制障碍，完善政策环境，推动生产性服务业向专业化和价值链高端延伸，增加新服务、新供给，培育新增长点，形成新动能，探索形成可复制、可推广的经验和模式，为全国转变经济发展方式、推动供给侧结构性改革提供示范。

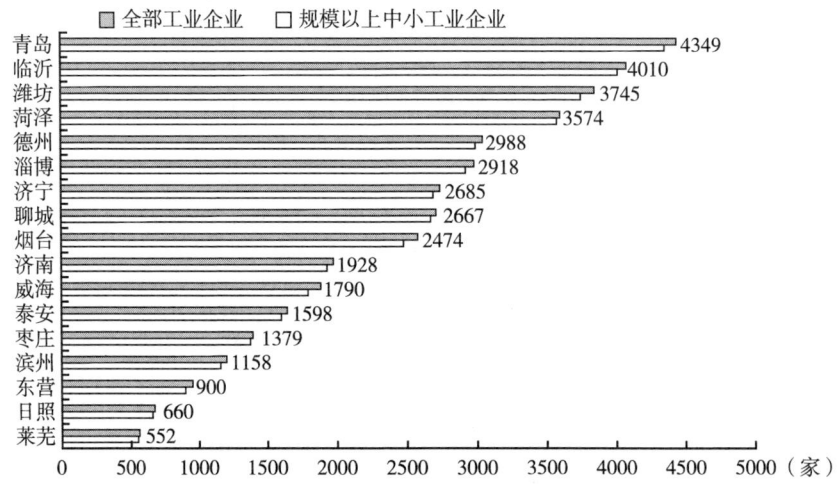

图5 各地市规模以上中小工业企业及全部工业企业数量（2017年）

资料来源：山东省中小企业局、山东省统计局、齐鲁财富网。

2.德州规模以上中小工业企业主营业务收入较多

2017年末，山东规模以上中小工业企业累计实现主营业务收入比2016年减少8.70%。从全省17地市来看，规模以上中小工业企业主营业务收入超过8000亿元的共有3个，为德州、青岛和临沂，主营业务收入分别为8979.81亿元、8612.16亿元和8146.09亿元，其中，与各市GDP相比，德州中小企业表现最为抢眼。整体来看，各市之间规模以上中小工业企业主营业务收入差距较大，德州是莱芜的12.39倍；从相邻两市差距看，排名第7位的烟台比第8位的聊城多出1192.56亿元，第10位的威海比第11位的济南多出1407.75亿元,枣庄比日照多出1047.11亿元,其他相邻两市差距相对小一些。另外,省会济南由于规模以上中小工业企业数量较少,主营业务收入排名第11位(见图6)。

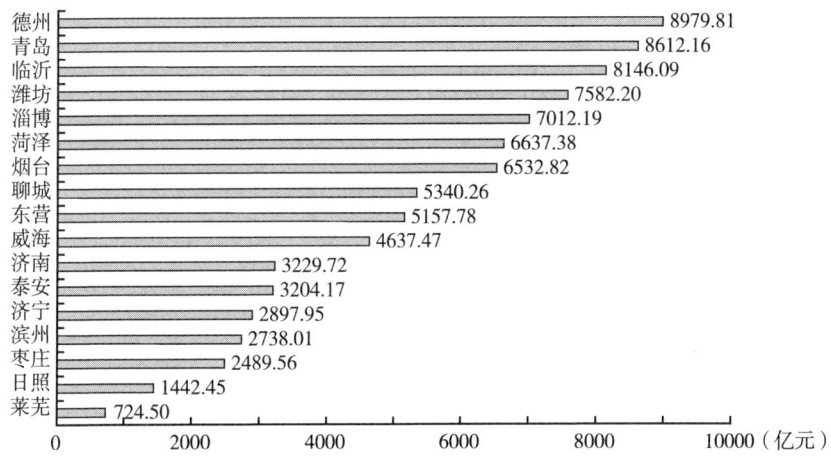

图6 山东省地市规模以上中小工业企业主营业务收入(2017年)

资料来源:山东省中小企业局、山东省统计局、齐鲁财富网。

排名第一的德州位居山东西部,2017年GDP为3205亿元,全省排名第12;而规模以上中小工业企业数量为2988家,全省位居第5。截至2017年末,德州市中小企业总数达到6.80万户,比2016年增加1万户,其中,规模以上中小工业企业占全市全部规模以上工业企业的98.30%;全年德州规模以上中小工业企业营业收入占全市全部中小企业(实现营业收入13128.40亿元)的68.40%。2017年德州认真梳理、总结国家、省、市出台的扶持中小微企业发展的优惠政策和相关措施,主动创造条件,让中小企业享受税收优惠政策,同时引导中小企业对外开拓国际市场,对内连接雄安新区和济南新旧动能转换试验区,推动德州外向型经济发展,利用国内外两种资源,推动德州中小企业迈向高质量发展。

3. 济南知识产权竞争力优势明显

2017年,山东发明专利拥有量继续保持快速增长,有效发明专利达到

7.5万件,同比增长20%;每万人口发明专利拥有量达到7.57件,较2016年增加1.24件;PCT国际专利申请量达到1700件,同比增长22%;专利行政执法办案量达到5209件,同比增长52.3%,专利权质押融资总金额达到50亿元,受惠企业数比2016年增加52%,为促进经济发展方式转变、经济结构调整、新旧动能转换提供重要支撑和保障。

山东知识产权竞争力不断增强,国内发明专利授权量增幅排名靠前的市有东营、济南、泰安、日照、淄博、潍坊。从知识产权质押融资情况来看,全省在国家知识产权局备案的专利权质押合同登记量达到458项,同比增长51.7%,质押融资金额为49.9亿元。其中,知识产权质押融资金额过亿元的地市共有11个,济南以9.56亿元的知识产权质押融资金额位居全省第1(见图7)。

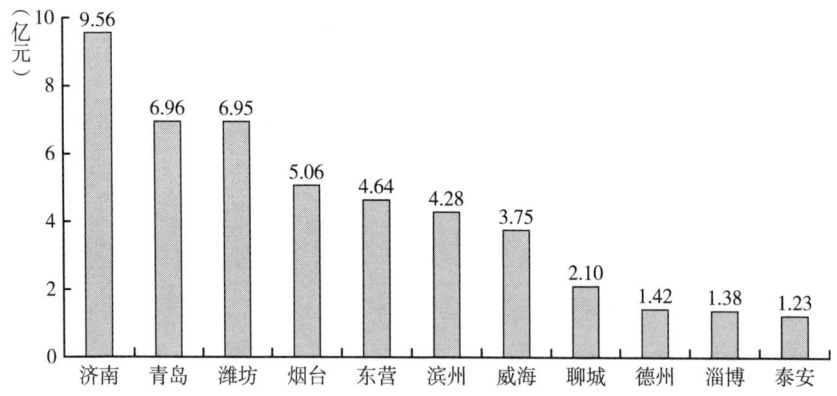

图7 山东省知识产权质押融资金额过亿元地市(2017年)

资料来源:山东省知识产权局、齐鲁财富网。

(三)四省中小企业经济贡献比较

1.市场主体数量比较

从四省[①]情况来看,2017年广东市场主体数量超过1000万户,也是

---

① 本报告是指山东、广东、江苏、浙江四省。

全国唯一超过千万户的省份，数量遥遥领先江苏、山东和浙江；而江苏和山东市场主体数量相差不大，数量均超过800万户；浙江民营经济发达，但整体数量落后于广东、江苏和山东，市场主体数量近600万户。从四省市场主体2017年增幅来看，江苏省市场主体数量增幅超过16%，增幅位居全国第1；广东作为全国最为发达的省份，市场主体数量依然增长强劲，增幅达14.39%，位居四省第2；山东增幅为13.60%，位居四省第3，浙江增幅为12.20%，位居四省最后。与全国12.70%的增幅对比，广东、江苏、山东均跑赢全国水平，只有浙江低于全国水平0.5个百分点（见图8）。

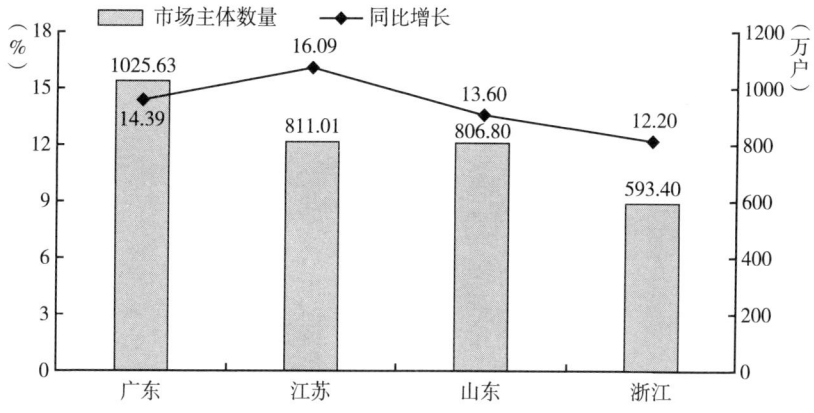

图8　四省市场主体数量及其增长情况（2017年）

资料来源：四省工商局、齐鲁财富网。

浙江省政府数据中心交换数据显示，2017年浙江新登记企业共实现纳税79亿元，较2016年增加6.2亿元，同比增长8.5%，带动就业人数25.7万人，浙江中小企业发展成果非常显著，其经验值得山东借鉴。

2. 发明专利比较

（1）山东发明专利授权量较少

中小企业对推动生产技术创新具有不可替代的作用，因此，对于正在实施新旧动能转换项目的山东具有十分重要的意义。鉴于中小企业发明专利数据获取困难，本报告采用了全部主体发明专利数据。国家知识产权局数据显示，2017年，我国发明专利申请量为138.2万件，同比增长14.2%。共授权发明专利42.0万件，其中，国内发明专利授权32.7万件，同比增长8.2%。在国内发明专利申请量和拥有量中，企业所占比重分别达到63.3%和66.4%，较2016年提高1.6个和0.9个百分点；企业对我国国内发明专利申请量增长的贡献率达到73.5%。

从2017年四省专利申请量来看，2017年广东发明专利申请量为18.26万件，发明专利授权量为4.57万件；江苏发明专利申请量为18.70万件，发明专利授权量为4.20万件；浙江发明专利授权量为2.87万件；山东发明专利申请量为6.8万件，发明专利授权量为1.90万件，每万人口有效发明专利拥有量为7.57件，同比增加1.24件。山东在四省发明专利授权量中排名靠后，技术创新水平有待提高（见图9）。

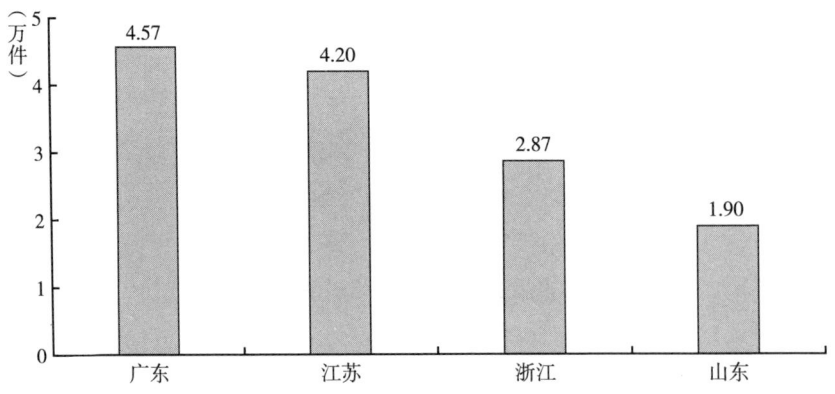

图9　四省发明专利授权量（2017年）

资料来源：四省统计局、齐鲁财富网。

（2）PCT国际专利申请量山东居后

PCT是《专利合作条约》（Patent Cooperation Treaty）的英文缩写，是有关专利的国际条约。PCT的主要目的在于，简化以前确立的在几个国家申请发明专利保护的方法，使其更为有效和经济，并有益于专利体系的用户和负有对该体系行使管理职权的专利局。2017年，国家知识产权局共受理PCT国际专利申请5.1万件，同比增长12.5%。2017年，PCT国际专利申请量超过1000件的省（区、市）有7个，四省均进入前7名。其中，广东PCT国际专利申请量为2.68万件，位列全国各省份第一；江苏PCT国际专利申请量为0.46万件，全国排名第三；山东PCT国际专利申请量为0.17万件，在全国位居第五；浙江PCT国际专利申请量为0.14万件，在全国位居第六。上述四省的PCT国际专利申请量占国内总量的67.65%（见图10）。广东作为全国制造业加工基地，国际贸易发达，企业重视创新和国际知识产权保护，PCT国际专利申请量全国占比超过50%。山东虽为经济强省，但PCT国际专利申请量仅占广东的6.34%，差距十分明显，山东在发明创新和国际知识产权保护水平方面亟待提高。

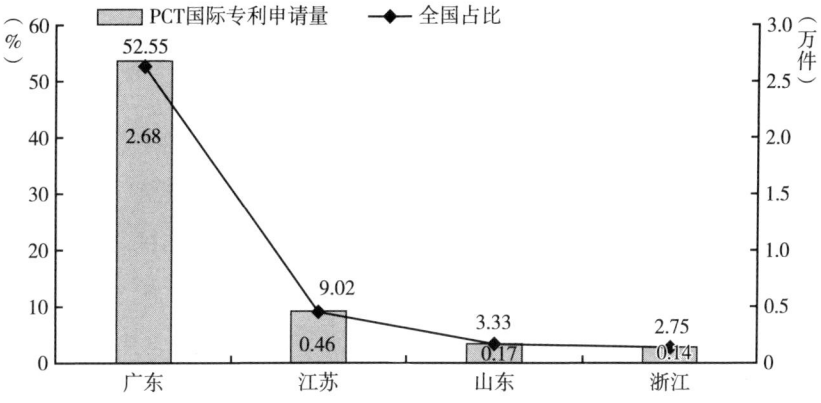

图10　四省PCT国际专利申请量及全国占比（2017年）

资料来源：国家知识产权局、齐鲁财富网。

二　劳动就业贡献

扩大就业被认为是中小企业重要的经济贡献之一。从各国经济发展情况来看，中小企业吸纳的就业人数占总就业人数的65%~80%，因此，当今世界各国都把大力扶持与发展中小企业作为解决就业问题的主要手段。我国中小企业数量占企业总数的99.70%以上，提供了80%的就业岗位，中小企业已成为我国提供劳动就业岗位的生力军。

（一）中小企业对山东就业的贡献

1. 个体私营企业贡献全省三成就业岗位

个体私营经济是吸纳就业人口的重要"蓄水池"，其经济发展水平越高，越能够促进产业结构顺利升级，并提供更多的就业岗位，因此，个体私营经济发展越充分，越能够缓解就业压力，有效"消化"失业人员。个体私营经济一般以中小企业为主，这就从侧面反映了中小企业在吸纳就业方面起到的重要作用。国家工商总局数据显示，截至2017年末，我国实有个体工商户6579.40万户，私营企业2726.30万户，合计占全部市场主体的94.80%，从业人员为3.41亿人，占全国从业人员数量的43.94%，因此，个体私营经济吸纳就业效果显著，已成为大众创业、万众创新的重要力量，巩固了经济发展的微观基础。

山东近年来持续深入推进商事制度改革，引发大众创业热潮，促进了就业增长，个体私营经济吸纳就业的能力不断提高，极大地缓解了社会就业压力。根据2017年8月山东省工商局召开的新闻发布会公布的数据来看，全省上半年个体私营企业累计安置从业人员2549.40万人，占全省就业人员总数的1/3。新登记个体私营经济安置从业人员245.40万人，比2016年同期增加31.40万人，同比增长14.60%；其中，私营企业累计安置从业人员1396.30万人，同比增长21.20%，新登记私营企业从业人员为129.30万人，同比增长8.90%，户均吸纳5.70人就业；新登记个体工商户从业人员达到116.10万人，同比增长21.80%，户均吸纳2.90人就业，户均增长0.70人，全省个体工商户共吸纳1153.10万人就业，同比增长14.10%。

中小企业点多、面广、经营灵活的特点与第三产业提供服务的特征十分匹配，第三产业中的大多数企业为中小企业，因此，依靠第三产业解决就业问题成为世界各国的共同做法。从山东省公共就业和人才服务中心发布的2017年第四季度"全省公共人力资源市场职业供求状况分析报告"来看，第二、三产业吸纳就业合计占总需求的96.12%，第三产业需求作为山东省吸纳就业主渠道作用持续稳定。服务业在发展的同时，增加了城乡居民收入、拓展了就业渠道，对于改善民生、加快城镇化进程贡献巨大。

2. 中小企业吸纳就业效果显著

就业是最大的民生问题，是经济发展最基本的支撑。山东是人口大省，且又进入新旧动能转换期，经济结构和增长方式的转变，必然会影响就业，此时更应该重视中小企业的发展，提高中小企业的活跃度，以对冲淘汰产能过剩行业带来的就业压力。

从2015~2017年情况来看，山东规模以上中小工业企业从业人数始终保持在500万人之上，2015~2017年累计为1739.69万人提供了就业岗位。具体来看，2015年，山东规模以上中小工业企业从业人数为599.08万人，2016年从业人数为585.19万人，2017年为555.42万人（见图11）。在经济进入新常态背景下，增长速度趋缓，增长方式开始向高质量方向发展，这对中小企业的发展产生一定影响，从而导致近年来就业人数逐年减少。但是，中小企业在促进就业方面仍有很大的潜力可挖，量大面广的中小微企业对于解决社会就业，稳定社会发展，促进经济增长有着不可替代的作用。

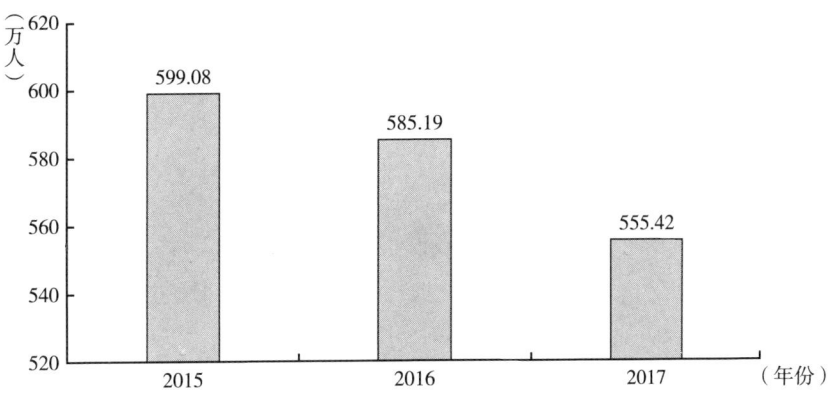

图11 山东省规模以上中小工业企业从业人数情况（2015~2017年）

资料来源：山东省中小企业局、山东省统计局、齐鲁财富网。

2017年9月，山东省人民政府发布《山东省"十三五"促进就业规划》，其目标之一就是"'十三五'时期城镇新增就业550万人以上，全省城镇登记失业率控制在4.5%以内，高校毕业生总体就业率保持在85%以上，帮助50万左右建档立卡农村贫困人口通过转移就业实现脱贫。服务业从业人员比重不断提高，新产业、新业态就业人员总量大幅增长，就业结构持续优化"。同样在9月，《山东省人民政府关于助推新旧动能转换做好当前和今后一段时期就业创业工作的意见》发布，在"推动就业优先"的4项政策措施方面，其中之一就是发挥中小微企业就业主渠道作用。这一综合性意见指出了中小微企业在促进就业中的重要性。随着这些政策的实施，山东中小企业就业人数减少的问题将得到扭转。

（二）地市中小企业特色表现

1. 青岛规模以上中小工业企业吸纳从业人数表现突出

2017年，从全省17地市来看，青岛市规模以上中小工业企业从业人员达66.74万人，是唯一一个从业人数过60万人的市；从业人数排名第二的是临沂市，从业人数为55.21万人，也是从业人员为50万～60万人仅有的市；从业人数为40万～50万人的有4个市，分别为潍坊、菏泽、烟台和德州市，从业人数分别为49.44万人、45.47万人、44.41万人和42.11万人，其中，德州和菏泽属于山东经济发展较为落后的市，但中小企业在吸纳就业作用上效果显著（见图12）。

青岛市经济规模多年来稳居全省第一位，规模以上中小工业企业数量在全省排名第一，为促进就业提供了规模支持。2017年12月，青岛发布《青岛市"十三五"促进就业规划》，提出"十三五"时期城镇新增就业150万人以上，民营企业、中小企业将继续成为就业的主渠道。

2. 枣庄中小工业企业平均吸纳就业人数排名省内靠前

从山东17地市规模以上中小工业企业平均吸纳就业人数来看，枣庄共有规模以上中小工业企业1379家，平均每家企业吸纳就业人数为213.78

山东省中小企业对社会的贡献

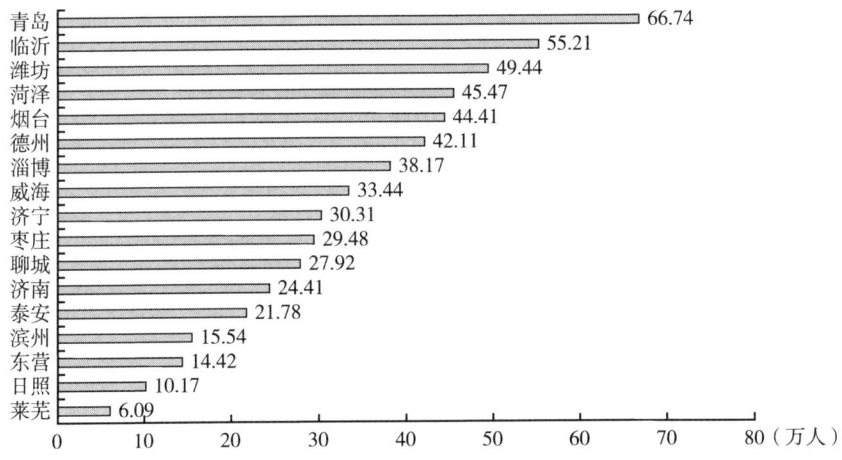

图 12　山东地市规模以上中小工业企业从业人数统计（2017 年）

资料来源：山东省中小企业局、山东省统计局、齐鲁财富网。

人，是唯一平均每家企业吸纳就业人数超过 200 人的市，位居全省第一；平均每家企业吸纳人数为 150~200 人的市有 5 个，分别是威海、烟台、东营、日照和青岛，平均每家企业吸纳就业人数为 186.82 人、179.51 人、160.22 人、154.09 人和 153.46 人，可以看出，中小企业数量较少的东营和日照，在吸纳就业人数上也比较靠前；省会济南平均吸纳 126.61 人就业，排名第 14 位（见图 13）。

2017 年，枣庄规模以上中小工业企业数量在全省排名第 13，但从业人数达 29.48 万人，从平均数来看全省排名第一。全年枣庄第三产业增加值为 958.69 亿元，增长 7.90%。第三产业的快速增长带动了就业岗位增加。同时，枣庄还加大了政策、财政支持力度，2017 年 4 月，枣庄颁布《枣庄市创业带动就业扶持资金管理暂行办法》，其中，在创业、提供就业方面给予了大力支持。

（1）市级创业孵化示范基地奖补标准。生产经营厂房面积在 6000 平方米以上（楼宇型基地面积在 3000 平方米以上），入驻孵化实体 60 个，创业和稳定吸纳就业 300 人以上，给予孵化基地 50 万元的奖补资金。在此基础上，每增加1户创业实体且创业和稳定吸纳就业5人以上（含5人），给予孵化基地增加1万元奖补资金；每有1户孵化成功迁出孵化基地继续创业，给予孵化基地增加1万元奖补资金，市级创业孵化示范基地奖补资金最高不超过100万元。

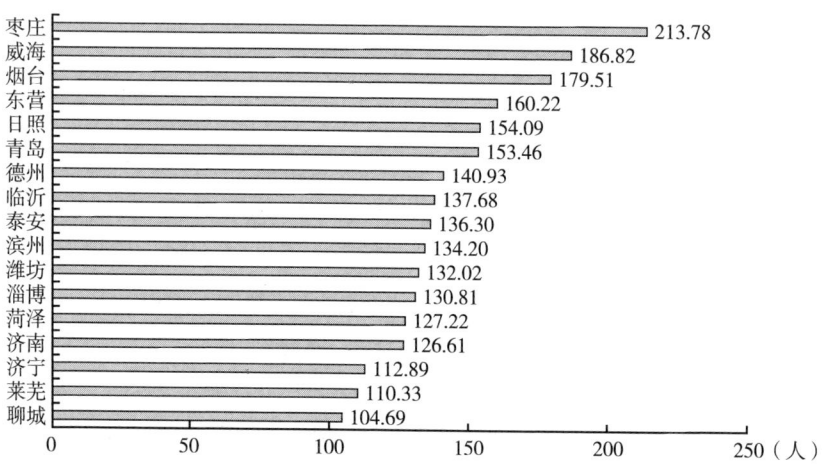

图13 山东地市平均每家规模以上中小工业企业吸纳就业人数（2017年）

资料来源：山东省中小企业局、山东省统计局、齐鲁财富网。

（2）市级创业示范园区奖补标准。入园创业实体60个，创业和稳定吸纳就业600人以上，给予50万元的奖补资金。在此基础上，每增加1户创业实体且创业和稳定吸纳就业5人以上（含5人），给予创业园区增加1万元奖补资金，市级创业示范园区奖补资金最高不超过100万元。

三 财政税收贡献

2018年5月，工业和信息化部中小企业发展促进中心主任苗长兴表示，中小企业是我国数量最大、最具活力的企业群体；我国中小企业贡献了50%以上的税收，创造了60%以上的GDP，完成了70%以上的发明专利，提供了80%以上的城镇就业岗位。可见，中小企业贡献了全国一半以上的税收，成为国家财政税收的重要力量。

（一）中小企业对山东财政税收的贡献

1. 税收优惠助力中小企业发展

继 2016 年实施"营改增"之后，2017 年 9 月 1 日，第十二届全国人民代表大会常务委员会第二十九次会议审议通过了《中华人民共和国中小企业促进法》，并于 2018 年 1 月 1 日开始实施。新法提出积极为中小企业减负，涉及多项税收优惠内容。

（1）保护权益和减轻企业负担

修订后的法律明确保护中小企业的合法权益，其中，对于中小企业经常遇到的回款难的问题，法律明确规定了政府部门和大型企业不得拖欠中小企业的工程货款和服务款项，建立专门针对中小企业的维权渠道和机制。

（2）制定税收优惠政策

修订后的法律规定要减免增值税，只要中小企业月营业额少于 3 万元都可以免征增值税。对许多季节性企业如果单月超过了 3 万元限额，但是一个季度没有超过 9 万元，同样可以减免。企业所得税率优惠，普通为 25%，小微企业年应纳税所得额在 50 万元以下，可以按照 20% 税率减半征收，实际纳税率为 10%。研发费加计扣除，符合条件的所有普通企业研发费可以加计扣除 50%，而中小微企业可以扣除 75%。

山东积极落实《中华人民共和国中小企业促进法》，增强了企业投资积极性，有力配合了市场经济结构转型，对振兴经济和提振民众信心具有重要作用。成立中小企业发展专项资金和中小企业发展基金，在创业创新和市场开拓、社会服务等方面提出了具体的支持措施。

2. 利税贡献情况整体稳定

2017 年，山东规模以上中小工业企业实现利润总额 5036.42 亿元，比 2016 年减少 684.09 亿元，占全部规模以上工业利润总额的 60.48%。从 2015～2017 年趋势来看，2016 年相对于 2015 年变化较小，2016 年规模以上中小工业企业实现利润总额 5720.71 亿元，比

2015年减少42.81亿元；2017年利润总额出现较大下滑，跌幅为11.96%（见图14）。

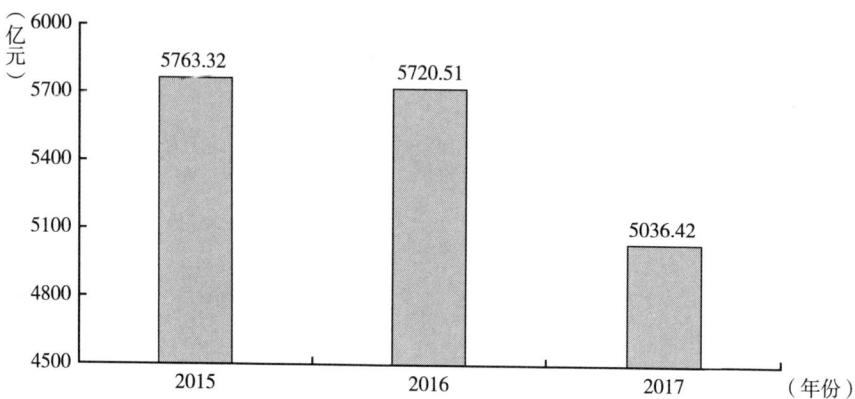

图14 山东省规模以上中小工业企业利润总额（2015～2017年）

资料来源：山东省中小企业局、山东省统计局、齐鲁财富网。

2017年，山东省落实各项减税降费政策，为企业减负860亿元。规模以上工业企业每百元主营业务收入成本为87.5元，比2016年降低0.4元。2017年山东规模以上中小工业企业实现利税总额7467.18亿元，比2016年减少11.74%，利税总额占全部规模工业利税总额的57.58%。从2015～2017年趋势来看，受环保、供给侧改革和减税降费影响，整体呈现利税减少态势。规模以上中小工业企业实现利税总额2015～2017年呈现下跌加速态势，2015年山东规模以上中小工业企业实现利税总额9234.75亿元，2016年为8460.84亿元，相比下跌8.38%，2017年实现利税总额7467.18亿元（见图15）。

2017年山东省税务部门积极与经信、科技部门协调建立企业税收减免联动机制，全面落实小微企业税收优惠政策，全年为4.41万户小型微利企业减免预缴企业所得税3.76亿元。山东通过优化税收环境，税负下降明显，大量中小微企业受益，催生了大量从事研发、信息技术、文化创意服务的小微创业企业，并吸纳了大量就业人员。同时，山东省制造业领域专业化分工更加细致，企业将研发、设计、物流等内部服务从主业剥离出来，做大做强主业，剥离出来的现代服务业务催生了新技术、新产业、新业态和新模式，逐步成为经济增长的新引擎。

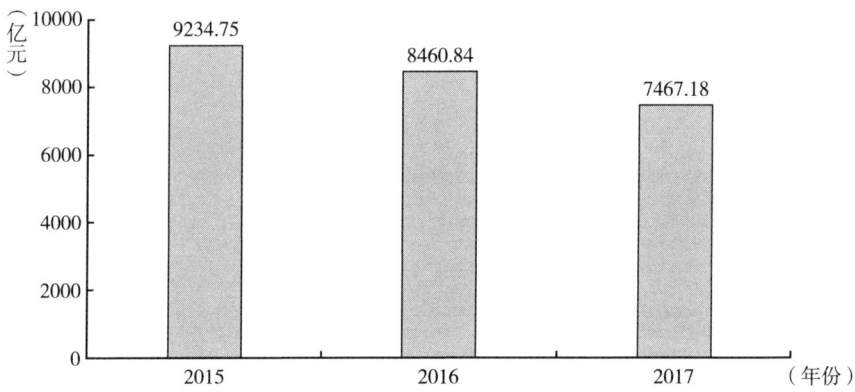

图 15　山东省规模以上中小工业企业实现利税情况（2015～2017 年）

资料来源：山东省中小企业局、山东省统计局、齐鲁财富网。

（二）地市中小工业企业特色表现

1. 菏泽中小工业企业税收贡献表现抢眼

从山东 17 地市规模以上中小工业企业实现利润总额来看，2017 年利润总额超过 450 亿元的市共有 4 个，分别是青岛、菏泽、德州和淄博，实现利润总额分别为 493.70 亿元、493.13 亿元、472.54 亿元和 467.20 亿元。其中，排名第一的青岛和排名第二的菏泽仅差 0.57 亿元，菏泽规模以上中小工业企业数量仅是青岛的 82.18%，可见，菏泽中小企业盈利能力相对较高。省会济南中小企业实现利润总额为 230.76 亿元，全省排名第 11。日照、滨州和莱芜三市利润总额均未过百亿元（见图 16）。从规模以上中小工业企业实现利税额情况来看，菏泽实现利税额 723.14 亿元，仅次于青岛的 872.38 亿元，全省排名第二，远超 GDP 较为强势的烟台、威海、潍坊等沿海地市，表现较为抢眼。

菏泽地处鲁西南地区，属于传统农业区，为了搞活经济，通过引进传统产业对自然资源进行加工，带动了投资和经济发展。随着经济的转型和产业升级，2017年，菏泽加快云计算、云应用、云管理、云营销、跨界融合，用云上智能平台把中小企业打造成数字化、智能化企业，推动中小企业"借云增智"，实现产业升级，使中小企业始终保持活力，市场竞争力不断提升。

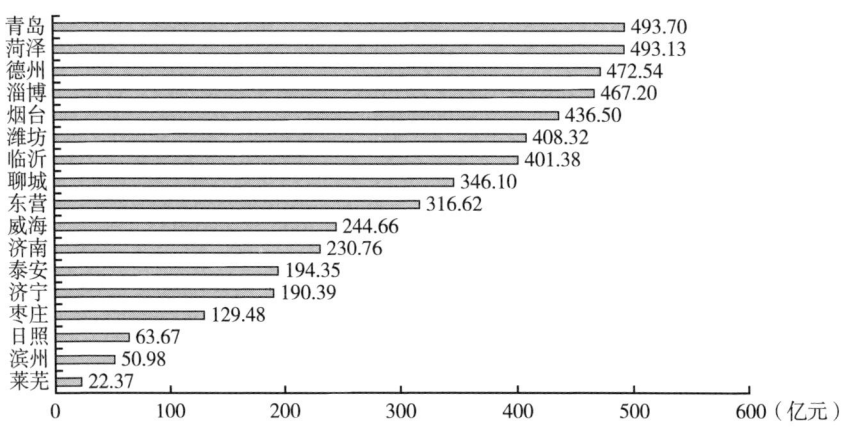

图16　山东地市规模以上中小工业企业实现利润情况（2017年）

资料来源：山东省中小企业局、山东省统计局、齐鲁财富网。

2. 地市之间中小工业企业利税额差距较大

2017年山东规模以上中小工业企业利税总额占全部规模工业利税总额的57.58%。从规模以上中小工业企业实现利税情况来看，青岛实现利税总额872.38亿元，是山东唯一过800亿元的市，位居全省第一；菏泽紧随其后，利税额为723.14亿元，全省排名第二，淄博利税额也超过了700亿元，位居全省第三。省会济南以371.20亿元位居全省第10。排名靠后的日照和莱芜实现利税额未过百亿元。从17地市差距来看，青岛利税额遥遥领先，是莱芜的26.06倍，比泰安、枣庄、滨州、日照和莱芜的总和还要多，地市之间差距明显，17地市利税额呈现明显的阶梯状（见图17）。

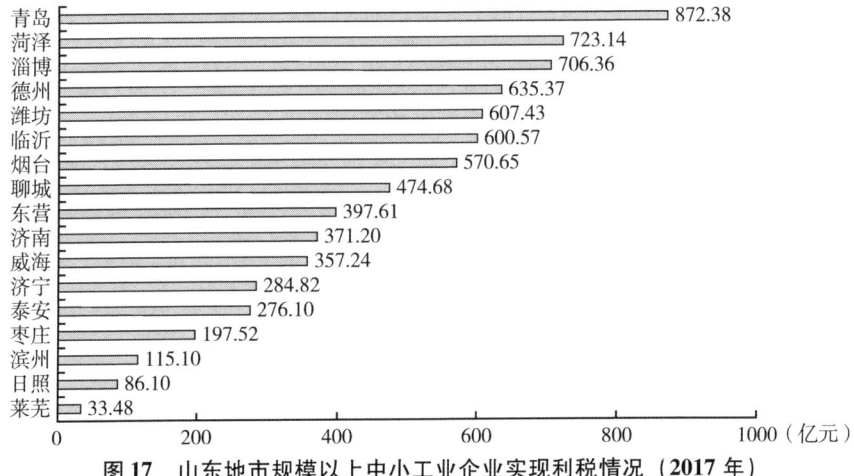

图 17　山东地市规模以上中小工业企业实现利税情况（2017 年）

资料来源：山东省中小企业局、山东省统计局、齐鲁财富网。

四　进出口贸易贡献

改革开放以来，我国对外贸易发展比较快，这期间中小企业的贸易贡献不容忽视。近几年我国出口额稳定在 15 万亿元左右，其中中小企业出口额约占 60%；在对外出口产品中，工业制成品的比重逐年增加，其中一些大宗出口产品，主要靠中小企业提供。目前，加工贸易已成为我国最主要的对外贸易方式，而中小企业则是加工贸易的中坚力量。

（一）中小企业对山东进出口贸易的贡献

1. 全省进出口贸易快速增长

世界各国中小企业的产品贸易，活跃了国际市场。在我国对外出口的产品中，工业制成品的比重逐年增加，诸如通信产品、手工业品、纺织品等大宗出口产品主要靠中小企业提供。众多中小企业利用机制灵活优势和低劳动力成本优势，出口了大量劳动密集型产品，为我国进出口贸易的发展做出了重大贡献。

国家统计局数据显示,2017年我国货物进出口总额为277923亿元,比2016年增长14.2%,扭转了此前连续两年下降的局面。其中,出口额为153321亿元,增长10.8%;进口额为124602亿元,增长18.7%。货物进出口差额(出口额减进口额)为28719亿元,比2016年减少4734亿元,收窄14.20%。从山东省来看,2017年贸易额快速增长,货物进出口总额为17823.90亿元,比2016年增长15.2%,创历史新高,领先全国1个百分点。其中,进口额为7858.50亿元,增长22.2%;出口额为9965.40亿元,增长10.1%(见图18)。

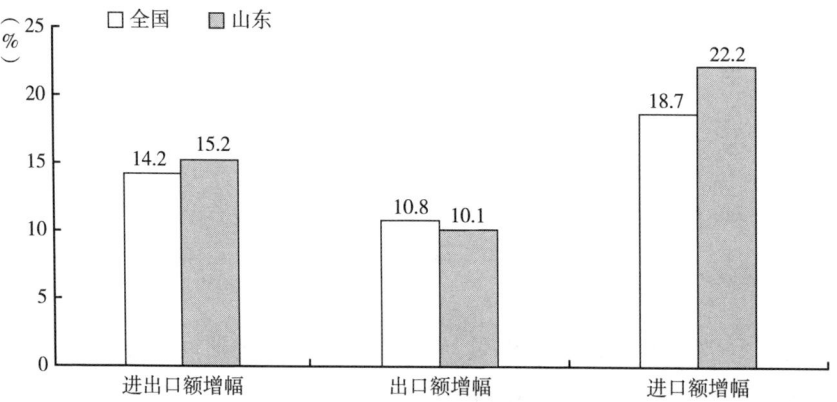

图18 山东省与全国货物进出口额增幅比较(2017年)

资料来源:国家统计局、山东省统计局、齐鲁财富网。

从2015~2017年情况来看,山东进出口额、出口额、进口额均保持了增长态势,尤其是在2017年,增幅明显。从出口额来看,2016年出口额为9052.00亿元,增长0.88%,2017年出口额为9965.40亿元,增长10.1%,较2016年增长8.9个百分点,全年出口创汇效果显著(见图19)。2017年外贸新业态进出口额快速增长,跨境电子商务进出口额为19.80亿元,增长400%,其中,出口额为12.30亿元,增长210%,进口额为7.50亿元,2016年同期无进口。

2. 民营企业成为进出口贸易主力军

2017年,我国民营企业进出口额保持增长。2018年1月,海关总署发布的数据显示，2017年，我国民营企业进出口额为10.70万亿元，增长15.30%，占我国进出口总额的38.50%，比2016年提升0.4个百分点。其中，出口额为7.13万亿元，增长12.30%，占我国出口总额的16.50%，继续保持出口额居首的地位，比重比2016年提升了0.6个百分点；进口额为3.57万亿元，增长22%。

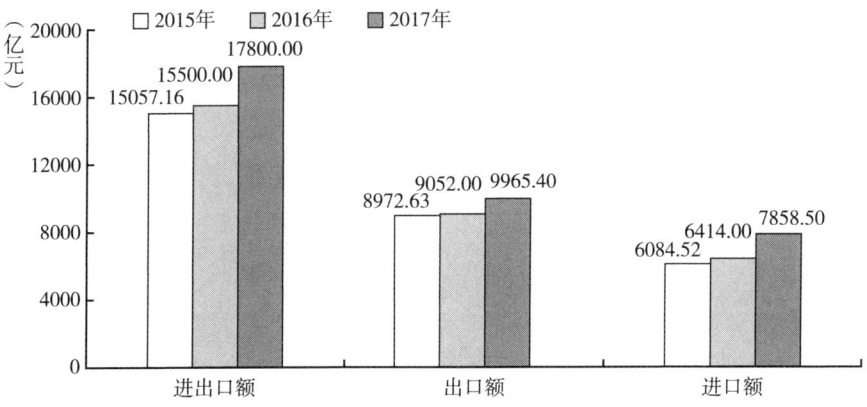

图19　山东省进出口贸易额统计（2015~2017年）

注：2015年贸易额按照当年人民币平均汇率1美元兑6.2284元计算。
资料来源：青岛海关、齐鲁财富网。

从山东进出口贸易来看，民营企业进出口主力军的作用进一步凸显，外商投资企业进出口额占比小幅下滑。民营企业进出口额为1.05万亿元，增长21.90%，增幅高于全国，占进出口总额的58.90%，比2016年提升3.3个百分点（见表4）。外商投资企业进出口额为5700.90亿元，比2016年增长4.70%，占进出口总额的32%，下滑3.2个百分点；国有企业进出口额为1614.90亿元，比2016年增长14.50%，占进出口总额的9.10%，下滑0.1个百分点。

表4　山东与全国民营企业进出口情况比较（2017年）

单位：万亿元，%

民营企业进出口	全国	山东
进出口额	10.70	1.05
增幅	15.30	21.90
占进出口总额的比重	38.50	58.90

资料来源：海关总署、青岛海关、齐鲁财富网。

另外，2017年山东传统劳动密集型产品出口额为1953亿元，比2016年增长6%，占进出口总额的19.60%，比2016年下降0.8个百分点。农产品出口额为1152.5亿元，比2016年增长7.20%，占进出口总额的11.60%，比2016年下降0.3个百分点。

3. 中小企业进出口贸易贡献大

2017年，山东规模以上中小工业企业出口交货值累计为3921.70亿元，比2016年减少271.57亿元；规模以上全部工业出口交货值为7999.60亿元，比2016年减少515.33亿元；其中，规上中小工业企业出口交货值占规上全部工业出口交货值的比重为49.02%，比2016年降低0.23个百分点（见图20）。从数据来看，受宏观经济影响，规上中小工业企业进出口能力情况同2017年山东快速增长的经济贸易形成了反差，山东在培养中小企业出口能力方面有待提高。同时，山东中小企业也应该和广东、江苏、浙江等民营经济发达省份同行加强交流沟通，借鉴它们的宝贵经验。

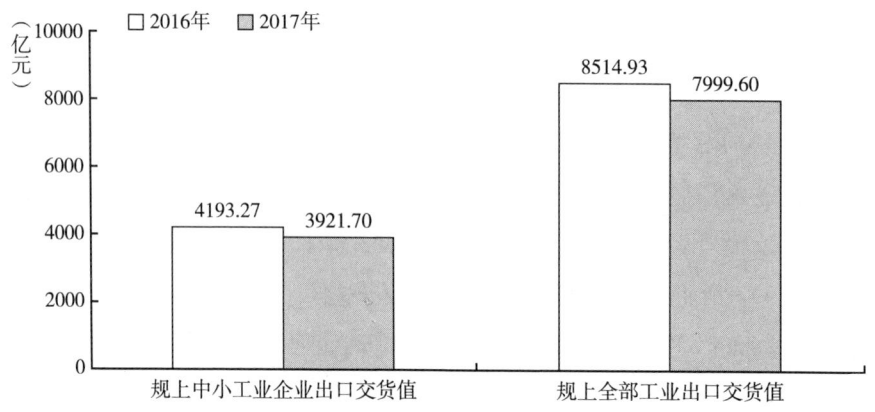

图20　山东规上中小工业企业及规上全部工业出口交货值（2016~2017年）

资料来源：山东省中小企业局、山东省工商局、山东省统计局、齐鲁财富网。

从2015~2017年来看，山东规模以上中小工业企业出口交货值先升后降，2015年出口交货值为4164.71亿元，2016年达到4193.27亿元，比2015年增加28.56亿元，2017年出口交货值少于2015年。从规上中小工业企业出口交货值占规上全部工业出口交货值的比重来看，2015~2017年呈现逐年下跌态势，2015年的比重为50.49%，2016年为49.25%，2017年跌落至49.02%（见图21）。

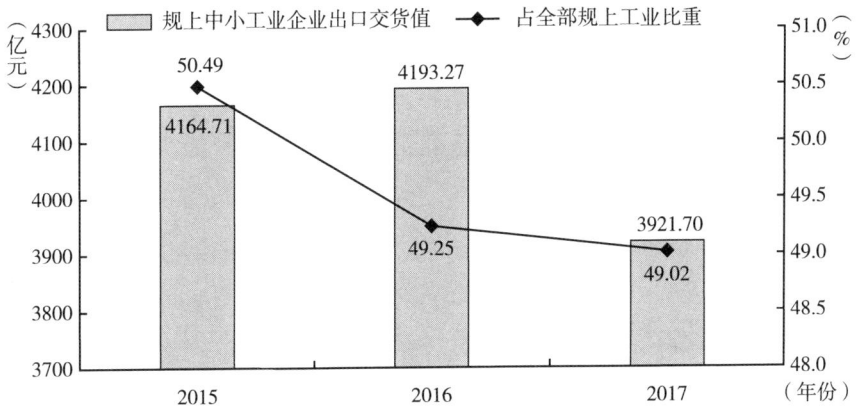

图21 山东规上中小工业企业出口交货值和占全部规上
工业比重（2015~2017年）

资料来源：山东省中小企业局、山东省工商局、山东省统计局、齐鲁财富网。

出口交货值下降，一方面，由于全球制造业竞争激烈程度上升，部分新兴市场国家凭借劳动力、土地等低成本优势，推动中低端制造业发展，与我国传统优势产品竞争；另一方面，发达经济体实施"经济再平衡、再工业化"政策，促进部分中高端制造业回流，使制造业在全球范围内的竞争更加激烈。随着外贸领域供给侧结构性改革不断深入，山东中小企业应该通过培育以技术、品牌、质量、服务、标准为核心的竞争新优势，提高创新能力和国际竞争力，来增加产品附加值和品牌影响力。中小企业主动适应市场多元化需求，探索外贸新业态、新模式，通过跨境电商、市场采购贸易、外贸综合服务企业等新业态、新模式快速发展，外贸新动力初显成效。

（二）地市进出口贸易表现[①]

1. 胶东沿海地市贸易优势明显

2017年山东货物进出口总额不仅扭转了连续两年下滑的局面，还创出

---
① 鉴于山东中小企业进出口数据获取困难原因，本节选取各地市全部进出口数据。

历史新高。从全省17地市来看，进出口总额超过千亿元的共有5个市，分别是青岛、烟台、潍坊、威海和东营，其中，青岛进出口贸易额为5024.2亿元，位列全省第一，也是唯一超过5000亿元的地市。紧随其后的是烟台，进出口额为3073.7亿元。两市进出口额遥遥领先于全省其他地区（见图22）。

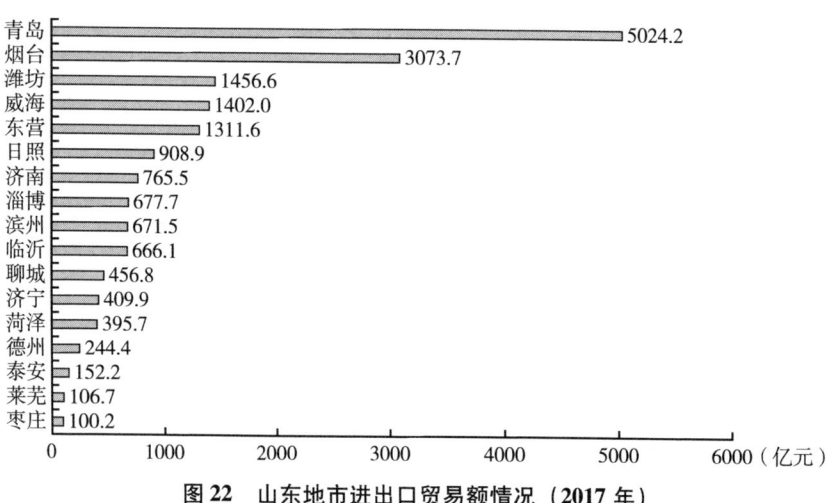

图22 山东地市进出口贸易额情况（2017年）

资料来源：青岛海关、齐鲁财富网。

从进出口贸易额增幅来看，增长幅度超过30%的只有东营1个市，进出口额增幅达31.2%，增幅位列全省第一；紧随其后的是淄博和聊城，增幅分别为29.6%和22.5%。增幅为正值且在10%之下的有济南和烟台两个市，增幅分别为6.8%和6.2%，一个是省会城市，一个是沿海地市。莱芜是唯一一个进出口额出现负增长的地市，比2016年减少5.1%（见图23）。

整体来看，青岛、烟台、潍坊、威海、东营五市进出口额共计12268.1亿元，五市进出口额均超千亿元，除烟台增幅较低外，其余四市增幅均超过15%。进出口额排名靠后的枣庄、莱芜、泰安、德州、菏泽均为内陆城市，也基本上属于传统的农业地市，和东部地区相比明显落后。随着新型工业化、信息化、城镇化、农业现代化深入推进，山东将优化贸易供给结构，创新产品制造方式和提高产品质量，抓住国家推进"一带一路"时机，拓展新的国际贸易空间。西部地区应该抓住贸易新业态的机会,提高产品附加值,实现弯道超车。

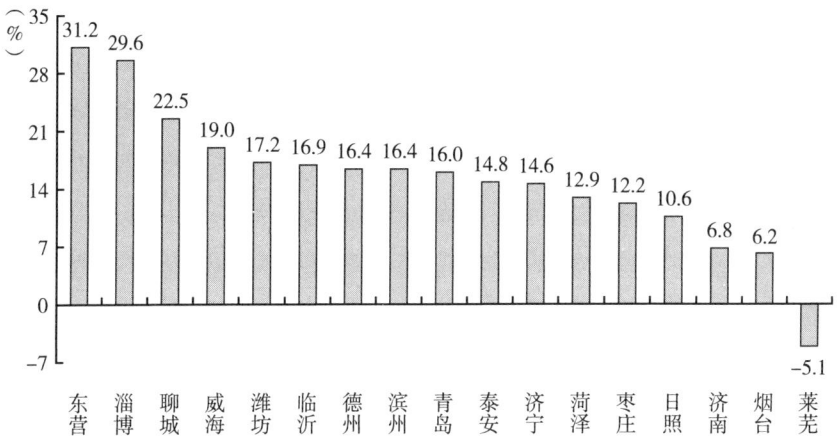

图23 山东省地市进出口贸易额增幅情况(2017年)

资料来源:青岛海关、齐鲁财富网。

2. 青岛进出口贸易净额全省第一

从山东17地市出口情况来看,胶东沿海地市优势凸显,内陆地市排名靠后。出口额超过1000亿元的市共有2个,分别为青岛和烟台,其中,青岛出口额为3022.50亿元,出口额遥遥领先于其他市,紧随其后的烟台的出口额为1736.60亿元。而枣庄和莱芜的出口额均未过百亿元,分别为88.10亿元和69.90亿元(见图24)。

从17地市进出口净额来看,全省共有13个市实现贸易顺差,青岛以1020.8亿元的净额居省内榜首位置,创汇额几乎与潍坊、烟台和济南三市总额持平,可见,山东省各市在进出口净额方面差距十分巨大。潍坊以434.8亿元的净额在全省排名第2,仅是青岛的42.59%。进出口净额为0~100亿元的也有6个市,6个市都位居内陆,净额共计332.5亿元,仅比净额排名第5的威海多出28.9亿元。余下的菏泽、滨州、日照和东营净额均为负数,其中,东营净额为-643.7亿元,全省排名最后(见图25)。

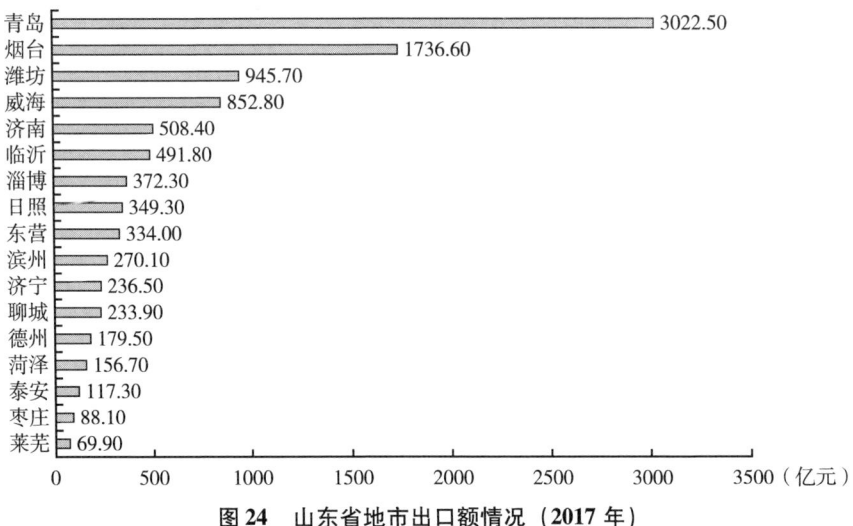

图 24　山东省地市出口额情况（2017 年）

资料来源：青岛海关、齐鲁财富网。

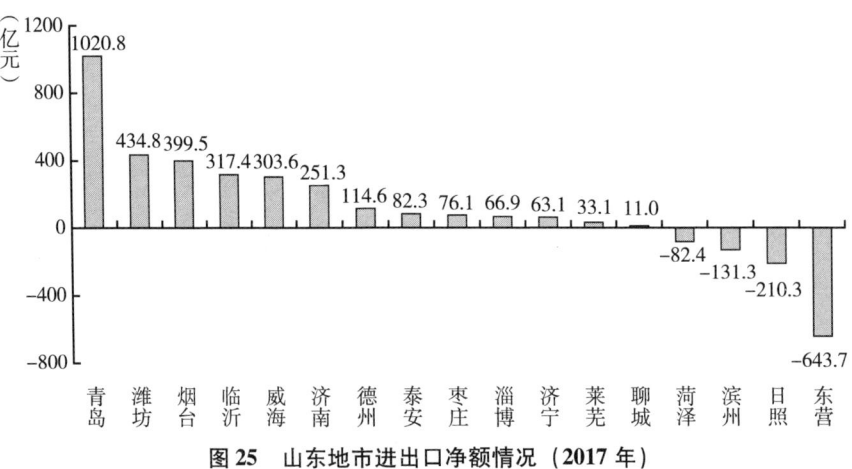

图 25　山东地市进出口净额情况（2017 年）

资料来源：青岛海关、齐鲁财富网。

（三）四省进出口贸易比较

1. 山东进出口贸易额较少

2017 年，四省货物进出口额合计为 15.16 万亿元，占全国进出口额的比重为54.55%。分省域来看，广东进出口情况稳中向好，效益不断提升，全年实现货物进出口总额6.82万亿元，占同期全国进出口总额的24.54%，贸易规模居全国首位。江苏实现货物进出口额4.00万亿元，占同期全国进出口总额的14.39%，位居四省第2。浙江货物进出口额创历史新高，为2.56万亿元，占同期全国进出口总额的9.21%，位居四省第3。山东实现货物进出口额1.78万亿元，创历史新高，占中国进出口总额的6.41%；尽管2017年山东贸易额创历史新高，但居四省最后，在对国际市场的开拓上有待继续努力（见图26）。

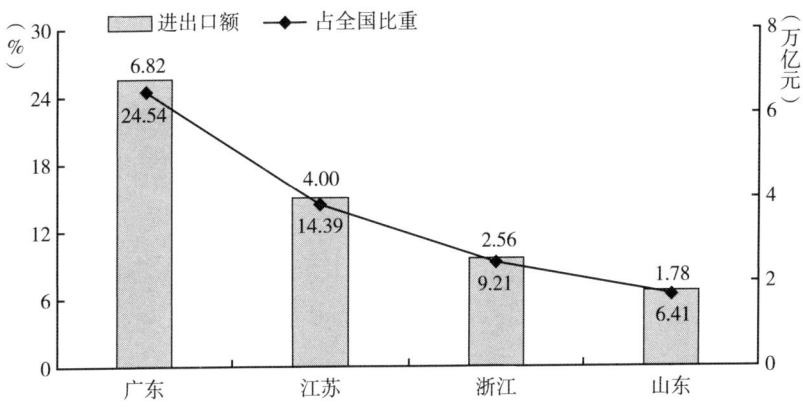

图26　四省货物进出口额及占全国比重（2017年）

资料来源：海关总署广东分署、南京海关、杭州海关、青岛海关、齐鲁财富网。

从2017年四省货物进出口额增幅来看，江苏进出口额年增幅为19.1%，居四省之首，电子信息产品的进出口助推江苏外贸快速发展。浙江外贸实现两位数增长，外贸新业态稳步发展，市场采购、外贸综合服务平台、跨境电商成为稳定外贸增长的重要力量，2017年实现增幅15.3%，位居四省第2。山东外贸增幅为15.2%，比浙江少0.1个百分点，在经历了5年的低速和负增长后，再现两位数增长。广东贸易体量较大，年增幅为8.0%，"民营企业+一般贸易"增速较快，贸易新业态发展迅猛，在四省居最后（见图27）。

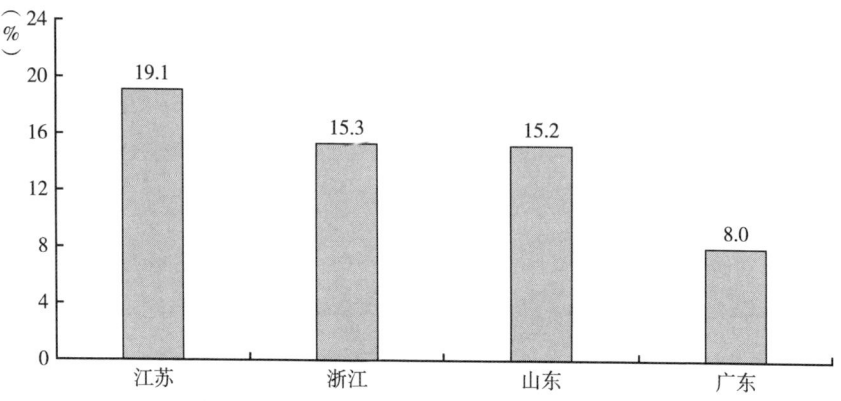

图 27 四省货物进出口额增幅情况（2017 年）

资料来源：海关总署广东分署、南京海关、杭州海关、青岛海关、齐鲁财富网。

从 2017 年四省进出口净额（出口额减去进口额）来看，广东净额为 1.62 万亿元，创汇净额居四省首位。浙江净额为 1.32 万亿元，居四省第 2 位；浙江跨境电商、市场采购、外贸综合服务平台出口总额占全省外贸出口额的比重超过了 13%，成为稳定浙江外贸出口增长的重要力量。江苏净额为 0.92 万亿元，四省排名第 3。山东净额为 0.21 万亿元，由于整体贸易规模较小，位居四省净额最后（见图 28）。

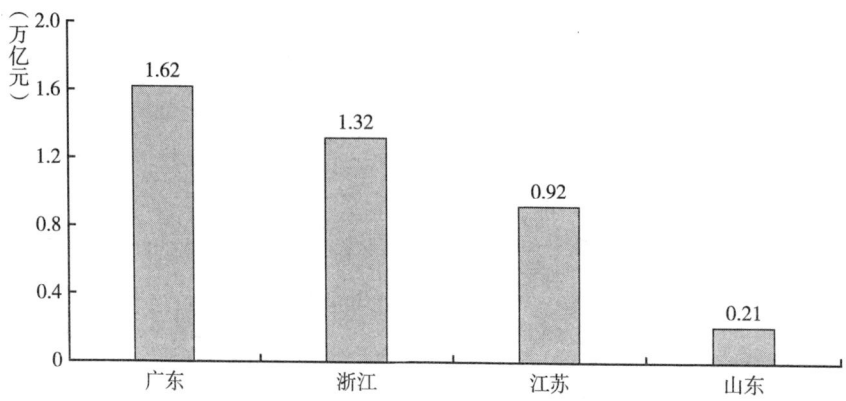

图 28 四省进出口净额统计（2017 年）

资料来源：海关总署广东分署、南京海关、杭州海关、青岛海关、齐鲁财富网。

2. 山东民营企业进出口贸易额排名靠后①

2017年,全球经济持续温和复苏,我国经济稳中向好,在此背景下,外贸回稳向好的基础不断巩固,发展潜力正逐步得到释放,全年进出口额持续增长。海关总署数据显示,2017年,我国民营企业进出口额为10.7万亿元,占我国进出口总额的38.50%。其中,出口额为7.13万亿元,占出口总额的16.50%,继续保持出口额居首的地位。

从2017年四省民营企业情况来看,四省民营企业进出口贸易额合计为7.01万亿元,占全国民营企业进出口额的65.51%,可见,四省民营企业已成为我国民营企业进出口的主力军。具体来看,广东民营企业进出口额为3.14万亿元,同比增长14.50%,占广东省进出口额的46.1%,对全省外贸进出口增长贡献最大,进出口额居四省首位。浙江民营企业进出口额为1.81万亿元,增长15.50%,占全省进出口额的70.8%,进出口额居四省第2位。山东民营企业进出口额为1.05万亿元,增长21.90%,占全省进出口额的58.90%,进出口额居四省第3位。江苏2017年民营企业进出口总额超过1500亿美元,合1.01万亿元,居四省最后(见图29)。

从2017年四省民营企业进出口净额(出口额减去进口额)来看,浙江民营企业出口规模扩大,增长较快,净额达1.17万亿元,居四省之首。广东民营企业出口额为1.98万亿元,首次成为广东第一大出口主体,实现进出口净额0.82万亿元,位居四省第2。江苏民营企业实现进出口净额0.53万亿元,位居四省第3。由于山东民营企业出口数据获取困难,报告按照民营企业出口额=民营企业进出口总额×(山东出口额/山东进出口总额)计算而来,经过计算,山东民营企业出口额为0.59万

---

① 山东、广东、浙江三省数据分别来自青岛海关、海关总署广东分署、杭州海关。由于缺乏2017年山东民营企业出口数据,本报告的民营企业出口数据,按照"(山东出口额/山东进出口额)×民营企业进出口总额"计算而来。涉及江苏省民营企业的数据取自江苏省中小企业局中小企业科技创新处,网址为http://js.sme.gov.cn/jjyx/yxfx/1035176791.htm,由于以美元做单位,因此按照2017年人民币平均汇率1美元兑6.7518元计算。

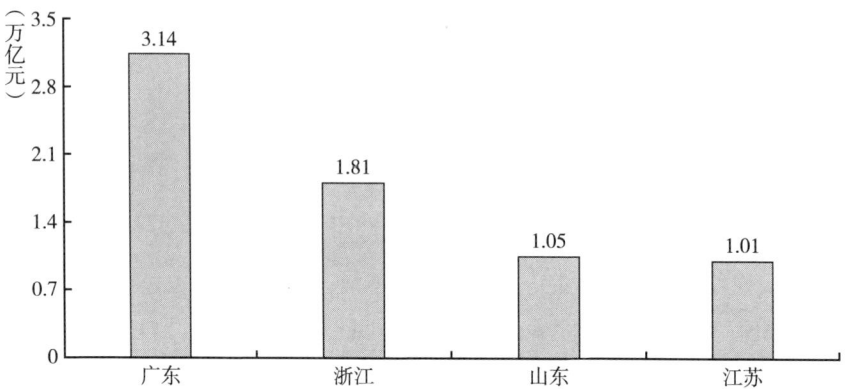

图 29　四省民营企业进出口额统计（2017 年）

资料来源：海关总署广东分署、杭州海关、青岛海关、江苏省中小企业局中小企业科技创新处、齐鲁财富网。

亿元，进口额为 0.46 万亿元，实现净额 0.13 万亿元，居四省最后（见图 30）。

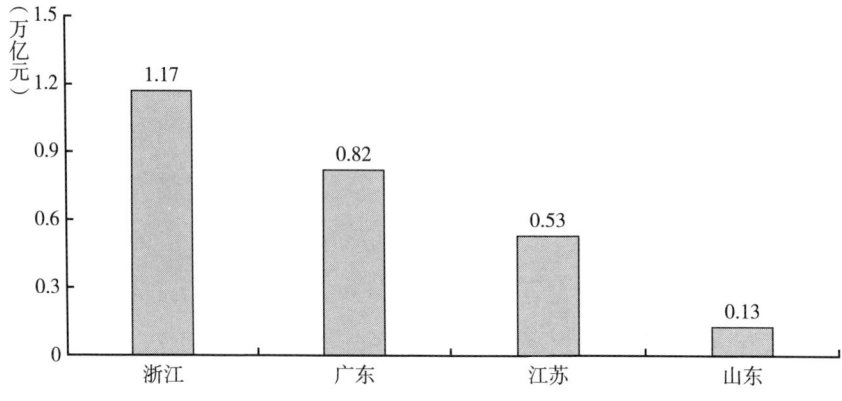

图 30　四省民营企业进出口净额统计（2017 年）

资料来源：海关总署广东分署、杭州海关、青岛海关、江苏省中小企业局中小企业科技创新处、齐鲁财富网。

B.3
山东省中小企业经营绩效研究

摘　要： 由于历史原因，山东经济结构以传统产业为主，大多数中小企业处于产业链中低端，存在高耗低效、产能过剩、产品同质化等问题。很多中小企业盈利能力较弱，经营压力普遍较大。另外，"融资难、融资贵"等问题也制约了山东中小企业发展。在加快实施新旧动能转换重大工程的大环境下，山东中小企业既面临重大战略机遇也面临各种风险和挑战。2017年，山东中小企业经营业绩呈现回暖趋势，以"新技术、新产业、新业态、新模式"为特征的"四新"经济增长迅速，行业结构进一步优化，供给侧结构性改革效果显现，全省规模以上工业中小企业[①]营业收入及利润总额均稳步增长。本报告主要对山东规模以上工业中小企业、新三板挂牌中小企业以及山东区域性股权交易市场挂牌的部分中小企业经营数据进行分析，以反映山东中小企业经营现状及存在的问题。

关键词： 山东省　规模以上企业　经营绩效　场外交易

2017年，我国经济社会发展主要目标任务全面完成并好于预期，生产总值增长6.9%，居民收入增长7.3%，主要经济指标增速均比2016年有所

---

① 规模以上工业中小企业是指主营业务收入在2000万元以上且符合中小企业筛选标准的工业企业，为便于分析，以下统称规模以上工业中小企业。

加快。受经济形势好转以及去产能压力缓解等因素影响,全国工业企业利润增长幅度高达21%。在看到成绩的同时,我们也应该认识到,世界经济在深度调整中曲折复苏,增长乏力,国内经济发展形势依然错综复杂,发展方式粗放、不平衡、不协调和不可持续问题仍然突出,经济长期积累的深层次矛盾进一步显现。作为我国数量最大、最具创新活力的企业群体,中小企业在促进经济增长、推动创新、增加税收、吸纳就业、改善民生等方面具有不可替代的作用。

在"大众创业、万众创新"的政策背景下,山东省中小企业呈现"井喷"之势。据山东省工商行政管理局提供的数据,截至2017年末,山东实有市场主体806.8万家,同比增长13.6%,比全国平均增幅高了0.9个百分点;实有中小企业225.0万家,同比增长18.42%,比全国平均增幅高1.5个百分点(见图1)。党的十八大以来,国家和省级层面大力深化"放管服"和商事制度改革并不断加大财税金融政策支持力度,全社会创业激情和市场活力进一步迸发,山东中小企业也得到快速发展。

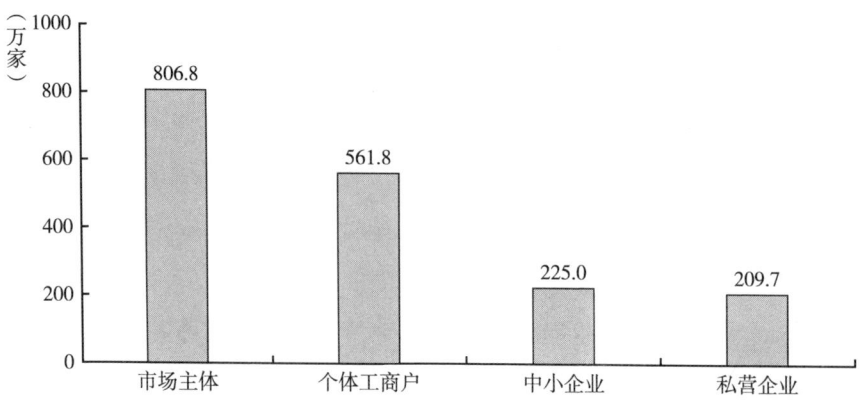

图1 山东市场主体构成情况(2017年)

资料来源:山东省中小企业局、齐鲁财富网。

山东省中小企业局数据显示,截至2017年末,全省共有规模以上工业中小企业39377家,合计实现营业收入87367.79亿元,与2016年相比增长了1.98%,实现利润总额5036.42亿元,与2016年相比增长了0.70%,山东规模以上工业中小企业呈现稳中向好的发展态势。但由于历史原因，山东经济结构仍然以传统产业为主，大多数中小企业处于产业链中低端，在经营过程中多存在高耗低效、产能过剩、产品同质化严重等问题，很多中小企业盈利能力较弱，经营压力普遍较大。本报告主要对山东规模以上工业中小企业、新三板挂牌中小企业以及山东区域性股权交易市场挂牌的部分中小企业经营数据[①]进行分析，以反映山东中小企业经营现状及存在的问题。

一 山东规模以上工业中小企业经营绩效分析

2017年，山东省认真贯彻落实习近平总书记对山东提出的"走在前列"要求和"凤凰涅槃、腾笼换鸟"等重要指示精神，按照省第十一次党代会部署，统筹推进稳增长、促改革、调结构等各项工作，进一步在供给侧结构性改革上狠下功夫，加快产业结构调整和增长方式的转型。山东"新技术、新产业、新业态、新模式"经济蓬勃发展，产业智慧化、智慧产业化、跨界融合化、品牌高端化的"四化"水平也在不断提升。山东中小企业以新发展理念为指引，以供给侧结构性改革为主线，以加快实施新旧动能转换重大工程为抓手，全面打造山东经济发展新优势。

（一）山东全部规模工业企业[②]分析

在加快实施新旧动能转换重大工程的大环境下，山东经济呈现良好发展态势。山东全部规模工业企业合计营业收入与利润总额同2016年相比均大幅度增长，销售利润率也扭转下滑趋势，同比提高0.08个百分点，达到5.84%。截至2017年末，山东40270家全部规模工业企业合计实现营业收入142660.20亿元，与2016年相比增长6.76%，增速提升4.62个百分点；

---

① 注：如无特殊说明，数据均来源于山东省中小企业局、政府相关工作报告、齐鲁股权交易中心、蓝海股权交易中心、Wind等。
② 全部规模工业企业是指主营业务收入在2000万元以上的工业企业，为便于分析，以下统称规模工业企业。

合计实现利润总额 8327.63 亿元，与 2016 年相比增长 11.50%，增速提升 11.20 个百分点，山东全部规模工业企业盈利能力有所改善（见表1）。

表1 山东全部规模工业企业情况（2017年）

地市	数量（家）	营业收入合计（亿元）	增长率（%）	利润总额合计（亿元）	增长率（%）
青岛	4434	13665.50	-10.92	810.10	-10.71
临沂	4074	10738.90	10.12	556.20	17.29
潍坊	3843	12228.00	9.23	707.40	20.15
菏泽	3596	8224.3	11.75	627.30	14.15
德州	3039	10832.80	11.05	607.10	12.04
淄博	2978	11059.60	4.11	702.20	2.85
济宁	2733	6270.00	15.84	468.90	34.68
聊城	2704	7714.00	4.85	513.20	8.30
烟台	2575	14042.70	3.05	1043.60	11.34
济南	1973	6037.50	12.39	381.10	13.04
威海	1883	7003.40	7.90	417.60	10.59
泰安	1641	4882.80	-2.21	307.80	2.31
枣庄	1397	3812.60	6.12	203.10	29.98
滨州	1204	8375.80	3.18	277.20	5.18
东营	954	12869.60	22.18	474.40	33.56
日照	675	2742.90	17.38	157.50	88.64
莱芜	562	2152.80	20.87	72.50	140.33

注：由于统计口径不同，山东各地市统计的营业收入汇总数据与全省汇总数据存在一定差异。
资料来源：山东省中小企业局、齐鲁财富网。

分市来看，青岛、潍坊等胶东沿海城市全部规模工业企业发展情况总体向好。截至 2017 年末，青岛、临沂和潍坊全部规模工业企业数量居全省前三位，销售利润率分别为 5.93%、5.18%、5.79%，临沂全部规模工业企业数量虽然较多但主营业务盈利能力整体表现偏弱。受经济发展水平较高等有利因素影响，胶东半岛等沿海城市全部规模工业企业经营状况相对较好，烟台全部规模工业企业合计营业收入以及利润总额均居全省首位，分别为 14042.70 亿元、1043.60 亿元，山东全部规模工业企业依托"蓝黄两区"

也呈现集群发展的态势。

随着供给侧结构性改革逐步深入，山东全部规模工业企业在结构优化升级、转换发展动能、做强做优等方面呈现良好发展态势。山东新经济规模不断发展壮大，高新技术产业产值占规模以上工业产值比重达到35.00%，与2016年相比提高1.20个百分点。工业机器人、城市轨道车辆、服务器、新能源汽车产量分别增长60.70%、80.20%、16.30%、300.00%。软件行业业务收入达到4933.10亿元，同比增长14.30%。山东以"新技术、新产业、新业态、新模式"为特征的"四新"经济增长迅速，行业结构进一步优化，全省全部规模工业企业合计营业收入及利润总额均有明显增长。

（二）规模以上工业中小企业分析

习近平总书记在党的十九大报告中提出："建立以企业为主体、市场为导向、产学研深度融合的技术创新体系，加强对中小企业创新的支持，促进科技成果转化。"2017年9月，第十二届全国人大常委会第二十九次会议通过新修订的《中华人民共和国中小企业促进法》，从法律层面对中小企业进行支持和保护。截至2017年末，山东共有规模以上工业中小企业39377家，与2016年相比下降了0.81%，企业数量出现小幅下降。与企业数量变化趋势不同，全省规模以上工业中小企业合计营业收入以及净利润同2016年相比均有所提升。2017年全年，山东规模以上工业中小企业合计实现营业收入87367.79亿元，与2016年同期相比增长1.98%，增速同比提升1.07个百分点；合计实现利润总额5036.42亿元，与2016年同期相比增长0.70%（见表2）。

近年来，山东坚持把推进"双创"作为中小企业摆脱依赖资源加工、创立发展新优势的关键环节，并大力改造提升传统动能，加快培育新动能，积极引导中小企业强化技术创新，增强市场竞争力。全省把网络、数字、智能作为培育新经济、新动能的关键要素，着力抓好"互联网+"，在拓展业态模式上实现新突破。同时，政府部门大力实施产业集群壮大工程，开展智慧集群培育和建设工作，发展千亿元级创新型产业集群，以促进中小企业健康发展。山东规模以上工业中小企业经营状况有了很大程度的改善。

表2　山东规模以上工业中小企业统计数据（2017年）

地市及全省	数量（家）	从业人员（万人）	增长率（%）	营业收入合计（亿元）	增长率（%）	利润总额合计（亿元）	增长率（%）
青岛	4349	66.74	-3.17	8612.16	-18.64	493.70	-16.94
临沂	4010	55.21	-3.72	8146.09	9.54	401.38	12.15
潍坊	3745	49.44	-2.15	7582.20	3.48	408.32	4.01
菏泽	3574	45.47	2.14	6637.38	13.09	493.13	9.88
德州	2988	42.11	-2.27	8979.81	10.52	472.54	6.04
淄博	2918	38.17	-7.22	7012.19	-5.90	467.20	-6.19
济宁	2685	30.31	-1.75	2897.95	18.59	190.39	21.06
聊城	2667	27.92	-4.76	5340.26	1.18	346.10	4.42
烟台	2474	44.41	-5.03	6532.82	-1.28	436.50	-6.70
济南	1928	24.41	-0.06	3229.72	12.41	230.76	12.86
威海	1790	33.44	-2.03	4637.47	7.35	244.66	11.10
泰安	1598	21.78	-12.10	3204.17	-12.58	194.35	-19.79
枣庄	1379	29.48	-5.81	2489.56	-7.46	129.48	-1.96
滨州	1158	15.54	-6.83	2738.01	6.58	50.98	-13.65
东营	900	14.42	-2.84	5157.78	13.70	316.62	9.84
日照	660	10.17	-2.15	1442.45	9.74	63.67	27.26
莱芜	552	6.09	-0.99	724.50	5.40	22.37	1.01
全省	39377	555.42	-3.48	87367.79	1.98	5036.42	0.70

资料来源：山东省中小企业局、齐鲁财富网。

2017年3月，山东省财政厅、经信委等六个部门出台《关于支持开展产业集群转型升级示范工作的通知》，明确今后三年省财政厅将集合省发改委、省经信委和省中小企业局专项资金10亿元，重点支持培育10个5000亿元级支柱产业集群、30个千亿元级主导产业集群和50个500亿元级特色产业集群。总体来说，山东规模以上工业中小企业在大力推动创新发展、打造经济发展新动能的大环境下呈现良好发展势头，并逐渐成为全省经济稳定发展的重要支撑力量。山东中小企业在近几年有了长足发展，但在数量规模、产业层次、创新能力、新经济活跃度等方面与先进省份相比还存在较大差距。

据统计梳理发现，山东规模以上工业中小企业销售利润率持续下滑至5.76%，与2016年相比降低了0.22个百分点，与全部规模工业企业销售利润率相比降低了0.08个百分点。山东规模以上工业中小企业在数量上虽然占绝对优势，但合计营业收入以及利润总额等指标增速相对较慢，这从一个侧面反映出山东规模以上工业中小企业经营状况与大型工业企业相比仍存在一定差距。规模以上工业中小企业经营规模较小，企业融资渠道相对较窄，这些不利因素严重制约山东中小企业的发展。随着新型工业化、城镇化、信息化、农业现代化的加速推进，"大众创业、万众创新"、《中国制造2025》、"互联网＋"、"一带一路"等也加速实施，山东规模以上工业中小企业应紧抓历史机遇，在经营过程中重点关注营业收入利润转化情况，大力提升企业盈利能力。

1. 全省中小企业地域分布

近年来，国家及山东出台一系列扶持政策鼓励支持中小企业发展。2016年工信部正式发布《工业和信息化部关于印发促进中小企业发展规划（2016–2020年）的通知》。规划明确了促进中小企业发展的指导思想和发展目标，提出今后五年的主要任务、关键工程与专项行动。在政策持续向好的大环境下，山东省中小企业要把握机遇，大力提升企业竞争力，改善自身经营环境。

（1）企业数量分布

从统计数据来看，山东规模以上工业中小企业在地域分布上存在较大差距，青岛等胶东沿海各市规模以上工业中小企业发展情况总体好于山东西部的其他市。其中，青岛、临沂、潍坊规模以上工业中小企业的数量居全省前三位，分别有4349家、4010家、3745家。三市规模以上工业中小企业总量占山东总量的比重高达30.74%，济南规模以上工业中小企业总量相对偏少，仅有1928家（见图2）。

（2）从业人员分布

与规模以上工业中小企业分布情况基本一致，青岛、临沂、潍坊规模以

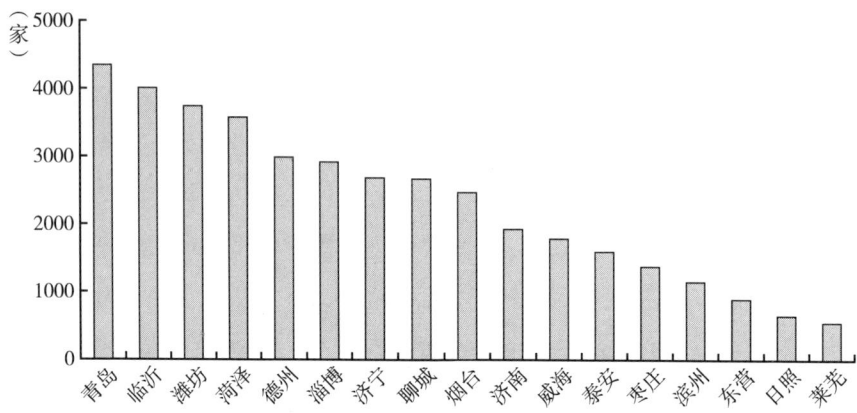

图 2　山东规模以上工业中小企业地域分布情况（2017 年）

资料来源：山东省中小企业局、齐鲁财富网。

上工业中小企业吸纳从业人员数量也居全省前三位，分别为 66.74 万人、55.21 万人、49.44 万人。烟台规模以上工业中小企业总量排在 17 地市的第 9 位，但从业人员数量居全省第 5 位，这反映出烟台规模以上工业中小企业平均规模相对较大。另外，莱芜、日照两地规模以上工业中小企业从业人员数量相对较少，莱芜从业人员数量仅为 6.09 万人（见图 3）。

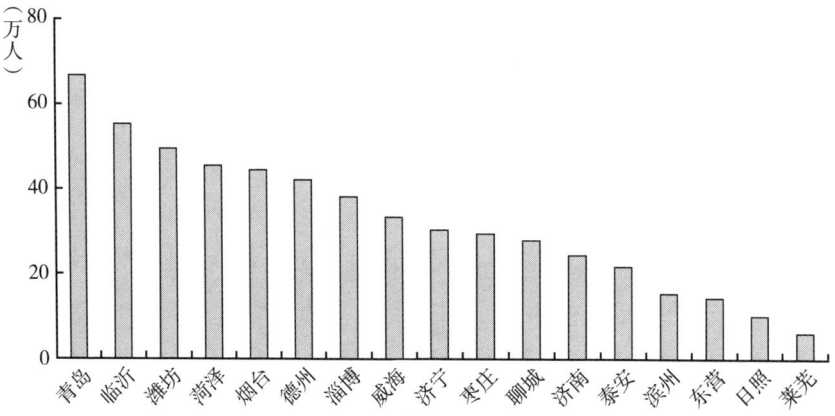

图 3　山东规模以上工业中小企业从业人员地域分布情况（2017 年）

资料来源：山东省中小企业局、齐鲁财富网。

从平均从业人员数量来看，枣庄、威海和烟台三市规模以上工业中小企业的平均从业人员数量居全省前三位，分别为213.78人/家、186.82人/家、179.51人/家。青岛、临沂和潍坊三市规模以上工业中小企业数量虽然较多，但平均从业人员数量普遍偏少，仅青岛高于全省平均水平。这表明，各地规模以上工业中小企业不仅在数量上存在巨大差别，在平均规模上也具有明显差异。

2. 营业收入分析

全省新旧动能转换取得初步成效，以知识、技术、数据等新生产要素为支撑的新兴产业逐渐成为引领发展的主导力量。全省高端装备、信息产业、新材料类行业加速崛起，在重点聚焦"四新"、加速推进"四化"的大环境下，山东中小企业经营状况有了明显改善。2017年，山东规模以上工业中小企业合计实现营业收入87367.79亿元，与2016年相比增长了1.98%。分市来看，德州规模以上工业中小企业合计实现营业收入最高，为8797.81亿元，青岛合计实现营业收入8612.16亿元（见图4）。从增幅来看，济宁、东营、菏泽规模以上工业中小企业合计营业收入增幅居全省前三位，分别为18.59%、13.70%、13.09%。另外，东营、德州、烟台、威海、淄博和滨州规模以上工业中小企业平均营业收入超过全省平均水平，东营高达5.73亿元/家。

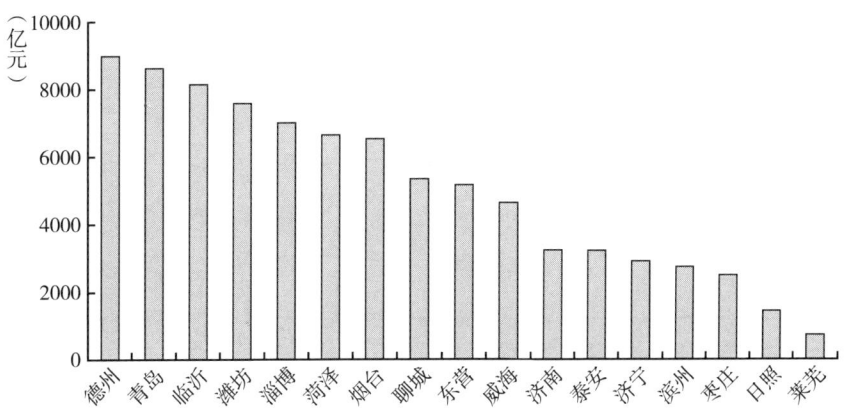

图4 山东地市规模以上工业中小企业营业收入情况（2017年）

资料来源：山东省中小企业局、齐鲁财富网。

人均营业收入指标反映了企业的劳动生产率。山东规模以上工业中小企业人均营业收入存在明显差距。具体到各市来看，东营、德州、聊城、淄博和滨州规模以上工业中小企业人均营业收入高于全省平均水平（157.30 万元/人），分别为 357.68 万元/人、213.25 万元/人、191.27 万元/人、183.71 万元/人、176.19 万元/人。青岛营业收入合计虽然较高，但人均营业收入相对较低，仅为 129.04 万元/人。山东中小企业急需提高科技实力，以提升企业人均营业收入水平。

3. 利润情况分析

2017 年，山东规模以上工业中小企业合计实现利润总额 5036.42 亿元，与 2016 年相比增长 0.70%，增速明显低于合计营业收入增速。分市来看，青岛规模以上工业中小企业合计实现利润总额最高，为 493.70 亿元，菏泽规模以上工业中小企业合计营业收入排名虽然较为靠后，但合计利润总额仅略低于青岛市，区域内规模以上工业中小企业盈利能力较强（见图 5）。从利润总额增长幅度来看，日照、济宁和济南规模以上工业中小企业合计利润总额增幅居全省前三位，分别为 27.26%、21.06%和 12.86%。

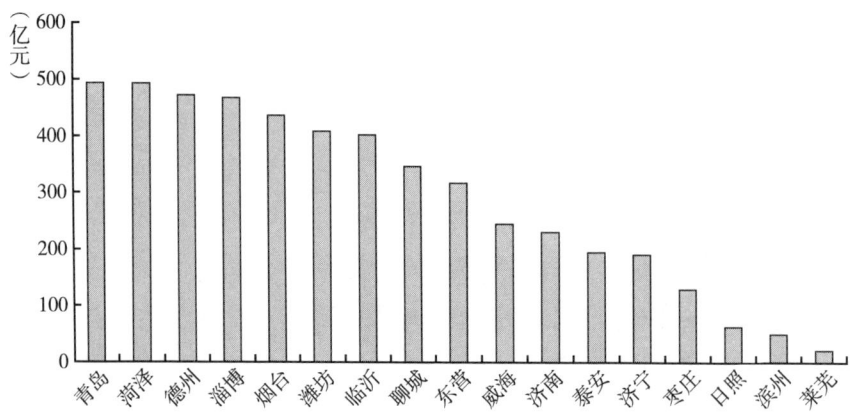

图 5　山东地市规模以上工业中小企业利润总额情况（2017 年）

资料来源：山东省中小企业局、齐鲁财富网。

社长致辞

蓦然回首,皮书的专业化历程已经走过了二十年。20年来从一个出版社的学术产品名称到媒体热词再到智库成果研创及传播平台,皮书以专业化为主线,进行了系列化、市场化、品牌化、数字化、国际化、平台化的运作,实现了跨越式的发展。特别是在党的十八大以后,以习近平总书记为核心的党中央高度重视新型智库建设,皮书也迎来了长足的发展,总品种达到600余种,经过专业评审机制、淘汰机制遴选,目前,每年稳定出版近400个品种。"皮书"已经成为中国新型智库建设的抓手,成为国际国内社会各界快速、便捷地了解真实中国的最佳窗口。

20年孜孜以求,"皮书"始终将自己的研究视野与经济社会发展中的前沿热点问题紧密相连。600个研究领域,3万多位分布于800余个研究机构的专家学者参与了研创写作。皮书数据库中共收录了15万篇专业报告,50余万张数据图表,合计30亿字,每年报告下载量近80万次。皮书为中国学术与社会发展实践的结合提供了一个激荡智力、传播思想的入口,皮书作者们用学术的话语、客观翔实的数据谱写出了中国故事壮丽的篇章。

20年跬步千里,"皮书"始终将自己的发展与时代赋予的使命与责任紧紧相连。每年百余场新闻发布会,10万余次中外媒体报道,中、英、俄、日、韩等12个语种共同出版。皮书所具有的凝聚力正在形成一种无形的力量,吸引着社会各界关注中国的发展,参与中国的发展,它是我们向世界传递中国声音、总结中国经验、争取中国国际话语权最主要的平台。

皮书这一系列成就的取得,得益于中国改革开放的伟大时代,离不开来自中国社会科学院、新闻出版广电总局、全国哲学社会科学规划办公室等主管部门的大力支持和帮助,也离不开皮书研创者和出版者的共同努力。他们与皮书的故事创造了皮书的历史,他们对皮书的拳拳之心将继续谱写皮书的未来!

现在,"皮书"品牌已经进入了快速成长的青壮年时期。全方位进行规范化管理,树立中国的学术出版标准;不断提升皮书的内容质量和影响力,搭建起中国智库产品和智库建设的交流服务平台和国际传播平台;发布各类皮书指数,并使之成为中国指数,让中国智库的声音响彻世界舞台,为人类的发展做出中国的贡献——这是皮书未来发展的图景。作为"皮书"这个概念的提出者,"皮书"从一般图书到系列图书和品牌图书,最终成为智库研究和社会科学应用对策研究的知识服务和成果推广平台这整个过程的操盘者,我相信,这也是每一位皮书人执着追求的目标。

"当代中国正经历着我国历史上最为广泛而深刻的社会变革,也正在进行着人类历史上最为宏大而独特的实践创新。这种前无古人的伟大实践,必将给理论创造、学术繁荣提供强大动力和广阔空间。"

在这个需要思想而且一定能够产生思想的时代,皮书的研创出版一定能创造出新的更大的辉煌!

社会科学文献出版社社长
中国社会学会秘书长

2017年11月

社会科学文献出版社简介

社会科学文献出版社(以下简称"社科文献出版社")成立于1985年,是直属于中国社会科学院的人文社会科学学术出版机构。成立至今,社科文献出版社始终依托中国社会科学院和国内外人文社会科学界丰厚的学术出版和专家学者资源,坚持"创社科经典,出版传世文献"的出版理念、"权威、前沿、原创"的产品定位以及学术成果和智库成果出版的专业化、数字化、国际化、市场化的经营道路。

社科文献出版社是中国新闻出版业转型与文化体制改革的先行者。积极探索文化体制改革的先进方向和现代企业经营决策机制,社科文献出版社先后荣获"全国文化体制改革工作先进单位"、中国出版政府奖·先进出版单位奖、中国社会科学院先进集体、全国科普工作先进集体等荣誉称号。多人次荣获"第十届韬奋出版奖""全国新闻出版行业领军人才""数字出版先进人物""北京市新闻出版广电行业领军人才"等称号。

社科文献出版社是中国人文社会科学学术出版的大社名社,也是以皮书为代表的智库成果出版的专业强社。年出版图书2000余种,其中皮书400余种,出版新书字数5.5亿字,承印与发行中国社科院院属期刊72种,先后创立了皮书系列、列国志、中国史话、社科文献学术译库、社科文献学术文库、甲骨文书系等一大批既有学术影响又有市场价值的品牌,确立了在社会学、近代史、苏东问题研究等专业学科及领域出版的领先地位。图书多次荣获中国出版政府奖、"三个一百"原创图书出版工程、"五个'一'工程奖"、"大众喜爱的50种图书"等奖项,在中央国家机关"强素质·做表率"读书活动中,入选图书品种数位居各大出版社之首。

社科文献出版社是中国学术出版规范与标准的倡议者与制定者,代表全国50多家出版社发起实施学术著作出版规范的倡议,承担学术著作规范国家标准的起草工作,率先编撰完成《皮书手册》对皮书品牌进行规范化管理,并在此基础上推出中国版芝加哥手册——《社科文献出版社学术出版手册》。

社科文献出版社是中国数字出版的引领者,拥有皮书数据库、列国志数据库、"一带一路"数据库、减贫数据库、集刊数据库等4大产品线11个数据库产品,机构用户达1300余家,海外用户百余家,荣获"数字出版转型示范单位""新闻出版标准化先进单位""专业数字内容资源知识服务模式试点企业标准化示范单位"等称号。

社科文献出版社是中国学术出版走出去的践行者。社科文献出版社海外图书出版与学术合作业务遍及全球40余个国家和地区,并于2016年成立俄罗斯分社,累计输出图书500余种,涉及近20个语种,累计获得国家社科基金中华学术外译项目资助76种、"丝路书香工程"项目资助60种、中国图书对外推广计划项目资助71种以及经典中国国际出版工程资助28种,被五部委联合认定为"2015-2016年度国家文化出口重点企业"。

如今,社科文献出版社完全靠自身积累拥有固定资产3.6亿元,年收入3亿元,设置了七大出版分社、六大专业部门,成立了皮书研究院和博士后科研工作站,培养了一支近400人的高素质与高效率的编辑、出版、营销和国际推广队伍,为未来成为学术出版的大社、名社、强社,成为文化体制改革与文化企业转型发展的排头兵奠定了坚实的基础。

宏观经济类

经济蓝皮书
2018年中国经济形势分析与预测

李平 / 主编　2017年12月出版　定价：89.00元

◆ 本书为总理基金项目，由著名经济学家李扬领衔，联合中国社会科学院等数十家科研机构、国家部委和高等院校的专家共同撰写，系统分析了2017年的中国经济形势并预测2018年中国经济运行情况。

城市蓝皮书
中国城市发展报告 No.11

潘家华　单菁菁 / 主编　2018年9月出版　估价：99.00元

◆ 本书是由中国社会科学院城市发展与环境研究中心编著的，多角度、全方位地立体展示了中国城市的发展状况，并对中国城市的未来发展提出了许多建议。该书有强烈的时代感，对中国城市发展实践有重要的参考价值。

人口与劳动绿皮书
中国人口与劳动问题报告 No.19

张车伟 / 主编　2018年10月出版　估价：99.00元

◆ 本书为中国社会科学院人口与劳动经济研究所主编的年度报告，对当前中国人口与劳动形势做了比较全面和系统的深入讨论，为研究中国人口与劳动问题提供了一个专业性的视角。

宏观经济类·区域经济类

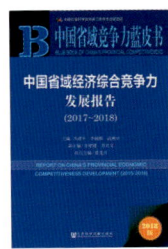

中国省域竞争力蓝皮书
中国省域经济综合竞争力发展报告（2017~2018）

李建平　李闽榕　高燕京/主编　2018年5月出版　估价：198.00元

◆ 本书融多学科的理论为一体，深入追踪研究了省域经济发展与中国国家竞争力的内在关系，为提升中国省域经济综合竞争力提供有价值的决策依据。

金融蓝皮书
中国金融发展报告（2018）

王国刚/主编　2018年6月出版　估价：99.00元

◆ 本书由中国社会科学院金融研究所组织编写，概括和分析了2017年中国金融发展和运行中的各方面情况，研讨和评论了2017年发生的主要金融事件，有利于读者了解掌握2017年中国的金融状况，把握2018年中国金融的走势。

区域经济类

京津冀蓝皮书
京津冀发展报告（2018）

祝合良　叶堂林　张贵祥/等著　2018年6月出版　估价：99.00元

◆ 本书遵循问题导向与目标导向相结合、统计数据分析与大数据分析相结合、纵向分析和长期监测与结构分析和综合监测相结合等原则，对京津冀协同发展新形势与新进展进行测度与评价。

 社会政法类 | 皮书系列 重点推荐

社会政法类

社会蓝皮书
2018年中国社会形势分析与预测

李培林　陈光金　张翼/主编　2017年12月出版　定价：89.00元

◆ 本书由中国社会科学院社会学研究所组织研究机构专家、高校学者和政府研究人员撰写，聚焦当下社会热点，对2017年中国社会发展的各个方面内容进行了权威解读，同时对2018年社会形势发展趋势进行了预测。

法治蓝皮书
中国法治发展报告No.16（2018）

李林　田禾/主编　2018年3月出版　定价：128.00元

◆ 本年度法治蓝皮书回顾总结了2017年度中国法治发展取得的成就和存在的不足，对中国政府、司法、检务透明度进行了跟踪调研，并对2018年中国法治发展形势进行了预测和展望。

教育蓝皮书
中国教育发展报告（2018）

杨东平/主编　2018年3月出版　定价：89.00元

◆ 本书重点关注了2017年教育领域的热点，资料翔实，分析有据，既有专题研究，又有实践案例，从多角度对2017年教育改革和实践进行了分析和研究。

皮书系列 重点推荐　社会政法类

社会体制蓝皮书
中国社会体制改革报告No.6（2018）

龚维斌/主编　2018年3月出版　定价：98.00元

◆ 本书由国家行政学院社会治理研究中心和北京师范大学中国社会管理研究院共同组织编写，主要对2017年社会体制改革情况进行回顾和总结，对2018年的改革走向进行分析，提出相关政策建议。

社会心态蓝皮书
中国社会心态研究报告（2018）

王俊秀　杨宜音/主编　2018年12月出版　估价：99.00元

◆ 本书是中国社会科学院社会学研究所社会心理研究中心"社会心态蓝皮书课题组"的年度研究成果，运用社会心理学、社会学、经济学、传播学等多种学科的方法进行了调查和研究，对于目前中国社会心态状况有较广泛和深入的揭示。

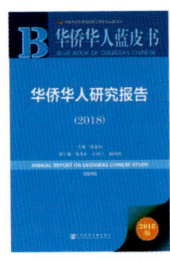

华侨华人蓝皮书
华侨华人研究报告（2018）

贾益民/主编　2017年12月出版　估价：139.00元

◆ 本书关注华侨华人生产与生活的方方面面。华侨华人是中国建设21世纪海上丝绸之路的重要中介者、推动者和参与者。本书旨在全面调研华侨华人，提供最新涉侨动态、理论研究成果和政策建议。

民族发展蓝皮书
中国民族发展报告（2018）

王延中/主编　2018年10月出版　估价：188.00元

◆ 本书从民族学人类学视角，研究近年来少数民族和民族地区的发展情况，展示民族地区经济、政治、文化、社会和生态文明"五位一体"建设取得的辉煌成就和面临的困难挑战，为深刻理解中央民族工作会议精神、加快民族地区全面建成小康社会进程提供了实证材料。

产业经济类

房地产蓝皮书
中国房地产发展报告 No.15（2018）

李春华 王业强 / 主编 2018 年 5 月出版 估价：99.00 元

◆ 2018 年《房地产蓝皮书》持续追踪中国房地产市场最新动态，深度剖析市场热点，展望 2018 年发展趋势，积极谋划应对策略。对 2017 年房地产市场的发展态势进行全面、综合的分析。

新能源汽车蓝皮书
中国新能源汽车产业发展报告（2018）

中国汽车技术研究中心　日产（中国）投资有限公司

东风汽车有限公司 / 编著　2018 年 8 月出版　估价：99.00 元

◆ 本书对中国 2017 年新能源汽车产业发展进行了全面系统的分析，并介绍了国外的发展经验。有助于相关机构、行业和社会公众等了解中国新能源汽车产业发展的最新动态，为政府部门出台新能源汽车产业相关政策法规、企业制定相关战略规划，提供必要的借鉴和参考。

行业及其他类

旅游绿皮书
2017～2018 年中国旅游发展分析与预测

中国社会科学院旅游研究中心 / 编　2018 年 1 月出版　定价：99.00 元

◆ 本书从政策、产业、市场、社会等多个角度勾画出 2017 年中国旅游发展全貌，剖析了其中的热点和核心问题，并就未来发展作出预测。

行业及其他类

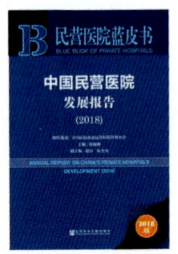

民营医院蓝皮书
中国民营医院发展报告（2018）

薛晓林 / 主编　　2018年11月出版　　估价：99.00元

◆ 本书在梳理国家对社会办医的各种利好政策的前提下，对我国民营医疗发展现状、我国民营医院竞争力进行了分析，并结合我国医疗体制改革对民营医院的发展趋势、发展策略、战略规划等方面进行了预估。

会展蓝皮书
中外会展业动态评估研究报告（2018）

张敏 / 主编　　2018年12月出版　　估价：99.00元

◆ 本书回顾了2017年的会展业发展动态，结合"供给侧改革"、"互联网+"、"绿色经济"的新形势分析了我国展会的行业现状，并介绍了国外的发展经验，有助于行业和社会了解最新的展会业动态。

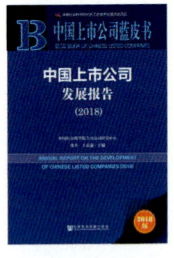

中国上市公司蓝皮书
中国上市公司发展报告（2018）

张平　王宏淼 / 主编　　2018年9月出版　　估价：99.00元

◆ 本书由中国社会科学院上市公司研究中心组织编写的，着力于全面、真实、客观反映当前中国上市公司财务状况和价值评估的综合性年度报告。本书详尽分析了2017年中国上市公司情况，特别是现实中暴露出的制度性、基础性问题，并对资本市场改革进行了探讨。

工业和信息化蓝皮书
人工智能发展报告（2017~2018）

尹丽波 / 主编　　2018年6月出版　　估价：99.00元

◆ 本书国家工业信息安全发展研究中心在对2017年全球人工智能技术和产业进行全面跟踪研究基础上形成的研究报告。该报告内容翔实、视角独特，具有较强的产业发展前瞻性和预测性，可为相关主管部门、行业协会、企业等全面了解人工智能发展形势以及进行科学决策提供参考。

 国际问题与全球治理类

国际问题与全球治理类

世界经济黄皮书

2018年世界经济形势分析与预测

张宇燕 / 主编　2018年1月出版　定价：99.00元

◆ 本书由中国社会科学院世界经济与政治研究所的研究团队撰写，分总论、国别与地区、专题、热点、世界经济统计与预测等五个部分，对2018年世界经济形势进行了分析。

国际城市蓝皮书

国际城市发展报告（2018）

屠启宇 / 主编　2018年2月出版　定价：89.00元

◆ 本书作者以上海社会科学院从事国际城市研究的学者团队为核心，汇集同济大学、华东师范大学、复旦大学、上海交通大学、南京大学、浙江大学相关城市研究专业学者。立足动态跟踪介绍国际城市发展时间中，最新出现的重大战略、重大理念、重大项目、重大报告和最佳案例。

非洲黄皮书

非洲发展报告 No.20（2017～2018）

张宏明 / 主编　2018年7月出版　估价：99.00元

◆ 本书是由中国社会科学院西亚非洲研究所组织编撰的非洲形势年度报告，比较全面、系统地分析了2017年非洲政治形势和热点问题，探讨了非洲经济形势和市场走向，剖析了大国对非洲关系的新动向；此外，还介绍了国内非洲研究的新成果。

皮书系列重点推荐　国别类

国别类

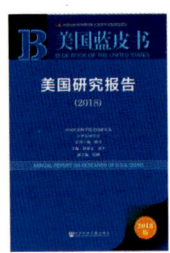

美国蓝皮书
美国研究报告（2018）

郑秉文　黄平 / 主编　2018年5月出版　估价：99.00元

◆ 本书是由中国社会科学院美国研究所主持完成的研究成果，它回顾了美国2017年的经济、政治形势与外交战略，对美国内政外交发生的重大事件及重要政策进行了较为全面的回顾和梳理。

德国蓝皮书
德国发展报告（2018）

郑春荣 / 主编　2018年6月出版　估价：99.00元

◆ 本报告由同济大学德国研究所组织编撰，由该领域的专家学者对德国的政治、经济、社会文化、外交等方面的形势发展情况，进行全面的阐述与分析。

俄罗斯黄皮书
俄罗斯发展报告（2018）

李永全 / 编著　2018年6月出版　估价：99.00元

◆ 本书系统介绍了2017年俄罗斯经济政治情况，并对2016年该地区发生的焦点、热点问题进行了分析与回顾；在此基础上，对该地区2018年的发展前景进行了预测。

 文化传媒类 | 皮书系列 重点推荐

文化传媒类

新媒体蓝皮书
中国新媒体发展报告 No.9（2018）

唐绪军 / 主编　　2018 年 6 月出版　　估价：99.00 元

◆ 本书是由中国社会科学院新闻与传播研究所组织编写的关于新媒体发展的最新年度报告，旨在全面分析中国新媒体的发展现状，解读新媒体的发展趋势，探析新媒体的深刻影响。

移动互联网蓝皮书
中国移动互联网发展报告（2018）

余清楚 / 主编　　2018 年 6 月出版　　估价：99.00 元

◆ 本书着眼于对 2017 年度中国移动互联网的发展情况做深入解析，对未来发展趋势进行预测，力求从不同视角、不同层面全面剖析中国移动互联网发展的现状、年度突破及热点趋势等。

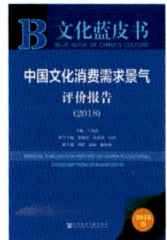

文化蓝皮书
中国文化消费需求景气评价报告（2018）

王亚南 / 主编　　2018 年 3 月出版　　定价：99.00 元

◆ 本书首创全国文化发展量化检测评价体系，也是至今全国唯一的文化民生量化检测评价体系，对于检验全国及各地"以人民为中心"的文化发展具有首创意义。

地方发展类

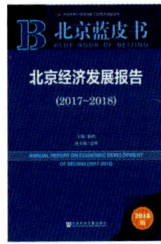

北京蓝皮书
北京经济发展报告（2017～2018）

杨松/主编　2018年6月出版　估价：99.00元

◆ 本书对2017年北京市经济发展的整体形势进行了系统性的分析与回顾，并对2018年经济形势走势进行了预测与研判，聚焦北京市经济社会发展中的全局性、战略性和关键领域的重点问题，运用定量和定性分析相结合的方法，对北京市经济社会发展的现状、问题、成因进行了深入分析，提出了可操作性的对策建议。

温州蓝皮书
2018年温州经济社会形势分析与预测

蒋儒标　王春光　金浩/主编　2018年6月出版　估价：99.00元

◆ 本书是中共温州市委党校和中国社会科学院社会学研究所合作推出的第十一本温州蓝皮书，由来自党校、政府部门、科研机构、高校的专家、学者共同撰写的2017年温州区域发展形势的最新研究成果。

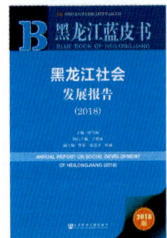

黑龙江蓝皮书
黑龙江社会发展报告（2018）

王爱丽/主编　2018年1月出版　定价：89.00元

◆ 本书以千份随机抽样问卷调查和专题研究为依据，运用社会学理论框架和分析方法，从专家和学者的独特视角，对2017年黑龙江省关系民生的问题进行广泛的调研与分析，并对2017年黑龙江省诸多社会热点和焦点问题进行了有益的探索。这些研究不仅可以为政府部门更加全面深入了解省情、科学制定决策提供智力支持，同时也可以为广大读者认识、了解、关注黑龙江社会发展提供理性思考。

宏观经济类

城市蓝皮书
中国城市发展报告（No.11）
著(编)者：潘家华 单菁菁
2018年9月出版 / 估价：99.00元
PSN B-2007-091-1/1

城乡一体化蓝皮书
中国城乡一体化发展报告（2018）
著(编)者：付崇兰
2018年9月出版 / 估价：99.00元
PSN B-2011-226-1/2

城镇化蓝皮书
中国新型城镇化健康发展报告（2018）
著(编)者：张占斌
2018年8月出版 / 估价：99.00元
PSN B-2014-396-1/1

创新蓝皮书
创新型国家建设报告（2018~2019）
著(编)者：詹正茂
2018年12月出版 / 估价：99.00元
PSN B-2009-140-1/1

低碳发展蓝皮书
中国低碳发展报告（2018）
著(编)者：张希良 齐晔
2018年6月出版 / 估价：99.00元
PSN B-2011-223-1/1

低碳经济蓝皮书
中国低碳经济发展报告（2018）
著(编)者：薛进军 赵忠秀
2018年11月出版 / 估价：99.00元
PSN B-2011-194-1/1

发展和改革蓝皮书
中国经济发展和体制改革报告No.9
著(编)者：邹东涛 王再文
2018年1月出版 / 估价：99.00元
PSN B-2008-122-1/1

国家创新蓝皮书
中国创新发展报告（2017）
著(编)者：陈劲　2018年5月出版 / 估价：99.00元
PSN B-2014-370-1/1

金融蓝皮书
中国金融发展报告（2018）
著(编)者：王国刚
2018年6月出版 / 估价：99.00元
PSN B-2004-031-1/7

经济蓝皮书
2018年中国经济形势分析与预测
著(编)者：李平　2017年12月出版 / 定价：89.00元
PSN B-1996-001-1/1

经济蓝皮书春季号
2018年中国经济前景分析
著(编)者：李扬　2018年5月出版 / 估价：99.00元
PSN B-1999-008-1/1

经济蓝皮书夏季号
中国经济增长报告（2017~2018）
著(编)者：李扬　2018年9月出版 / 估价：99.00元
PSN B-2010-176-1/1

农村绿皮书
中国农村经济形势分析与预测（2017~2018）
著(编)者：魏后凯 黄秉信
2018年4月出版 / 估价：99.00元
PSN G-1998-003-1/1

人口与劳动绿皮书
中国人口与劳动问题报告No.19
著(编)者：张车伟　2018年11月出版 / 估价：99.00元
PSN G-2000-012-1/1

新型城镇化蓝皮书
新型城镇化发展报告（2017）
著(编)者：李伟 宋敏
2018年3月出版 / 定价：98.00元
PSN B-2005-038-1/1

中国省域竞争力蓝皮书
中国省域经济综合竞争力发展报告（2016~2017）
著(编)者：李建平 李闽榕
2018年2月出版 / 估价：198.00元
PSN B-2007-088-1/1

中小城市绿皮书
中国中小城市发展报告（2018）
著(编)者：中国城市经济学会中小城市经济发展委员会
　　　　　中国城镇化促进会中小城市发展委员会
　　　　　《中国中小城市发展报告》编纂委员会
　　　　　中小城市发展战略研究院
2018年11月出版 / 估价：128.00元
PSN G-2010-161-1/1

区域经济类

东北蓝皮书
中国东北地区发展报告（2018）
著(编)者：姜晓秋　　2018年11月出版 / 估价：99.00元
PSN B-2006-067-1/1

金融蓝皮书
中国金融中心发展报告（2017~2018）
著(编)者：王力　黄育华　　2018年11月出版 / 估价：99.00元
PSN B-2011-186-6/7

京津冀蓝皮书
京津冀发展报告（2018）
著(编)者：祝合良　叶堂林　张贵祥
2018年6月出版 / 估价：99.00元
PSN B-2012-262-1/1

西北蓝皮书
中国西北发展报告（2018）
著(编)者：王福生　马廷旭　董秋生
2018年1月出版 / 定价：99.00元
PSN B-2012-261-1/1

西部蓝皮书
中国西部发展报告（2018）
著(编)者：瑾勇　任保平　　2018年8月出版 / 估价：99.00元
PSN B-2005-039-1/1

长江经济带产业蓝皮书
长江经济带产业发展报告（2018）
著(编)者：吴传清　　2018年11月出版 / 估价：128.00元
PSN B-2017-666-1/1

长江经济带蓝皮书
长江经济带发展报告（2017~2018）
著(编)者：王振　　2018年11月出版 / 估价：99.00元
PSN B-2016-575-1/1

长江中游城市群蓝皮书
长江中游城市群新型城镇化与产业协同发展报告（2018）
著(编)者：杨刚强　　2018年11月出版 / 估价：99.00元
PSN B-2016-578-1/1

长三角蓝皮书
2017年创新融合发展的长三角
著(编)者：刘飞跃　　2018年5月出版 / 估价：99.00元
PSN B-2005-038-1/1

长株潭城市群蓝皮书
长株潭城市群发展报告（2017）
著(编)者：张萍　朱有志　　2018年6月出版 / 估价：99.00元
PSN B-2008-109-1/1

特色小镇蓝皮书
特色小镇智慧运营报告（2018）：顶层设计与智慧架构标准
著(编)者：陈劲　　2018年1月出版 / 定价：79.00元
PSN B-2018-692-1/1

中部竞争力蓝皮书
中国中部经济社会竞争力报告（2018）
著(编)者：教育部人文社会科学重点研究基地南昌大学中国
　　　　　中部经济社会发展研究中心
2018年12月出版 / 估价：99.00元
PSN B-2012-276-1/1

中部蓝皮书
中国中部地区发展报告（2018）
著(编)者：宋亚平　　2018年12月出版 / 估价：99.00元
PSN B-2007-089-1/1

区域蓝皮书
中国区域经济发展报告（2017~2018）
著(编)者：赵弘　　2018年5月出版 / 估价：99.00元
PSN B-2004-034-1/1

中三角蓝皮书
长江中游城市群发展报告（2018）
著(编)者：秦尊文　　2018年9月出版 / 估价：99.00元
PSN B-2014-417-1/1

中原蓝皮书
中原经济区发展报告（2018）
著(编)者：李英杰　　2018年6月出版 / 估价：99.00元
PSN B-2011-192-1/1

珠三角流通蓝皮书
珠三角商圈发展研究报告（2018）
著(编)者：王先庆　林至颖　　2018年7月出版 / 估价：99.00元
PSN B-2012-292-1/1

社会政法类

北京蓝皮书
中国社区发展报告（2017~2018）
著(编)者：于燕燕　　2018年9月出版 / 估价：99.00元
PSN B-2007-083-5/8

殡葬绿皮书
中国殡葬事业发展报告（2017~2018）
著(编)者：李伯森　　2018年6月出版 / 估价：158.00元
PSN G-2010-180-1/1

城市管理蓝皮书
中国城市管理报告（2017-2018）
著(编)者：刘林　刘承水　　2018年5月出版 / 估价：158.00元
PSN B-2013-336-1/1

城市生活质量蓝皮书
中国城市生活质量报告（2017）
著(编)者：张连城　张平　杨春学　郎丽华
2017年12月出版 / 定价：89.00元
PSN B-2013-326-1/1

社会政法类 — 皮书系列 2018全品种

城市政府能力蓝皮书
中国城市政府公共服务能力评估报告（2018）
著（编）者：何艳玲　2018年5月出版 / 估价：99.00元
PSN B-2013-338-1/1

创业蓝皮书
中国创业发展研究报告（2017~2018）
著（编）者：黄群慧　赵卫星　钟宏武
2018年11月出版 / 估价：99.00元
PSN B-2016-577-1/1

慈善蓝皮书
中国慈善发展报告（2018）
著（编）者：杨团　2018年6月出版 / 估价：99.00元
PSN B-2009-142-1/1

党建蓝皮书
党的建设研究报告No.2（2018）
著（编）者：崔建民　陈东平　2018年6月出版 / 估价：99.00元
PSN B-2016-523-1/1

地方法治蓝皮书
中国地方法治发展报告No.3（2018）
著（编）者：李林　田禾　2018年6月出版 / 估价：118.00元
PSN B-2015-442-1/1

电子政务蓝皮书
中国电子政务发展报告（2018）
著（编）者：李季　2018年8月出版 / 估价：99.00元
PSN B-2003 022-1/1

儿童蓝皮书
中国儿童参与状况报告（2017）
著（编）者：苑立新　2017年12月出版 / 定价：89.00元
PSN B-2017-682-1/1

法治蓝皮书
中国法治发展报告No.16（2018）
著（编）者：李林　田禾　2018年3月出版 / 定价：128.00元
PSN B-2004-027-1/3

法治蓝皮书
中国法院信息化发展报告No.2（2018）
著（编）者：李林　田禾　2018年2月出版 / 估价：118.00元
PSN B-2017-604-3/3

法治政府蓝皮书
中国法治政府发展报告（2017）
著（编）者：中国政法大学法治政府研究院
2018年3月出版 / 定价：158.00元
PSN B-2015-502-1/2

法治政府蓝皮书
中国法治政府评估报告（2018）
著（编）者：中国政法大学法治政府研究院
2018年9月出版 / 估价：168.00元
PSN B-2016-576-2/2

反腐倡廉蓝皮书
中国反腐倡廉建设报告No.8
著（编）者：张英伟　2018年12月出版 / 估价：99.00元
PSN B-2012-259-1/1

扶贫蓝皮书
中国扶贫开发报告（2018）
著（编）者：李培林　魏后凯　2018年12月出版 / 估价：128.00元
PSN B-2016-599-1/1

妇女发展蓝皮书
中国妇女发展报告No.6
著（编）者：王金玲　2018年9月出版 / 估价：158.00元
PSN B-2006-069-1/1

妇女教育蓝皮书
中国妇女教育发展报告No.3
著（编）者：张李玺　2018年10月出版 / 估价：99.00元
PSN B-2008-121-1/1

妇女绿皮书
2018年：中国性别平等与妇女发展报告
著（编）者：谭琳　2018年12月出版 / 估价：99.00元
PSN G-2006-073-1/1

公共安全蓝皮书
中国城市公共安全发展报告（2017~2018）
著（编）者：黄育华　杨文明　赵建辉
2018年6月出版 / 估价：99.00元
PSN B-2017-628-1/1

公共服务蓝皮书
中国城市基本公共服务力评价（2018）
著（编）者：钟君　刘志昌　吴正杲
2018年12月出版 / 估价：99.00元
PSN B-2011-214-1/1

公民科学素质蓝皮书
中国公民科学素质报告（2017~2018）
著（编）者：李群　陈雄　马宗文
2017年12月出版 / 定价：89.00元
PSN B-2014-379-1/1

公益蓝皮书
中国公益慈善发展报告（2016）
著（编）者：朱健刚　胡小军　2018年6月出版 / 估价：99.00元
PSN B-2012-283-1/1

国际人才蓝皮书
中国国际移民报告（2018）
著（编）者：王辉耀　2018年6月出版 / 估价：99.00元
PSN B-2012-304-3/4

国际人才蓝皮书
中国留学发展报告（2018）No.7
著（编）者：王辉耀　苗绿　2018年12月出版 / 估价：99.00元
PSN B-2012-244-2/4

海洋社会蓝皮书
中国海洋社会发展报告（2017）
著（编）者：崔凤　宋宁而　2018年3月出版 / 定价：99.00元
PSN B-2015-478-1/1

行政改革蓝皮书
中国行政体制改革报告No.7（2018）
著（编）者：魏礼群　2018年6月出版 / 估价：99.00元
PSN B-2011-231-1/1

华侨华人蓝皮书
华侨华人研究报告（2017）
著（编）者：张禹东 庄国土　　2017年12月出版 / 定价：148.00元
PSN B-2011-204-1/1

互联网与国家治理蓝皮书
互联网与国家治理发展报告（2017）
著（编）者：张志安　　2018年1月出版 / 定价：98.00元
PSN B-2017-671-1/1

环境管理蓝皮书
中国环境管理发展报告（2017）
著（编）者：李金惠　　2017年12月出版 / 定价：98.00元
PSN B-2017-678-1/1

环境竞争力绿皮书
中国省域环境竞争力发展报告（2018）
著（编）者：李建平 李闽榕 王金南
2018年11月出版 / 估价：198.00元
PSN G-2010-165-1/1

环境绿皮书
中国环境发展报告（2017~2018）
著（编）者：李波　　2018年6月出版 / 估价：99.00元
PSN G-2006-048-1/1

家庭蓝皮书
中国"创建幸福家庭活动"评估报告（2018）
著（编）者：国务院发展研究中心"创建幸福家庭活动评估"课题组
2018年12月出版 / 估价：99.00元
PSN B-2015-508-1/1

健康城市蓝皮书
中国健康城市建设研究报告（2018）
著（编）者：王鸿春 盛继洪　　2018年12月出版 / 估价：99.00元
PSN B-2016-564-2/2

健康中国蓝皮书
社区首诊与健康中国分析报告（2018）
著（编）者：高和荣 杨叔禹 姜杰
2018年6月出版 / 估价：99.00元
PSN B-2017-611-1/1

教师蓝皮书
中国中小学教师发展报告（2017）
著（编）者：曾晓东 鱼霞
2018年6月出版 / 估价：99.00元
PSN B-2012-289-1/1

教育扶贫蓝皮书
中国教育扶贫报告（2018）
著（编）者：司树杰 王文静 李兴洲
2018年12月出版 / 估价：99.00元
PSN B-2016-590-1/1

教育蓝皮书
中国教育发展报告（2018）
著（编）者：杨东平　　2018年3月出版 / 定价：89.00元
PSN B-2006-047-1/1

金融法治建设蓝皮书
中国金融法治建设年度报告（2015~2016）
著（编）者：朱小黄　　2018年6月出版 / 估价：99.00元
PSN B-2017-633-1/1

京津冀教育蓝皮书
京津冀教育发展研究报告（2017~2018）
著（编）者：方中雄　　2018年6月出版 / 估价：99.00元
PSN B-2017-608-1/1

就业蓝皮书
2018年中国本科生就业报告
著（编）者：麦可思研究院　　2018年6月出版 / 估价：99.00元
PSN B-2009-146-1/2

就业蓝皮书
2018年中国高职高专生就业报告
著（编）者：麦可思研究院　　2018年6月出版 / 估价：99.00元
PSN B-2015-472-2/2

科学教育蓝皮书
中国科学教育发展报告（2018）
著（编）者：王康友　　2018年10月出版 / 估价：99.00元
PSN B-2015-487-1/1

劳动保障蓝皮书
中国劳动保障发展报告（2018）
著（编）者：刘燕斌　　2018年9月出版 / 估价：158.00元
PSN B-2014-415-1/1

老龄蓝皮书
中国老年宜居环境发展报告（2017）
著（编）者：党俊武 周燕珉　　2018年6月出版 / 估价：99.00元
PSN B-2013-320-1/1

连片特困区蓝皮书
中国连片特困区发展报告（2017~2018）
著（编）者：游俊 冷志明 丁建军
2018年6月出版 / 估价：99.00元
PSN B-2013-321-1/1

流动儿童蓝皮书
中国流动儿童教育发展报告（2017）
著（编）者：杨东平　　2018年6月出版 / 估价：99.00元
PSN B-2017-600-1/1

民调蓝皮书
中国民生调查报告（2018）
著（编）者：谢耘耕　　2018年12月出版 / 估价：99.00元
PSN B-2014-398-1/1

民族发展蓝皮书
中国民族发展报告（2018）
著（编）者：王延中　　2018年10月出版 / 估价：188.00元
PSN B-2006-070-1/1

女性生活蓝皮书
中国女性生活状况报告No.12（2018）
著（编）者：高博燕　　2018年7月出版 / 估价：99.00元
PSN B-2006-071-1/1

社会政法类 皮书系列 2018全品种

汽车社会蓝皮书
中国汽车社会发展报告（2017~2018）
著(编)者：王俊秀　2018年6月出版／估价：99.00元
PSN B-2011-224-1/1

青年蓝皮书
中国青年发展报告（2018）No.3
著(编)者：廉思　2018年6月出版／估价：99.00元
PSN B-2013-333-1/1

青少年蓝皮书
中国未成年人互联网运用报告（2017~2018）
著(编)者：季为民　李文革　沈杰
2018年11月出版／估价：99.00元
PSN B-2010-156-1/1

人权蓝皮书
中国人权事业发展报告No.8（2018）
著(编)者：李君如　2018年9月出版／估价：99.00元
PSN B-2011-215-1/1

社会保障绿皮书
中国社会保障发展报告No.9（2018）
著(编)者：王延中　2018年6月出版／估价：99.00元
PSN G-2001-014-1/1

社会风险评估蓝皮书
风险评估与危机预警报告（2017~2018）
著(编)者：唐钧　2018年8月出版／估价：99.00元
PSN B-2012-293-1/1

社会工作蓝皮书
中国社会工作发展报告（2016~2017）
著(编)者：民政部社会工作研究中心
2018年8月出版／估价：99.00元
PSN B-2009-141-1/1

社会管理蓝皮书
中国社会管理创新报告No.6
著(编)者：连玉明　2018年11月出版／估价：99.00元
PSN B-2012-300-1/1

社会蓝皮书
2018年中国社会形势分析与预测
著(编)者：李培林　陈光金　张翼
2017年12月出版／定价：89.00元
PSN B-1998-002-1/1

社会体制蓝皮书
中国社会体制改革报告No.6（2018）
著(编)者：龚维斌　2018年3月出版／定价：98.00元
PSN B-2013-330-1/1

社会心态蓝皮书
中国社会心态研究报告（2018）
著(编)者：王俊秀　2018年12月出版／估价：99.00元
PSN B-2011-199-1/1

社会组织蓝皮书
中国社会组织报告（2017-2018）
著(编)者：黄晓勇　2018年6月出版／估价：99.00元
PSN B-2008-118-1/2

社会组织蓝皮书
中国社会组织评估发展报告（2018）
著(编)者：徐家良　2018年12月出版／估价：99.00元
PSN B-2013-366-2/2

生态城市绿皮书
中国生态城市建设发展报告（2018）
著(编)者：刘举科　孙伟平　胡文臻
2018年9月出版／估价：158.00元
PSN G-2012-269-1/1

生态文明绿皮书
中国省域生态文明建设评价报告（ECI 2018）
著(编)者：严耕　2018年12月出版／估价：99.00元
PSN G-2010-170-1/1

退休生活蓝皮书
中国城市居民退休生活质量指数报告（2017）
著(编)者：杨一帆　2018年6月出版／估价：99.00元
PSN B-2017-618-1/1

危机管理蓝皮书
中国危机管理报告（2018）
著(编)者：文学国　范正青
2018年8月出版／估价：99.00元
PSN B-2010-171-1/1

学会蓝皮书
2018年中国学会发展报告
著(编)者：麦可思研究院　2018年12月出版／估价：99.00元
PSN B-2016-597-1/1

医改蓝皮书
中国医药卫生体制改革报告（2017~2018）
著(编)者：文学国　房志武
2018年11月出版／估价：99.00元
PSN B-2014-432-1/1

应急管理蓝皮书
中国应急管理报告（2018）
著(编)者：宋英华　2018年9月出版／估价：99.00元
PSN B-2016-562-1/1

政府绩效评估蓝皮书
中国地方政府绩效评估报告 No.2
著(编)者：贠杰　2018年12月出版／估价：99.00元
PSN B-2017-672-1/1

政治参与蓝皮书
中国政治参与报告（2018）
著(编)者：房宁　2018年8月出版／估价：128.00元
PSN B-2011-200-1/1

政治文化蓝皮书
中国政治文化报告（2018）
著(编)者：邢元敏　魏大鹏　龚克
2018年8月出版／估价：128.00元
PSN B-2017-615-1/1

中国传统村落蓝皮书
中国传统村落保护现状报告（2018）
著(编)者：胡彬彬　李向军　王晓波
2018年12月出版／估价：99.00元
PSN B-2017-663-1/1

皮书系列 2018全品种 社会政法类·产业经济类

中国农村妇女发展蓝皮书
农村流动女性城市生活发展报告（2018）
著（编）者：谢丽华　2018年12月出版　估价：99.00元
PSN B-2014-434-1/1

宗教蓝皮书
中国宗教报告（2017）
著（编）者：邱永辉　2018年8月出版　估价：99.00元
PSN B-2008-117-1/1

产业经济类

保健蓝皮书
中国保健服务产业发展报告 No.2
著（编）者：中国保健协会　中共中央党校
2018年7月出版 / 估价：198.00元
PSN B-2012-272-3/3

保健蓝皮书
中国保健食品产业发展报告 No.2
著（编）者：中国保健协会
　　　　　　中国社会科学院食品药品产业发展与监管研究中心
2018年8月出版 / 估价：198.00元
PSN B-2012-271-2/3

保健蓝皮书
中国保健用品产业发展报告 No.2
著（编）者：中国保健协会
　　　　　　国务院国有资产监督管理委员会研究中心
2018年6月出版 / 估价：198.00元
PSN B-2012-270-1/3

保险蓝皮书
中国保险业竞争力报告（2018）
著（编）者：保监会　2018年12月出版　估价：99.00元
PSN B-2013-311-1/1

冰雪蓝皮书
中国冰上运动产业发展报告（2018）
著（编）者：孙承华　杨占武　刘戈　张鸿俊
2018年9月出版 / 估价：99.00元
PSN B-2017-648-3/3

冰雪蓝皮书
中国滑雪产业发展报告（2018）
著（编）者：孙承华　伍斌　魏庆华　张鸿俊
2018年9月出版 / 估价：99.00元
PSN B-2016-559-1/3

餐饮产业蓝皮书
中国餐饮产业发展报告（2018）
著（编）者：邢颖
2018年6月出版 / 估价：99.00元
PSN B-2009-151-1/1

茶业蓝皮书
中国茶产业发展报告（2018）
著（编）者：杨江帆　李闽榕
2018年10月出版 / 估价：99.00元
PSN B-2010-164-1/1

产业安全蓝皮书
中国文化产业安全报告（2018）
著（编）者：北京印刷学院文化产业安全研究院
2018年12月出版 / 估价：99.00元
PSN B-2014-378-12/14

产业安全蓝皮书
中国新媒体产业安全报告（2016~2017）
著（编）者：肖丽　2018年6月出版 / 估价：99.00元
PSN B-2015-500-14/14

产业安全蓝皮书
中国出版传媒产业安全报告（2017~2018）
著（编）者：北京印刷学院文化产业安全研究院
2018年6月出版 / 估价：99.00元
PSN B-2014-384-13/14

产业蓝皮书
中国产业竞争力报告（2018）No.8
著（编）者：张其仔　2018年12月出版 / 估价：168.00元
PSN B-2010-175-1/1

动力电池蓝皮书
中国新能源汽车动力电池产业发展报告（2018）
著（编）者：中国汽车技术研究中心
2018年8月出版 / 估价：99.00元
PSN B-2017-639-1/1

杜仲产业绿皮书
中国杜仲橡胶资源与产业发展报告（2017~2018）
著（编）者：杜红岩　胡文臻　俞锐
2018年6月出版 / 估价：99.00元
PSN G-2013-350-1/1

房地产蓝皮书
中国房地产发展报告No.15（2018）
著（编）者：李春华　王业强
2018年5月出版 / 估价：99.00元
PSN B-2004-028-1/1

服务外包蓝皮书
中国服务外包产业发展报告（2017~2018）
著（编）者：王晓红　刘德军
2018年6月出版 / 估价：99.00元
PSN B-2013-331-2/2

服务外包蓝皮书
中国服务外包竞争力报告（2017~2018）
著（编）者：刘春生　王力　黄育华
2018年12月出版 / 估价：99.00元
PSN B-2011-216-1/2

皮书系列 2018全品种

产业经济类

工业和信息化蓝皮书
世界信息技术产业发展报告（2017~2018）
著(编)者：尹丽波　2018年6月出版／估价：99.00元
PSN B-2015-449-2/6

工业和信息化蓝皮书
战略性新兴产业发展报告（2017~2018）
著(编)者：尹丽波　2018年6月出版／估价：99.00元
PSN B-2015-450-3/6

海洋经济蓝皮书
中国海洋经济发展报告（2015~2018）
著(编)者：殷克东　高金田　方胜民
2018年3月出版／定价：128.00元
PSN B-2018-697-1/1

康养蓝皮书
中国康养产业发展报告（2017）
著(编)者：何莽　2017年12月出版／定价：88.00元
PSN B-2017-685-1/1

客车蓝皮书
中国客车产业发展报告（2017~2018）
著(编)者：姚蔚　2018年10月出版／估价：99.00元
PSN B-2013-361-1/1

流通蓝皮书
中国商业发展报告（2018~2019）
著(编)者：王雪峰　林诗慧
2018年7月出版／估价：99.00元
PSN B-2009-152-1/2

能源蓝皮书
中国能源发展报告（2018）
著(编)者：崔民选　王军生　陈义和
2018年12月出版／估价：99.00元
PSN B-2006-049-1/1

农产品流通蓝皮书
中国农产品流通产业发展报告（2017）
著(编)者：贾敬敦　张东科　张玉玺　张鹏毅　周伟
2018年6月出版／估价：99.00元
PSN B-2012-288-1/1

汽车工业蓝皮书
中国汽车工业发展年度报告（2018）
著(编)者：中国汽车工业协会
　　　　　中国汽车技术研究中心
　　　　　丰田汽车公司
2018年5月出版／估价：168.00元
PSN B-2015-463-1/2

汽车工业蓝皮书
中国汽车零部件产业发展报告（2017~2018）
著(编)者：中国汽车工业协会
　　　　　中国汽车工程研究院深圳市沃特玛电池有限公司
2018年9月出版／估价：99.00元
PSN B-2016-515-2/2

汽车蓝皮书
中国汽车产业发展报告（2018）
著(编)者：中国汽车工程学会
　　　　　大众汽车集团（中国）
2018年11月出版／估价：99.00元
PSN B-2008-124-1/1

世界茶业蓝皮书
世界茶业发展报告（2018）
著(编)者：李闽榕　冯廷佺
2018年5月出版／估价：168.00元
PSN B-2017-619-1/1

世界能源蓝皮书
世界能源发展报告（2018）
著(编)者：黄晓勇　2018年6月出版／估价：168.00元
PSN B-2013-349-1/1

石油蓝皮书
中国石油产业发展报告（2018）
著(编)者：中国石油化工集团公司经济技术研究院
　　　　　中国国际石油化工联合有限责任公司
　　　　　中国社会科学院数量经济与技术经济研究所
2018年2月出版／估价：98.00元
PSN B-2018-690-1/1

体育蓝皮书
国家体育产业基地发展报告（2016~2017）
著(编)者：李颖川　2018年6月出版／估价：168.00元
PSN B-2017-609-5/5

体育蓝皮书
中国体育产业发展报告（2018）
著(编)者：阮伟　钟秉枢
2018年12月出版／估价：99.00元
PSN B-2010-179-1/5

文化金融蓝皮书
中国文化金融发展报告（2018）
著(编)者：杨涛　金巍
2018年6月出版／估价：99.00元
PSN B-2017-610-1/1

新能源汽车蓝皮书
中国新能源汽车产业发展报告（2018）
著(编)者：中国汽车技术研究中心
　　　　　日产（中国）投资有限公司
　　　　　东风汽车有限公司
2018年8月出版／估价：99.00元
PSN B-2013-347-1/1

薏仁米产业蓝皮书
中国薏仁米产业发展报告No.2（2018）
著(编)者：李发耀　石明　秦礼康
2018年8月出版／估价：99.00元
PSN B-2017-645-1/1

邮轮绿皮书
中国邮轮产业发展报告（2018）
著(编)者：汪泓　2018年10月出版／估价：99.00元
PSN G-2014-419-1/1

智能养老蓝皮书
中国智能养老产业发展报告（2018）
著(编)者：朱勇　2018年10月出版／估价：99.00元
PSN B-2015-488-1/1

中国节能汽车蓝皮书
中国节能汽车发展报告（2017~2018）
著(编)者：中国汽车工程研究院股份有限公司
2018年9月出版／估价：99.00元
PSN B-2016-565-1/1

皮书系列 2018全品种 产业经济类·行业及其他类

中国陶瓷产业蓝皮书
中国陶瓷产业发展报告（2018）
著(编)者：左和平 黄速建
2018年10月出版 / 估价：99.00元
PSN B-2016-573-1/1

装备制造业蓝皮书
中国装备制造业发展报告（2018）
著(编)者：徐东华
2018年12月出版 / 估价：118.00元
PSN B-2015-505-1/1

行业及其他类

"三农"互联网金融蓝皮书
中国"三农"互联网金融发展报告（2018）
著(编)者：李勇坚 王弢
2018年8月出版 / 估价：99.00元
PSN B-2016-560-1/1

SUV蓝皮书
中国SUV市场发展报告（2017~2018）
著(编)者：靳军 2018年9月出版 / 估价：99.00元
PSN B-2016-571-1/1

冰雪蓝皮书
中国冬季奥运会发展报告（2018）
著(编)者：孙承华 伍斌 魏庆华 张鸿俊
2018年9月出版 / 估价：99.00元
PSN B-2017-647-2/3

彩票蓝皮书
中国彩票发展报告（2018）
著(编)者：益彩基金 2018年6月出版 / 估价：99.00元
PSN B-2015-462-1/1

测绘地理信息蓝皮书
测绘地理信息供给侧结构性改革研究报告（2018）
著(编)者：库热西·买合苏提
2018年12月出版 / 估价：168.00元
PSN B-2009-145-1/1

产权市场蓝皮书
中国产权市场发展报告（2017）
著(编)者：曹和平
2018年5月出版 / 估价：99.00元
PSN B-2009-147-1/1

城投蓝皮书
中国城投行业发展报告（2018）
著(编)者：华景斌
2018年11月出版 / 估价：300.00元
PSN B-2016-514-1/1

城市轨道交通蓝皮书
中国城市轨道交通运营发展报告（2017~2018）
著(编)者：崔学忠 贾文峥
2018年3月出版 / 定价：89.00元
PSN B-2018-694-1/1

大数据蓝皮书
中国大数据发展报告（No.2）
著(编)者：连玉明 2018年5月出版 / 估价：99.00元
PSN B-2017-620-1/1

大数据应用蓝皮书
中国大数据应用发展报告No.2（2018）
著(编)者：陈军君 2018年8月出版 / 估价：99.00元
PSN B-2017-644-1/1

对外投资与风险蓝皮书
中国对外直接投资与国家风险报告（2018）
著(编)者：中债资信评估有限责任公司
中国社会科学院世界经济与政治研究所
2018年6月出版 / 估价：189.00元
PSN B-2017-606-1/1

工业和信息化蓝皮书
人工智能发展报告（2017~2018）
著(编)者：尹丽波 2018年6月出版 / 估价：99.00元
PSN B-2015-448-1/6

工业和信息化蓝皮书
世界智慧城市发展报告（2017~2018）
著(编)者：尹丽波 2018年6月出版 / 估价：99.00元
PSN B-2017-624-6/6

工业和信息化蓝皮书
世界网络安全发展报告（2017~2018）
著(编)者：尹丽波 2018年6月出版 / 估价：99.00元
PSN B-2015-452-5/6

工业和信息化蓝皮书
世界信息化发展报告（2017~2018）
著(编)者：尹丽波 2018年6月出版 / 估价：99.00元
PSN B-2015-451-4/6

工业设计蓝皮书
中国工业设计发展报告（2018）
著(编)者：王晓红 于炜 张立群 2018年9月出版 / 估价：168.00元
PSN B-2014-420-1/1

公共关系蓝皮书
中国公共关系发展报告（2017）
著(编)者：柳斌杰 2018年1月出版 / 定价：89.00元
PSN B-2016-579-1/1

皮书系列 2018全品种

公共关系蓝皮书
中国公共关系发展报告（2018）
著(编)者：柳斌杰　2018年11月出版／估价：99.00元
PSN B-2016-579-1/1

管理蓝皮书
中国管理发展报告（2018）
著(编)者：张晓东　2018年10月出版／估价：99.00元
PSN B-2014-416-1/1

轨道交通蓝皮书
中国轨道交通行业发展报告（2017）
著(编)者：仲建华　李闽榕
2017年12月出版／定价：98.00元
PSN B-2017-674-1/1

海关发展蓝皮书
中国海关发展前沿报告（2018）
著(编)者：干春晖　2018年6月出版／估价：99.00元
PSN B-2017-616-1/1

互联网医疗蓝皮书
中国互联网健康医疗发展报告（2018）
著(编)者：芮晓武　2018年6月出版／估价：99.00元
PSN B-2016-567-1/1

黄金市场蓝皮书
中国商业银行黄金业务发展报告（2017~2018）
著(编)者：平安银行　2018年6月出版／估价：99.00元
PSN B-2016-524-1/1

会展蓝皮书
中外会展业动态评估研究报告（2018）
著(编)者：张敏　任中峰　聂鑫焱　牛盼强
2018年12月出版／估价：99.00元
PSN B-2013-327-1/1

基金会蓝皮书
中国基金会发展报告（2017~2018）
著(编)者：中国基金会发展报告课题组
2018年6月出版／估价：99.00元
PSN B-2013-368-1/1

基金会绿皮书
中国基金会发展独立研究报告（2018）
著(编)者：基金会中心网　中央民族大学基金会研究中心
2018年6月出版／估价：99.00元
PSN G-2011-213-1/1

基金会透明度蓝皮书
中国基金会透明度发展研究报告（2018）
著(编)者：基金会中心网
　　　　　清华大学廉政与治理研究中心
2018年9月出版／估价：99.00元
PSN B-2013-339-1/1

建筑装饰蓝皮书
中国建筑装饰行业发展报告（2018）
著(编)者：葛道顺　刘晓一
2018年10月出版／估价：198.00元
PSN B-2016-553-1/1

金融监管蓝皮书
中国金融监管报告（2018）
著(编)者：胡滨　2018年3月出版／定价：98.00元
PSN B-2012-281-1/1

金融蓝皮书
中国互联网金融行业分析与评估（2018~2019）
著(编)者：黄国平　伍旭川　2018年12月出版／估价：99.00元
PSN B-2016-585-7/7

金融科技蓝皮书
中国金融科技发展报告（2018）
著(编)者：李扬　孙国峰　2018年10月出版／估价：99.00元
PSN B-2014-374-1/1

金融信息服务蓝皮书
中国金融信息服务发展报告（2018）
著(编)者：李平　2018年5月出版／估价：99.00元
PSN B-2017-621-1/1

金蜜蜂企业社会责任蓝皮书
金蜜蜂中国企业社会责任报告研究（2017）
著(编)者：殷格非　于志宏　管竹笋
2018年1月出版／定价：99.00元
PSN B-2018-693-1/1

京津冀金融蓝皮书
京津冀金融发展报告（2018）
著(编)者：王爱俭　王璟怡　2018年10月出版／估价：99.00元
PSN B-2016-527-1/1

科普蓝皮书
国家科普能力发展报告（2018）
著(编)者：王康友　2018年5月出版／估价：138.00元
PSN B-2017-632-4/4

科普蓝皮书
中国基层科普发展报告（2017~2018）
著(编)者：赵立新　陈玲　2018年9月出版／估价：99.00元
PSN B-2016-568-3/4

科普蓝皮书
中国科普基础设施发展报告（2017~2018）
著(编)者：任福君　2018年6月出版／估价：99.00元
PSN B-2010-174-1/3

科普蓝皮书
中国科普人才发展报告（2017~2018）
著(编)者：郑念　任嵘嵘　2018年7月出版／估价：99.00元
PSN B-2016-512-2/4

科普能力蓝皮书
中国科普能力评价报告（2018~2019）
著(编)者：李富强　李群　2018年8月出版／估价：99.00元
PSN B-2016-555-1/1

临空经济蓝皮书
中国临空经济发展报告（2018）
著(编)者：连玉明　2018年9月出版／估价：99.00元
PSN B-2014-421-1/1

皮书系列 2018全品种
行业及其他类

旅游安全蓝皮书
中国旅游安全报告（2018）
著(编)者：郑向敏 谢朝武　2018年5月出版 / 估价：158.00元
PSN B-2012-280-1/1

旅游绿皮书
2017~2018年中国旅游发展分析与预测
著(编)者：宋瑞　2018年1月出版 / 定价：99.00元
PSN G-2002-018-1/1

煤炭蓝皮书
中国煤炭工业发展报告（2018）
著(编)者：岳福斌　2018年12月出版 / 估价：99.00元
PSN B-2008-123-1/1

民营企业社会责任蓝皮书
中国民营企业社会责任报告（2018）
著(编)者：中华全国工商业联合会
2018年12月出版 / 估价：99.00元
PSN B-2015-510-1/1

民营医院蓝皮书
中国民营医院发展报告（2017）
著(编)者：薛晓林　2017年12月出版 / 定价：89.00元
PSN B-2012-299-1/1

闽商蓝皮书
闽商发展报告（2018）
著(编)者：李闽榕 王日根 林琛
2018年12月出版 / 估价：99.00元
PSN B-2012-298-1/1

农业应对气候变化蓝皮书
中国农业气象灾害及其灾损评估报告（No.3）
著(编)者：矫梅燕　2018年6月出版 / 估价：118.00元
PSN B-2014-413-1/1

品牌蓝皮书
中国品牌战略发展报告（2018）
著(编)者：汪同三　2018年10月出版 / 估价：99.00元
PSN B-2016-580-1/1

企业扶贫蓝皮书
中国企业扶贫研究报告（2018）
著(编)者：钟宏武　2018年12月出版 / 估价：99.00元
PSN B-2016-593-1/1

企业公益蓝皮书
中国企业公益研究报告（2018）
著(编)者：钟宏武 汪杰 黄晓娟
2018年12月出版 / 估价：99.00元
PSN B-2015-501-1/1

企业国际化蓝皮书
中国企业全球化报告（2018）
著(编)者：王辉耀 苗绿　2018年11月出版 / 估价：99.00元
PSN B-2014-427-1/1

企业蓝皮书
中国企业绿色发展报告No.2（2018）
著(编)者：李红玉 朱光辉
2018年8月出版 / 估价：99.00元
PSN B-2015-481-2/2

企业社会责任蓝皮书
中资企业海外社会责任研究报告（2017~2018）
著(编)者：钟宏武 叶柳红 张蒽
2018年6月出版 / 估价：99.00元
PSN B-2017-603-2/2

企业社会责任蓝皮书
中国企业社会责任研究报告（2018）
著(编)者：黄群慧 钟宏武 张蒽 汪杰
2018年11月出版 / 估价：99.00元
PSN B-2009-149-1/2

汽车安全蓝皮书
中国汽车安全发展报告（2018）
著(编)者：中国汽车技术研究中心
2018年8月出版 / 估价：99.00元
PSN B-2014-385-1/1

汽车电子商务蓝皮书
中国汽车电子商务发展报告（2018）
著(编)者：中华全国工商业联合会汽车经销商商会
　　　　　北方工业大学
　　　　　北京易观智库网络科技有限公司
2018年10月出版 / 估价：158.00元
PSN B-2015-485-1/1

汽车知识产权蓝皮书
中国汽车产业知识产权发展报告（2018）
著(编)者：中国汽车工程研究院股份有限公司
　　　　　中国汽车工程学会
　　　　　重庆长安汽车股份有限公司
2018年12月出版 / 估价：99.00元
PSN B-2016-594-1/1

青少年体育蓝皮书
中国青少年体育发展报告（2017）
著(编)者：刘扶民 杨桦　2018年6月出版 / 估价：99.00元
PSN B-2015-482-1/1

区块链蓝皮书
中国区块链发展报告（2018）
著(编)者：李伟　2018年9月出版 / 估价：99.00元
PSN B-2017-649-1/1

群众体育蓝皮书
中国群众体育发展报告（2017）
著(编)者：刘国永 戴健　2018年5月出版 / 估价：99.00元
PSN B-2014-411-1/3

群众体育蓝皮书
中国社会体育指导员发展报告（2018）
著(编)者：刘国永 王欢　2018年6月出版 / 估价：99.00元
PSN B-2016-520-3/3

人力资源蓝皮书
中国人力资源发展报告（2018）
著(编)者：余兴安　2018年11月出版 / 估价：99.00元
PSN B-2012-287-1/1

融资租赁蓝皮书
中国融资租赁业发展报告（2017~2018）
著(编)者：李光荣 王力　2018年8月出版 / 估价：99.00元
PSN B-2015-443-1/1

 行业及其他类

皮书系列 2018全品种

商会蓝皮书
中国商会发展报告No.5（2017）
著（编）者：王钦敏　2018年7月出版 / 估价：99.00元
PSN B-2008-125-1/1

商务中心区蓝皮书
中国商务中心区发展报告No.4（2017~2018）
著（编）者：李国红　单菁菁　2018年9月出版 / 估价：99.00元
PSN B-2015-444-1/1

设计产业蓝皮书
中国创新设计发展报告（2018）
著（编）者：王晓红　张立群　于炜
2018年11月出版 / 估价：99.00元
PSN B-2016-581-2/2

社会责任管理蓝皮书
中国上市公司社会责任能力成熟度报告No.4（2018）
著（编）者：肖红军　王晓光　李伟阳
2018年12月出版 / 估价：99.00元
PSN B-2015-507-2/2

社会责任管理蓝皮书
中国企业公众透明度报告No.4（2017~2018）
著（编）者：黄速建　熊梦　王晓光　肖红军
2018年6月出版 / 估价：99.00元
PSN B-2015-440-1/2

食品药品蓝皮书
食品药品安全与监管政策研究报告（2016~2017）
著（编）者：唐民皓　2018年6月出版 / 估价：99.00元
PSN B-2009-129-1/1

输血服务蓝皮书
中国输血行业发展报告（2018）
著（编）者：孙俊　2018年12月出版 / 估价：99.00元
PSN B-2016-582-1/1

水利风景区蓝皮书
中国水利风景区发展报告（2018）
著（编）者：董建文　兰思仁
2018年10月出版 / 估价：99.00元
PSN B-2015-480-1/1

数字经济蓝皮书
全球数字经济竞争力发展报告（2017）
著（编）者：王振　2017年12月出版 / 定价：79.00元
PSN B-2017-673-1/1

私募市场蓝皮书
中国私募股权市场发展报告（2017~2018）
著（编）者：曹和平　2018年12月出版 / 估价：99.00元
PSN B-2010-162-1/1

碳排放权交易蓝皮书
中国碳排放权交易报告（2018）
著（编）者：孙永平　2018年11月出版 / 估价：99.00元
PSN B-2015-652-1/1

碳市场蓝皮书
中国碳市场报告（2018）
著（编）者：定金彪　2018年11月出版 / 估价：99.00元
PSN B-2014-430-1/1

体育蓝皮书
中国公共体育服务发展报告（2018）
著（编）者：戴健　2018年12月出版 / 估价：99.00元
PSN B-2013-367-2/5

土地市场蓝皮书
中国农村土地市场发展报告（2017~2018）
著（编）者：李光荣　2018年6月出版 / 估价：99.00元
PSN B-2016-526-1/1

土地整治蓝皮书
中国土地整治发展研究报告（No.5）
著（编）者：国土资源部土地整治中心
2018年7月出版 / 估价：99.00元
PSN B-2014-401-1/1

土地政策蓝皮书
中国土地政策研究报告（2018）
著（编）者：高延利　张建平　吴次芳
2018年1月出版 / 定价：98.00元
PSN B-2015-506-1/1

网络空间安全蓝皮书
中国网络空间安全发展报告（2018）
著（编）者：惠志斌　覃庆玲
2018年11月出版 / 估价：99.00元
PSN B-2015-466-1/1

文化志愿服务蓝皮书
中国文化志愿服务发展报告（2018）
著（编）者：张永新　良警宇　2018年11月出版 / 估价：128.00元
PSN B-2016-596-1/1

西部金融蓝皮书
中国西部金融发展报告（2017~2018）
著（编）者：李忠民　2018年8月出版 / 估价：99.00元
PSN B-2010-160-1/1

协会商会蓝皮书
中国行业协会商会发展报告（2017）
著（编）者：景朝阳　李勇　2018年6月出版 / 估价：99.00元
PSN B-2015-461-1/1

新三板蓝皮书
中国新三板市场发展报告（2018）
著（编）者：王力　2018年8月出版 / 估价：99.00元
PSN B-2016-533-1/1

信托市场蓝皮书
中国信托业市场报告（2017~2018）
著（编）者：用益金融信托研究院
2018年6月出版 / 估价：198.00元
PSN B-2014-371-1/1

信息化蓝皮书
中国信息化形势分析与预测（2017~2018）
著（编）者：周宏仁　2018年8月出版 / 估价：99.00元
PSN B-2010-168-1/1

信用蓝皮书
中国信用发展报告（2017~2018）
著（编）者：章政　田侃　2018年6月出版 / 估价：99.00元
PSN B-2013-328-1/1

皮书系列 2018全品种 — 行业及其他类

休闲绿皮书
2017~2018年中国休闲发展报告
著(编)者：宋瑞　2018年7月出版／估价：99.00元
PSN G-2010-158-1/1

休闲体育蓝皮书
中国休闲体育发展报告（2017~2018）
著(编)者：李相如　钟秉枢
2018年10月出版／估价：99.00元
PSN B-2016-516-1/1

养老金融蓝皮书
中国养老金融发展报告（2018）
著(编)者：董克用　姚余栋
2018年9月出版／估价：99.00元
PSN B-2016-583-1/1

遥感监测绿皮书
中国可持续发展遥感监测报告（2017）
著(编)者：顾行发　汪克强　潘教峰　李闽榕　徐东华　王琦安
2018年6月出版／估价：298.00元
PSN B-2017-629-1/1

药品流通蓝皮书
中国药品流通行业发展报告（2018）
著(编)者：佘鲁林　温再兴
2018年7月出版／估价：198.00元
PSN B-2014-429-1/1

医疗器械蓝皮书
中国医疗器械行业发展报告（2018）
著(编)者：王宝亭　耿鸿武
2018年10月出版／估价：99.00元
PSN B-2017-661-1/1

医院蓝皮书
中国医院竞争力报告（2017~2018）
著(编)者：庄一强　2018年3月出版／定价：108.00元
PSN B-2016-528-1/1

瑜伽蓝皮书
中国瑜伽业发展报告（2017~2018）
著(编)者：张永建　徐华锋　朱泰余
2018年6月出版／估价：198.00元
PSN B-2017-625-1/1

债券市场蓝皮书
中国债券市场发展报告（2017~2018）
著(编)者：杨农　2018年10月出版／估价：99.00元
PSN B-2016-572-1/1

志愿服务蓝皮书
中国志愿服务发展报告（2018）
著(编)者：中国志愿服务联合会
2018年11月出版／估价：99.00元
PSN B-2017-664-1/1

中国上市公司蓝皮书
中国上市公司发展报告（2018）
著(编)者：张鹏　张平　黄胤英
2018年9月出版／估价：99.00元
PSN B-2014-414-1/1

中国新三板蓝皮书
中国新三板创新与发展报告（2018）
著(编)者：刘平安　闻召林
2018年8月出版／估价：158.00元
PSN B-2017-638-1/1

中国汽车品牌蓝皮书
中国乘用车品牌发展报告（2017）
著(编)者：《中国汽车报》社有限公司
　　　　　博世（中国）投资有限公司
　　　　　中国汽车技术研究中心数据资源中心
2018年1月出版／定价：89.00元
PSN B-2017-679-1/1

中医文化蓝皮书
北京中医药文化传播发展报告（2018）
著(编)者：毛嘉陵　2018年6月出版／估价：99.00元
PSN B-2015-468-1/2

中医文化蓝皮书
中国中医药文化传播发展报告（2018）
著(编)者：毛嘉陵　2018年7月出版／估价：99.00元
PSN B-2016-584-2/2

中医药蓝皮书
北京中医药知识产权发展报告No.2
著(编)者：汪洪　屠志涛　2018年6月出版／估价：168.00元
PSN B-2017-602-1/1

资本市场蓝皮书
中国场外交易市场发展报告（2016~2017）
著(编)者：高峦　2018年6月出版／估价：99.00元
PSN B-2009-153-1/1

资产管理蓝皮书
中国资产管理行业发展报告（2018）
著(编)者：郑智　2018年7月出版／估价：99.00元
PSN B-2014-407-2/2

资产证券化蓝皮书
中国资产证券化发展报告（2018）
著(编)者：沈炳熙　曹彤　李哲平
2018年4月出版／定价：98.00元
PSN B-2017-660-1/1

自贸区蓝皮书
中国自贸区发展报告（2018）
著(编)者：王力　黄育华
2018年6月出版／估价：99.00元
PSN B-2016-558-1/1

国际问题与全球治理类

"一带一路"跨境通道蓝皮书
"一带一路"跨境通道建设研究报(2017~2018)
著(编)者：余鑫 张秋生　2018年1月出版 / 定价：89.00元
PSN B-2016-557-1/1

"一带一路"蓝皮书
"一带一路"建设发展报告（2018）
著(编)者：李永全　2018年3月出版 / 定价：98.00元
PSN B-2016-552-1/1

"一带一路"投资安全蓝皮书
中国"一带一路"投资与安全研究报告（2018）
著(编)者：邹统钎 梁昊光　2018年4月出版 / 定价：98.00元
PSN B-2017-612-1/1

"一带一路"文化交流蓝皮书
中阿文化交流发展报告（2017）
著(编)者：王辉　2017年12月出版 / 定价：89.00元
PSN B-2017-655-1/1

G20国家创新竞争力黄皮书
二十国集团（G20）国家创新竞争力发展报告（2017~2018）
著(编)者：李建平 李闽榕 赵新力 周天勇
2018年7月出版 / 定价：168.00元
PSN Y-2011-229-1/1

阿拉伯黄皮书
阿拉伯发展报告（2016~2017）
著(编)者：罗林　2018年6月出版 / 估价：99.00元
PSN Y-2014-381-1/1

北部湾蓝皮书
泛北部湾合作发展报告（2017~2018）
著(编)者：吕余生　2018年12月出版 / 估价：99.00元
PSN B-2008-114-1/1

北极蓝皮书
北极地区发展报告（2017）
著(编)者：刘惠荣　2018年7月出版 / 估价：99.00元
PSN B-2017-634-1/1

大洋洲蓝皮书
大洋洲发展报告（2017~2018）
著(编)者：喻常森　2018年10月出版 / 估价：99.00元
PSN B-2013-341-1/1

东北亚区域合作蓝皮书
2017年"一带一路"倡议与东北亚区域合作
著(编)者：刘亚政 金美花
2018年5月出版 / 估价：99.00元
PSN B-2017-631-1/1

东盟黄皮书
东盟发展报告（2017）
著(编)者：杨静林 庄国土　2018年6月出版 / 估价：99.00元
PSN Y-2012-303-1/1

东南亚蓝皮书
东南亚地区发展报告（2017~2018）
著(编)者：王勤　2018年12月出版 / 估价：99.00元
PSN B-2012-240-1/1

非洲黄皮书
非洲发展报告No.20（2017~2018）
著(编)者：张宏明　2018年7月出版 / 估价：99.00元
PSN Y-2012-239-1/1

非传统安全蓝皮书
中国非传统安全研究报告（2017~2018）
著(编)者：潇鹏 罗中枢　2018年8月出版 / 估价：99.00元
PSN B-2012-273-1/1

国际安全蓝皮书
中国国际安全研究报告（2018）
著(编)者：刘慧　2018年7月出版 / 估价：99.00元
PSN B-2016-521-1/1

国际城市蓝皮书
国际城市发展报告（2018）
著(编)者：屠启宇　2018年2月出版 / 定价：89.00元
PSN B-2012-260-1/1

国际形势黄皮书
全球政治与安全报告（2018）
著(编)者：张宇燕　2018年1月出版 / 定价：99.00元
PSN Y-2001-016-1/1

公共外交蓝皮书
中国公共外交发展报告（2018）
著(编)者：赵启正 雷蔚真　2018年6月出版 / 估价：99.00元
PSN B-2015-457-1/1

海丝蓝皮书
21世纪海上丝绸之路研究报告（2017）
著(编)者：华侨大学海上丝绸之路研究院
2017年12月出版 / 定价：89.00元
PSN B-2017-684-1/1

金砖国家黄皮书
金砖国家综合创新竞争力发展报告（2018）
著(编)者：赵新力 李闽榕 黄茂兴
2018年8月出版 / 估价：128.00元
PSN Y-2017-643-1/1

拉美黄皮书
拉丁美洲和加勒比发展报告（2017~2018）
著(编)者：袁东振　2018年6月出版 / 估价：99.00元
PSN Y-1999-007-1/1

澜湄合作蓝皮书
澜沧江-湄公河合作发展报告（2018）
著(编)者：刘雅　2018年9月出版 / 估价：99.00元
PSN B-2011-196-1/1

皮书系列 2018全品种

国际问题与全球治理类

欧洲蓝皮书
欧洲发展报告（2017~2018）
著（编）者：黄平 周弘 程卫东
2018年6月出版 / 估价：99.00元
PSN B-1999-009-1/1

葡语国家蓝皮书
葡语国家发展报告（2016~2017）
著（编）者：王成安 张敏 刘金兰
2018年6月出版 / 估价：99.00元
PSN B-2015-503-1/2

葡语国家蓝皮书
中国与葡语国家关系发展报告·巴西（2016）
著（编）者：张曙光
2018年8月出版 / 估价：99.00元
PSN B-2016-563-2/2

气候变化绿皮书
应对气候变化报告（2018）
著（编）者：王伟光 郑国光
2018年11月出版 / 估价：99.00元
PSN G-2009-144-1/1

全球环境竞争力绿皮书
全球环境竞争力报告（2018）
著（编）者：李建平 李闽榕 王金南
2018年12月出版 / 估价：198.00元
PSN G-2013-363-1/1

全球信息社会蓝皮书
全球信息社会发展报告（2018）
著（编）者：丁波涛 唐涛
2018年10月出版 / 估价：99.00元
PSN B-2017-665-1/1

日本经济蓝皮书
日本经济与中日经贸关系研究报告（2018）
著（编）者：张季风
2018年6月出版 / 估价：99.00元
PSN B-2008-102-1/1

上海合作组织黄皮书
上海合作组织发展报告（2018）
著（编）者：李进峰
2018年6月出版 / 估价：99.00元
PSN Y-2009-130-1/1

世界创新竞争力黄皮书
世界创新竞争力发展报告（2017）
著（编）者：李建平 李闽榕 赵新力
2018年6月出版 / 估价：168.00元
PSN Y-2013-318-1/1

世界经济黄皮书
2018年世界经济形势分析与预测
著（编）者：张宇燕
2018年1月出版 / 定价：99.00元
PSN Y-1999-006-1/1

世界能源互联互通蓝皮书
世界能源清洁发展与互联互通评估报告（2017）：欧洲篇
著（编）者：国网能源研究院
2018年1月出版 / 定价：128.00元
PSN B-2018-695-1/1

丝绸之路蓝皮书
丝绸之路经济带发展报告（2018）
著（编）者：任宗哲 白宽犁 谷孟宾
2018年1月出版 / 定价：89.00元
PSN B-2014-410-1/1

新兴经济体蓝皮书
金砖国家发展报告（2018）
著（编）者：林跃勤 周文
2018年8月出版 / 估价：99.00元
PSN B-2011-195-1/1

亚太蓝皮书
亚太地区发展报告（2018）
著（编）者：李向阳 2018年5月出版 / 估价：99.00元
PSN B-2001-015-1/1

印度洋地区蓝皮书
印度洋地区发展报告（2018）
著（编）者：汪戎
2018年6月出版 / 估价：99.00元
PSN B-2013-334-1/1

印度尼西亚经济蓝皮书
印度尼西亚经济发展报告（2017）：增长与机会
著（编）者：左志刚 2017年11月出版 / 定价：89.00元
PSN B-2017-675-1/1

渝新欧蓝皮书
渝新欧沿线国家发展报告（2018）
著（编）者：杨柏 黄森
2018年6月出版 / 估价：99.00元
PSN B-2017-626-1/1

中阿蓝皮书
中国-阿拉伯国家经贸发展报告（2018）
著（编）者：张廉 段庆林 王林聪 杨巧红
2018年12月出版 / 估价：99.00元
PSN B-2016-598-1/1

中东黄皮书
中东发展报告No.20（2017~2018）
著（编）者：杨光 2018年10月出版 / 估价：99.00元
PSN Y-1998-004-1/1

中亚黄皮书
中亚国家发展报告（2018）
著（编）者：孙力
2018年3月出版 / 定价：98.00元
PSN Y-2012-238-1/1

国别类

澳大利亚蓝皮书
澳大利亚发展报告（2017-2018）
著（编）者：孙有中 韩锋　　2018年12月出版 / 估价：99.00元
PSN B-2016-587-1/1

巴西黄皮书
巴西发展报告（2017）
著（编）者：刘国枝　　2018年5月出版 / 估价：99.00元
PSN Y-2017-614-1/1

德国蓝皮书
德国发展报告（2018）
著（编）者：郑春荣　　2018年6月出版 / 估价：99.00元
PSN B-2012-278-1/1

俄罗斯黄皮书
俄罗斯发展报告（2018）
著（编）者：李永全　　2018年6月出版 / 估价：99.00元
PSN Y-2006-061-1/1

韩国蓝皮书
韩国发展报告（2017）
著（编）者：牛林杰 刘宝全　　2018年6月出版 / 估价：99.00元
PSN B-2010-155-1/1

加拿大蓝皮书
加拿大发展报告（2018）
著（编）者：唐小松　　2018年9月出版 / 估价：99.00元
PSN B-2014-389-1/1

美国蓝皮书
美国研究报告（2018）
著（编）者：郑秉文 黄平　　2018年5月出版 / 估价：99.00元
PSN B-2011-210-1/1

缅甸蓝皮书
缅甸国情报告（2017）
著（编）者：祝湘辉
2017年11月出版 / 定价：98.00元
PSN B-2013-343-1/1

日本蓝皮书
日本研究报告（2018）
著（编）者：杨伯江　　2018年4月出版 / 定价：99.00元
PSN B-2002-020-1/1

土耳其蓝皮书
土耳其发展报告（2018）
著（编）者：郭长刚 刘义　　2018年9月出版 / 估价：99.00元
PSN B-2014-412-1/1

伊朗蓝皮书
伊朗发展报告（2017~2018）
著（编）者：冀开运　　2018年10月 / 估价：99.00元
PSN B-2016-574-1/1

以色列蓝皮书
以色列发展报告（2018）
著（编）者：张倩红　　2018年8月出版 / 估价：99.00元
PSN B-2015-483-1/1

印度蓝皮书
印度国情报告（2017）
著（编）者：吕昭义　　2018年6月出版 / 估价：99.00元
PSN B-2012-241-1/1

英国蓝皮书
英国发展报告（2017~2018）
著（编）者：王展鹏　　2018年12月出版 / 估价：99.00元
PSN R-2015-486-1/1

越南蓝皮书
越南国情报告（2018）
著（编）者：谢林城　　2018年11月出版 / 估价：99.00元
PSN B-2006-056-1/1

泰国蓝皮书
泰国研究报告（2018）
著（编）者：庄国土 张禹东 刘文正
2018年10月出版 / 估价：99.00元
PSN B-2016-556-1/1

文化传媒类

"三农"舆情蓝皮书
中国"三农"网络舆情报告（2017~2018）
著（编）者：农业部信息中心
2018年6月出版 / 估价：99.00元
PSN B-2017-640-1/1

传媒竞争力蓝皮书
中国传媒国际竞争力研究报告（2018）
著（编）者：李本乾 刘强 王大可
2018年8月出版 / 估价：99.00元
PSN B-2013-356-1/1

传媒蓝皮书
中国传媒产业发展报告（2018）
著（编）者：崔保国
2018年5月出版 / 估价：99.00元
PSN B-2005-035-1/1

传媒投资蓝皮书
中国传媒投资发展报告（2018）
著（编）者：张向东 谭云明
2018年6月出版 / 估价：148.00元
PSN B-2015-474-1/1

皮书系列 2018全品种 — 文化传媒类

非物质文化遗产蓝皮书
中国非物质文化遗产发展报告（2018）
著（编）者：陈平　　2018年6月出版　/　估价：128.00元
PSN B-2015-469-1/2

非物质文化遗产蓝皮书
中国非物质文化遗产保护发展报告（2018）
著（编）者：宋俊华　　2018年10月出版　/　估价：128.00元
PSN B-2016-586-2/2

广电蓝皮书
中国广播电影电视发展报告（2018）
著（编）者：国家新闻出版广电总局发展研究中心
2018年7月出版　/　估价：99.00元
PSN B-2006-072-1/1

广告主蓝皮书
中国广告主营销传播趋势报告No.9
著（编）者：黄升民　杜国清　邵华冬　等
2018年10月出版　/　估价：158.00元
PSN B-2005-041-1/1

国际传播蓝皮书
中国国际传播发展报告（2018）
著（编）者：胡正荣　李继东　姬德强
2018年12月出版　/　估价：99.00元
PSN B-2014-408-1/1

国家形象蓝皮书
中国国家形象传播报告（2017）
著（编）者：张昆　　2018年6月出版　/　估价：128.00元
PSN B-2017-605-1/1

互联网治理蓝皮书
中国网络社会治理研究报告（2018）
著（编）者：罗昕　支庭荣
2018年9月出版　/　估价：118.00元
PSN B-2017-653-1/1

纪录片蓝皮书
中国纪录片发展报告（2018）
著（编）者：何苏六　　2018年10月出版　/　估价：99.00元
PSN B-2011-222-1/1

科学传播蓝皮书
中国科学传播报告（2016~2017）
著（编）者：詹正茂　　2018年6月出版　/　估价：99.00元
PSN B-2008-120-1/1

两岸创意经济蓝皮书
两岸创意经济研究报告（2018）
著（编）者：罗昌智　董泽平
2018年10月出版　/　估价：99.00元
PSN B-2014-437-1/1

媒介与女性蓝皮书
中国媒介与女性发展报告（2017~2018）
著（编）者：刘利群　　2018年5月出版　/　估价：99.00元
PSN B-2013-345-1/1

媒体融合蓝皮书
中国媒体融合发展报告（2017~2018）
著（编）者：梅宁华　支庭荣
2017年12月出版　/　定价：98.00元
PSN B-2015-479-1/1

全球传媒蓝皮书
全球传媒发展报告（2017~2018）
著（编）者：胡正荣　李继东　　2018年6月出版　/　估价：99.00元
PSN B-2012-237-1/1

少数民族非遗蓝皮书
中国少数民族非物质文化遗产发展报告（2018）
著（编）者：肖远平（彝）　柴立（满）
2018年10月出版　/　估价：118.00元
PSN B-2015-467-1/1

视听新媒体蓝皮书
中国视听新媒体发展报告（2018）
著（编）者：国家新闻出版广电总局发展研究中心
2018年7月出版　/　估价：118.00元
PSN B-2011-184-1/1

数字娱乐产业蓝皮书
中国动画产业发展报告（2018）
著（编）者：孙立军　孙平　牛兴侦
2018年10月出版　/　估价：99.00元
PSN B-2011-198-1/2

数字娱乐产业蓝皮书
中国游戏产业发展报告（2018）
著（编）者：孙立军　刘跃军　　2018年10月出版　/　估价：99.00元
PSN B-2017-662-2/2

网络视听蓝皮书
中国互联网视听行业发展报告（2018）
著（编）者：陈鹏　　2018年2月出版　/　定价：148.00元
PSN B-2018-688-1/1

文化创新蓝皮书
中国文化创新报告（2017·No.8）
著（编）者：傅才武　　2018年6月出版　/　估价：99.00元
PSN B-2009-143-1/1

文化建设蓝皮书
中国文化发展报告（2018）
著（编）者：江畅　孙伟平　戴茂堂
2018年5月出版　/　估价：99.00元
PSN B-2014-392-1/1

文化科技蓝皮书
文化科技创新发展报告（2018）
著（编）者：于平　李凤亮　　2018年10月出版　/　估价：99.00元
PSN B-2013-342-1/1

文化蓝皮书
中国公共文化服务发展报告（2017~2018）
著（编）者：刘新成　张永新　张旭
2018年12月出版　/　估价：99.00元
PSN B-2007-093-2/10

文化蓝皮书
中国少数民族文化发展报告（2017~2018）
著（编）者：武翠英　张晓明　任乌晶
2018年9月出版　/　估价：99.00元
PSN B-2013-369-9/10

文化蓝皮书
中国文化产业供需协调检测报告（2018）
著（编）者：王亚南　　2018年3月出版　/　定价：99.00元
PSN B-2013-323-8/10

文化传媒类 · 地方发展类-经济

文化蓝皮书
中国文化消费需求景气评价报告（2018）
著（编）者：王亚南　2018年3月出版 / 定价：99.00元
PSN B-2011-236-4/10

文化蓝皮书
中国公共文化投入增长测评报告（2018）
著（编）者：王亚南　2018年3月出版 / 定价：99.00元
PSN B-2014-435-10/10

文化品牌蓝皮书
中国文化品牌发展报告（2018）
著（编）者：欧阳友权　2018年5月出版 / 估价：99.00元
PSN B-2012-277-1/1

文化遗产蓝皮书
中国文化遗产事业发展报告（2017~2018）
著（编）者：苏杨　张颖岚　卓杰　白海峰　陈晨　陈叙图
2018年8月出版 / 估价：99.00元
PSN B-2008-119-1/1

文学蓝皮书
中国文情报告（2017~2018）
著（编）者：白烨　2018年5月出版 / 估价：99.00元
PSN B-2011-221-1/1

新媒体蓝皮书
中国新媒体发展报告No.9（2018）
著（编）者：唐绪军　2018年7月出版 / 估价：99.00元
PSN B-2010-169-1/1

新媒体社会责任蓝皮书
中国新媒体社会责任研究报告（2018）
著（编）者：钟瑛　2018年12月出版 / 估价：99.00元
PSN B-2014-423-1/1

移动互联网蓝皮书
中国移动互联网发展报告（2018）
著（编）者：余清楚　2018年6月出版 / 估价：99.00元
PSN B-2012-282-1/1

影视蓝皮书
中国影视产业发展报告（2018）
著（编）者：司若　陈鹏　陈锐
2018年6月出版 / 估价：99.00元
PSN B-2016-529-1/1

舆情蓝皮书
中国社会舆情与危机管理报告（2018）
著（编）者：谢耘耕
2018年9月出版 / 估价：138.00元
PSN B-2011-235-1/1

中国大运河蓝皮书
中国大运河发展报告（2018）
著（编）者：吴欣　2018年2月出版 / 估价：128.00元
PSN B-2018-691-1/1

地方发展类-经济

澳门蓝皮书
澳门经济社会发展报告（2017~2018）
著（编）者：吴志良　郝雨凡
2018年7月出版 / 估价：99.00元
PSN B-2009-138-1/1

澳门绿皮书
澳门旅游休闲发展报告（2017~2018）
著（编）者：郝雨凡　林广志
2018年5月出版 / 估价：99.00元
PSN G-2017-617-1/1

北京蓝皮书
北京经济发展报告（2017~2018）
著（编）者：杨松　2018年6月出版 / 估价：99.00元
PSN B-2006-054-2/8

北京旅游绿皮书
北京旅游发展报告（2018）
著（编）者：北京旅游学会
2018年7月出版 / 估价：99.00元
PSN G-2012-301-1/1

北京体育蓝皮书
北京体育产业发展报告（2017~2018）
著（编）者：钟秉枢　陈杰　杨铁黎
2018年9月出版 / 估价：99.00元
PSN B-2015-475-1/1

滨海金融蓝皮书
滨海新区金融发展报告（2017）
著（编）者：王爱俭　李向前　2018年4月出版 / 估价：99.00元
PSN B-2014-424-1/1

城乡一体化蓝皮书
北京城乡一体化发展报告（2017~2018）
著（编）者：吴宝新　张宝秀　黄序
2018年5月出版 / 估价：99.00元
PSN B-2012-258-2/2

非公有制企业社会责任蓝皮书
北京非公有制企业社会责任报告（2018）
著（编）者：宋贵伦　冯培
2018年6月出版 / 估价：99.00元
PSN B-2017-613-1/1

皮书系列 2018全品种 | 地方发展类-经济

福建旅游蓝皮书
福建省旅游产业发展现状研究（2017~2018）
著(编)者：陈敏华 黄远水　2018年12月出版／估价：128.00元
PSN B-2016-591-1/1

福建自贸区蓝皮书
中国（福建）自由贸易试验区发展报告(2017~2018)
著(编)者：黄茂兴　2018年6月出版／估价：118.00元
PSN B-2016-531-1/1

甘肃蓝皮书
甘肃经济发展分析与预测（2018）
著(编)者：安文华 罗哲　2018年1月出版／定价：99.00元
PSN B-2013-312-1/6

甘肃蓝皮书
甘肃商贸流通发展报告（2018）
著(编)者：张应华 王福生 王晓芳
2018年1月出版／定价：99.00元
PSN B-2016-522-6/6

甘肃蓝皮书
甘肃县域和农村发展报告（2018）
著(编)者：包东红 朱智文 王建兵
2018年1月出版／定价：99.00元
PSN B-2013-316-5/6

甘肃农业科技绿皮书
甘肃农业科技发展研究报告（2018）
著(编)者：魏胜文 乔德华 张东伟
2018年12月出版／估价：198.00元
PSN B-2016-592-1/1

甘肃气象保障蓝皮书
甘肃农业对气候变化的适应与风险评估报告（No.1）
著(编)者：鲍文中 周广胜
2017年12月出版／定价：108.00元
PSN B-2017-677-1/1

巩义蓝皮书
巩义经济社会发展报告（2018）
著(编)者：丁同民 朱军　2018年6月出版／估价：99.00元
PSN B-2016-532-1/1

广东外经贸蓝皮书
广东对外经济贸易发展研究报告（2017～2018）
著(编)者：陈万灵　2018年6月出版／估价：99.00元
PSN B-2012-286-1/1

广西北部湾经济区蓝皮书
广西北部湾经济区开放开发报告（2017～2018）
著(编)者：广西壮族自治区北部湾经济区和东盟开放合作办公室
　　　　　广西社会科学院
　　　　　广西北部湾发展研究院
2018年5月出版／估价：99.00元
PSN B-2010-181-1/1

广州蓝皮书
广州城市国际化发展报告（2018）
著(编)者：张跃国　2018年8月出版／估价：99.00元
PSN B-2012-246-11/14

广州蓝皮书
中国广州城市建设与管理发展报告（2018）
著(编)者：张其学 陈小钢 王宏伟　2018年8月出版／估价：99.00元
PSN B-2007-087-4/14

广州蓝皮书
广州创新型城市发展报告（2018）
著(编)者：尹涛　2018年6月出版／估价：99.00元
PSN B-2012-247-12/14

广州蓝皮书
广州经济发展报告（2018）
著(编)者：张跃国 尹涛　2018年7月出版／估价：99.00元
PSN B-2005-040-1/14

广州蓝皮书
2018年中国广州经济形势分析与预测
著(编)者：魏明海 谢博能 李华
2018年6月出版／估价：99.00元
PSN B-2011-185-9/14

广州蓝皮书
中国广州科技创新发展报告（2018）
著(编)者：于欣伟 陈爽 邓佑满　2018年8月出版／估价：99.00元
PSN B-2006-065-2/14

广州蓝皮书
广州农村发展报告（2018）
著(编)者：朱名宏　2018年7月出版／估价：99.00元
PSN B-2010-167-8/14

广州蓝皮书
广州汽车产业发展报告（2018）
著(编)者：杨再高 冯兴亚　2018年7月出版／估价：99.00元
PSN B-2006-066-3/14

广州蓝皮书
广州商贸业发展报告（2018）
著(编)者：张跃国 陈杰 苟振英
2018年7月出版／估价：99.00元
PSN B-2012-245-10/14

贵阳蓝皮书
贵阳城市创新发展报告No.3（白云篇）
著(编)者：连玉明　2018年5月出版／估价：99.00元
PSN B-2015-491-3/10

贵阳蓝皮书
贵阳城市创新发展报告No.3（观山湖篇）
著(编)者：连玉明　2018年5月出版／估价：99.00元
PSN B-2015-497-9/10

贵阳蓝皮书
贵阳城市创新发展报告No.3（花溪篇）
著(编)者：连玉明　2018年5月出版／估价：99.00元
PSN B-2015-490-2/10

贵阳蓝皮书
贵阳城市创新发展报告No.3（开阳篇）
著(编)者：连玉明　2018年5月出版／估价：99.00元
PSN B-2015-492-4/10

贵阳蓝皮书
贵阳城市创新发展报告No.3（南明篇）
著(编)者：连玉明　2018年5月出版／估价：99.00元
PSN B-2015-496-8/10

贵阳蓝皮书
贵阳城市创新发展报告No.3（清镇篇）
著(编)者：连玉明　2018年5月出版／估价：99.00元
PSN B-2015-489-1/10

地方发展类–经济

皮书系列 2018全品种

贵阳蓝皮书
贵阳城市创新发展报告No.3（乌当篇）
著(编)者：连玉明　2018年5月出版 / 估价：99.00元
PSN B-2015-495-7/10

贵阳蓝皮书
贵阳城市创新发展报告No.3（息烽篇）
著(编)者：连玉明　2018年5月出版 / 估价：99.00元
PSN B-2015-493-5/10

贵阳蓝皮书
贵阳城市创新发展报告No.3（修文篇）
著(编)者：连玉明　2018年5月出版 / 估价：99.00元
PSN B-2015-494-6/10

贵阳蓝皮书
贵阳城市创新发展报告No.3（云岩篇）
著(编)者：连玉明　2018年5月出版 / 估价：99.00元
PSN B-2015-498-10/10

贵州房地产蓝皮书
贵州房地产发展报告No.5（2018）
著(编)者：武廷方　2018年7月出版 / 估价：99.00元
PSN B-2014-426-1/1

贵州蓝皮书
贵州册亨经济社会发展报告（2018）
著(编)者：黄德林　2018年6月出版 / 估价：99.00元
PSN B-2016-525-8/9

贵州蓝皮书
贵州地理标志产业发展报告（2018）
著(编)者：李发耀　黄其松　2018年8月出版 / 估价：99.00元
PSN B-2017-646-10/10

贵州蓝皮书
贵安新区发展报告（2017~2018）
著(编)者：马长青　吴大华　2018年6月出版 / 估价：99.00元
PSN B-2015-459-4/10

贵州蓝皮书
贵州国家级开放创新平台发展报告（2017~2018）
著(编)者：申晓庆　吴大华　季泓
2018年11月出版 / 估价：99.00元
PSN B-2016-518-7/10

贵州蓝皮书
贵州国有企业社会责任发展报告（2017~2018）
著(编)者：郭丽　2018年12月出版 / 估价：99.00元
PSN B-2015-511-6/10

贵州蓝皮书
贵州民航业发展报告（2017）
著(编)者：申振东　吴大华　2018年6月出版 / 估价：99.00元
PSN B-2015-471-5/10

贵州蓝皮书
贵州民营经济发展报告（2017）
著(编)者：杨静　吴大华　2018年6月出版 / 估价：99.00元
PSN B-2016-530-9/9

杭州都市圈蓝皮书
杭州都市圈发展报告（2018）
著(编)者：洪庆华　沈翔　2018年4月出版 / 定价：98.00元
PSN B-2012-302-1/1

河北经济蓝皮书
河北省经济发展报告（2018）
著(编)者：马树强　金浩　张贵　2018年6月出版 / 估价：99.00元
PSN B-2014-380-1/1

河北蓝皮书
河北经济社会发展报告（2018）
著(编)者：康振海　2018年1月出版 / 定价：99.00元
PSN B-2014-372-1/3

河北蓝皮书
京津冀协同发展报告（2018）
著(编)者：陈璐　2017年12月出版 / 定价：79.00元
PSN B-2017-601-2/3

河南经济蓝皮书
2018年河南经济形势分析与预测
著(编)者：王世炎　2018年3月出版 / 定价：89.00元
PSN B-2007-086-1/1

河南蓝皮书
河南城市发展报告（2018）
著(编)者：张占仓　王建国　2018年5月出版 / 估价：99.00元
PSN B-2009-131-3/9

河南蓝皮书
河南工业发展报告（2018）
著(编)者：张占仓　2018年5月出版 / 估价：99.00元
PSN B-2013-317-5/9

河南蓝皮书
河南金融发展报告（2018）
著(编)者：喻新安　谷建全
2018年6月出版 / 估价：99.00元
PSN B-2014-390-7/9

河南蓝皮书
河南经济发展报告（2018）
著(编)者：张占仓　完世伟
2018年6月出版 / 估价：99.00元
PSN B-2010-157-4/9

河南蓝皮书
河南能源发展报告（2018）
著(编)者：国网河南省电力公司经济技术研究院
　　　　　河南省社会科学院
2018年6月出版 / 估价：99.00元
PSN B-2017-607-9/9

河南商务蓝皮书
河南商务发展报告（2018）
著(编)者：焦锦淼　穆荣国　2018年5月出版 / 估价：99.00元
PSN B-2014-399-1/1

河南双创蓝皮书
河南创新创业发展报告（2018）
著(编)者：喻新安　杨雪梅
2018年8月出版 / 估价：99.00元
PSN B-2017-641-1/1

黑龙江蓝皮书
黑龙江经济发展报告（2018）
著(编)者：朱宇　2018年1月出版 / 定价：89.00元
PSN B-2011-190-2/2

31

皮书系列 2018全品种 地方发展类-经济

湖南城市蓝皮书
区域城市群整合
著(编)者：童中贤 韩未名　2018年12月出版 / 估价：99.00元
PSN B-2006-064-1/1

湖南蓝皮书
湖南城乡一体化发展报告（2018）
著(编)者：陈文胜 王文强 陆福兴
2018年8月出版 / 估价：99.00元
PSN B-2015-477-8/8

湖南蓝皮书
2018年湖南电子政务发展报告
著(编)者：梁志峰　2018年5月出版 / 估价：128.00元
PSN B-2014-394-6/8

湖南蓝皮书
2018年湖南经济发展报告
著(编)者：卞鹰　2018年5月出版 / 估价：128.00元
PSN B-2011-207-2/8

湖南蓝皮书
2016年湖南经济展望
著(编)者：梁志峰　2018年5月出版 / 估价：128.00元
PSN B-2011-206-1/2

湖南蓝皮书
2018年湖南县域经济社会发展报告
著(编)者：梁志峰　2018年5月出版 / 估价：128.00元
PSN B-2014-395-7/8

湖南县域绿皮书
湖南县域发展报告（No.5）
著(编)者：袁准 周小毛 黎仁寅
2018年6月出版 / 估价：99.00元
PSN G-2012-274-1/1

沪港蓝皮书
沪港发展报告（2018）
著(编)者：尤安山　2018年9月出版 / 估价：99.00元
PSN B-2013-362-1/1

吉林蓝皮书
2018年吉林经济社会形势分析与预测
著(编)者：邵汉明　2017年12月出版 / 定价：89.00元
PSN B-2013-319-1/1

吉林省城市竞争力蓝皮书
吉林省城市竞争力报告（2017~2018）
著(编)者：崔岳春 张磊
2018年3月出版 / 定价：89.00元
PSN B-2016-513-1/1

济源蓝皮书
济源经济社会发展报告（2018）
著(编)者：喻新安　2018年6月出版 / 估价：99.00元
PSN B-2014-387-1/1

江苏蓝皮书
2018年江苏经济发展分析与展望
著(编)者：王庆五 吴先满
2018年7月出版 / 估价：128.00元
PSN B-2017-635-1/3

江西蓝皮书
江西经济社会发展报告（2018）
著(编)者：陈石俊 龚建文　2018年10月出版 / 估价：128.00元
PSN B-2015-484-1/2

江西蓝皮书
江西设区市发展报告（2018）
著(编)者：姜玮 梁勇
2018年10月出版 / 估价：99.00元
PSN B-2016-517-2/2

经济特区蓝皮书
中国经济特区发展报告（2017）
著(编)者：陶一桃　2018年1月出版 / 估价：99.00元
PSN B-2009-139-1/1

辽宁蓝皮书
2018年辽宁经济社会形势分析与预测
著(编)者：梁启东 魏红江　2018年6月出版 / 估价：99.00元
PSN B-2006-053-1/1

民族经济蓝皮书
中国民族地区经济发展报告（2018）
著(编)者：李曦辉　2018年7月出版 / 估价：99.00元
PSN B-2017-630-1/1

南宁蓝皮书
南宁经济发展报告（2018）
著(编)者：胡建华　2018年9月出版 / 估价：99.00元
PSN B-2016-569-2/3

内蒙古蓝皮书
内蒙古精准扶贫研究报告（2018）
著(编)者：张志华　2018年1月出版 / 估价：89.00元
PSN B-2017-681-2/2

浦东新区蓝皮书
上海浦东经济发展报告（2018）
著(编)者：周小平 徐美芳
2018年1月出版 / 定价：89.00元
PSN B-2011-225-1/1

青海蓝皮书
2018年青海经济社会形势分析与预测
著(编)者：陈玮　2018年1月出版 / 定价：98.00元
PSN B-2012-275-1/2

青海科技绿皮书
青海科技发展报告（2017）
著(编)者：青海省科学技术信息研究所
2018年3月出版 / 估价：99.00元
PSN G-2018-701-1/1

山东蓝皮书
山东经济形势分析与预测（2018）
著(编)者：李广杰　2018年7月出版 / 估价：99.00元
PSN B-2014-404-1/5

山东蓝皮书
山东省普惠金融发展报告（2018）
著(编)者：齐鲁财富网
2018年9月出版 / 估价：99.00元
PSN B2017-676-5/5

皮书系列 2018全品种

地方发展类–经济

山西蓝皮书
山西资源型经济转型发展报告（2018）
著(编)者：李志强　2018年7月出版 / 估价：99.00元
PSN B-2011-197-1/1

陕西蓝皮书
陕西经济发展报告（2018）
著(编)者：任宗哲 白宽犁 裴成荣
2018年1月出版 / 定价：89.00元
PSN B-2009-135-1/6

陕西蓝皮书
陕西精准脱贫研究报告（2018）
著(编)者：任宗哲 白宽犁 王建康
2018年4月出版 / 定价：89.00元
PSN B-2017-623-6/6

上海蓝皮书
上海经济发展报告（2018）
著(编)者：沈开艳　2018年2月出版 / 定价：89.00元
PSN B-2006-057-1/7

上海蓝皮书
上海资源环境发展报告（2018）
著(编)者：周冯琦 胡静　2018年2月出版 / 定价：89.00元
PSN B-2006-060-4/7

上海蓝皮书
上海奉贤经济发展分析与研判（2017～2018）
著(编)者：张兆安 朱平芳　2018年3月出版 / 定价：99.00元
PSN B-2018-698-8/8

上饶蓝皮书
上饶发展报告（2016～2017）
著(编)者：廖其志　2018年6月出版 / 估价：128.00元
PSN B-2014-377-1/1

深圳蓝皮书
深圳经济发展报告（2018）
著(编)者：张骁儒　2018年6月出版 / 估价：99.00元
PSN B-2008-112-3/7

四川蓝皮书
四川城镇化发展报告（2018）
著(编)者：侯水平 陈炜　2018年6月出版 / 估价：99.00元
PSN B-2015-456-7/7

四川蓝皮书
2018年四川经济形势分析与预测
著(编)者：杨钢　2018年1月出版 / 定价：158.00元
PSN B-2007-098-2/7

四川蓝皮书
四川企业社会责任研究报告（2017～2018）
著(编)者：侯水平 盛毅　2018年5月出版 / 估价：99.00元
PSN B-2014-386-4/7

四川蓝皮书
四川生态建设报告（2018）
著(编)者：李晟之　2018年5月出版 / 估价：99.00元
PSN B-2015-455-6/7

四川蓝皮书
四川特色小镇发展报告（2017）
著(编)者：吴志强　2017年11月出版 / 定价：89.00元
PSN B-2017-670-8/8

体育蓝皮书
上海体育产业发展报告（2017~2018）
著(编)者：张林 黄海燕
2018年10月出版 / 估价：99.00元
PSN B-2015-454-4/5

体育蓝皮书
长三角地区体育产业发展报（2017～2018）
著(编)者：张林　2018年6月出版 / 估价：99.00元
PSN B-2015-453-3/5

天津金融蓝皮书
天津金融发展报告（2018）
著(编)者：王爱俭 孔德昌
2018年5月出版 / 估价：99.00元
PSN B-2014-418-1/1

图们江区域合作蓝皮书
图们江区域合作发展报告（2018）
著(编)者：李铁　2018年6月出版 / 估价：99.00元
PSN B-2015-464-1/1

温州蓝皮书
2018年温州经济社会形势分析与预测
著(编)者：蒋儒标 王春光 金浩
2018年6月出版 / 估价：99.00元
PSN B-2008-105-1/1

西咸新区蓝皮书
西咸新区发展报告（2018）
著(编)者：李扬 王军
2018年6月出版 / 估价：99.00元
PSN B-2016-534-1/1

修武蓝皮书
修武经济社会发展报告（2018）
著(编)者：张占仓 袁凯声
2018年10月出版 / 估价：99.00元
PSN B-2017-651-1/1

偃师蓝皮书
偃师经济社会发展报告（2018）
著(编)者：张占仓 袁凯声 何武周
2018年7月出版 / 估价：99.00元
PSN B-2017-627-1/1

扬州蓝皮书
扬州经济社会发展报告（2018）
著(编)者：陈扬
2018年12月出版 / 估价：108.00元
PSN B-2011-191-1/1

长垣蓝皮书
长垣经济社会发展报告（2018）
著(编)者：张占仓 袁凯声 秦保建
2018年10月出版 / 估价：99.00元
PSN B-2017-654-1/1

遵义蓝皮书
遵义发展报告（2018）
著(编)者：邓彦 曾征 龚永育
2018年9月出版 / 估价：99.00元
PSN B-2014-433-1/1

地方发展类-社会

安徽蓝皮书
安徽社会发展报告（2018）
著（编）者：程桦　2018年6月出版／估价：99.00元
PSN B-2013-325-1/1

安徽社会建设蓝皮书
安徽社会建设分析报告（2017~2018）
著（编）者：黄家海　蔡宪
2018年11月出版／估价：99.00元
PSN B-2013-322-1/1

北京蓝皮书
北京公共服务发展报告（2017~2018）
著（编）者：施昌奎　2018年6月出版／估价：99.00元
PSN B-2008-103-7/8

北京蓝皮书
北京社会发展报告（2017~2018）
著（编）者：李伟东
2018年7月出版／估价：99.00元
PSN B-2006-055-3/8

北京蓝皮书
北京社会治理发展报告（2017~2018）
著（编）者：殷星辰　2018年7月出版／估价：99.00元
PSN B-2014-391-8/8

北京律师蓝皮书
北京律师发展报告 No.4（2018）
著（编）者：王隽　2018年12月出版／估价：99.00元
PSN B-2011-217-1/1

北京人才蓝皮书
北京人才发展报告（2018）
著（编）者：敏华　2010年12月出版／估价：128.00元
PSN B-2011-201-1/1

北京社会心态蓝皮书
北京社会心态分析报告（2017~2018）
北京市社会心理服务促进中心
2018年10月出版／估价：99.00元
PSN B-2014-422-1/1

北京社会组织管理蓝皮书
北京社会组织发展与管理（2018）
著（编）者：黄江松
2018年6月出版／估价：99.00元
PSN B-2015-446-1/1

北京养老产业蓝皮书
北京居家养老发展报告（2018）
著（编）者：陆杰华　周明华
2018年8月出版／估价：99.00元
PSN B-2015-465-1/1

法治蓝皮书
四川依法治省年度报告 No.4（2018）
著（编）者：李林　杨天宗　田禾
2018年3月出版／定价：118.00元
PSN B-2015-447-2/3

福建妇女发展蓝皮书
福建省妇女发展报告（2018）
著（编）者：刘群英　2018年11月出版／估价：99.00元
PSN B-2011-220-1/1

甘肃蓝皮书
甘肃社会发展分析与预测（2018）
著（编）者：安文华　谢增虎　包晓霞
2018年1月出版／估价：99.00元
PSN B-2013-313-2/6

广东蓝皮书
广东全面深化改革研究报告（2018）
著（编）者：周林生　涂成林
2018年12月出版／估价：99.00元
PSN B-2015-504-3/3

广东蓝皮书
广东社会工作发展报告（2018）
著（编）者：罗观翠　2018年6月出版／估价：99.00元
PSN B-2014-402-2/3

广州蓝皮书
广州青年发展报告（2018）
著（编）者：徐柳　张强
2018年8月出版／估价：99.00元
PSN B-2013-352-13/14

广州蓝皮书
广州社会保障发展报告（2018）
著（编）者：张跃国　2018年8月出版／估价：99.00元
PSN B-2014-425-14/14

广州蓝皮书
2018年中国广州社会形势分析与预测
著（编）者：张强　郭志勇　何镜清
2018年6月出版／估价：99.00元
PSN B-2008-110-5/14

贵州蓝皮书
贵州法治发展报告（2018）
著（编）者：吴大华　2018年5月出版／估价：99.00元
PSN B-2012-254-2/10

贵州蓝皮书
贵州人才发展报告（2017）
著（编）者：于杰　吴大华
2018年9月出版／估价：99.00元
PSN B-2014-382-3/10

贵州蓝皮书
贵州社会发展报告（2018）
著（编）者：王兴骥　2018年6月出版／估价：99.00元
PSN B-2010-166-1/10

杭州蓝皮书
杭州妇女发展报告（2018）
著（编）者：魏颖
2018年10月出版／估价：99.00元
PSN B-2014-403-1/1

地方发展类–社会

河北蓝皮书
河北法治发展报告（2018）
著(编)者：康振海　2018年6月出版／估价：99.00元
PSN B-2017-622-3/3

河北食品药品安全蓝皮书
河北食品药品安全研究报告（2018）
著(编)者：丁锦霞
2018年10月出版／估价：99.00元
PSN B-2015-473-1/1

河南蓝皮书
河南法治发展报告（2018）
著(编)者：张林海　2018年7月出版／估价：99.00元
PSN B-2014-376-6/9

河南蓝皮书
2018年河南社会形势分析与预测
著(编)者：牛苏林　2018年5月出版／估价：99.00元
PSN B-2005-043-1/9

河南民办教育蓝皮书
河南民办教育发展报告（2018）
著(编)者：胡大白　2018年9月出版／估价：99.00元
PSN B-2017-642-1/1

黑龙江蓝皮书
黑龙江社会发展报告（2018）
著(编)者：王爱丽　2018年1月出版／定价：89.00元
PSN B-2011-189-1/2

湖南蓝皮书
2018年湖南两型社会与生态文明建设报告
著(编)者：卞鹰　2018年5月出版／估价：128.00元
PSN B-2011-208-3/8

湖南蓝皮书
2018年湖南社会发展报告
著(编)者：卞鹰　2018年5月出版／估价：128.00元
PSN B-2014-393-5/8

健康城市蓝皮书
北京健康城市建设研究报告（2018）
著(编)者：王鸿春　盛继洪
2018年9月出版／估价：99.00元
PSN B-2015-460-1/2

江苏法治蓝皮书
江苏法治发展报告No.6（2017）
著(编)者：蔡道通　龚廷泰
2018年8月出版／估价：99.00元
PSN B-2012-290-1/1

江苏蓝皮书
2018年江苏社会发展分析与展望
著(编)者：王庆五　刘旺洪
2018年8月出版／估价：128.00元
PSN B-2017-636-2/3

民族教育蓝皮书
中国民族教育发展报告（2017·内蒙古卷）
著(编)者：陈中永
2017年12月出版／定价：198.00元
PSN B-2017-669-1/1

南宁蓝皮书
南宁法治发展报告（2018）
著(编)者：杨维超　2018年12月出版／估价：99.00元
PSN B-2015-509-1/3

南宁蓝皮书
南宁社会发展报告（2018）
著(编)者：胡建华　2018年10月出版／估价：99.00元
PSN B-2016-570-3/3

内蒙古蓝皮书
内蒙古反腐倡廉建设报告 No.2
著(编)者：张志华　2018年6月出版／估价：99.00元
PSN B-2013-365-1/1

青海蓝皮书
2018年青海人才发展报告
著(编)者：王宇燕　2018年9月出版／估价：99.00元
PSN B-2017-650-2/2

青海生态文明建设蓝皮书
青海生态文明建设报告（2018）
著(编)者：张西明　高华　2018年12月出版／估价：99.00元
PSN B-2016-595-1/1

人口与健康蓝皮书
深圳人口与健康发展报告（2018）
著(编)者：陆杰华　傅崇辉
2018年11月出版／估价：99.00元
PSN B-2011-228-1/1

山东蓝皮书
山东社会形势分析与预测（2018）
著(编)者：李善峰　2018年6月出版／估价：99.00元
PSN B-2014-405-2/5

陕西蓝皮书
陕西社会发展报告（2018）
著(编)者：任宗哲　白宽犁　牛昉
2018年1月出版／定价：89.00元
PSN B-2009-136-2/6

上海蓝皮书
上海法治发展报告（2018）
著(编)者：叶必丰　2018年9月出版／估价：99.00元
PSN B-2012-296-6/7

上海蓝皮书
上海社会发展报告（2018）
著(编)者：杨雄　周海旺
2018年2月出版／定价：89.00元
PSN B-2006-058-2/7

皮书系列 2018全品种　地方发展类-社会 · 地方发展类-文化

社会建设蓝皮书
2018年北京社会建设分析报告
著(编)者：宋贵伦 冯虹　2018年9月出版 / 估价：99.00元
PSN B-2010-173-1/1

深圳蓝皮书
深圳法治发展报告（2018）
著(编)者：张骁儒　2018年6月出版 / 估价：99.00元
PSN B-2015-470-6/7

深圳蓝皮书
深圳劳动关系发展报告（2018）
著(编)者：汤庭芬　2018年8月出版 / 估价：99.00元
PSN B-2007-097-2/7

深圳蓝皮书
深圳社会治理与发展报告（2018）
著(编)者：张骁儒　2018年6月出版 / 估价：99.00元
PSN B-2008-113-4/7

生态安全绿皮书
甘肃国家生态安全屏障建设发展报告（2018）
著(编)者：刘举科 喜文华
2018年10月出版 / 估价：99.00元
PSN G-2017-659-1/1

顺义社会建设蓝皮书
北京市顺义区社会建设发展报告（2018）
著(编)者：王学武　2018年9月出版 / 估价：99.00元
PSN B-2017-658-1/1

四川蓝皮书
四川法治发展报告（2018）
著(编)者：郑泰安　2018年6月出版 / 估价：99.00元
PSN B-2015-441-5/7

四川蓝皮书
四川社会发展报告（2018）
著(编)者：李羚　2018年6月出版 / 估价：99.00元
PSN B-2008-127-3/7

四川社会工作与管理蓝皮书
四川省社会工作人力资源发展报告（2017）
著(编)者：边慧敏　2017年12月出版 / 定价：89.00元
PSN B-2017-683-1/1

云南社会治理蓝皮书
云南社会治理年度报告（2017）
著(编)者：晏雄 韩全芳
2018年5月出版 / 估价：99.00元
PSN B-2017-667-1/1

地方发展类-文化

北京传媒蓝皮书
北京新闻出版广电发展报告（2017~2018）
著(编)者：王志　2018年11月出版 / 估价：99.00元
PSN B-2016-588-1/1

北京蓝皮书
北京文化发展报告（2017~2018）
著(编)者：李建盛　2018年5月出版 / 估价：99.00元
PSN B-2007-082-4/8

创意城市蓝皮书
北京文化创意产业发展报告（2018）
著(编)者：郭万超 张京成　2018年12月出版 / 估价：99.00元
PSN B-2012-263-1/7

创意城市蓝皮书
天津文化创意产业发展报告（2017~2018）
著(编)者：谢思全　2018年6月出版 / 估价：99.00元
PSN B-2016-536-7/7

创意城市蓝皮书
武汉文化创意产业发展报告（2018）
著(编)者：黄永林 陈汉桥　2018年12月出版 / 估价：99.00元
PSN B-2013-354-4/7

创意上海蓝皮书
上海文化创意产业发展报告（2017~2018）
著(编)者：王慧敏 王兴全　2018年8月出版 / 估价：99.00元
PSN B-2016-561-1/1

非物质文化遗产蓝皮书
广州市非物质文化遗产保护发展报告（2018）
著(编)者：宋俊华　2018年12月出版 / 估价：99.00元
PSN B-2016-589-1/1

甘肃蓝皮书
甘肃文化发展分析与预测（2018）
著(编)者：马廷旭 戚晓萍　2018年1月出版 / 定价：99.00元
PSN B-2013-314-3/6

甘肃蓝皮书
甘肃舆情分析与预测（2018）
著(编)者：王俊莲 张谦元　2018年1月出版 / 定价：99.00元
PSN B-2013-315-4/6

广州蓝皮书
中国广州文化发展报告（2018）
著(编)者：屈哨兵 陆志强　2018年6月出版 / 估价：99.00元
PSN B-2009-134-7/14

广州蓝皮书
广州文化创意产业发展报告（2018）
著(编)者：徐咏虹　2018年7月出版 / 估价：99.00元
PSN B-2008-111-6/14

海淀蓝皮书
海淀区文化和科技融合发展报告（2018）
著(编)者：陈名杰 孟景伟　2018年5月出版 / 估价：99.00元
PSN B-2013-329-1/1

地方发展类-文化

河南蓝皮书
河南文化发展报告（2018）
著(编)者：卫绍生　2018年7月出版 / 估价：99.00元
PSN B-2008-106-2/9

湖北文化产业蓝皮书
湖北省文化产业发展报告（2018）
著(编)者：黄晓华　2018年9月出版 / 估价：99.00元
PSN B-2017-656-1/1

湖北文化蓝皮书
湖北文化发展报告（2017~2018）
著(编)者：湖北大学高等人文研究院
　　　　　中华文化发展湖北省协同创新中心
2018年10月出版 / 估价：99.00元
PSN B-2016-566-1/1

江苏蓝皮书
2018年江苏文化发展分析与展望
著(编)者：王庆五　樊和平　2018年9月出版 / 估价：128.00元
PSN B-2017-637-3/3

江西文化蓝皮书
江西非物质文化遗产发展报告（2018）
著(编)者：张圣才　傅安平　2018年12月出版 / 估价：128.00元
PSN B-2015-499-1/1

洛阳蓝皮书
洛阳文化发展报告（2018）
著(编)者：刘福兴　陈启明　2018年7月出版 / 估价：99.00元
PSN B-2015-476-1/1

南京蓝皮书
南京文化发展报告（2018）
著(编)者：中共南京市委宣传部
2018年12月出版 / 估价：99.00元
PSN B-2014-439-1/1

宁波文化蓝皮书
宁波"一人一艺"全民艺术普及发展报告（2017）
著(编)者：张爱琴　2018年11月出版 / 估价：128.00元
PSN B-2017-668-1/1

山东蓝皮书
山东文化发展报告（2018）
著(编)者：涂可国　2018年5月出版 / 估价：99.00元
PSN B-2014-406-3/5

陕西蓝皮书
陕西文化发展报告（2018）
著(编)者：任宗哲　白宽犁　王长寿
2018年1月出版 / 定价：89.00元
PSN B-2009-13/-3/6

上海蓝皮书
上海传媒发展报告（2018）
著(编)者：强荧　焦雨虹　2018年2月出版 / 定价：89.00元
PSN B-2012-295-5/7

上海蓝皮书
上海文学发展报告（2018）
著(编)者：陈圣来　2018年6月出版 / 估价：99.00元
PSN B-2012-297-7/7

上海蓝皮书
上海文化发展报告（2018）
著(编)者：荣跃明　2018年6月出版 / 估价：99.00元
PSN B-2006-059-3/7

深圳蓝皮书
深圳文化发展报告（2018）
著(编)者：张晓儒　2018年7月出版 / 估价：99.00元
PSN B-2016-554-7/7

四川蓝皮书
四川文化产业发展报告（2018）
著(编)者：向宝云　张立伟　2018年6月出版 / 估价：99.00元
PSN B-2006-074-1/7

郑州蓝皮书
2018年郑州文化发展报告
著(编)者：王哲　2018年9月出版 / 估价：99.00元
PSN B-2008-107-1/1

社会科学文献出版社　皮书系列

✤ 皮书起源 ✤

"皮书"起源于十七、十八世纪的英国,主要指官方或社会组织正式发表的重要文件或报告,多以"白皮书"命名。在中国,"皮书"这一概念被社会广泛接受,并被成功运作、发展成为一种全新的出版形态,则源于中国社会科学院社会科学文献出版社。

✤ 皮书定义 ✤

皮书是对中国与世界发展状况和热点问题进行年度监测,以专业的角度、专家的视野和实证研究方法,针对某一领域或区域现状与发展态势展开分析和预测,具备原创性、实证性、专业性、连续性、前沿性、时效性等特点的公开出版物,由一系列权威研究报告组成。

✤ 皮书作者 ✤

皮书系列的作者以中国社会科学院、著名高校、地方社会科学院的研究人员为主,多为国内一流研究机构的权威专家学者,他们的看法和观点代表了学界对中国与世界的现实和未来最高水平的解读与分析。

✤ 皮书荣誉 ✤

皮书系列已成为社会科学文献出版社的著名图书品牌和中国社会科学院的知名学术品牌。2016年,皮书系列正式列入"十三五"国家重点出版规划项目;2013~2018年,重点皮书列入中国社会科学院承担的国家哲学社会科学创新工程项目;2018年,59种院外皮书使用"中国社会科学院创新工程学术出版项目"标识。

中国皮书网

（网址：www.pishu.cn）

发布皮书研创资讯，传播皮书精彩内容
引领皮书出版潮流，打造皮书服务平台

栏目设置

关于皮书：何谓皮书、皮书分类、皮书大事记、皮书荣誉、
皮书出版第一人、皮书编辑部

最新资讯：通知公告、新闻动态、媒体聚焦、网站专题、视频直播、下载专区

皮书研创：皮书规范、皮书选题、皮书出版、皮书研究、研创团队

皮书评奖评价：指标体系、皮书评价、皮书评奖

互动专区：皮书说、社科数托邦、皮书微博、留言板

所获荣誉

2008年、2011年，中国皮书网均在全国新闻出版业网站荣誉评选中获得"最具商业价值网站"称号；

2012年，获得"出版业网站百强"称号。

网库合一

2014年，中国皮书网与皮书数据库端口合一，实现资源共享。

权威报告·一手数据·特色资源

皮书数据库
ANNUAL REPORT(YEARBOOK) DATABASE

当代中国经济与社会发展高端智库平台

所获荣誉

- 2016年，入选"'十三五'国家重点电子出版物出版规划骨干工程"
- 2015年，荣获"搜索中国正能量 点赞2015""创新中国科技创新奖"
- 2013年，荣获"中国出版政府奖·网络出版物奖"提名奖
- 连续多年荣获中国数字出版博览会"数字出版·优秀品牌"奖

成为会员

通过网址www.pishu.com.cn或使用手机扫描二维码进入皮书数据库网站，进行手机号码验证或邮箱验证即可成为皮书数据库会员（建议通过手机号码快速验证注册）。

会员福利

- 使用手机号码首次注册的会员，账号自动充值100元体验金，可直接购买和查看数据库内容（仅限使用手机号码快速注册）。
- 已注册用户购书后可免费获赠100元皮书数据库充值卡。刮开充值卡涂层获取充值密码，登录并进入"会员中心"—"在线充值"—"充值卡充值"，充值成功后即可购买和查看数据库内容。

数据库服务热线：400-008-6695　　　　　图书销售热线：010-59367070/7028
数据库服务QQ：2475522410　　　　　　　图书服务QQ：1265056568
数据库服务邮箱：database@ssap.cn　　　　图书服务邮箱：duzhe@ssap.cn

山东各市规模以上工业中小企业平均利润总额存在明显分化，东营、烟台和淄博规模以上工业中小企业平均利润总额居全省前三位，分别为0.35亿元/家、0.18亿元/家和0.16亿元/家，远超全省平均水平。莱芜规模以上工业中小企业平均利润总额仅为0.04亿元/家。这一情况表明，部分市规模以上工业中小企业盈利能力亟待提升。

根据统计数据，山东规模以上工业中小企业人均利润总额为9.07万元。在全省17地市中，东营、聊城、淄博等7市规模以上工业中小企业人均利润总额超过全省平均水平，东营最高，为21.96万元/人。东营经济总量虽落后于青岛、烟台等地，但规模以上工业中小企业人均营业收入以及人均利润总额均居全省首位。

2017年，山东亏损的规模以上工业中小企业共有2995家，占全部山东规模以上工业中小企业的比重（亏损率）为7.61%。统计发现，青岛规模以上工业中小企业亏损数量最多，有465家，亏损率为10.69%，高于全省平均水平，滨州规模以上工业中小企业亏损率高达20.03%。山东规模以上工业中小企业面临巨大转型压力，在经营过程中面临亏损风险（见图6）。

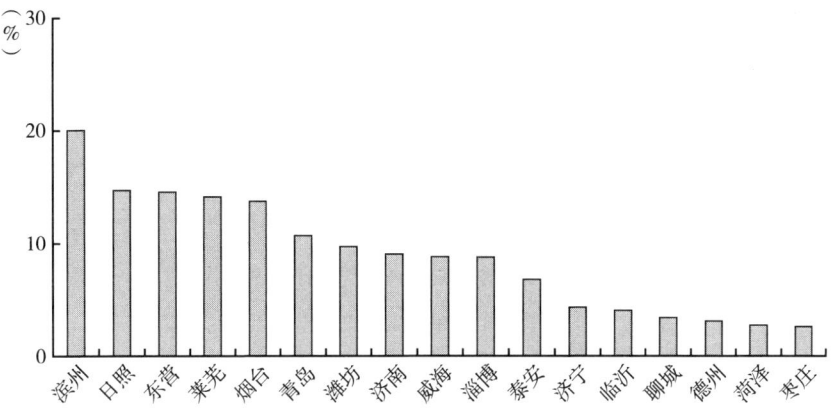

图6　山东地市规模以上工业中小企业亏损率情况（2017年）

资料来源：山东省中小企业局、齐鲁财富网。

4. 销售利润率分析

销售利润率是衡量企业销售收入水平的指标。通过计算得知，山东规模以上工业中小企业销售利润率为5.76%，与2016年相比下降了0.22个百分点，与山东全部规模工业企业的销售利润率相比也低了0.08个百分点，山东规模以上工业中小企业盈利能力在合计营业收入与利润总额稳步提升的大环境下出现明显下滑（见图7）。

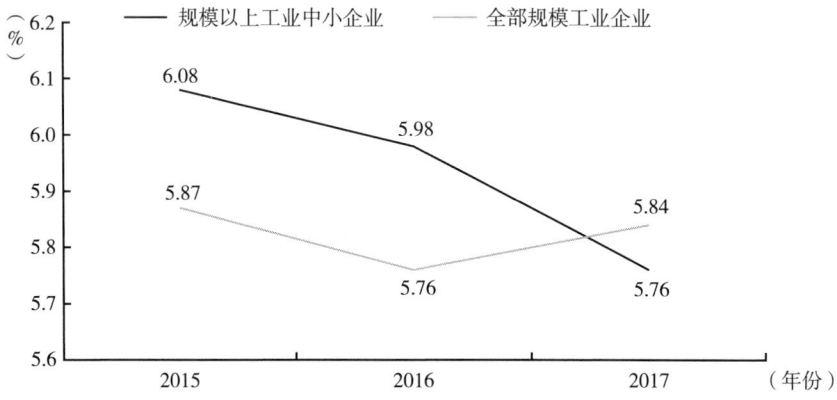

图7　山东规模以上工业中小企业及全部规模工业企业销售利润率（2015～2017年）

资料来源：山东省中小企业局、齐鲁财富网。

山东规模以上工业中小企业合计实现营业收入87367.79亿元，与2016年相比增长1.98%；合计实现利润总额5036.42亿元，与2016年相比增长0.70%。全省规模以上工业中小企业合计利润总额增速低于营业收入增速，企业营业收入转化成利润的效率相对偏低。从山东各市来看，菏泽、济南、烟台等8个市规模以上工业中小企业销售利润率超过全省平均水平，其中菏泽最高，为7.43%，比排在最后的滨州高5.57个百分点，山东各地规模以上工业中小企业盈利情况存在明显的两极分化现象。值得一提的是，菏泽规模以上工业中小企业以及全部规模工业企业的销售利润率均远高于全省平均水平（见图8）。

山东省中小企业经营绩效研究

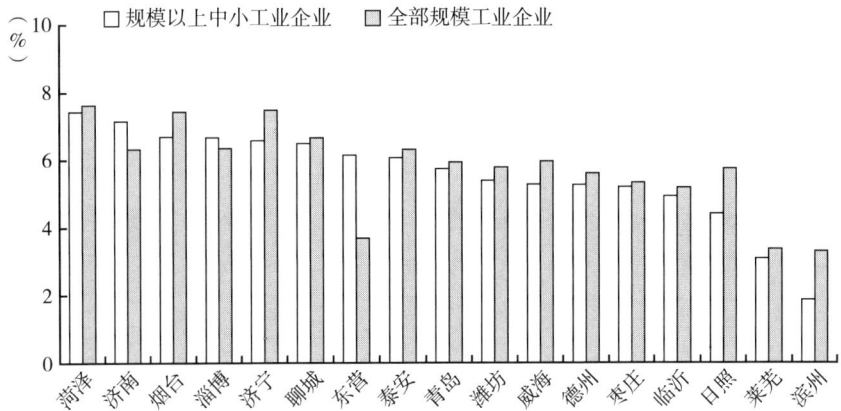

图8 山东地市规模以上工业中小企业及全部规模工业企业销售利润率情况（2017年）

资料来源：山东省中小企业局、齐鲁财富网。

二 山东场外市场挂牌中小企业经营绩效分析

为了更加全面地分析山东中小企业经营绩效，综合考虑山东中小企业财务数据的真实性、权威性和可获得性等多重因素，本报告选取山东在全国中小企业股份转让系统（以下简称"新三板"）和区域性股权交易中心挂牌的企业为样本，通过采集挂牌企业公布的年报数据①进行汇总分析。截至2017年末，山东在上海证券交易所和深圳证券交易所的上市公司有41家符合中小企业筛选②条件，但考虑到其在融资及日常经营方面有其他中小企业不具备的优势，本报告未采用相关数据进行分析。经过筛选，新三板、齐鲁股权交易中心、青岛蓝海股权交易中心分别有540家（由于山东有28家新三板挂牌企业未披露年报数据，故予以剔除）、262家、31家挂牌中小企业，合计样本企业共计833家。本报告以新三板、区域性股权交易中心挂牌中小企业

---

① 由于部分挂牌企业未披露年报或年报数据披露不规范、不全面，为充分反映山东中小企业的经营绩效，本报告也对相关企业数据予以剔除。
② 筛选条例依据是：2011年工业和信息化部、国家统计局、国家发展改革委、财政部制定的《关于印发中小企业划型标准规定的通知》（工信部联企业〔2011〕300号）文件。

(在本报告中,我们将三者简称为"场外市场挂牌企业")年报公开披露的财务数据和经营数据为依据进行汇总分析,以反映山东中小企业经营绩效。

从地域分布来看,山东833家场外市场挂牌企业主要集中分布在青岛、潍坊、济南等市。其中,青岛市有133家,潍坊市有131家,济南市有130家,三市场外市场挂牌企业数量居全省前三位,占场外市场挂牌企业总量的47.30%(见图9)。样本选取基本反映了全部挂牌中小企业在全省分布情况,胶东半岛及鲁中等地由于经济发展较好以及股权融资较为便利,其场外市场挂牌企业数量也相对较多,鲁西南等地由于经济发展较为滞后,场外市场挂牌企业数量相对偏少。从行业分布来看,此次所选取的场外市场挂牌企业中有523家为工业企业,非工业企业仅有310家。

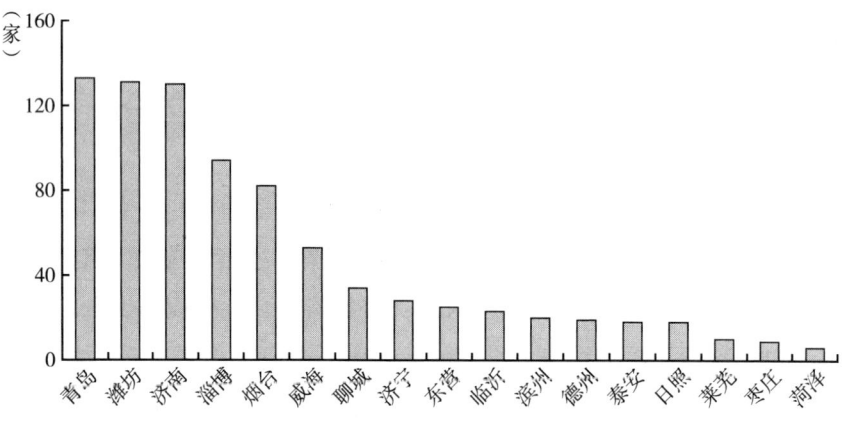

图9 山东场外市场挂牌企业分布(2017年)

资料来源:Wind、齐鲁股权交易中心、蓝海股权交易中心、齐鲁财富网。

中小企业稳定发展为社会创造大量就业机会,山东场外市场挂牌企业在吸纳就业人数上也存在明显的地域分化情况。济南、青岛、潍坊场外市场挂牌企业数量较多,其所吸纳的从业人员数量居17地市前三位,分别为29051人、22813人、13321人(见图10)。由于济南、青岛等市在中小企业数量和规模上具有明显优势,这些地区对人才吸引力也明显较大。从平均从业人员数量来看,菏泽场外市场挂牌企业数量虽然较少,但由于区域内具有恒基电子（834151.OC）、韩升元（837804.OC）等规模较大的企业，其区域内平均从业人员数量也就相对较多，高达360.50人/家，居17地市首位。泰安、德州平均从业人员数量也分别达到262.39人/家、228.84人/家，居第二、第三位。

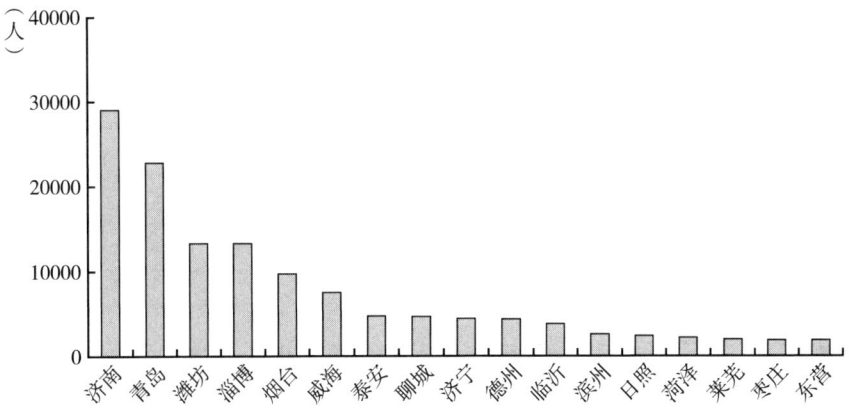

图10　山东场外市场挂牌企业员工数量地域分布情况（2017年）

资料来源：Wind、齐鲁股权交易中心、蓝海股权交易中心、齐鲁财富网。

与吸纳从业人员数量排名相一致，青岛、济南和潍坊注册资本总额也居全省前三位，分别达到71.98亿元、52.62亿元和45.44亿元，菏泽、枣庄、临沂等地由于场外市场挂牌企业数量偏少，其总注册资本相对偏少（见图11）。另据统计，德州、滨州等市平均注册资本均超过5000万元，远超全省平均水平（4210.01万元/家），威海、泰安和潍坊平均注册资本排在全省后三位。潍坊场外市场挂牌企业的总注册资本排名虽然靠前，但平均注册资本仅为3468.85万元/家，远低于全省平均水平，区域内部分中小企业资金实力相对偏弱。青岛场外市场挂牌企业资金实力较强，其平均注册资本高达5412.17万元/家，这从一方面反映了青岛中小企业发展水平相对较高。

虽然山东中小企业在最近几年有了较大发展，但与广东、江苏等发展较快的省份相比还有一定差距，这在新三板挂牌企业数量上也有所体现。山东新三板挂牌中小企业数量以及从业人员数量与广东、江苏和浙江三省相比明

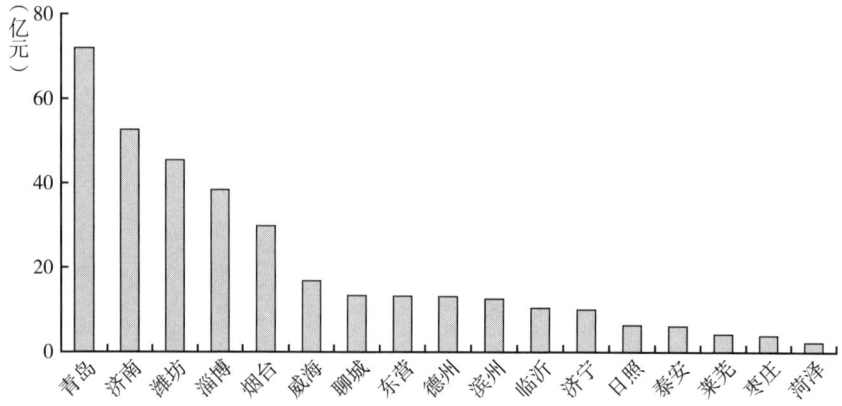

图 11　山东场外市场挂牌企业注册资本地域分布情况（2017 年）

资料来源：Wind、齐鲁股权交易中心、蓝海股权交易中心、齐鲁财富网。

显偏少。广东不仅经济总量领先，新三板挂牌中小企业数量也远多于江苏、浙江和山东三个省份。山东新三板挂牌中小企业数量及从业人员数量不仅少于经济总量排在山东之前的广东、江苏两省，也远低于经济总量排在山东之后的浙江省（见图 12）。

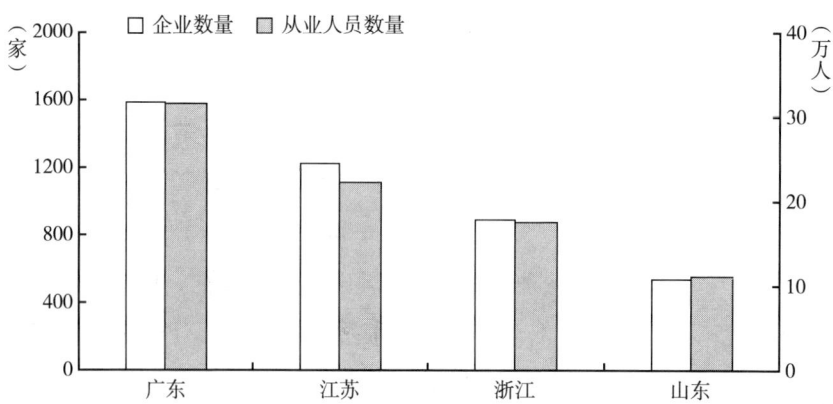

图 12　四省场外市场挂牌企业数量与从业人员数量对比（2017 年）

注：仅包含新三板挂牌企业，其中广东、江苏、山东、浙江分别有 1585 家、1224 家、540 家、890 家。

资料来源：Wind、齐鲁股权交易中心、蓝海股权交易中心、齐鲁财富网。

中小企业不仅能为所在地区发展做出巨大贡献，其区域分布也能有效反映出当地的经济发展情况及经济活力。了解山东中小企业经营状况需要对中小企业财务以及经营指标进行分析。本报告主要对场外市场挂牌企业的总资产、净资产、营业收入等指标进行汇总梳理，以反映山东中小企业经营绩效情况。根据统计数据，我们计算出山东833家场外市场挂牌企业资产负债率为50.97%，与2016年相比下降0.86个百分点，低于全省规模以上工业企业的资产负债率（54.60%）。从平均资产负债率来看，山东经济总体杠杆率并不是特别高。企业资产负债率的下降不仅与自身经营状况有关，也与社会融资环境有较大关系。在国家去杠杆以及调结构大环境下，一些企业融资难度不断加大，场外市场挂牌企业资产负债率的下降从一个侧面反映出山东中小企业融资环境并不乐观，企业融资难的问题未能有效缓解反而有加剧迹象。

改革开放之初，为满足人们物质生活需要，工业制造等行业飞速发展。山东在全国具有优势地位的100多种工业产品多数集中在资源加工和农副产品加工等产业领域，省内经济增长主要依靠能源资源消耗和大规模投资以及劳动密集型低附加值产品的粗放式发展等方式取得。传统动能在相当长的一段时间为山东经济发展做出了巨大贡献，当前这些传统行业面临巨大去产能以及环境治理压力。近年来，山东省新动能逐渐产生，传统动能贡献逐渐减弱，经济新常态下传统动能所存在的问题在山东中小企业发展过程中得到很好体现。具体来看，2017年山东833家场外市场挂牌企业平均销售利润率为5.68%，与2016年相比下降0.39个百分点，山东场外市场挂牌企业的盈利能力有所下滑。另外，山东833家场外市场挂牌企业平均总资产收益率为3.65%，远低于同期一年期银行贷款利率（4.35%），负债经营所产生的收益不能覆盖融资成本，企业面临巨大经营压力。另外，山东833家场外市场挂牌企业净资产收益率仅为7.75%，有超过500家场外市场挂牌企业净资产收益率低于全省平均水平，企业盈利能力相对偏弱。

应收账款余额以及资产负债率的变化可以体现山东中小企业经营绩

效情况。在生产水平不断提升的大环境下,社会供需关系实现由卖方市场向买方市场的转变,人们刚性需求逐渐转变为改善性需求。企业应收账款的增加并不仅仅意味着主营产品销售情况的改善,也极有可能是企业转移库存的无奈之举,很多中小企业必须采用赊销等优惠措施才能扩大销售额,抢占市场,通过向客户提供比竞争对手更优惠的条件才能吸引客户。

与资产负债率变化不同的是,山东新三板挂牌中小企业平均应收账款呈逐年上升的趋势,在2017年达到4507.90万元/家,较2016年同期增加462.36万元/家,山东新三板挂牌中小企业应收账款占用流动资金越来越多,这也直接加重中小企业经营压力(见图13)。作为一种债权性资产,应收账款是企业流动资产的重要组成部分。随着我国经济市场化程度的加深以及商业信用的推行,企业应收账款也在大量增加,一些中小企业发生坏账损失的风险日益加大,大量应收账款的产生虽然增加了企业销售收入和企业利润,但并未相应地增加现金流量,由此产生的销售税金上缴以及年内所得税预缴加速企业现金流出,长此以往必将造成流动资金短缺等问题,严重影响企业资金周转,增加企业生产经营风险。

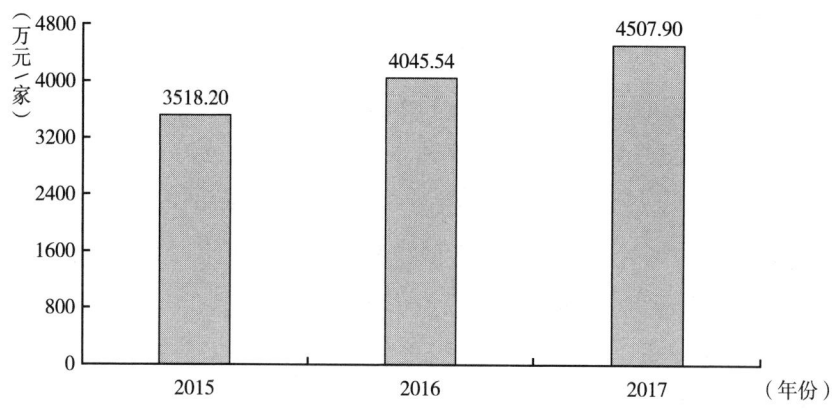

图13 山东场外市场挂牌企业平均应收账款(2015~2017年)

注:该数据仅包含新三板挂牌中小企业。
资料来源:Wind、齐鲁财富网。

山东中小企业多以传统生产企业为主，为变现存货，很多中小企业通过赊销方式转移库存，这直接增加了企业应收账款总量，应收账款的增加也可以从一个侧面反映出山东中小企业去库存并没有想象中那么顺利。据了解，山东很多中小企业虽然销售了产品但并未及时收回货款，企业去库存仍面临巨大压力。政府要进一步提高企业产销率，减少应收账款和存货资金占用，鼓励企业降本增效，减少物质消耗成本和销售、管理、财务等费用，同时也要大力改善企业融资环境，拓宽中小企业融资渠道，降低企业各方面的经营成本。

　　宏观经济进入新常态以来，山东传统动能逐渐减弱，随着社会资本积累、技术积累和社会财富的增加，资本投入、代工厂、整合资源等任何一种简单可复制的生产方式都可以在短期内迅速形成并实现规模化生产，简单靠规模维系的资源初加工、原材料和能源产业以及一般加工业很容易被超越。随着传统行业竞争优势逐渐丧失，山东中小企业应主动适应引领经济新常态，以提质增效为中心，以转型升级为主线，深入推进大众创业、万众创新，大力实施创新驱动发展战略，加快发展"新技术、新产业、新业态、新模式"的"四新"经济，推动山东新旧动能转换。

（一）总资产分析

　　2017年，山东833家场外市场挂牌企业总资产合计达到1273.84亿元，与2016年相比增长了10.95%，增加值高达125.77亿元。尽管如此，全省场外市场挂牌企业总资产合计仍远低于山东沪深上市公司总资产合计。具体来看，在2017年场外市场挂牌企业中仅有42家总资产规模超过5亿元，合计高达500.18亿元。数量占比仅为5.04%的场外市场挂牌企业的总资产合计占全部场外市场挂牌企业总资产的比重却高达39.27%，其中新三板挂牌中小企业山东海运（835589.OC）总资产规模高达14.47亿元。山东场外市场挂牌企业中有55家总资产规模不到500万元，山东各场外市场挂牌企业之间存在巨大分化现象。山东场外市场挂牌工业企业总资产合计高达802.27亿元，占场外市场挂牌企业总资产合计的比重高达62.98%，与2016

年相比提升 1.09 个百分点，这从一个方面反映出山东工业中小企业总资产合计在稳步增加。

截至 2017 年末，青岛、济南和淄博场外市场挂牌企业总资产合计居全省前三位，分别为 294.00 亿元、189.00 亿元、155.36 亿元，三市总资产合计占场外市场挂牌企业总资产合计的比重高达 50.11%。居第 4 位和第 5 位的潍坊和烟台，总资产合计均在 100 亿元以上，分别为 119.51 亿元、111.51 亿元。17 地市中，菏泽、莱芜和日照场外市场挂牌企业总资产合计均不到 20 亿元，其中菏泽仅为 9.54 亿元（见图 14）。与 2016 年相比，场外市场挂牌企业资产合计增幅较大的地区是日照、莱芜和滨州等地。东营、德州两市总资产合计出现不同程度下降，东营降幅高达 21.39%。

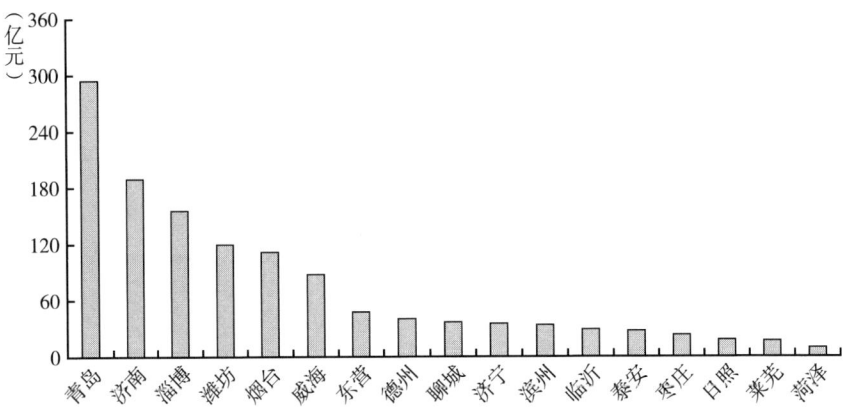

图 14　山东场外市场挂牌企业总资产地域分布情况（2017 年）

资料来源：Wind、齐鲁股权交易中心、蓝海股权交易中心、齐鲁财富网。

枣庄场外市场挂牌企业平均总资产规模最高，为 2.57 亿元/家。青岛、德州两市平均总资产也在 2 亿元/家以上，分别为 2.21 亿元/家、2.12 亿元/家。潍坊场外市场挂牌企业平均总资产最低，仅为 9122.64 万元/家，日照、聊城平均总资产规模相对偏低，仅分别为 1.00 亿元/家、1.07 亿元/家。部分地区虽然挂牌企业众多，但由于这些地区中小企业规模较小，其平均总资产水平也明显偏低。

具体到山东新三板挂牌企业，2015~2017年山东540家新三板挂牌企业总资产合计呈现逐年增加的趋势，2017年总资产合计突破1000亿元，达到1101.08亿元，平均总资产突破2亿元/家，达到2.04亿元/家。截至2017年末，山东新三板挂牌中小企业总资产合计较2016年末增加10.69%，增速与2016年相比低了0.21个百分点。受国内外经济形势影响，山东新三板挂牌中小企业总资产合计虽然不断增长，但增速已经有所放缓（见图15）。

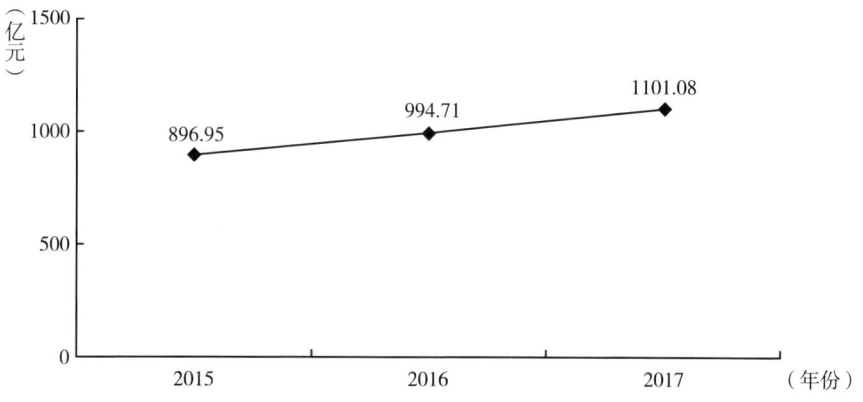

图15　山东场外市场挂牌企业总资产变化（2015~2017年）

注：该数据仅包含新三板挂牌中小企业。
资料来源：Wind、齐鲁财富网。

山东新三板挂牌中小企业总资产规模与广东、江苏和浙江三省相比存在明显差距。山东经济总量虽然排在浙江之前，但新三板挂牌中小企业总资产合计居浙江之后，仅为1101.08亿元。山东新三板挂牌中小企业总资产合计四省排名垫底主要是因为广东、江苏、浙江三省挂牌中小企业数量远超山东。广东、江苏两省新三板挂牌中小企业总资产合计均远超山东，其中江苏总资产合计高达2585.81亿元（见图16）。从平均总资产来看，山东新三板挂牌中小企业平均总资产相对较高，为2.04亿元/家，仅比江苏低735.65万元/家。广东新三板挂牌中小企业总资产合计虽然高于山东省，但其平均总资产规模排在山东省之后。

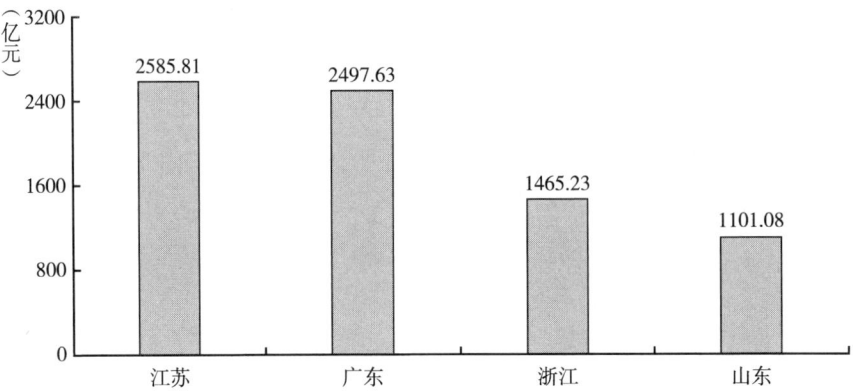

图 16 四省场外市场挂牌企业总资产对比（2017 年）

注：该数据仅包含新三板挂牌中小企业，其中广东、江苏、山东、浙江分别有 1585 家、1224 家、540 家、890 家。

资料来源：Wind、齐鲁财富网。

（二）净资产分析

截至 2017 年末，山东 833 家场外市场挂牌企业净资产合计为 606.66 亿元，与 2016 年相比增加了 70.90 亿元，增长 13.23%。具体来看，833 家场外市场挂牌企业中仅 6 家净资产规模超过 5 亿元，累计值高达 79.78 亿元，占场外市场挂牌企业净资产合计的比重为 13.15%。另外，山东场外市场挂牌企业中有 10 家净资产规模为负值，企业面临较大经营风险，山东各场外市场挂牌企业之间净资产规模呈现严重两极分化现象。另外，山东场外市场挂牌工业企业净资产合计高达 410.69 亿元，占场外市场挂牌企业的比重为 67.69%。在调结构、去产能持续深化的大环境下，山东场外市场挂牌工业企业净资产合计占比与 2016 年相比下降了 0.31 个百分点。

从地域分布来看，总资产合计排在全省前三位的青岛、济南和淄博场外市场挂牌企业净资产合计也居全省前三位，分别为 115.91 亿元、108.36 亿元和 71.10 亿元。排在第 4 位和第 5 位的潍坊、烟台净资产合计也均超过 50 亿元，分别为 60.71 亿元、53.05 亿元。菏泽、莱芜和枣庄三市场外市场挂牌企业净资产合计低于10亿元，菏泽仅为4.38亿元（见图17）。受经济增速等因素影响，莱芜、临沂和日照等地的场外市场挂牌企业净资产合计增幅相对偏高。

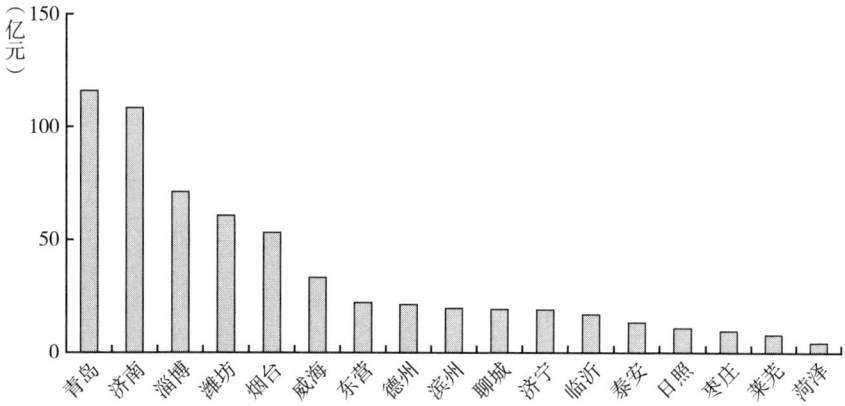

图17　山东场外市场挂牌企业净资产地域分布情况（2017年）

资料来源：Wind、齐鲁股权交易中心、蓝海股权交易中心、齐鲁财富网。

从平均净资产来看，德州场外市场挂牌企业平均净资产最高，接着为枣庄市，两地平均净资产规模均超过1亿元/家，分别为1.12亿元/家和1.07亿元/家。滨州、东营场外市场挂牌企业平均净资产也分别高达9844.25万元/家和8863.69万元/家，超过全省平均水平。与平均总资产规模排名一致，潍坊场外市场挂牌企业数量偏多且大多数规模较小，其平均净资产水平明显偏低，仅为4634.05万元/家，排在17地市最后一位。

具体到山东新三板挂牌中小企业，山东540家新三板挂牌中小企业净资产合计呈现逐年增加的趋势但增速有所放缓。2017年，山东新三板挂牌中小企业净资产合计与2016年相比增加61.51亿元，增幅为12.88%，新三板挂牌中小企业净资产合计增幅与2016年相比下降5.45个百分点（见图18）。从平均净资产来看，山东新三板挂牌中小企业平均净资产为9984.77万元/家，接近1亿元/家。受宏观经济上行承压以及国家去产能持续深化等因素影响，山东新三板挂牌中小企业净资产合计增长幅度有所放缓。

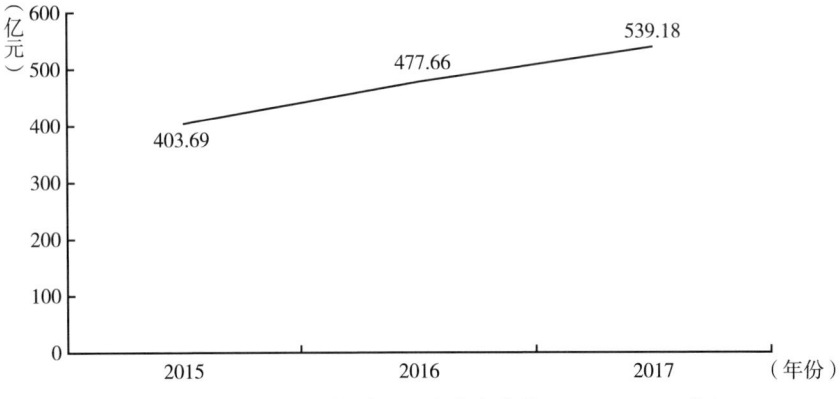

图18　山东场外市场挂牌企业净资产变化（2015～2017年）

注：该数据仅包含新三板挂牌中小企业。
资料来源：Wind、齐鲁财富网。

因数量存在明显差异，山东新三板挂牌中小企业净资产合计与广东、江苏和浙江三省相比存在明显差别。广东新三板挂牌中小企业净资产合计最高，为1335.30亿元，是山东的2.48倍。浙江经济总量虽然低于山东省，但新三板挂牌中小企业净资产合计比山东高242.11亿元（见图19）。从平均净资产来看，山东新三板挂牌中小企业净资产合计虽低于其他三省，但平均净资产排在四省首位，高达9984.77万元/家，比排在第二位的江苏高645.12万元/家。

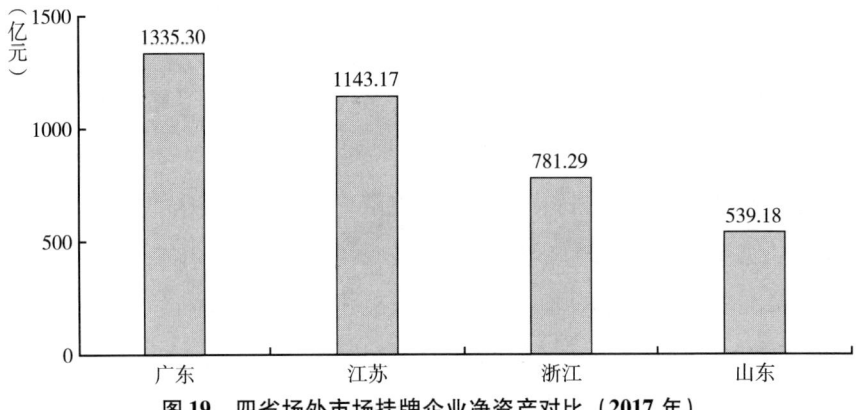

图19　四省场外市场挂牌企业净资产对比（2017年）

注：该数据仅包含新三板挂牌中小企业，其中广东、江苏、山东、浙江分别有1585家、1224家、540家、890家。
资料来源：Wind、齐鲁财富网。

(三) 总负债分析

随着企业之间的竞争日益激烈，企业在规模上的扩张成为一种普遍行为，负债经营逐渐成为一种"行之有效"的经营方式。负债经营既是一种财务策略又是一种经营战略，在财务成本一定的情况下，负债经营是提高企业所有者投资报酬的有效手段。适当负债经营虽然可以实现企业收益最大化目标但也增加了企业风险，通过分析场外市场挂牌企业负债情况可以了解山东中小企业经营风险情况。截至2017年末，山东833家场外市场挂牌企业总负债合计达到649.32亿元，与2016年相比增加了54.21亿元，增长了9.11%。具体来看，山东场外市场挂牌企业中有12家总负债超过5亿元，其中山东海运（835589.OC）、联兴科技（430680.OC）等7家新三板挂牌中小企业总负债超过10亿元，总资产规模较大的场外市场挂牌企业总负债也明显偏高。山东场外市场挂牌工业企业总负债合计高达392.41亿元，占场外市场挂牌企业的比重为60.43%，与2016年相比提高2.06个百分点。

从地域分布来看，青岛、淄博、济南总负债合计居全省前三位，分别为179.52亿元、84.19亿元、80.65亿元，三市总负债合计占场外市场挂牌企业总负债合计的比重高达53.03%。青岛、淄博等地受场外市场挂牌企业较多以及融资较为便利等因素影响，总负债合计明显高于其他地区。另外，菏泽、日照、莱芜场外市场挂牌企业总负债合计均不到10亿元，其中菏泽仅为5.16亿元（见图20）。值得一提的是，在2017年，菏泽、东营两地场外市场挂牌企业总负债合计均出现不同程度下降，东营下降幅度高达36.50%，场外市场挂牌企业融资环境并不乐观。枣庄、青岛、东营场外市场挂牌企业平均总负债超过1亿元/家，枣庄最高，为1.49亿元/家。日照场外市场挂牌企业平均总负债最低，仅为3875.70万元/家。济南、潍坊两地场外市场挂牌企业虽然较多，但受企业规模普遍偏小等因素影响，平均总负债分别为6203.57万元/家、4491.09万元/家，明显低于全省平均水平（7794.98万元/家）。

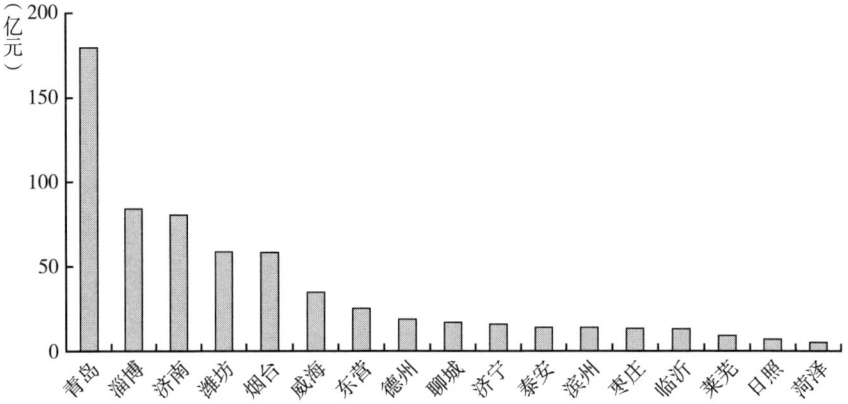

图 20　山东地市场外市场挂牌企业总负债情况（2017 年）

资料来源：Wind、齐鲁股权交易中心、蓝海股权交易中心、齐鲁财富网。

从新三板挂牌中小企业总负债来看，截至 2017 年末，山东新三板挂牌中小企业总负债合计为 561.61 亿元，与 2016 年相比增长 8.58%，增速比 2016 年提高 3.73 个百分点（见图 21）。截至 2017 年末，山东新三板挂牌中小企业平均总负债为 1.04 亿元/家。近年来，全国经济运行稳中向好，山东新三板挂牌中小企业总负债合计稳步增长，增速明显提升。

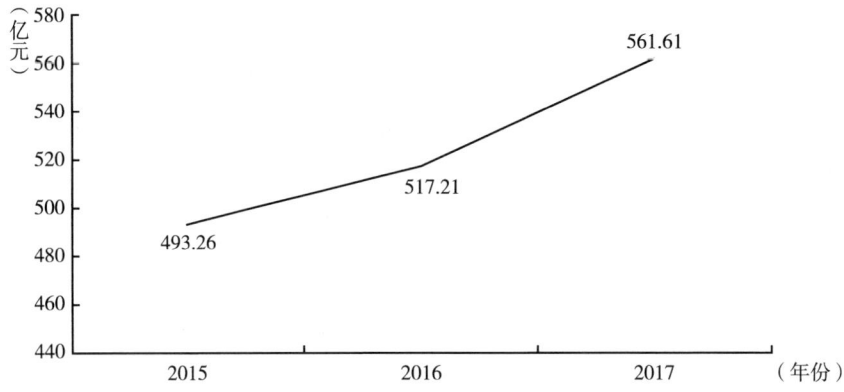

图 21　山东场外市场挂牌企业总负债变化（2015~2017 年）

注：该数据仅包含新三板挂牌中小企业。
资料来源：Wind、齐鲁财富网。

从四省对比来看，山东新三板挂牌中小企业总负债合计四省垫底，总负债合计最大的是江苏省，其总负债合计排在四省首位（见图22）。山东新三板挂牌中小企业总负债合计虽远低于其他三省，但平均总负债高达1.04亿元/家，仅低于排在首位的江苏省（1.18亿元/家），比排在第三位的浙江省高了2715.55万元/家。

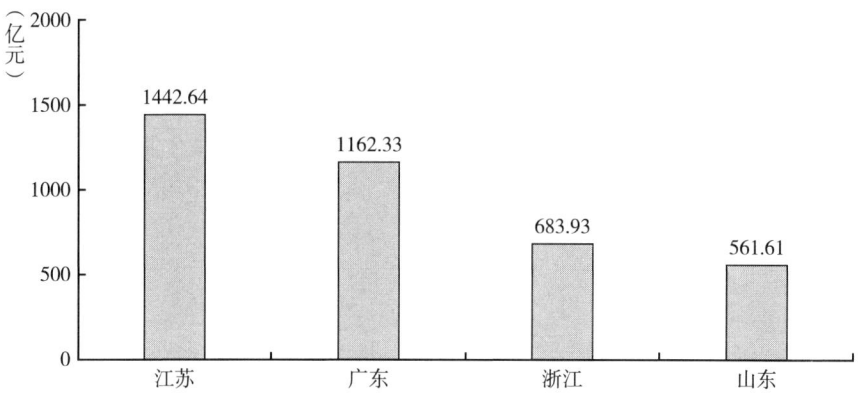

图22　四省场外市场挂牌企业总负债对比（2017年）

注：该数据仅包含新三板挂牌中小企业，其中广东、江苏、山东、浙江分别有1585家、1224家、540家、890家。

资料来源：Wind、齐鲁财富网。

（四）资产负债率分析

根据企业经营的常识，大多数人会认为资产负债率越低，企业偿债越有保证，所以贷款风险就越低。但从企业资本运营的角度思考，在资本利润率高于融资成本的情况下，资产负债率越高，企业股东所得到的利润也就越大，但大幅举债也加大了企业经营风险。截至2017年末，山东833家场外市场挂牌企业平均资产负债率为50.97%，与2016年相比下降0.86个百分点，山东场外市场挂牌企业资产负债率在国家去杠杆以及调结构的影响下出现小幅下滑。833家场外市场挂牌企业平均资产负债率的下降反映出山东中小企业融资环境恶化，企业"融资难、融资贵"的问题依然存在。山东场外市场挂牌企业总负债合计增长速度明显低于总资产合计增长速度，山东中小企业负债经营的积极性在逐渐降低。目前一些金融机构对中小企业贷款审批仍比较苛刻，主要表现在贷款利率高、周期短，可抵押物范围小、要求高，放款时间长等。中小企业信用信息体系还不够完善，企业自身经营和财务信息不透明等问题不仅延长了银行尽职调查时间，同时也极大地加重了银行向中小企业放款的成本。

与其他指标情况相一致，山东场外市场挂牌企业资产负债率也存在明显分化。具体来看，山东833家场外市场挂牌企业中有612家资产负债率低于60%，其中有386家低于40%。另外，山东场外市场挂牌企业中有10家区域性股权交易市场挂牌企业资产负债率超过100%，企业总资产无法覆盖全部负债，企业面临较大债务风险。山东场外市场挂牌工业企业资产负债率为48.91%，与2016年相比提高0.02个百分点，比场外市场挂牌非工业企业资产负债率低5.57个百分点，山东场外市场挂牌工业企业资产负债率与2016年相比虽小幅增加但仍低于场外市场挂牌非工业企业，这表明在去产能、去杠杆持续深化的大环境下，山东工业中小企业融资难度要远高于非工业中小企业。

从地域分布来看，青岛、枣庄等8市资产负债率高于山东平均水平，其中青岛、枣庄、淄博资产负债率居前三位，分别为61.06%、58.14%、54.19%（见图23）。在全省范围内青岛中小企业融资环境较为成熟，在经营上表现得较为激进，区域内场外市场挂牌企业资产负债率普遍偏高。当然资产负债率过高会增加企业财务成本，致使企业面临较大债务风险，中小企业在负债经营过程中要严守不发生经营风险的红线。17地市中，日照不仅场外市场挂牌企业相对偏少，资产负债率也明显偏低，仅为38.61%。降低资产负债率可以极大降低企业债务风险，但资金匮乏也不利于企业发展，日照等场外市场挂牌企业资产负债率偏低的地区急需改善中小企业融资环境。2017年，山东共有10个市场外市场挂牌企业资产负债率出现不同程度的提升，其中滨州增加6.25个百分点，济宁增加3.17个百分点。在资产负债率下滑的市中，东营场外市场挂牌企业资产负债率下降12.67个百分点。

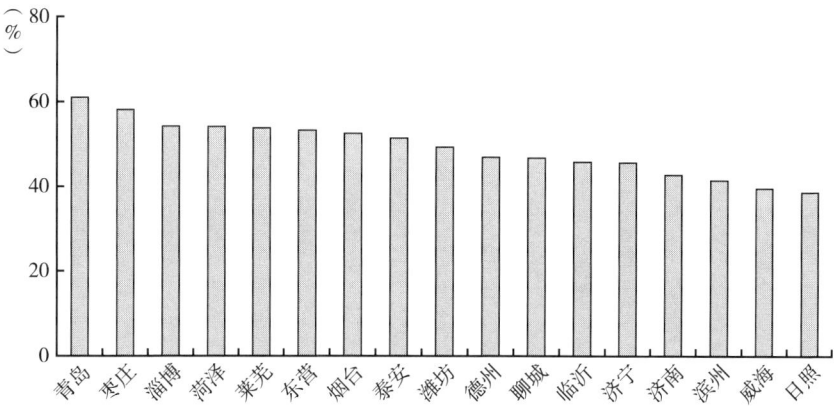

图23 山东地市场外市场挂牌企业资产负债率情况（2017年）

资料来源：Wind、齐鲁股权交易中心、蓝海股权交易中心、齐鲁财富网。

近年来，我国企业杠杆率居高不下，债务规模不断增加，企业背负沉重债务负担，严重制约我国经济发展。由于中小企业经营规模存在较大差异，很多中小企业很难从银行拿到急需的资金，企业资产负债率就相对偏低，山东新三板挂牌中小企业平均资产负债率在持续下滑（见图24）。具体来看，山东新三板挂牌中小企业资产负债率已由2015年的54.99%降至2017年末的51.01%，略高于场外市场挂牌企业平均水平（50.97%）。

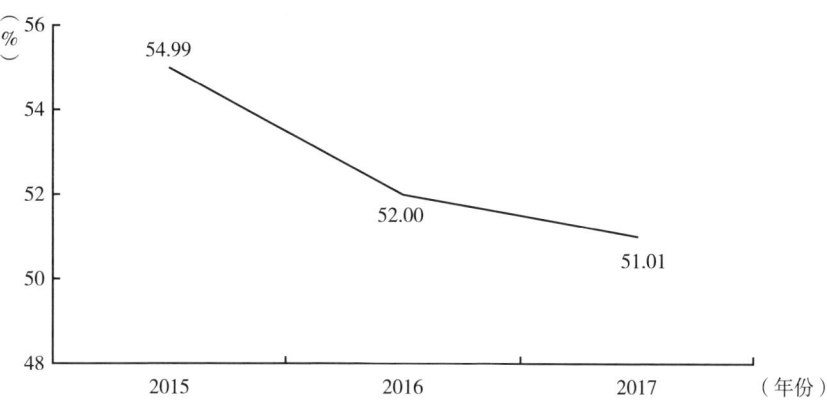

图24 山东场外市场挂牌企业资产负债率变化（2015~2017年）

注：该数据仅包含新三板挂牌中小企业。
资料来源：Wind、齐鲁财富网。

从四省新三板挂牌中小企业资产负债率对比来看，截至2017年末，山东新三板挂牌中小企业资产负债率仅低于江苏省（55.79%），远高于广东、浙江两省。广东新三板挂牌中小企业数量虽然远多于山东省，但其资产负债率相对偏低，仅为46.54%（见图25）。

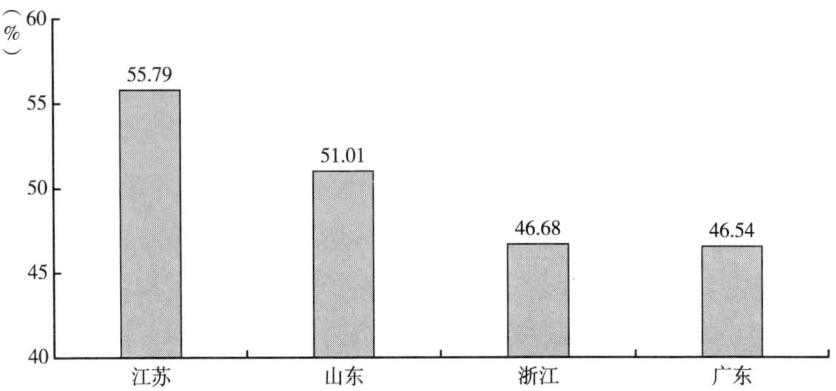

图25　四省场外市场挂牌企业资产负债率对比（2017年）

注：该数据仅包含新三板挂牌中小企业，其中广东、江苏、山东、浙江分别有1585家、1224家、540家、890家。

资料来源：Wind、齐鲁财富网。

场外市场挂牌企业资产负债率小幅下滑反映出山东中小企业融资环境有待改善，政府应重点推动金融市场发展，积极改善中小企业融资环境，降低企业融资成本，缓解企业经营压力。《山东省中小企业"十三五"发展规划》中提到，要"鼓励金融机构设立中小企业专营机构，创新中小企业金融产品，全面落实'三个不低于'信贷要求"。"支持符合条件的中小企业发行企业债、公司债、短期融资券、中小企业集合票据等。积极创新财政资金代偿和奖励等新型方式，调动金融机构支持中小企业信贷积极性，撬动更多的金融信贷资金支持中小企业发展。"政府应鼓励实力雄厚且营业网点分布在全国各地的国有银行在为中小微企业提供金融支持方面发挥更重要的作用。

（五）营业收入分析

截至2017年末，山东833家场外市场挂牌企业合计实现营业收入

956.66亿元，与2016年相比增长19.88%。在新型工业化、信息化、城镇化、农业现代化深入发展的大环境下，山东新的增长动力正在孕育形成，新的增长点不断发展壮大，"双创"战略也在持续向纵深推进，政府关于中小企业的政策环境不断优化，"互联网+""分享经济"等新业态势头强劲，中小企业发展的内生动力和活力得到进一步释放，这些有利因素进一步改善了山东场外市场挂牌企业经营状况，企业营业收入也出现大幅度的提升。具体来看，833家场外市场挂牌企业中有245家营业收入超过1亿元，其中有8家超过10亿元，分别是招金励福（835776.OC）、山东海运（835589.OC）、华宝食品（100301.QLE）、鲁华泓锦（833831.OC）、雷神科技（872190.OC）、隆华新材（839122.OC）、开泰石化（831928.OC）、伊莱特（837192.OC）。新三板挂牌企业招金励福（835776.OC）在2017年共实现营业收入84.15亿元。

另据统计，8家营业收入超过10亿元的场外市场挂牌企业合计实现营业收入235.65亿元，占833家场外市场挂牌企业营业收入总额的比重高达24.63%。山东营业收入不足1亿元的场外市场挂牌企业有589家，合计实现营业收入175.80亿元，数量占比超7成的场外市场挂牌企业合计营业收入仅占833家场外市场挂牌企业营业收入总额的18.37%。2017年，山东场外市场挂牌工业企业合计实现营业收入682.28亿元，占833家场外市场挂牌企业的比重高达71.32%，占比与2016年相比提高0.22个百分点，山东场外市场挂牌工业企业营业收入合计在2017年出现小幅度的增长，这从一个方面反映出山东工业企业经济贡献率在不断提升，非工业中小企业经济贡献能力有待提高。

青岛、烟台和济南等地经济发展水平明显高于其他市，各地繁荣的经济也为当地中小企业提供了良好生存空间，由于场外市场挂牌企业较多且规模普遍较大，三市场外市场挂牌企业所实现的营业收入总额也居全省前三位，分别为193.07亿元、145.29亿元、137.61亿元，合计实现营业收入占833家场外市场挂牌企业营业收入总额的比重高达49.75%（见图26）。菏泽、莱芜场外市场挂牌企业实现营业收入总额均不到10亿元，菏泽仅为9.18亿元。菏泽场外市场挂牌企业实现营业收入总额虽然全省垫底，但增长幅度高达59.73%。

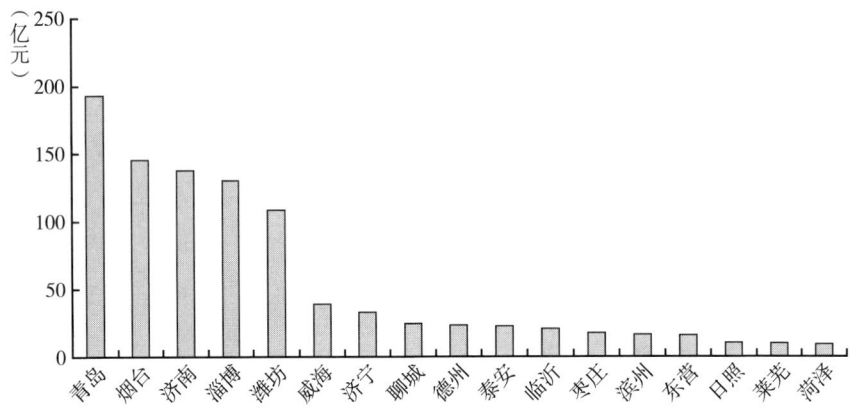

图26　山东地市场外市场挂牌企业营业收入情况（2017年）

资料来源：Wind、齐鲁股权交易中心、蓝海股权交易中心、齐鲁财富网。

总的来看，山东各地场外市场挂牌企业营业收入总额分布基本与山东经济发展水平相一致，经济发展较快的胶东半岛及鲁中等地实现营业收入总额居全省前列，鲁西南等经济发展较为滞后的地区场外市场挂牌企业所实现的营业收入总额相对偏低。从平均营业收入来看，枣庄、烟台、菏泽平均营业收入居全省前三位，分别为1.96亿元/家、1.77亿元/家、1.53亿元/家。青岛场外市场挂牌企业平均营业收入为1.45亿元/家，排在菏泽之后。济南场外市场挂牌企业营业收入总额排名靠前，但其平均营业收入仅为1.06亿元/家，低于全省平均水平（1.15亿元/家）。

2017年，山东新三板挂牌中小企业合计实现营业收入828.13亿元，同比增长18.78%，增速与2016年相比提高10.80个百分点（见图27），山东新三板挂牌中小企业营业收入合计出现提速增长情况，2017年山东新三板挂牌中小企业平均营业收入也达到1.53亿元/家。

从四省对比来看，山东新三板挂牌中小企业实现的营业收入总额明显低于广东、江苏、浙江三省，其中广东新三板挂牌中小企业合计实现营业收入

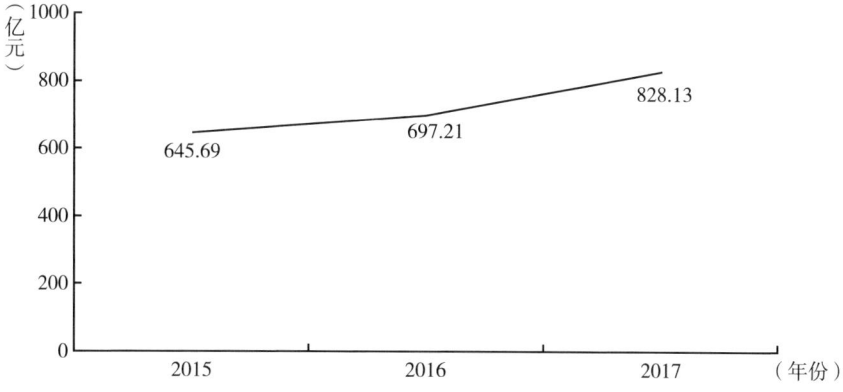

图 27　山东场外市场挂牌企业营业收入变化（2015~2017 年）

注：该数据仅包含新三板挂牌中小企业。
资料来源：Wind、齐鲁财富网。

最高，为 2229.78 亿元，是山东的 2.69 倍，浙江新三板挂牌中小企业实现的营业收入总额是山东的 1.46 倍（见图 28）。山东新三板挂牌中小企业实现的营业收入总额偏低，但平均营业收入远高于广东、江苏、浙江三省，高达 1.53 亿元/家，比排在第二位的江苏高 1267.78 万元/家。

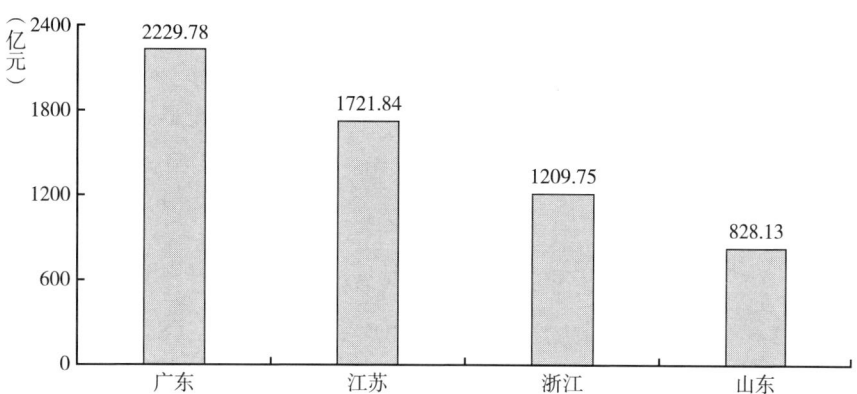

图 28　四省场外市场挂牌企业营业收入对比（2017 年）

注：该数据仅包含新三板挂牌中小企业，其中广东、江苏、山东、浙江分别有 1585 家、1224 家、540 家、890 家。
资料来源：Wind、齐鲁财富网。

（六）利润总额分析

2017年，山东833家场外市场挂牌企业合计实现利润总额54.38亿元，同比增长12.25%。在2017年，山东有613家场外市场挂牌企业利润总额为正值，占比为73.59%，其中有186家超过1000万元，新三板挂牌企业联兴科技（430680.OC）利润总额高达1.05亿元。山东利润总额超过1000万元的场外市场挂牌企业合计实现利润总额55.62亿元，高于全部场外市场挂牌企业利润总额的绝对值。山东场外市场挂牌企业利润总额为负值的企业有220家，其中宏力能源（832556.OC）、飞达股份（830919.OC）、大汉股份（834353.OC）等27家亏损超1000万元。山东场外市场挂牌工业企业合计实现利润总额37.31亿元，占场外市场挂牌企业的比重（68.61%）与2016年相比提升2.43个百分点。山东场外市场挂牌工业企业利润贡献较大，非工业行业则表现相对较弱。在新旧动能转换关键时间节点，山东非工业企业应紧抓历史机遇，提升企业盈利能力。

由于企业经营环境不同，山东各地场外市场挂牌企业盈利状况存在明显差异。截至2017年末，济南、青岛、潍坊场外市场挂牌企业实现的利润总额合计居全省前三位，分别为10.50亿元、9.73亿元、5.90亿元，三市合计利润总额高达26.13亿元，占场外市场挂牌企业利润总额合计的比重为48.03%。烟台场外市场挂牌企业营业收入总额虽居全省第二位，但利润额合计仅为4.53亿元，排在济南、青岛、潍坊、淄博之后。烟台场外市场挂牌企业虽然较多，但缺乏联兴科技（430680.OC）、鲁华泓锦（833831.OC）等盈利能力较强的企业，区域内利润总额超过1000万元的场外市场挂牌企业仅有招金励福（835776.OC）、科盾科技（835902.OC）等18家。另外，德州、菏泽、滨州等地场外市场挂牌企业合计实现利润总额均不足1亿元，德州仅为3042.03万元（见图29）。

从利润总额增长幅度来看，菏泽场外市场挂牌企业在2017年合计实现利润总额仅为5540.02万元，增幅却高达483.96%；泰安场外市场挂牌企业在2017年合计实现利润总额为1.33亿元，增幅也高达108.32%。德州场外市场挂牌企业利润总额合计与 2016 年相比下降 82.48%，场外市场挂牌企业主营业务盈利能力大幅下滑。枣庄、临沂、菏泽场外市场挂牌企业平均利润总额居全省前三位，分别为 1779.89 万元/家、1231.35 万元/家、923.34 万元/家。济南场外市场挂牌企业合计利润总额居全省首位，但其平均利润总额仅为 807.48 万元/家，排名较为靠后；潍坊场外市场挂牌企业平均利润总额仅为 450.20 万元/家，远低于全省平均水平。

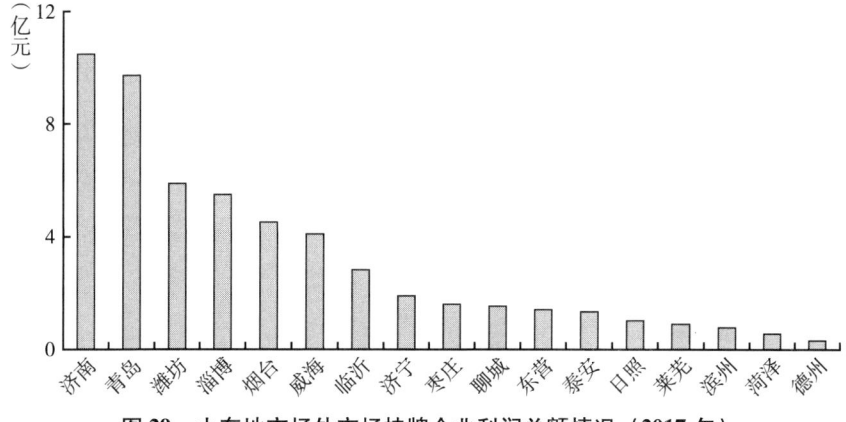

图 29 山东地市场外市场挂牌企业利润总额情况（2017 年）

资料来源：Wind、齐鲁股权交易中心、蓝海股权交易中心、齐鲁财富网。

2017 年，山东新三板挂牌中小企业合计实现利润总额 51.46 亿元，同比增长 11.23%，增速与 2016 年相比低了 0.38 个百分点（见图 30）。从平均利润总额来看，山东新三板挂牌中小企业平均利润总额不到 1000 万元/家，仅为 952.96 万元/家，平均利润总额虽然高于全省场外市场挂牌企业平均水平，但仍表现偏弱。

与营业收入一致，山东新三板挂牌中小企业合计实现的利润总额也明显低于广东、江苏、浙江三省。四省中，广东、江苏新三板挂牌中小企业利润总额合计超过 100 亿元，分别为 140.78 亿元、127.02 亿元。其中，广东新三板挂牌中小企业合计利润总额为山东的 2.74 倍（见图 31）。山东新三板挂牌中小企业平均利润总额也低于江苏、浙江两省，略高于广东省。与其余三省相比，山东新三板挂牌中小企业整体盈利能力偏弱。

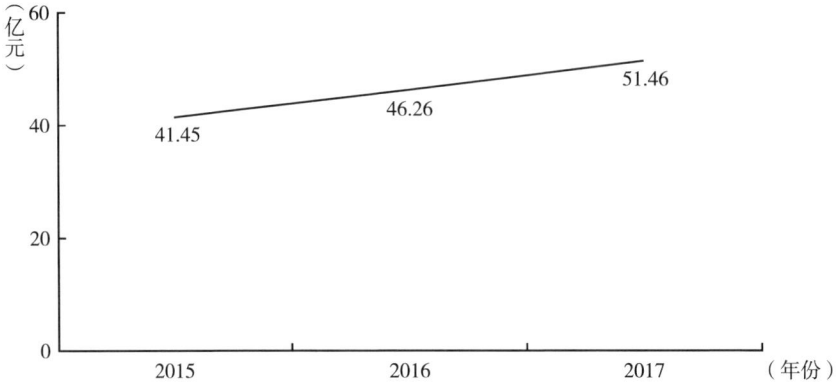

图30　山东场外市场挂牌企业利润总额变化（2015～2017年）

注：该数据仅包含新三板挂牌中小企业。
资料来源：Wind、齐鲁财富网。

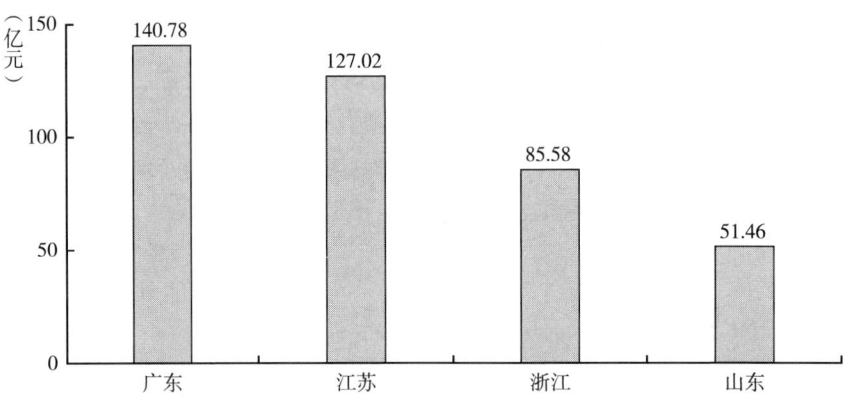

图31　四省场外市场挂牌企业利润总额对比（2017年）

注：该数据仅包含新三板挂牌中小企业，其中广东、江苏、山东、浙江分别有1585家、1224家、540家、890家。
资料来源：Wind、齐鲁财富网。

（七）净利润分析

截至2017年末，山东833家场外市场挂牌企业合计实现净利润44.25亿元，同比增长14.99%。具体来看，山东有167家场外市场挂牌企业净利润超过1000万元,其中有20家超过5000万元。济南新三板挂牌企业伊莱特(837192.OC)实现净利润8527.82万元,排在全省首位。与利润总额表现一致,山东净利润超过1000万元的场外市场挂牌企业合计实现净利润45.06亿元,高于全部场外市场挂牌企业所实现净利润的绝对值,在2017年,山东有218家场外市场挂牌企业出现亏损,合计亏损额高达12.01亿元。2017年山东场外市场挂牌工业企业合计实现净利润30.48亿元,占场外市场挂牌企业合计净利润的比重高达68.89%,与2016年相比,提升2.69个百分点,山东场外市场挂牌工业企业合计净利润占比明显提升。

与利润总额排名一致,济南、青岛和潍坊场外市场挂牌企业合计实现净利润居全省前三位,分别为8.87亿元、7.63亿元、4.80亿元,三市合计净利润占全部场外市场挂牌企业净利润的比重高达48.11%(见图32)。与2016年相比,菏泽、泰安场外市场挂牌企业合计净利润增幅超过100%,分别为700.45%、142.97%。其中,菏泽恒基电子(834151.OC)净利润增幅高达1836.10%,直接拉高地区净利润平均值。另外,临沂、日照、潍坊、淄博、威海、枣庄、济宁和莱芜场外市场挂牌企业合计净利润增幅也高于全省平均水平,其余市相对偏低或出现负增长,德州、滨州、聊城和东营场外市场挂牌企业合计净利润与2017年相比出现不同程度下降。从平均净利润来看,山东有10个市场外市场挂牌企业平均净利润超过全省平均水平(531.24万元/家)。潍坊场外市场挂牌企业合计净利润虽排在17地市前列,但其平均净利润仅为366.10万元/家,低于全省平均水平。

2017年,山东新三板挂牌中小企业合计实现净利润41.99亿元,同比增长14.11%,增速与2016年相比提高3.68个百分点,新三板挂牌中小企业合计净利润增速大幅提升(见图33)。从平均净利润来看,山东新三板挂牌中小企业在2017年的平均净利润为777.66万元/家,远高于全部场外市场挂牌企业的平均值(531.24万元/家)。

从四个省对比来看,山东新三板挂牌中小企业合计净利润排在广东、江苏和浙江三省之后,广东新三板挂牌中小企业合计净利润为山东的2.81倍,高达117.86亿元,排在四省首位(见图34)。山东新三板挂牌中小企业平均净利润也相对较低，低于江苏、浙江两省，略高于广东省，山东新三板挂牌中小企业盈利能力有待提升。

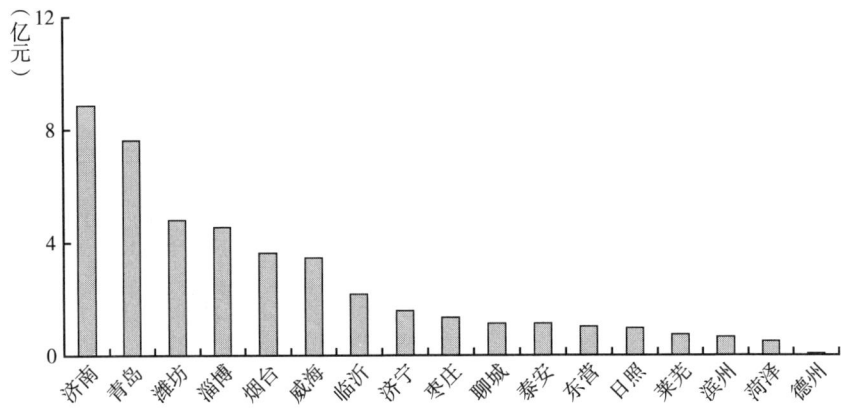

图32　山东地市场外市场挂牌企业净利润情况（2017年）

资料来源：Wind、齐鲁股权交易中心、蓝海股权交易中心、齐鲁财富网。

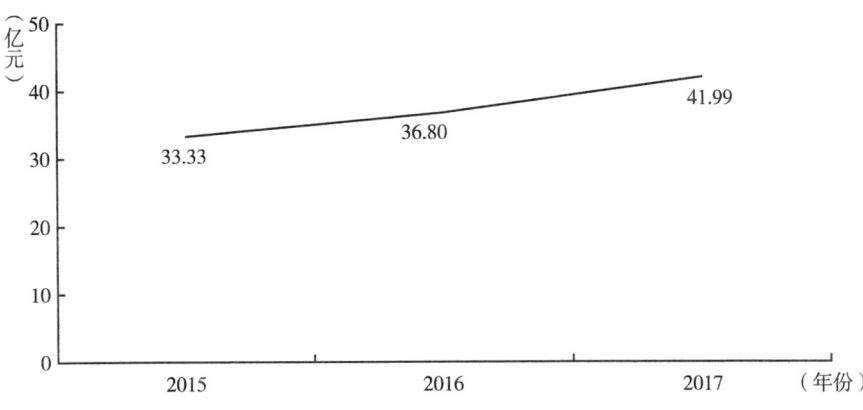

图33　山东场外市场挂牌企业净利润变化（2015~2017年）

注：该数据仅包含新三板挂牌中小企业。
资料来源：Wind、齐鲁财富网。

（八）销售利润率分析

销售利润率是以销售收入为基础分析企业获利能力、反映销售收入水平的指标，通过对企业销售利润率的计算可以考察企业盈利发展能力和利润结构。2017年，山东833家场外市场挂牌企业销售利润率为5.68%，与2016年相比，下降0.39个百分点。营业收入合计及利润总额合计虽均出现不同程度增长，但山东场外市场挂牌企业销售利润率大幅下滑，这反映出山东中小企业经营环境有待改善。具体来看，山东有333家场外市场挂牌企业销售利润率高于全省平均水平，其中销售利润率高于20%的有76家。山东另有219家场外市场挂牌企业销售利润率为负值，企业盈利能力表现较差。山东场外市场挂牌企业的销售利润率情况出现明显分化现象，经营状况较好的中小企业的销售利润率远高于全省平均水平，差的则大幅亏损。另据统计，山东场外市场挂牌工业企业销售利润率仅为5.46%，与2016年相比，回落0.18个百分点，比场外市场挂牌非工业企业低0.75个百分点，山东场外市场挂牌工业企业销售利润率略低于全省平均水平，盈利状况不容乐观。

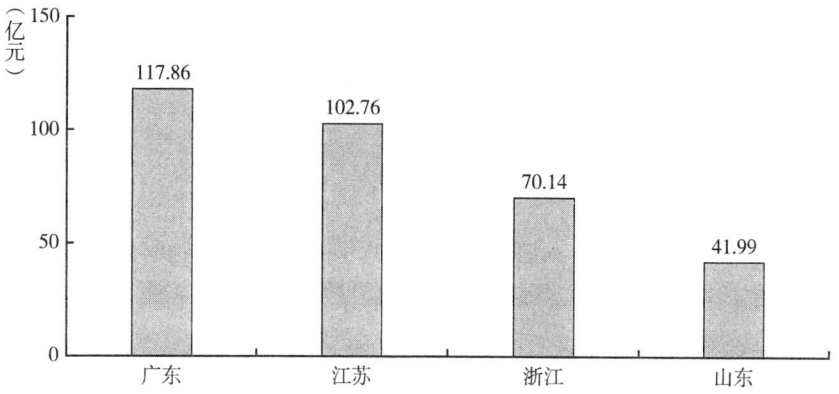

图34　四省场外市场挂牌企业净利润对比（2017年）

注：该数据仅包含新三板挂牌中小企业，其中广东、江苏、山东、浙江分别有1585家、1224家、540家、890家。

资料来源：Wind、齐鲁财富网。

分地域来看，临沂、威海等11个市场外市场挂牌企业销售利润率高于全省平均水平，其中临沂、威海、日照分别为13.70%、10.52%、10.06%，居全省前三位（见图35）。济南、青岛、潍坊利润总额虽居全省前三位，但仅济南场外市场挂牌企业销售利润率高于全省平均水平。另外，在2017年山东共有8个市场外市场挂牌企业销售利润率与2016年相比出现不同程度增长，菏泽、临沂分别增加4.38个、3.61个百分点。德州、滨州等场外市场挂牌企业销售利润率出现不同程度下滑，德州与2016年相比大幅下滑6.68个百分点。东营场外市场挂牌企业销售利润率虽大幅下滑但仍高达8.86%，区域内场外市场挂牌企业整体盈利能力较强。

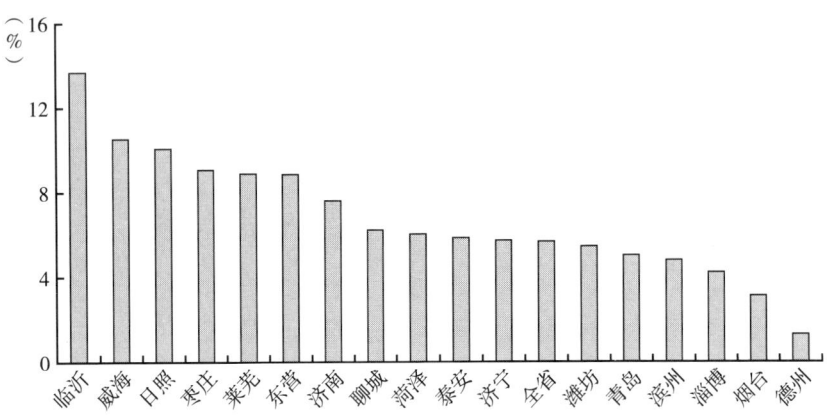

图35 山东全省及地市场外市场挂牌企业销售利润率情况（2017年）

资料来源：Wind、齐鲁股权交易中心、蓝海股权交易中心、齐鲁财富网。

近年来，山东经济面临巨大转型压力，全省新三板挂牌中小企业盈利能力出现明显波动。2017年山东新三板挂牌中小企业销售利润率为6.21%，与2016年相比出现小幅下滑，山东新三板挂牌中小企业盈利能力明显下降。当前中小企业盈利能力改善乏力，山东新三板挂牌中小企业营业收入虽然大幅增加，但利润转化相当困难，山东大多数中小企业急需借助新旧动能转换工程提升企业盈利能力（见图36）。

从四省对比来看，在2017年，山东新三板挂牌中小企业销售利润率低于广东、江苏、浙江三省，与江苏相比，低了1.17个百分点（见图37）。广东新三板挂牌中小企业数量虽排在四省首位，但销售利润率远低于江苏省，仅为6.31%，略高于山东省（6.21%）。

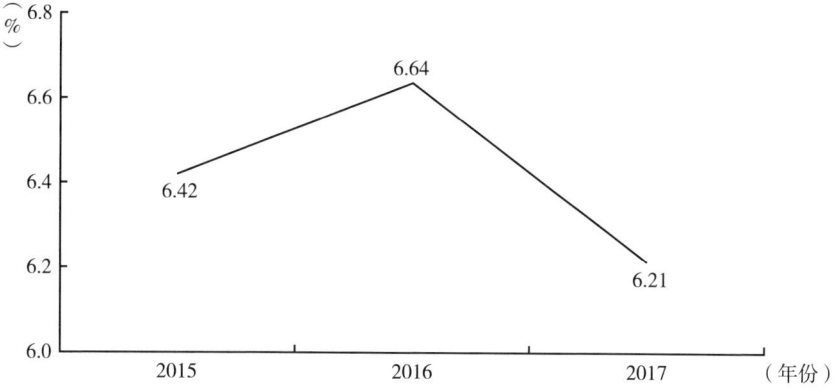

图 36　山东场外市场挂牌企业销售利润率变化（2015～2017 年）

注：该数据仅包含新三板挂牌中小企业。
资料来源：Wind、齐鲁财富网。

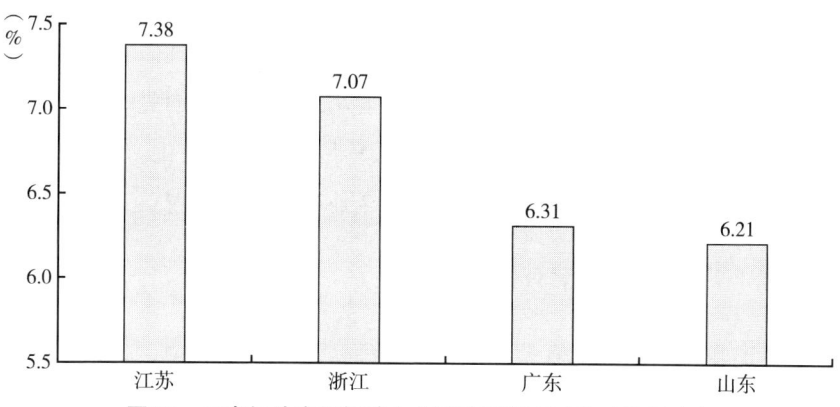

图 37　四省场外市场挂牌企业销售利润率对比（2017 年）

注：该数据仅包含新三板挂牌中小企业，其中广东、江苏、山东、浙江分别有 1585 家、1224 家、540 家、890 家。
资料来源：Wind、齐鲁财富网。

2017 年，山东 833 家场外市场挂牌企业合计实现营业收入 956.66 亿元，与 2016 年相比增长 19.88%；合计实现利润总额 54.38 亿元，同比增长 12.25%。合计营业收入与合计利润总额两项指标均小幅增长，但利润总额的增幅明显偏低。当前全国经济仍面临巨大下行压力，中小企业面临盈利能力提升乏力的困境。山东 833 家场外市场挂牌企业销售利润率为 5.68%，与2016年相比下降0.39个百分点,这从一个侧面反映出山东中小企业盈利情况并不乐观。山东新三板挂牌中小企业销售利润率为6.21%,与2016年相比出现小幅下滑。与广东、江苏、浙江三省相比,山东新三板挂牌中小企业主营业务盈利能力相对偏弱,山东中小企业急需提升综合实力,改善自身经营状况。

山东以传统动能为主的中小企业在2017年合计营业收入虽然大幅提高但盈利能力依然偏弱,很多中小企业依然存在亏损现象,山东中小企业应紧紧抓住新一轮技术革命与我国转方式、调结构形成历史交汇的战略机遇,全面落实《〈中国制造2025〉山东行动纲要》,引导中小企业突出核心业务,做强传统产业,做大新兴产业,做优细分产业,推动智能制造和精工制造,培育壮大新经济、新动能,着力建设全国重要的先进制造业基地。山东中小企业要紧抓新旧动能转换历史机遇,加快传统产业的改造升级,淘汰落后产能,促进信息技术与制造业融合应用,推动生产方式向柔性、智能、精细转变,提升加工工艺和管理水平,以高效智能制造为引导,向先进制造业集中发展。同时,要通过发展新技术、新模式等促进产业智慧化、品牌高端化,不断提升传统产业的质量与效率,以改善企业自身经营状况。

(九)总资产收益率分析

总资产收益率的高低直接反映企业竞争实力和发展能力,也是决定企业是否应举债经营的重要依据。在企业总资产一定的情况下,分析总资产收益率指标可以了解企业盈利的稳定性和持久性,同时还可以了解企业所面临的风险。截至2017年末,山东833家场外市场挂牌企业总资产收益率为3.65%,低于同期一年期基准贷款利率(4.35%)。这反映出山东有很多场外市场挂牌企业融资成本远高于自身总资产收益率,企业负债经营取得的收益并不能完全覆盖融资成本(在实践过程中,由于借贷环境以及企业经营状况不同,中小企业平均融资成本利率大多远远高于基准贷款利率)。具体来看,山东仅有350家场外市场挂牌企业总资产收益率高于全省平均水平,另有316家总资产收益率高于融资成本利率。在山东场外市场挂牌企业中,创泽信息（831712.OC）总资产收益率最高，为54.94%。另据统计，山东场外市场挂牌工业企业总资产收益率为4.03%，比场外市场挂牌非工业企业高了1.00个百分点，山东场外市场挂牌工业企业总资产收益率虽高于全省平均水平，但仍低于基准贷款利率，山东场外市场挂牌工业企业盈利能力普遍偏弱，很多企业面临较大经营风险。

从不同地域来看，临沂、枣庄、日照等10个市场外市场挂牌企业总资产收益率高于全省平均水平，其中临沂高达8.17%（见图38）。青岛、淄博、烟台场外市场挂牌企业数量及总资产规模虽然排在全省前列，但区域内场外市场挂牌企业总资产收益率均低于全省平均水平。经济总量排在全省首位的青岛的总资产收益率仅为2.71%，区域内场外市场挂牌企业总资产收益率未能覆盖平均融资成本，企业面临较大经营风险。近年来，随着原材料、人工、土地、资金等生产要素成本上升，企业经营压力不断加大，山东一些地区的中小企业盈利能力相对较弱。

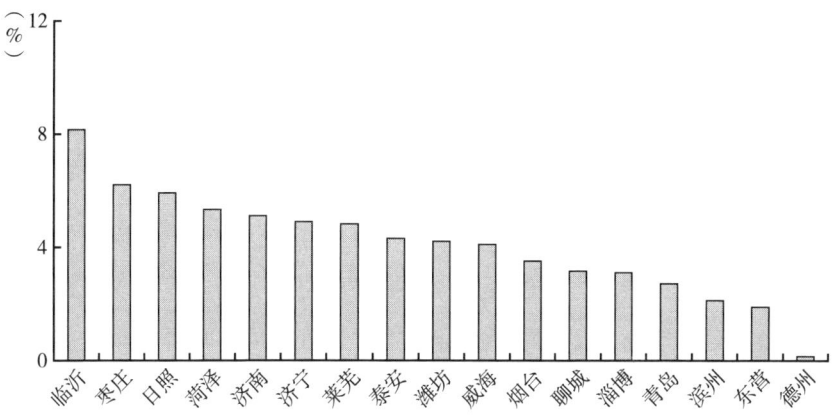

图38　山东地市场外市场挂牌企业总资产收益率情况（2017年）

资料来源：Wind、齐鲁股权交易中心、蓝海股权交易中心、齐鲁财富网。

山东新三板挂牌中小企业总资产收益率稳步提升但仍低于银行基准贷款利率。2017年，山东新三板挂牌中小企业总资产收益率为4.01%，与2016年相比增加0.12个百分点。山东新三板挂牌中小企业总资产收益率虽然小幅增长，但大部分企业仍面临较大经营压力。从四省对比来看，2017年山东新三板挂牌中小企业总资产收益率远低于广东、江苏和浙江三省，比排在首位的浙江低1.06个百分点。与其余三省相比，山东新三板挂牌中小企业不仅在数量、总资产等指标上存在较大差距，在总资产收益率上也存在明显差别（见图39）。

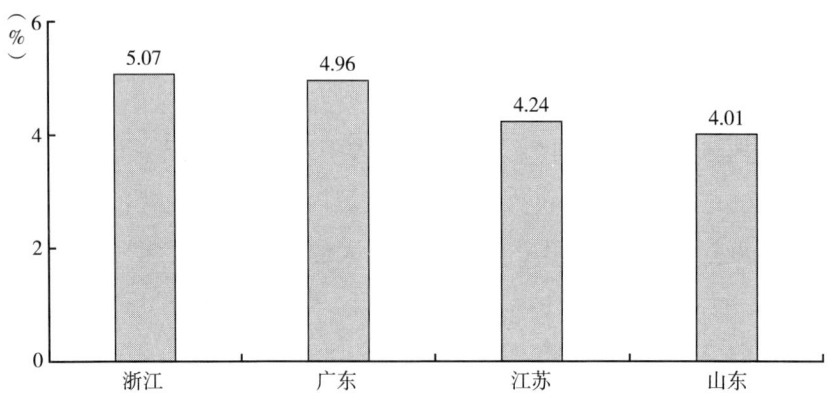

图39 四省场外市场挂牌企业总资产收益率对比（2017年）

注：该数据仅包含新三板挂牌中小企业，其中广东、江苏、山东、浙江分别有1585家、1224家、540家、890家。

资料来源：Wind、齐鲁财富网。

通过对经营指标分析发现，山东场外市场挂牌企业经营状况虽然稳中向好，但在资产利用能力方面还有进一步提高的空间，山东应进一步提高企业运营能力和管理能力，促进中小企业各方面良好发展。场外市场挂牌企业总资产收益率显示，山东场外市场挂牌企业总资产收益率为3.65%，低于同期一年期银行贷款利率（4.35%），场外市场挂牌企业中仅有316家总资产收益率可以覆盖理论上的最低融资成本利率。山东新三板挂牌中小企业总资产收益率也仅为4.01%，虽然与2016年相比增加0.12个百分点，但仍低于银行基准贷款利率。经营状况较好的新三板挂牌中小企业平均总资产收益率尚且不能覆盖银行贷款利率，山东规模较小的中小企业盈利能力可能更弱。

从对比资产负债率分析来看，在我们统计的场外市场挂牌企业中有221家资产负债率高于60%。其中有10家企业资产负债率超过100%，企业总资产无法覆盖全部负债。资产负债率过高无疑会加大企业经营风险，一旦无法还清本息就会面临破产风险，较高的资产负债率也直接加大了企业融资成本。另外，综合场外市场挂牌企业总资产收益率（3.65%）分析，山东很多中小企业保持较高的资产负债率并不能获得可观收益。

（十）净资产收益率分析

净资产收益率是净利润与平均股东权益的百分比，该指标可反映企业对股东投入资本的利用效率，指标值越高说明投资带来的收益越高。截至2017年末，山东833家场外市场挂牌企业净资产收益率为7.75%。具体来看，全省有345家场外市场挂牌企业净资产收益率高于全省平均水平，其中易讯信息（301448.QLE）、嘉沃生态（301293.QLE）两家区域性股权交易中心挂牌中小企业净资产收益率超过100%。山东各场外市场挂牌企业之间净资产收益率存在明显差距，部分企业出现严重亏损现象。对比场外市场挂牌企业资产负债率来看，很多净资产收益率较高的企业的资产负债率也普遍偏高，易迅信息（301448.QLE）资产负债率就高达99.18%，嘉沃生态（301293.QLE）资产负债率也高达85.83%，这些企业净资产收益率虽然较高，但也面临巨大的债务风险。

从地域分布情况看，在2017年，枣庄、临沂等10个市场外市场挂牌企业净资产收益率高于全省平均水平，其中枣庄、临沂和菏泽净资产收益率居全省前三位，分别为15.17%、14.16%、12.34%。枣庄和菏泽场外市场挂牌企业不仅净资产收益率较高，而且其资产负债率也相对较高。青岛、烟台和济南场外市场挂牌企业净资产收益率分别为6.79%、7.24%、8.91%，其中青岛和烟台净资产收益率低于全省平均水平（见图40）。青岛场外市场挂牌企业资产负债率虽然全省最高，但其净资产收益率相对偏低，这也从一个侧面体现青岛中小企业盈利能力较弱。

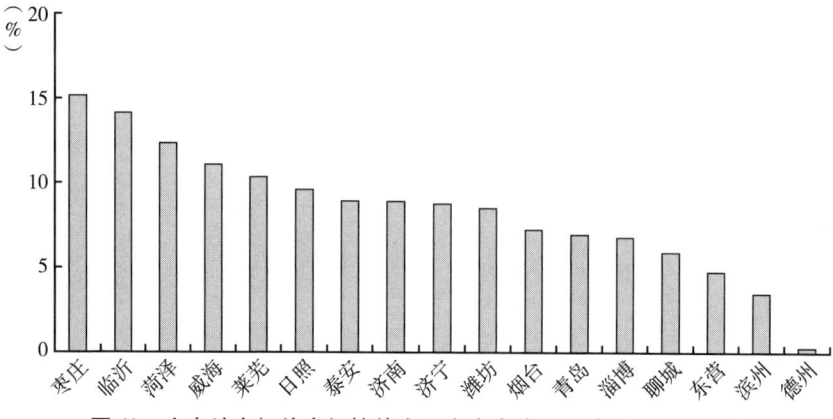

图40　山东地市场外市场挂牌企业净资产收益率情况（2017年）

资料来源：Wind、齐鲁股权交易中心、蓝海股权交易中心、齐鲁财富网。

2017年，山东新三板挂牌中小企业净资产收益率为8.26%，与2016年相比，下滑0.09个百分点（见图41）。在当前经济背景下，企业融资成本依然偏高，过高的资产负债率严重影响企业经营效益，过高的融资成本也加重了企业经营压力。从四省对比来看，在2017年，山东新三板挂牌中小企业净资产收益率远低于广东、江苏和浙江三省，净资产收益率虽然远高于银行存款利率，但与其余三省相比，山东新三板挂牌中小企业自有资本盈利能力依然偏弱。

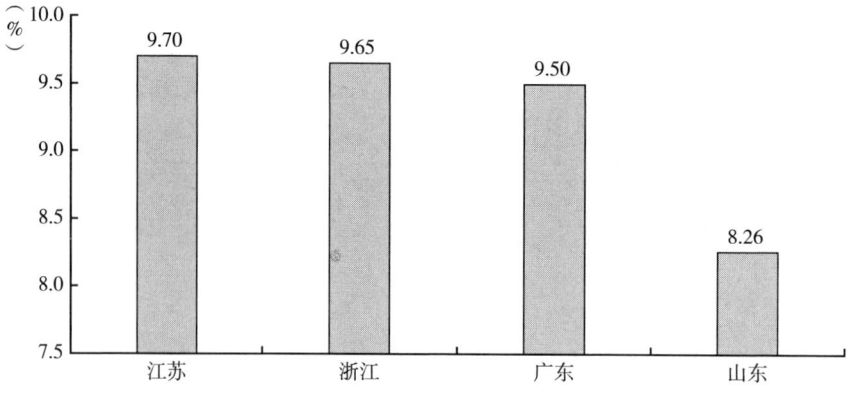

图41　四省场外市场挂牌企业净资产收益率对比（2017年）

注：该数据仅包含新三板挂牌中小企业，其中广东、江苏、山东、浙江分别有1585家、1224家、540家、890家。

资料来源：Wind、齐鲁财富网。

在企业正常经营情况下，随着规模不断扩大、净资产不断增加，要保证净利润与净资产同步增长对于企业来说是一个很大挑战。如果企业净资产收益率长年低于银行利率，那么股东投入资金去生产经营的积极性也将大幅降低。对企业来说，适当负债经营有利于提高净资产收益率，但以高负债为代价片面地去追求高净资产收益率所带来的风险不可小觑。

B.4
山东省中小企业融资情况分析

摘　要：《中华人民共和国中小企业促进法》规定，金融机构应当发挥服务实体经济的功能，高效、公平地服务中小企业。在中小企业成长过程中，融资情况一直是企业发展的重要影响因素，金融产品和服务以及普惠金融体系等也因此备受关注。作为中小企业大省，2017年山东"产业互联网云平台"上线，着力解决中小企业成长中面临的资金、人才等"痛点"。齐鲁股权交易中心和青岛蓝海股权交易中心持续加速发展，为中小企业提供股权融资和股权转让服务，助推企业迈进资本市场。本报告结合正规融资和民间融资，对山东中小企业资本市场融资、银行贷款现状以及互联网金融等方面进行分析，从而了解山东中小企业融资情况，最终发现山东中小企业融资呈现以传统融资方式为主、银行与企业间信息不对称以及风险投资逐渐被认可等特点。

关键词：　山东中小企业融资　多层次资本市场　民间金融

2017年，《中华人民共和国中小企业促进法》的修订对我国中小企业来说是一个具有里程碑意义的大事。2017年9月，第十二届全国人民代表大会常务委员会第二十九次会议通过了修订的《中华人民共和国中小企业促进法》。2002年，我国颁布了首部《中华人民共和国中小企业促进法》，本次修订这部法律的目的就是解决中小企业发展中面临的各种问题，强化政府对中小企业的扶持，努力营造公平竞争环境，为中小企业发展提供法制保障，推动中小企业持续健康发展。新的《中华人民共和国中小企业促进法》进一步规范了财税支持的相关政策，加大了政府扶持力度，将"融资促进"单设一章，针对中小企业融资难、融资贵等突出矛盾，从宏观调控、金融监管、普惠金融、融资方式等层面多措并举，优化中小企业融资环境。新法还增设了"权益保护"相关内容，在收款权益、涉企收费、现场检查等方面切实保护中小企业合法权益，为中小企业发展营造公平的市场环境。我国中小企业作为经济发展的重要力量，不仅引领技术不断创新，也解决了大量的人口就业问题。但中小企业自身财务制度不健全、技术水平相对较低等原因制约了企业融资，融资问题成为困扰中小企业发展的关键因素。

山东作为我国中小企业较多的省份，对中小企业发展一直高度重视。从政策方面来看，山东省人民政府印发的《山东省人民政府关于支持中小企业又好又快发展的意见》（鲁政发明电〔2008〕18号）就提出："进一步支持中小企业正视困难，化压力为动力，变挑战为机遇，努力实现又好又快发展。"同时，《山东省科技型中小企业创新发展专项扶持资金管理暂行办法》，以多种形式对中小企业融资给予支持。另外，山东省中小企业融资服务平台也为企业融资活动提供一站式服务，为企业提供贷款服务、股权投资、融资租赁、小额贷款等各种形式的融资服务。2017年，山东也针对中小企业融资难、成本高等问题，出台了《山东省中小企业"十三五"发展规划（2016－2020年）》；同时，山东省"产业互联网云平台"上线，着力解决中小企业成长"痛点"，汇聚力量解决中小企业面临的项目、资金、人才等问题。另外，山东通过不断创新，在抵押模式上可依靠外贸订单以及网络交易数据获得贷款；在知识产权方面也有相关金融扶持政策出台，助力企业将知识产权变成资产，从而引导金融资本流向高新技术产业，最终帮助企业降低成本。2017年10月，中国人民银行济南分行在"山东政务服务网"开通"企业融资需求征集"功能，将平台升级为山东省企业融资服务网络系统，实现了互联网与金融城域网的对接，从而提升服务效率，为企业节省更多成本。

为了有效防止金融风险，破解小微企业融资难问题，山东省地税部门根据自身熟悉企业生产经营等优势，主动加强与金融部门协调，拓展纳税信用增值利用，推出多重信贷项目，包括"税易贷""税贷通"等。省地税局联合省国税局和山东银监局等与29家省级金融机构签订了互动协议，各级地税部门与895家当地商业银行签订了互动协议，经金融机构调查核实，对16166户小微企业授信508.1亿元，对11431户小微企业发放贷款392.8亿元，户均取得贷款343.6万元。积极拓展"银税互动"，在将纳税人的纳税信用等级与其融资发展有机结合起来的同时，财政、税务、银行、保险联手为诚信小微企业解决融资难题。

从全省内各市中小企业融资情况看，作为山东省省会城市的济南，为助推小微企业"双创"，在2016~2018年三年内筹集安排资金30亿元，用于支持创业创新载体、公共服务体系、融资政策体系建设等。青岛市财政局每年安排1000万元专项资金，对上年度青岛有关单位完成的标准化项目进行资助奖励，另根据《关于开展小微企业信用保证保险贷款风险共担试点的通知》，青岛支持企业通过信用保证保险贷款获得融资，对此类贷款发生不良的，财政、银行、保险公司各自负担30%、20%、50%的本金损失。青岛市也出台了《青岛市标准化资助奖励资金管理办法》等。潍坊市12家科技型中小企业获得质押贷款贴息；莱芜市国税局、地税局、财政局、莱芜银行系统和保险系统联合签订"财税银保"合作协议，莱芜裕源食品有限公司等均受益。

从中小企业融资情况来看，正规融资中的银行贷款等要求相对较高，虽然多层次资本市场加速发展，场外交易市场也逐渐丰富了企业融资渠道，但部分中小企业存在资产负债率过高、行业景气度低等问题，难以满足正规融资条件。企业为了解决资金问题，则转向民间融资。而无论是正规融资还是民间融资，都是中小企业发展的重要影响因素，所以本报告将针对山东中小企业正规融资中企业对接资本市场情况、银行贷款情况等进行分析，也将结合民间融资中的民间借贷与互联网金融等对中小企业融资现状进行阐述，以期发现山东中小企业融资特征。

一　山东中小企业正规融资

众所周知，与非正规融资方式相比，正规融资成本相对较低，且更具安全性，能够促进企业健康发展。正规融资形式主要有资本市场融资、银行贷款、债券市场融资等。本报告以山东资本市场540家中小企业的融资数据为样本，分析了这些样本企业的平均财务费用和资产负债率两项指标，以反映多层次资本市场助力山东中小企业发展力度；同时，也对银行贷款和债券市场融资在中小企业融资中所发挥的作用展开分析。结合2017年山东中小企业通过担保公司和其他中小金融机构融资、政策性融资以及融资租赁等方式取得的成绩，来展现山东中小企业正规融资状况。

（一）资本市场融资

中小企业由于自身条件限制，往往很难通过IPO上市实现股权融资。但是，一些具有高成长性或具有独特商业模式的优质中小企业也希望对接资本市场，扩大影响力，吸引更多投资者，因此这些中小企业通常会选择场外市场完成融资。场外市场是多层次资本市场的重要组成部分，凭借自身门槛相对较低，能够为企业提供展示平台等优势积聚大批中小企业。在本报告中，资本市场融资主要针对场外市场，包括对全国中小企业股份转让系统（以下简称新三板）和区域性股权交易市场的中小企业金融获得情况进行分析。

新三板始建于2006年，最初仅为中关村科技园区非上市股份有限公司进入代办股份系统进行转让试点而设立，2012年，经国务院批准，中国证券监督管理委员会决定扩大非上市股份公司股份转让试点，首批扩大试点新增上海张江高新技术产业开发区、武汉东湖新技术产业开发区和天津滨海高新区。2013年12月，《国务院关于全国中小企业股份转让系统有关问题的决定》（国发〔2013〕49号）出台后，新三板面向全国接收企业挂牌申请。目前，新三板已经成为中小企业进入资本市场的重要渠道，但由于目前新三板仍存在信息披露不规范的问题，因此部分挂牌公司没有按照监管要求披露财务报表，致使我们无法取得这些公司的财务数据和相关指标。本报告根据企业2017年年报数据，按照2011年工业和信息化部、国家统计局、国家发展改革委和财政部制定的《关于印发中小企业划型标准规定的通知》（工信部联企业〔2011〕300号）划分标准，对挂牌中小企业数据进行统计发现，全国属于新三板挂牌中小企业的达10424家，其中山东符合中小企业标准并披露财务报表的挂牌企业为540家。

研究发现，山东新三板挂牌中小企业财务费用逐年增加。2017年，全国新三板挂牌中小企业平均财务费用为169.25万元/家；比2016年增加了38.75万元/家。山东新三板挂牌中小企业平均财务费用达到294.01万元/家，比2016年增加62.11万元/家；较全国新三板挂牌中小企业平均财务费用高出124.76万元/家（见图1）。另外，山东2017年新三板挂牌中小企业财务费用总计为157882.46万元，占营业收入总计的1.91%；新三板挂牌中小企业销售利润率为6.21%。财务费用占企业利润比重达到30.76%，增长3.75个百分点。从财务费用构成来看，我们认为，山东新三板挂牌企业面临财务费用高的原因，可能与利息支出、汇兑损益、金融机构手续费等增加有关。另外，财务费用逐年增加，企业负担不断加重，企业间接融资成本降低仍有较大的空间。

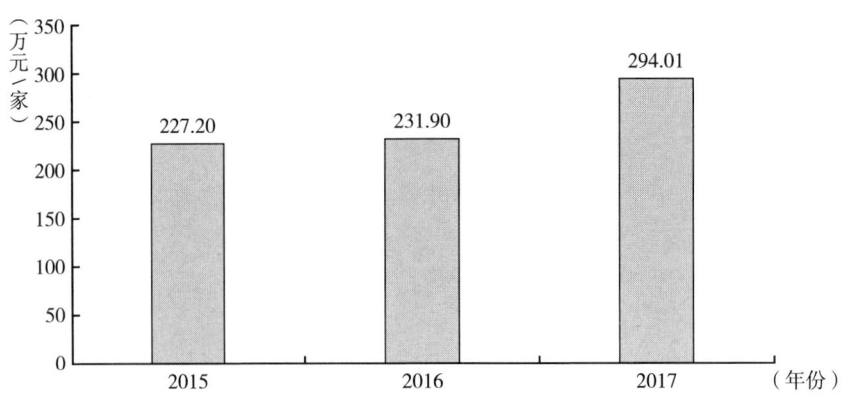

图1　山东场外市场挂牌企业平均财务费用（2015~2017年）

注：该数据仅包含新三板挂牌中小企业。
资料来源：Wind、齐鲁财富网。

近年来，我国企业整体杠杆率呈不断上升态势，债务规模持续增长，债务负担不仅影响了企业自身发展，也积累了宏观经济运行中的系统性金融风险。但是，由于中小企业经营规模存在较大差异，大多数中小企业很难从银行拿到急需资金，与国有大企业相比，中小企业资产负债率偏低。从财务指标来看，2017年全国新三板挂牌中小企业资产负债率为50.25%，山东新三板挂牌中小企业资产负债率为51.01%，比全国平均水平略高（见图2）。从2015~2017年的变化趋势看，山东新三板挂牌中小企业资产负债率呈现下降趋势，从一个方面反映了山东中小企业融资面临困难，金融获得情况不容乐观。

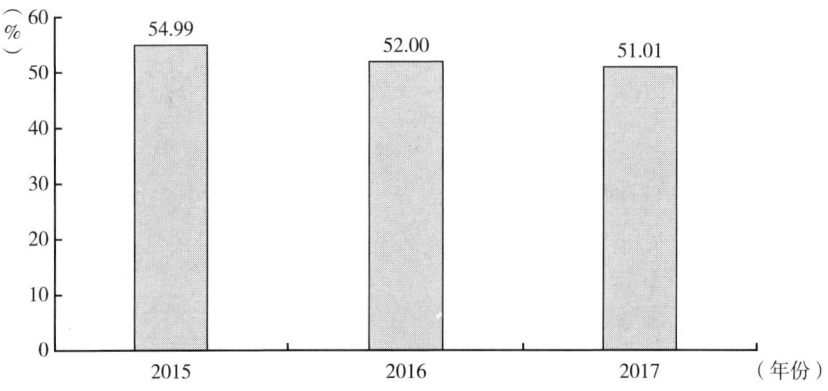

图2　山东场外市场挂牌企业资产负债率（2015~2017年）

注：该数据仅包含新三板挂牌中小企业。
资料来源：Wind、齐鲁财富网。

区域性股权交易市场主要是为特定区域内的企业提供股权、债权转让和融资服务的场外市场，对中小企业融资和科技创新具有积极的促进作用。目前，山东有齐鲁股权交易中心和青岛蓝海股权交易中心两个区域性股权交易市场。其中，齐鲁股权交易中心设计有精选板、成长板、科技板、众创板等。截至2017年底，齐鲁股权交易中心累计帮助企业实现融资超过375亿元，直接融资接近190亿元，股权质押融资为72.6亿元。青岛蓝海股权交易中心挂牌企业数量为1124家；2017年新增554家；纯托管企业数量为23

家；展示企业数量为1234家；累计帮助企业实现各类融资金额约为65亿元；直接融资金额约为33.5亿元；股权质押融资金额约为4.5亿元；培育发展投资机构、会计师事务所、律师事务所等各类会员机构数量为342家；发展融资服务合作商36家。由于区域性股权交易市场部分企业未披露年报或年报数据披露不规范、不全面，综合考虑山东中小企业财务数据的可获得性以及统一性，为确保真实反映山东中小企业情况，本报告对部分公司数据予以剔除，最终确定的样本企业为309家区域性股权交易中心挂牌企业。从2017年财务报表数据来看，区域性股权交易中心挂牌样本企业平均财务费用达到52.8万元/家。另外，在资产负债率指标上，样本数据显示，区域性股权交易中心挂牌企业平均资产负债率为50.8%。从单个企业来看，部分企业资产负债率近100%，资产负债率过高的企业发生债务风险的概率较大。由于资产负债率过高，办理银行贷款难度增加，部分企业只能转向民间资本进行融资，然而较高的融资成本制约企业发展。另外，适当的负债能助力企业加速发展，从目前场外市场挂牌企业情况来看，山东中小企业虽然积极利用多层次资本市场，但金融获得情况并不理想，融资难仍制约企业发展。

（二）银行贷款

中国人民银行发布的《2017年第四季度银行家问卷调查报告》显示，中小微企业贷款需求指数分别为58.6%和62.2%，比上一季度分别提高0.2个和0.8个百分点；中小微企业贷款融资需求呈升高态势。企业之所以偏好银行贷款，是因为贷款成本相对较低，相对其他融资方式，银行贷款是多数企业融资的首选。从国际上中小企业发展经验看，中小企业进入成熟阶段后，经营业绩趋向稳定，资产收益率较高，固定资产有所积累，良好的业绩记录也能帮助企业提升信用评级，销售收入不断增加，从而形成稳定的现金流。从规避风险的角度来说，商业银行等金融机构更愿意为这一阶段的企业提供贷款。而中小企业在初创期面临的资金问题，银行则难以解决，尤其是小微企业，更是难以实现与银行的对接，但此现象在2017年有所改观。

2017年，《中国银监会办公厅关于做好2017年小微企业金融服务工作的通知》（银监办发〔2017〕42号）等提出，努力实现小微企业贷款增速不低于各项贷款平均增速、户数不低于上年同期户数、申贷获得率不低于上年同期水平的总体目标，继续提升小微企业信贷总量、扩大服务覆盖面和提高满意度。统计显示，2017年末，我国本外币非金融企业及机关团体贷款余额为81万亿元，同比增长8.8%，增速提高。其中，人民币小微企业贷款余额为24.3万亿元，同比增长16.4%，贷款增速分别高出同期大型企业和中型企业3.8个和5.8个百分点。山东年末金融机构本外币存款余额为91018.7亿元，比年初增加5335.2亿元。年末金融机构本外币贷款余额为70873.9亿元，比年初增加5630.4亿元。其中，涉农贷款余额为25819.4亿元，增加1690.4亿元；县域贷款余额为20707.9亿元，增加1353.7亿元；小微企业贷款余额为15330.7亿元，增加1426.9亿元。另外，村镇银行坚持"支农支小"，在服务"三农"和中小微企业上具有重要作用。从村镇银行数量上看，截至2017年底，全国村镇银行为1587家，山东省有126家，数量居全国首位；其中，农商行在村镇银行组建中起到了主力军的作用，但中小企业仍面临银行惜贷、压贷、抽贷和断贷等现象。个别企业出现债务违约情况，使担保圈和担保链普遍存在信用风险。企业间担保关联关系比较复杂，对互联互保企业形成较大压力。

尽管银行贷款因为融资速度快、资金成本低以及抵税效应等特点成为中小企业选择的主要融资方式，但是银行贷款通常需要满足较多条件，无论是对企业规模还是抵押物都有明确要求，很多中小企业由于不能满足银行贷款规定无法以信贷方式实现融资。现实中，一些大型商业银行按照监管部门要求，会在一定程度上帮助中小企业减少部分成本，如信息披露成本等。但是中小企业仍存在财务风险高、资金需求期限较长等特点，部分商业银行考虑到中小企业普遍存在抵御风险能力差、信用资质不高和信息不对称等问题，在贷款过程中往往会提出较多限制条件，不能充分满足中小企业的资金需求。

（三）债券市场融资

与银行贷款相同，债券市场融资不仅能够产生财务杠杆的作用，而且有利于保障公司控制权。与银行贷款所不同的是，债券市场融资具有融资成本更低且资金使用期限更长的特点。但是，企业如果过多依赖债券市场融资将面临财务风险加大、融资期限错配等问题。2017年企业债券市场规模迅速扩大，国家发改委加大力度推动贫困地区项目建设，鼓励PPP模式和债券市场融资，尤其是在债券品种上，又推出PPP项目专项债、社会领域专项债、农村产业融合发展专项债等新品种；上海清算所数据统计发现，2017年债券发行增速总体放缓，企业债券发行量为6190.95亿元，较2016年同期下滑15.40%；公司债券发行量为15886.54亿元，较2016年同期下滑54.74%。青岛证监局数据显示，2017年，辖区内存续公司债券数为20只，存续公司债券余额为241.30亿元。

中小企业集合票据丰富了企业融资渠道。集合票据对注册发行金额做了约束，限制了一些具有自身融资渠道畅通等特点的企业通过集合票据融资。首批推出的中小企业集合票据包括山东省诸城市中小企业集合票据、山东省寿光市"三农"中小企业集合票据和北京市顺义区中小企业集合票据3只产品。中国银行间市场交易商协会文件显示，据不完全统计，截至2017年底，山东中小企业集合票据接受注册通知累计为15份，有60家企业受益，累计集合票据注册金额达46.50亿元，涉及建材、生物科技、食品等多个行业。

（四）其他中小金融机构融资

1. 担保行业融资

融资性担保机构是银行商业贷款的有效补充，对化解"小微"和"三农"融资难、融资贵问题也具有重要意义。自地方金融监管部门开展整顿规范工作以来，全省融资担保行业全面转型升级，实现政银担三方紧密合作。通过建立融资担保基金，完善以省级再担保机构为核心、以股权投资和再担保业务为纽带的融资担保体系，创新担保产品，探索中小企业融资业务。山东省担保行业协会扩大业务服务范围，组织培训，搭建企业信息交流服务平台，指导担保机构业务工作，缓解中小企业融资难问题。

山东省融资担保企业协会举办业务合作洽谈会,学习国家信贷政策和融资担保机构监管政策,研究和解决融资担保业务开展中存在的问题。融资担保机构方面,截至2017年底,山东省共有融资担保机构405家,注册资本总额为619.56亿元,融资担保机构平均注册资本为1.66亿元。2017年12月,山东省再担保集团股份有限公司与中国建设银行山东省分行举行《融资担保代偿补偿资金比例分险合作协议》签约仪式,双方达成了30亿元的代偿补偿业务合作的意向,助力小微企业发展。同时,省级再担保机构积极发挥作用,行业协会及时掌握会员信息,降低银行与中小型融资主体的信息不对称水平,大力支持特色产业发展。进一步整合现有资源,建立市场和政府双轮驱动的配置机制,促进政府、银行和担保等融资机构与企业和中介服务机构展开良性互动。

山东各市积极创新,潍坊市再担保股份有限公司与潍坊高新区、中国建设银行潍坊分行共同建立企业融资风险分担与补偿机制,率先推出"助保贷"业务模式。同时,青岛融资担保中心针对创新、创业企业推出"投担贷""政采贷"等创新产品,增加科技信贷风险补偿资金池资本总量,提高抗风险能力,全面拓展科技型创新性企业融资渠道。很多中小企业资金需求都属于过桥资金,希望能够有高效率、低成本、速融资的方式解决企业资金难题。青岛融资担保中心创新开发了"转贷通"产品,公司与市政府及区政府出资设立的青岛市小微企业转贷引导基金、崂山区企业信用贷应急周转金按出资额比例配套,资金规模达到12亿元,平抑市场过桥资金利率,为企业排解难题。

2. 中小民间金融机构融资

根据《山东省人民政府办公厅关于进一步规范发展民间融资机构的意见》(鲁政办发〔2013〕33号),省金融办出台了《山东省民间融资机构监督管理暂行办法》(鲁金办字〔2014〕306号)。2016年,《山东省地方金融监督管理局关于印发〈山东省民间资本管理公司创新业务试点暂行办法〉的通知》(鲁金监字〔2016〕26号),确定开展民间资本管理公司创新业务试点工作。2017年,《山东省地方金融监督管理局关于印发〈山东省民间资本管理公司分类评级办法〉的通知》（鲁金监字〔2017〕55号），引导民间融资机构监管工作向制度化迈进。截至2017年底，全省获得业务许可的民间融资机构为522家，其中民间资本管理有限公司为448家；民间融资登记服务公司为74家；民间资本管理公司累计投资金额为284.8亿元，其中累计涉农、涉小微企业投资合计207.9亿元。从民间融资机构各地市分布情况看，临沂市民间融资机构数量占全省的32.2%，具有绝对优势。青岛市民间融资机构对小微企业和"三农"企业的投资额为102.3亿元；威海市累计为涉农、涉小企业投资合计为33.0亿元。青岛大千民间资本管理公司注重发挥民间资本的杠杆作用，联合中信国安、拥湾资产等机构发起成立2.5亿元的青岛国安拥湾信息技术基金，4家科技型企业获得投资；另外，联合浦发银行、东方富海基金管理公司、宸铭影视等机构，发起设立1亿元的青岛富海大千影视文化基金。益和汇普民资还与城发集团（青岛）合作投资控股益和汇普孵化器，重点聚焦科创类企业，目前已成功引入17家企业进入孵化。

中国人民银行数据显示，截至2017年底，全国共有8551家小额贷款公司，比2016年减少了122家，贷款余额为9799.5亿元，实收资本为8270.3亿元。山东省小额贷款公司数量为334家，比2016年减少1家，贷款余额为495.0亿元，实收资本为448.6亿元。全省各市小额贷款行业发展情况是，青岛市小额贷款行业保持稳健发展，全市小额贷款公司数量为49家，平均注册资本规模为1.8亿元；从贷款投向来看，青岛市小额贷款公司总计发放小微企业贷款83.5亿元；年末小微企业贷款余额为54.7亿元。

3. 政策性融资

政策性融资主要涉及中央以及地方政府为实现经济快速发展，助力中小企业发展而提供的无偿或优惠资金支持政策，包括财税政策、创业基金、设立担保基金，政策性银行对中小企业提供的政府担保贷款和贴息贷款等形式。自1999年我国设立科技型中小企业技术创新基金开始，其无偿资助科技型中小企业研发，最终取得显著效果。政策性融资能够有效助力中小企业发展，资金支持有带动中小企业发展，拉动人口就业的作用。2017年，中小企业直接融资相关政策密集发布，主要有《国务院办公厅关于进一步激发民间有效投资活力促进经济持续健康发展的指导意见》（国办发〔2017〕79号）、《国务院办公厅关于进一步激发社会领域投资活力的意见》（国办发〔2017〕21号）、《国务院办公厅关于规范发展区域性股权市场的通知》（国办发〔2017〕11号）等。山东也出台了《山东省人民政府办公厅关于印发山东省小微企业治理结构和产业结构"双升"战略实施方案的通知》（鲁政办字〔2017〕111号）。2017年底，济南组织全市小微企业开展升级高新技术企业财政补助资金申报工作，对符合条件的企业一次性补助10万元，补助资金应主要用于企业研究开发活动，但是政策性融资普遍存在申请手续复杂、审批程序所需时间较长、最终到手资金有限等问题。

企业在初创期，尤其是科技型、高新技术型企业在初创期，需要面临的困难较多。政府对企业的支持，不仅要体现在政策上，引导基金也能撬动更多社会资源，协助企业发展。专项引导基金助力山东省对应行业的快速发展，也能够有效带动学术成果转化，实现产学研全面结合，以山东大学、中国石油大学、青岛大学、济南大学等为学术研究根据地，通过政府资金支持，加强学术研究成果转化，在中小企业项目上有所实践。政府引导基金在拓展中小企业融资渠道的同时，也能带来积极的社会效应。积极利用政府引导基金，可以帮助中小企业全面发展，以利用社会资源协助企业快速成长。

从山东中小企业资本市场融资情况来看，政府补助形式多样，包括科技奖励金、知识产权优势企业培育补助、养老床位市级补助、挂牌补贴、人才发展基金等。另外，山东省设立并运作40亿元规模的省级融资担保基金，其中省财政已投入资金5.5亿元，目前已经完成向潍坊、青岛的融资担保公司出资10亿元。数据显示，截至2017年底，山东有190家政策性融资担保机构，资本金超10亿元的有12家，计划2018年17地市均能够实现拥有一家10亿元以上的融资担保机构的目标，形成完整的政策性融资担保体系，构建完善的普惠金融体系，助力中小微企业发展。

4. 融资租赁

融资租赁作为新的融资模式，在加快企业升级和降低租赁双方风险上具有独特的优势。近年来，融资租赁行业发展全面加速，公司数量持续增加，但从市场渗透率来看，仍然低于美国等国家。我国目前的融资租赁公司多以直接融资租赁、售后回租、转租赁、联合租赁和委托租赁等模式开展业务。融资租赁对资金需求方的要求较低，结合中小企业的融资需求，融资租赁能够解决内部资金的流通问题，在费用、效率、延迟纳税等方面都具有优势，因此与银行贷款相比，融资租赁在还款期限上更适合中小企业。

统计显示，2017年，我国运营的融资租赁公司共有9090家，比2016年增加了1954家，增幅达27.40%。其中金融租赁公司增加10家，内资租赁公司增加72家，外资租赁公司增加1862家。融资租赁业务总量也保持高速增长。2017年山东省运营融资租赁公司累计达到317家，占全国比重为3.49%，总数在全国排名第六。其中金融租赁企业有3家、内资租赁企业有19家、外资租赁企业有295家。在由中国租赁联盟和天津滨海融资租赁研究院发布的全国融资租赁企业50强排行榜中，山东有4家租赁企业上榜，分别为山东晨鸣融资租赁有限公司、青岛晨鸣弄海融资租赁有限公司、国信租赁有限公司、国泰租赁有限公司。

二 山东中小企业民间融资

在本报告的这一部分，我们所说的民间融资其实是指不在监管范围的非正规融资。由于大部分中小企业自身条件难以达到正规金融机构的融资条件，企业为满足自身融资需求，在不能通过正规金融机构获得资金支持时，往往考虑以民间借贷等非正规金融形式进行资金补充。然而在非正规金融机构的融资服务中，信息不对称和高息借贷也给中小企业带来风险，成为影响中小企业发展的突出问题。近年来，P2P等互联网金融野蛮发展进一步加剧了民间金融的乱象，国家开展对互联网金融的专项整治，正是为了消除非正规金融给中小企业发展带来的不利影响。

（一）民间借贷

对于绝大多数中小企业来说，通过民间借贷进行融资不仅意味着高息借贷，也面临很多不确定性。由于民间借贷利率高，资金使用时间较短，企业盈利能力若不能覆盖资金成本，则会影响企业自身发展。实体企业只有盈利率超过借贷年利率才能支撑高息借贷，高息借贷阻碍了实体经济的发展。考虑到数据的可靠性和可获得性，本报告以民间借贷纠纷的法院裁判文书为依据，对小额贷款公司贷款利率情况进行汇总分析，以计算企业获得非正规资金所支付的利息；本报告采用的样本全部来自中国裁判文书网。中国裁判文书网 2017 年山东涉案民间借贷纠纷的 48 起案例中 30 起的借贷年利率超过 2017 年一年期银行贷款利率的 4 倍，占比为 62.50%。另外，以中国裁判文书网判决时间（需考虑案件发生时间与判决时间差，但为统计准确，我们选择判决时间）为基准，公司借贷利率呈现逐年下滑趋势，但企业融资成本仍然较高。实体企业经营困难，企业利润率偏低，过高的借贷利率阻碍实体经济发展。本报告统计的涉案企业包括各种类型企业，而中小企业由于自身资质不全，盈利能力有限，涉及的民间借贷利率水平普遍要高出目前的利率水平。山东小额贷款公司判决案件涉案企业平均年利率（2015～2017 年）见图 3。

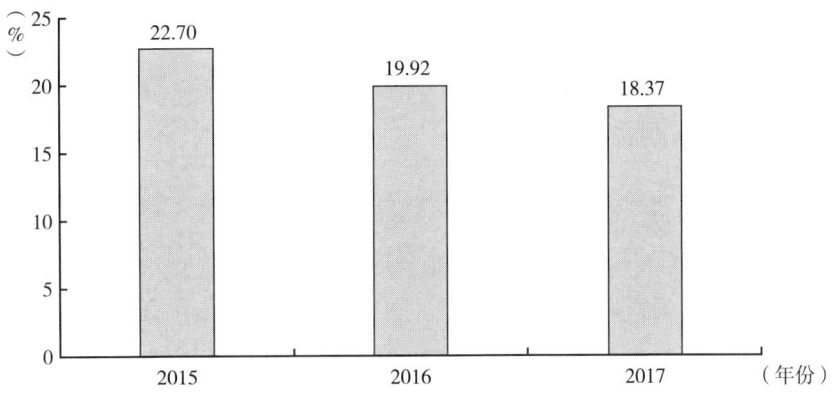

图 3　山东小额贷款公司判决案件涉案企业平均年利率（2015～2017 年）

资料来源：中国裁判文书网、齐鲁财富网。

中小企业通过小额贷款公司借贷情况较为普遍，但受到企业自身条件限制，愿意给予企业资金支持的贷款公司利率水平普遍较高，致使企业还款压力加大。通过查询中国裁判文书网发现，多起案件涉及年利率达到 24%，如青岛××有限公司、胶州市××小额贷款有限公司企业借贷纠纷二审民事判决书显示，胶州市××小额贷款有限公司与青岛××有限公司签订的《借款合同》约定，借款年利率为24％。虽然，依据《中国银行业监督管理委员会、中国人民银行关于小额贷款公司试点的指导意见》（银监发〔2008〕23号）的规定，"小额贷款公司按照市场化原则进行经营，贷款利率上限放开，但不得超过司法部门规定的上限，下限为人民银行公布的贷款基准利率的0.9倍"，而根据《最高人民法院关于审理民间借贷案件适用法律若干问题的规定》第二十六条、第二十九条的规定，对借款期间的利率和逾期利率的约定不超过年利率24％的，法院应予支持。但落脚中小企业自身发展情况来看，即使短期借贷时间较短，很多中小企业也很难如期归还高利率贷款，最终无法维持企业发展。另外，从济南××民间资本管理有限公司与济南×××实业发展有限公司等企业借贷纠纷一审民事判决书来看，合同中涉及借款利息折合年利率高达146％，依据最高人民法院关于民间借贷司法解释，本案约定的借款利率超过最高上限。中小企业在发展过程中，由于自身资质有限，很难从正规机构获得资金，或者部分企业需要短期过桥资金，因此会选择高息借贷，但结合企业自身发展情况来看，高息借贷风险高，增加了企业的还款压力。

（二）互联网金融

以P2P网络借贷为代表的互联网金融经过十几年的发展，已经具有相当规模。2015年7月，中国人民银行等10部委联合发布的《关于促进互联网金融健康发展的指导意见》提出，"支持互联网企业依法合规设立互联网支付机构、网络借贷平台、股权众筹融资平台、网络金融产品销售平台，建立服务实体经济的多层次金融服务体系，更好地满足中小微企业和个人投融资需求，进一步拓展普惠金融的广度和深度"。在这样的大背景下，很多中小企业选择互联网金融作为融资工具。但随着行业过度扩张，各类风险不断积累并开始显现。2016年4月，《国务院办公厅关于印发互联网金融风险专项整治工作实施方案的通知》（国办发〔2016〕21号），对整个互联网金融行业进行专项整治。面对互联网金融监管趋严的影响，无论是P2P网络借贷平台还是众筹平台等形式，均面临严峻的形势，合规备案俨然成为各种互联网金融平台的关键词。结合互联网金融发展现状来看，只有明确要求，对"砍头息"等现象进行遏制，才能在了解企业发展现状的基础上，真正实现普惠金融，为中小企业提供更多的金融服务。

山东网络借贷行业发展经历了从繁荣到萧条的过程。截至2017年底，全省运营P2P网络借贷平台75家，占全国1931家的3.88%；P2P网络借贷平台数量在全国排名第五。从待还款余额来看，全省P2P网络借贷平台还款余额达到100.85亿元，较2016年减少84.18亿元；从综合参考收益率角度来看，山东达到10.30%，同期全国为9.45%。另外，虽然全国在2017年8月就出现借款人数超过投资人数现象，但山东并未出现此现象。

众筹融资作为互联网金融的一部分，尤其是股权众筹，曾经受到广泛追捧。受美国JOBS法案（Jumpstart Our Business Startups Act）影响，市场普遍认为股权众筹补齐资本市场短板的作用明显，有利于解决中小企业融资难、融资贵问题。截至2017年底，国内众筹平台累计上线834家，但是目前已经下线或转型的有540家，正常运营的平台只剩下294家。从运营平台的数量来看，山东在全国排第三，运营平台数量为36家。从融资额来看，2017年，山东省融资额在全国排名第四，全年融资总额为273000.45万元。无论是P2P网络借贷还是众筹平台，作为互联网金融的重要表现形式，均能缓解中小企业融资难问题，因山东互联网金融发展落后，各种融资平台数量都很少，提供的融资与山东中小企业需求不匹配。

三 山东中小企业融资特征

根据对山东中小企业正规融资以及民间融资情况分析，我们发现，山东中小企业融资具有三个明显特征：一是以传统模式为主；二是银行与企业之间存在信息不对称现象；三是风险投资逐渐被中小企业认可。综合来看，中小企业融资呈现成本高、渠道单一的特征。面对新旧动能转换的契机，山东中小企业迎来更多机遇，随着多层次资本市场的健全、应收账款融资的加速发展、银行与企业间平台的搭建、风险退出机制的不断完善，山东中小企业将迎来更多样化、更全面的金融服务。

（一）以传统融资方式为主

目前，中小企业加速发展，对资金需求不断增加，但融资渠道仍以传统模式为主，包括银行借贷、企业间借贷等。中小企业规模决定了企业存在融资次数频率较高、融资单次金额小的特点，在融资方式选择上，中小企业往往更加偏好银行贷款，造成了融资渠道单一。但是，由于中小企业存在融资数量小，违约风险大的问题，银行等金融机构在考虑放贷成本后，存在拒贷等现象，最终导致中小企业融资成本增加。新型融资方式由于受到政策、环境、法律等因素的影响，并没有得到深入的推广，虽然近年来融资租赁业务和票据业务有所增加，但是面对不断增长的中小企业数量，仍然难以满足企业资金需求。并且中小企业在初创期往往难以获得资金支持，融资渠道受到限制。同样，由于上市融资、债券融资等渠道需要中小企业在规模、资产等方面达到较好的水平，因此部分企业无法直接享受对应融资渠道的便利。

多层次资本市场助力企业融资。直接融资能够更好地降低融资成本，构建多层次的直接融资市场，为中小企业融资提供多种渠道。建立健全中小企业上市的培育机制，对于具有成长性的企业加强上市宣传、培训、辅导等，鼓励企业利用中小板、创业板、新三板和区域性股权交易市场等进行直接融资。企业在经营过程中，重视融资规划，积极对接资本市场，找到切合企业自身发展的融资渠道，便于资金的获得。而中小企业在自身发展的过程中，接触资本市场机会较少，很多中小企业欠缺对资本市场的了解，无论是对上市融资还是对债券融资均没有涉及。一般而言，当企业进入成熟期后，盈利能力大幅提升，获利水平趋于稳定，相对初创期能有更多的融资渠道，上市融资成为中小企业重点考虑的融资方式，因此，上市融资是企业成熟的标志之一。但是对于绝大多数中小企业来说，上市融资成本较高，除了上市过程中各种手续费、融资佣金高等外，上市后原始股东的控制权将被削弱。另外，上市要求较高，中小企业中能够满足条件的占中小企业总数的比重低。

在融资过程中，中小企业自身发展存在弊端，经营过程不合规，财务制度不完善，缺乏合理的融资规划等也制约了企业资金获得。很多中小企业从基础经营逐步做大、做强，但经营理念停留在单一的经营模式上，对于融资相关方式缺乏深入了解。从多层次资本市场来看，1992年6月深华源A（000014.SZ）上市就已经揭开中小企业上市融资序幕。随着国家对中小企业发展扶持力度不断加大，资本市场逐步放开，上市融资已经成为中小企业重要的金融获得方式。然而，对于上市融资中针对中小企业的中小企业板，企业也缺乏了解，如对上市需要准备的资料和财务要求等并不知晓。

近年来，多层次资本市场结构效应显现，新三板挂牌企业数量更是在2016年突破10000家，山东省截至2017年底新三板企业数量达到636家。从区域性股权交易市场来看，齐鲁股权交易中心和青岛蓝海股权交易中心助力企业快速发展，为企业提供更多的机会对接资金。针对山东省中小企业发展现状，结合股权融资和债券融资，积极发挥齐鲁股权交易中心和蓝海股权交易中心的优势，将符合条件的企业先录入区域性股权交易中心，帮助中小企业规范化发展。同时，可根据实际情况，在股权交易中心设立对应板块，在其符合要求的前提下，进一步对接资本市场。在山东多层次资本市场中，无论是新三板还是区域性股权交易市场等均能为中小企业提供更多机遇。山东多层次资本市场积极发挥作用，助力中小企业解决融资难题。但据不完全统计，山东目前已经登陆资本市场的中小企业数量不足5000家，跟山东225万户中小企业数量相比，占比较小，中小企业融资仍以传统模式为主。

针对中小企业融资方式单一的问题，山东需在创新融资模式上做出努力。2017年8月，李克强总理主持的国务院常务会议决定，将目前比较成熟、已具备复制推广条件的若干项改革举措在更大范围内实施，主要包括五个方面内容，其中"搭建面向中小企业的一站式投融资信息服务体系，支持以从核心龙头或大型企业获得的应收账款为质押，为关联企业提供融资"的提法尤为值得关注。应收账款是企业的优质资源，积极盘活应收账款能够大大提高资产的运营效率，降低抵押质押融资门槛。根据山东省基本情况，由于科技型中小企业具有占比低、资金需求量大、地域间差距大、融资渠道单一等特点，应丰富融资渠道，降低融资成本，创新融资模式，加强应收账款等动产融资。

同时，推动企业开展规范化的公司制改制，助力企业走向资本市场，并积极鼓励农村产权、海洋产权以及文化产权等场所建设，拓宽覆盖范围，增加交易品种。根据新旧动能转换的要求来看，山东需推动市场化、法制化债转股、鼓励引导企业利用融资工具创新产品，积极探索互联网私募股权融资平台建设等，全面提高企业资产证券化水平，带动实体经济发展，并全面将经济优势转化为资本竞争力，积极推广绿色金融，落实普惠金融，改善目前以传统融资方式为主的状况。

（二）银行与企业之间信息不对称

由于市场信息的不完全，中小企业作为资金需求者存在融资壁垒，供需不平衡，市场无法实现帕累托最优。中小企业向银行申请贷款被拒的重要原因就是银行缺乏对企业经营状况的了解，因此，信息不对称是中小企业融资难的关键。企业发展过程、财务状况、所处行业的发展状况都会影响中小企业的资金获得，但无论是银行还是其他金融机构均缺乏对中小企业发展的深度调查。银行从自身利益考虑，并不愿意为中小企业贷款隐藏的风险担责。山东省中小企业在向银行申请贷款的过程中，同样存在缺乏信息共享平台的问题，对于企业实时数据不能及时把握，对行业发展缺乏了解，降低了银行对中小企业贷款的积极性。同样，中小企业自身不注重财务管理、制度管理等问题，也会导致银行贷款难度提升，完善企业信息披露机制，实现平台资源共享，成为解决企业贷款难问题的关键。中小企业主的个人征信系统的完善、共享平台数据维护等均会成为影响中小企业银行贷款的因素。

在银行等金融机构和部分投资人对企业发展情况不了解时，企业信用体系显得尤为重要。加强信用体系建设，充分利用电商平台、第三方支付等进行大数据资源整合，并在各地推进中小企业信用信息征集、信用评价及应用活动，以缓解信息不对称问题，并帮助优质企业获得首次贷款。政府牵头打造中小企业信用数据云，实现地方政府、银行、法院、税务等部门的信息共享。深化信用评级市场改革，有序放开信用评级市场。组建行业协会，以山东省龙头中小企业为抓手，形成信用体系辐射圈。确定发债标准，按照不同行业进行区别化设定，综合考虑企业发展情况，不以单个指标为最终依据，积极培养山东瞪羚企业、独角兽企业。随着互联网技术的不断突破，大数据、云计算的广泛应用，信息共享必定能实现企业快速发展，银行和企业之间的信息不对称问题也会得到解决。

（三）风险投资逐渐得到企业认可

近年来，山东省中小企业数量激增，在"大众创业、万众创新"的号召下，山东中小企业也迎来蓬勃发展期。企业发展离不开资金支持，由于中小企业一般处于创业期，自身条件相对偏差，很多中小企业达不到银行借贷、上市融资、债券融资的标准，风险投资等融资方式就成为中小企业发展的重要途径。众所周知，企业在发展过程中若面临资金匮乏则会严重影响企业发展，中小企业在初创期大多会主动寻求一些风险投资。风险投资不仅能够满足中小企业融资需求，同时也能帮助中小企业进行资源整合，并带来一些先进的管理理念。与银行贷款相比，风险投资更加关注企业的发展潜力，期望在中小企业的成长中获得可观收益，因此，一些高新技术企业更容易成为风险投资的对象。另外，由于风险投资是追求超额回报的财务性和股权性投资，其更加关注长期的投资回报。山东近年来加快高新技术产业的发展，新兴产业端的中小企业加速崛起，对风险投资的认可度逐渐提升，山东经营环境的改善也吸引了更多风险投资者。

虽然企业对风险投资的需求不断增加，但风险投资者也面临诸多问题。其中，退出机制不畅通严重影响了其投资中小企业的积极性，也限制了中小企业的融资规模。风险投资基金在参与一些标的公司后一般通过股权转让、兼并收购等方式退出，个别发展较好的中小企业可以通过新三板挂牌、沪深交易所上市等方式退出。由于我国资本市场还需完善，风险投资者通过企业并购、股权转让等方式退出也存在"风险大、难度高、清算退出收益低"等特点。风险投资者在入股山东一些中小企业后不仅面临风险投资所要面临的共有风险,同时在退出途径上也有一定的限制。风险投资退出机制不健全不仅打击了风险投资者的投资积极性,同时也在一定程度上收窄了山东中小企业的融资途径。

随着中小企业蓬勃发展和对资金需求的不断提升,风险投资已经成为山东中小企业较好的资金获取方式。但是,由于我国关于股权投资的法律、法规不健全,股权投资存在退出机制不完善的情况,在一定程度上制约了投资人的投资热情。完善政策环境,加大政府引导,完善退出机制,不仅能够加速实现普惠金融,也能够助力中小企业快速发展。中小企业对风险投资认可度逐渐提升,加之退出通道畅通,将能积极引导风险投资方向,助力中小企业成长。

B.5 山东省中小企业双创发展报告

摘　要： 2017年山东成为全国第三个中小企业数量突破200万家的省份，中小企业数量呈现"井喷"态势。中小企业是"双创"的主角，也是推动山东实施新旧动能转换重大战略的生力军。近年来，山东不断出台各种政策，通过优化营商环境、加大力度培育创业载体、提供资金支持以及促进"专精特新"中小企业发展等手段支持中小企业的"双创"，大力营造"大众创业、万众创新"的良好氛围。本报告通过"双创"的环境、创业主体、创业载体、资金支持、创新能力5个维度分析山东中小企业"双创"发展的现状及特点。

关键词： 山东省中小企业　"双创"　科技企业孵化器　政府引导基金

中国经济已经进入新常态，新常态下过去依靠要素驱动、投资驱动和出口驱动的经济发展方式已经不适应当前国家的发展情况，培育和催生经济社会发展的新动力是当前的必然选择。大众创业、万众创新正是以广大人民群众为创业创新主体、以创业创新为动力的发展形态的深刻转型，是中国经济包括发展方式、发展动力、发展路径在内的全面调整，是党中央根据当前国家所处的发展阶段制定的一项重要战略，是我国经济社会发展的新理念。中小企业尤其是创业型、科技型中小企业是直接进行技术创新的主角。中小企业遍及各行各业，创新具有广泛性和多样性。中小企业的决策程序简单，企业结构简易，创新更具效率。改革开放以来，我国75%以上的技术创新，80%的新产品是由中小企业创造的。近年来，市场环境不断变化，企业经营发展方式也不断改变，中小企业更是凭借灵活高效的创新发展方式，在这个时代展现新的增长活力。

作为经济大省，2017年山东省成为全国第三个中小企业数量突破200万家的省份，中小企业发展呈现"井喷"态势。中小企业是"双创"的主角，也是推动山东实施新旧动能转换重大战略的主力军。近年来，山东对中小企业"双创"政策扶持力度逐渐加大、不断优化营商环境、创业载体不断培育、创新创业投资持续活跃以及通过"专精特新"中小企业发展等手段支持中小企业的"双创"，全省营造了中小企业"大众创业、万众创新"的良好氛围。但是山东省中小企业在发展过程中的一些历史遗留问题依旧延续，本报告通过分析山东中小企业"双创"发展的现状，发现存在的问题，以促进山东省中小企业"双创"的发展。

一 "大众创业、万众创新"的提出及发展

（一）"双创"的提出

习近平总书记指出："创新是社会进步的灵魂，创业是推动经济社会发展、改善民生的重要途径。""大众创业、万众创新"是李克强总理在2014年9月召开的夏季达沃斯论坛开幕式上提出的，李克强总理指出要在中国土地上形成"万众创新""人人创新"的新态势。2014年12月3日的国务院常务会议上，李克强总理再次提出要调动社会创新创造热情。2015年3月，李克强总理在《政府工作报告》中指出，要把"大众创业、万众创新"打造成推动中国经济继续前行的"双引擎"之一。中央政府不遗余力地推进"大众创业、万众创新"，并将其提高到国家战略，从顶层设计到基层落实，全方位地加以布局，是顺应新常态下经济和社会发展新规律所做的战略举措。

(二)全国"双创"发展情况

2015年是"双创"元年,国家围绕"双创"出台了一系列政策措施,各地方各部门也积极行动,一大批利好"双创"的政策、举措都得以落地生根。"双创"政策环境得到极大优化,创新创业主体不断涌现,整个社会创新创业蔚然成风,"大众创业、万众创新"迎来开门红。

从"双创"提出以来,国家出台相关政策文件20余个,而各地区各部门出台的相关政策文件已经累计超过2000余个,"双创"政策体系已经形成。2015年,《中共中央 国务院关于深化体制机制改革加快实施创新驱动发展战略的若干意见》(中发〔2015〕8号)印发实施,明确了通过科技体制改革和释放创业创新活力的重点方向和任务部署,指出要持续完善科技成果转化激励政策。同月,《国务院办公厅关于发展众创空间推进大众创新创业的指导意见》(国办发〔2015〕9号)印发,大力推进众创空间发展,推广创客空间、创业咖啡等新型孵化模式,开展小微企业创业创新基地城市示范,着力打造低成本、便利化、全要素、开放式的创业服务体系。2015年5月,《国务院关于进一步做好新形势下就业创业工作的意见》(国发〔2015〕23号)印发,提出深入实施就业优先战略,发挥小微企业就业主渠道作用,同时提出积极推进创业带动就业,在年内出台"三证合一"改革意见。在积极推进创新创业的同时,国家对创新创业人才的培养政策也同步推进,2015年5月,国务院办公厅印发的《国务院办公厅关于深化高等学校创新创业教育改革的实施意见》(国办发〔2015〕36号),对高校创新创业教育改革明确了九个方面的工作任务,包括完善人才培养质量标准、创新人才培养机制、健全创新创业教育课程体系、强化创新创业实践等。6月,国务院印发的《国务院关于大力推进大众创业万众创新若干政策措施的意见》(国发〔2015〕32号),从九大领域、30个方面明确96条政策措施,系统性地推进大众创业、万众创新,具体从税收优惠、创新融资方式、促进人才发展、政府简政放权等方面为"双创"添油加力。2015年9月,国务院出台的《国务院关于加快构建大众创业万众创新支撑平台的指导意见》(国发〔2015〕53号),对大力推进"大众创业、万众创新"和推动实施"互联网+"进行具体部署,文件围绕加快推进众创、众包、众扶、众筹等新模式、新业态的发展提出13项重点任务,提出17项政策措施,着力解决发展过程中面临的行业准入、信用环境、监管机制等问题。

"双创"以来,最先落实的是商事制度改革,国务院和有关部门先后印发实施《国务院关于取消和调整一批行政审批项目等事项的决定》(国发〔2015〕11号)、《国务院关于印发2015年推进简政放权放管结合转变政府职能工作方案的通知》(国发〔2015〕29号)、《国务院关于取消和调整一批行政审批项目等事项的决定》(国发〔2015〕11号)、《国务院关于印发2016年推进简政放权放管结合优化服务改革工作要点的通知》(国发〔2016〕30号)、《关于加快推进"五证合一、一照一码"登记制度改革的通知》(国办发〔2016〕53号)等文件,开始实施营改增、五证合一、市场准入负面清单制度等,对简政放权、放管结合、优化服务做出全局性部署,降低制度性交易成本,优化营商环境,激发市场活力和社会创造力。

市场主体数量持续增多。2017年底,中国实有市场主体9814.8万户,其中,企业为3033.7万户,个体工商户为6579.4万户,农民专业合作社为201.7万户,分别占30.9%、67.0%、2.1%。2017年,中国新设市场主体1924.9万户,同比增长16.6%,比2016年提高5个百分点,平均每天新设5.27万户,改革红利持续释放激发了市场主体的活力。

创业载体不断培育。2016年2月,《国务院办公厅关于加快众创空间发展服务实体经济转型升级的指导意见》(国办发〔2016〕7号)印发,以推进众创空间专业化发展,为推进大众创业、万众创新提供低成本、全方案、专业化的服务。该文件同时提出对众创空间实行奖励和补助政策、落实税收优惠政策、引导金融资本支持等政策。2016年12月,《工业和信息化部 国家发展和改革委员会 财政部 国土资源部 国家税务总局关于推动小型微型企业创业创新基地发展的指导意见》(工信部联企业〔2016〕394号),提出到"十三五"末,形成特色鲜明、成果显著的小微企业双创基地,通过中央统领、行业主管部门协调、地方主管部门推动的模式,推进小微企业创业创新基地的发展。财政投入方面，2016年财政部、工信部、科技部、商务部、国家工商总局选拔出15个创业创新示范城市，安排64.65亿元支持示范城市开展创新创业活动。2017年7月，《国务院关于强化实施创新驱动发展战略进一步推进大众创业万众创新深入发展的意见》（国发〔2017〕37号）和《国务院办公厅关于建设第二批大众创业万众创新示范基地的实施意见》（国办发〔2017〕54号）颁布，加快推动创新创业资源向双创示范基地集聚，带动大众创业、万众创新向更大范围、更高层次、更深程度发展。

创新创业投资回归。历经2015年的创投狂潮和2016年的资本寒冬后，2017年，中国创投开始复苏，投资事件相对于2016年有所增长。根据VC SaaS实时监控全网数据，2017年全国投融资事件数量共计10279宗。其中，种子期投资事件共有502宗，天使轮投资事件共有2016宗，Pre-A轮至A+轮的投融资事件共有4441宗，创业投资市场明显复苏，融资事件主要集中在天使轮和A轮，创业投资市场趋向于向创业前期投资倾斜。从募集基金情况来看，经历了2015年和2016年市场的爆发式增长后，一级市场基金基本达到饱和状态，新增募集基金数量和金额都明显下滑，2017年一级市场基金募集金额接近万亿元，新募集基金数量约为850只。由于创业生态、资本聚集、产业效应等因素，北上广、浙江和江苏是国内投融资事件的集中高发地。仅北上广这三个省市的被投资企业就占据所有被投资企业的61.57%，占据了绝大部分资金资源。2017年，为了使社会资本更积极回归实业，在创业投资领域，政府部门颁布多项政策，并设立多项千亿元级政府主导基金，不仅扩大了基金的规模，还促进国家战略新兴产业发展。2017年财政部和国家税务总局颁布的《财政部 税务总局关于创业投资企业和天使投资个人有关税收试点政策的通知》（财税〔2017〕38号），对公司制创业投资企业、有限合伙制创业投资企业以及天使投资个人采取股权投资方式直接投资种子期、初创期科技型企业满两年的，都可以抵扣部分应纳税所得额，当年不足抵扣的，可在以后纳税年度结转抵扣。该文件的颁布有利于进一步落实创新驱动发展战略，促进创业投资的持续发展。

二 山东省中小企业"双创"现状及特点

2017年是实施"十三五"规划的重要一年,是推进供给侧结构性改革的深化之年。自2014年9月,"大众创业、万众创新"提出以来,山东省迅速反应,出台上百个支持"双创"的文件,构建了完善的创新创业生态体系,集聚了大批创新创业人才,创新创业正在成为全省经济社会发展的新引擎、新动力,全省创新创业呈现载体新颖、模式多样、成果众多的良好态势。中小企业作为创业创新的主要力量,也是"双创"的重要载体,是促进国民经济和社会发展的重要力量,对增加就业、促进经济发展,以及科技创新等有着不可替代的作用。

(一)"双创"环境改善

1.体制机制改革

推动商事制度改革。2017年,《山东省人民政府办公厅关于贯彻国办发〔2017〕41号文件推进"多证合一"改革的实施意见》(鲁政办发〔2017〕61号)印发,决定自2017年9月1日起,在全省实施"多证合一"改革。"多证合一"是在全面实施"五证合一、一照一码"登记制度改革和个体工商户工商营业执照、税务登记证"两证整合"的基础上,将信息采集、记载公示、管理备查类的一般经营项目证照事项等都整合到营业执照上,简化办证流程、便利信息采集、强化监管。第一批是将涉及11个部门的26项涉企证照事项整合到营业执照上,实现"三十一证合一",随着"放管服"改革的深入推进,逐步将更多符合条件的涉企证照事项纳入"多证合一"改革范围。

全面清理和规范涉企收费。2017年10月,《山东省人民政府办公厅关于深化改革全面清理规范涉企收费的意见》(鲁政办发〔2017〕71号)颁布,从四方面大力清理和规范涉企收费。一是,深化政府收费管理改革,强化源头管控和政策落实。除国家批准的涉企行政事业性收费项目外,一律不再新设政府性涉企收费项目,从源头上控制企业收费负担,政府出台的减费降负政策要不折不扣落实到位。二是,规范行政审批中介服务收费。削减行政审批项目,从根本上减少中介服务收费项目,放宽中介机构准入,搭建政务服务"中介超市"。三是,加强行业协会商会管理,坚决制止乱收费。严格规定行业协会商会的收费标准,规范收费行为。加快推进行业协会商会的脱钩改制,实现机构分离、职能分离、资产财务分离等。四是,清理重点领域和环节的收费。包括规范银行业金融机构,担保、评估保险等融资中介服务机构的收费。减少交通物流收费,取消涉企保证金等。全省全面加强和规范涉企收费管理,进一步减轻企业负担,优化营商环境,加快推进供给侧结构性改革和新旧动能转换。

企业注销登记更简易。企业简易注销登记改革全面实施,超过50万个"僵尸"主体退出市场竞争。2017年,全省注吊销市场主体55.6万户,比2016年增长7.2%,占新登记市场主体总量的37.1%。企业退出节奏明显加快,全年注吊销企业14.1万户,比2016年增长34.1%,占新登记企业总量的29.0%,提高8.5个百分点。个体工商户是注吊销市场主体的主要部分,注吊销41.2万户,占注吊销市场主体总量的74.2%。山东省市场主体退出机制日趋完善。

2. 完善政策支持

推进工业创新发展。2017年1月,《山东省人民政府办公厅关于加快推进工业创新发展转型升级提质增效的实施意见》(鲁政办发〔2017〕1号)印发,从加强企业家队伍建设、加快企业技术创新和循环经济发展等十个方面加快推进山东省工业企业创新发展、转型升级。其中明确支持企业研发机构建设,落实税收优惠和奖励补助政策,支持企业建立重点实验室、工程实验室等创新平台及新型研发机构,争取在2020年使规模以上工业企业研发机构数量大幅增长。文件提出要推动制造业与互联网融合发展,打造制造业基于互联网的开放式"双创"平台和面向制造业的"双创"服务平台,力争到2018年使重点行业骨干企业"双创"平台普及率超过85%。

降低实体经济企业成本。2017年3月,《山东省人民政府关于进一步降低实体经济企业成本的实施意见》(鲁政发〔2017〕6号)颁布,意见从降低企业融资成本,减轻企业税负,降低企业人工成本、用能用地成本、物流成本等方面降低企业成本。通过推进经营性资产证券化、投贷联动支持、清理保证金等措施提高企业资金周转效率,引导企业管理创新。以上多方面协调和综合措施的实施,将降低山东省企业融资、税费、人工等方面的成本,营造良好的经营环境。

完善人才政策。2017年10月,《山东省人民政府办公厅关于支持返乡下乡人员创业创新促进农村一二三产业融合发展的实施意见》(鲁政办发〔2017〕72号),鼓励和支持返乡下乡人员创业创新,推进农业供给侧结构性改革,促进农村一二三产业跨界融合,加快发展农业"新六产"。文件要求在市场准入方面,政府部门应设立"绿色通道",为返乡下乡人员创业提供创业辅导、政策咨询等服务。在金融扶持方面,符合条件的人员可申请最高10万元的创业担保贷款。符合条件的小微企业,可申请最高不超过300万元的创业担保贷款,财政部门按照贷款合同贷款基础利率的50%给予贴息。对于返乡创业人员,国家实施创业补贴政策、用地用电优惠政策等。

激发重点群体创新创业活力。为营造激励奋发向上的公平环境,激发重点群体创业创新活力,山东省根据《国务院关于激发重点群体活力带动城乡居民增收的实施意见》(国发〔2016〕56号)等相关文件,出台了《山东省人民政府关于印发山东省激发重点群体活力带动城乡居民增收的实施方案的通知》(鲁政发〔2017〕39号)。文件提出以技能人才、新型职业农民、科技人员、小微创业者等七大群体为重点,实施就业促进、技能提升、托底保障等六大支撑行动,清除创业壁垒、提高创业成功率,为实现城乡居民增收提供支撑。

3. 优化"双创"服务

支持创业孵化。2017年12月,《山东省财政厅山东省科学技术厅关于印发山东省科技企业孵化器和众创空间高新技术企业培育财政奖励资金管理办法的通知》(鲁财教〔2017〕56号),加强和规范对科技企业孵化器和众创空间高新技术企业培育财政奖励资金的管理,提高资金使用效益。文件对申请建立的条件、奖励额度以及申报材料都进行了详细规定，对于孵化器和众创空间每培育1家高新技术企业奖励10万元，每年最高奖励100万元。

建设双创示范基地。为贯彻落实《国务院关于强化实施创新驱动发展战略进一步推进大众创业万众创新深入发展的意见》（国发〔2017〕37号）等文件精神，2017年12月，山东省出台《山东省人民政府办公厅关于支持双创示范基地建设推进全省双创深入发展的实施意见》（鲁政办发〔2017〕81号），从加强创新体系建设、加大创业支持力度、支持新兴业态加快发展、完善人才激励政策、强化金融财税支持、加大生产要素供应、建设一流创新创业环境、强化双创示范基地建设八个方面25条具体措施来加快推动创新创业资源向双创示范基地聚集，带动全省大众创业、万众创新向更大范围、更高层次、更深程度发展。

扩大"创新券"使用范围。山东省科技厅在2016年推出创新券政策，推进山东大型科研仪器向社会开放、共享，提高科技资源利用效率与水平，激发中小企业创新活力。2017年创新券使用范围进一步扩大，从小微企业扩大至科技型中小企业，使用内容也从购买科学仪器设备服务扩大到购买财税服务、评估注册、网络信息服务等创新创业内容，更加贴近企业需求。创新券政策实施以来，调动了科技型中小企业自主创新的积极性。2015~2017年，中小企业入网数量由最初的3000余家增长至7500多家，使用创新券的企业数量由1092家增长至1736家，4523家科技型中小企业预约使用创新券31446次，省财政落实企业和供给方补助资金8000多万元。

"企业上云"启动。2017年山东推出全国首创的"云服务券"助推企业上云政策，推进企业通过高速互联网络，便捷地获取云服务商提供的计算、存储、软件、数据等服务，提高资源配置效率，降低信息化建设成本，促进共享经济发展，加快新旧动能转换。2017年10月，山东省企业上云启动大会召开，全省各地纷纷出台"企业上云"实施方案及"云服务券"实施细则，相继召开启动、动员大会。截至目前，各级财政累计安排企业上云资金约1.5亿元，其中省财政安排奖补资金5000万元。已有近5000家企业通过平台申请注册，第一批有近百家云服务商在平台上完成服务部署，第二批云服务商也已经开始申报，云服务的品种逐渐丰富，可以满足不同企业的需求。一些企业通过上云实现了数字化、智能化发展，这为企业转型升级提供了重要的支撑。

中小微企业创新竞技行动计划。科技创新是后来居上、弯道超车的主要推动力。省财政积极引导各类社会资源持续支持中小微企业创新发展，培育创新能力强、高成长性和拥有自主知识产权的中小微企业。中小微企业创新竞技行动计划的实施，对于激发中小微企业创新活力和动力，提高中小微企业创新参与度和创新成效获得感，引导促进银行、基金、创业投资等各类社会资源持续支持中小微企业创新发展，发挥了重要作用。2017年，围绕先进制造、新材料、互联网及移动互联网、新能源及节能环保、生物医药等8个领域，通过专家集中网上评选及现场竞技晋级两个阶段，确定立项项目529项，晋级胜出新锐类企业278家、精英类企业58家、团队41个，省财政按规定落实经费7074万元，涉及项目332项。银行对接企业929家次，达成16.2亿元合作意向，85家企业与投资机构达成约3亿元的投资意向。

（二）创业主体情况

随着"双创"热情的不断释放，商事制度改革不断深化，山东省逐渐形成宽松便捷的创业准入环境。作为双创的一个主要成果，山东省新增市场主体数量持续高速增加，结构持续优化。

1. 市场主体数量快速增加

2017年底，山东省市场主体总量为806.8万户，突破800万户，位列广东省和江苏省之后，在全国排名第三。其中，中小企业实有户数为225万户，在全国排名第三，2017年中小企业新增35万户，增幅为18.42%。从图1来看，从2014年开始，山东省中小企业数量出现大幅跃增，2014年的新增中小企业数量比2011年、2012年以及2013年新增中小企业数量总和还多3万户，随后的2015年、2016年、2017年仍保持持续大幅增长态势，新增市场主体保持在30万户以上。主要原因是山东省2013年开始实施的商事制度改革，加上2014年提出的"双创"，进一步放宽了市场准入，释放了创业热情。

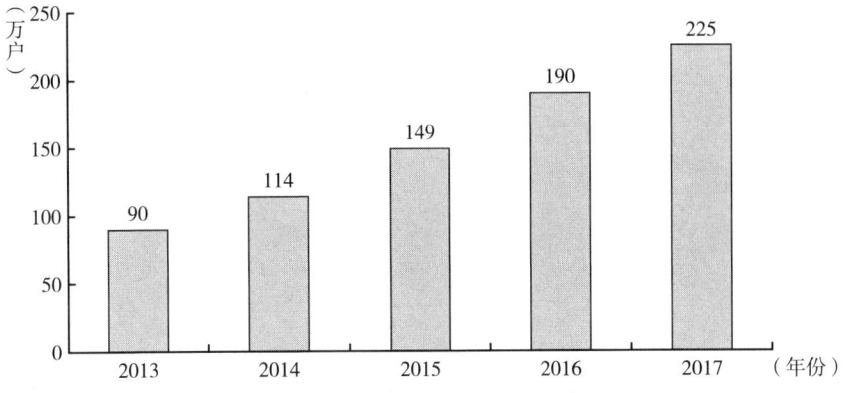

图1 山东省中小企业数量（2013~2017年）

资料来源：山东省工商局、齐鲁财富网。

从纵向看，山东中小企业数量不断增加，但是从横向来看，随着全国上下都积极推进"双创"，各省市场主体都不断增加。山东作为人口大省，中小企业数量在全国排名靠前，成为继广东、江苏省之后第三个超过200万户的省份。但是人均企业数量则相对于经济较为发达的省份来讲差距明显。从人均来看，山东省每万人创办企业227户，浙江省、江苏省、广东省分别为351户、362户和382户，比山东省分别多124户、135户和155户，差距较大（见图2）。山东省存在市场主体总数较多、人均较少的现象。

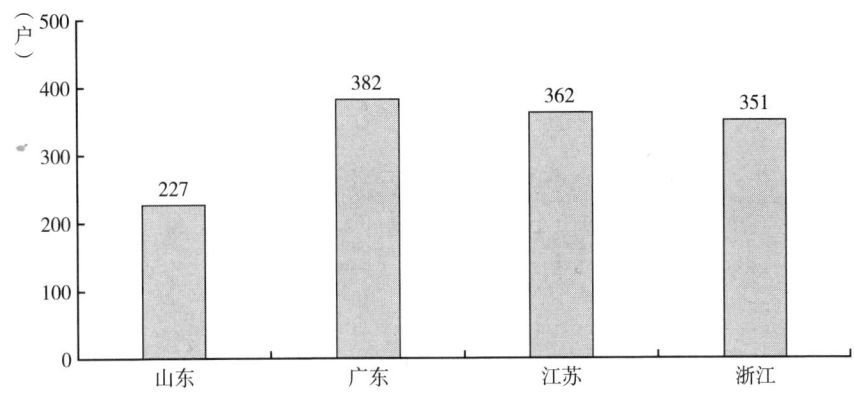

图2 四省每万人创办企业数量（2017年）

资料来源：山东省工商局、齐鲁财富网。

2. 企业质量不断提高

随着"双创"环境的日益趋好,"双创"服务日益完善,企业质量也不断提高。具体表现为以下几个方面。一是,公司制企业发展迅速。截至2017年底,山东省公司制企业为191.2万户,相较于2016年底增长23.5%,比各类企业平均增幅高了5.1个百分点,占企业总量的84.7%。山东省商事制度改革和2017年7月发布的《山东省人民政府办公厅关于印发山东省小微企业治理结构和产业结构"双升"战略实施方案的通知》(鲁政办字〔2017〕111号)后实施的小微企业"双升"战略,对公司制企业的发展做出较大贡献。二是,新设小微企业活跃度较高。全省大力推动小微企业"双升"战略,引导个体工商户、小微企业转型升级。据调查,2014~2016年全省新设小微企业活跃度平均为79.4%,比全国平均水平高3.8个百分点。三是,企业品牌意识逐渐增强。2017年全年新增商标申请28.4万件,新核准注册14.1万件,相对于2016年增长54.2%和29.5%,马德里国际注册商标申请量同比增长206.8%。到年底,全省有效注册商标为72.3万件,相较于2016年底增长22.1%,国家工商总局认定的驰名商标为711件;地理标志商标为542件,居全国首位。

3. 产业结构仍以第二产业为主

2017年,全年新登记市场主体为149.6万户,相对于2016年增长4.5%,新增市场主体中,第二产业企业为11.5万户,增长23.6%,增幅居三次产业之首。在第三产业发展方面,教育、科学研究和技术服务业、卫生和社会工作、文化体育娱乐业新登记企业户数增长49.1%、32.9%、32.6%和27.8%,而传统的居民服务业、批发零售业新登记企业户数下降24.0%和22.2%,房地产投资仍较为活跃,新登记房地产企业户数增长50.8%。

山东省产业结构虽然在不断调整,以"新技术、新产业、新业态、新模式"为特征的"四新"经济增长迅速,新登记"四新"企业数量增长了37.2%,新兴现代服务业成为投资热点,行业结构进一步优化,供给侧结构性改革效果显现,但是,全省中小企业产业层次偏低,主要还集中在第二产业,其中又以轻工、化工、机械、建材等传统行业为主,产业层次依旧偏低,发展方式粗放,结构调整压力依旧存在。

（三）创业载体情况

企业创立后，能不能存活、能不能发展壮大，关键在培育。根据相关调查机构统计，当前中国的小微企业存活周期仅为2.5年，因此对于创业企业的培育和指导尤为重要，孵化器和众创空间等创业载体就成为中小微企业的"梦工厂"，为中小微企业提供良好的创业环境和优质的创业服务，加速中小企业的成长。孵化器和众创空间培育中小微企业，为山东省直接培育新动能，推进新旧动能转换。

山东省委、省政府高度重视孵化器、众创空间等创业载体的发展，相继出台了《山东省人民政府办公厅转发省科技厅关于加快推进大众创新创业的实施意见的通知》（鲁政办发〔2015〕36号）、《中共山东省委山东省人民政府关于深化科技体制改革加快创新发展的实施意见》（鲁发〔2016〕28号）、《山东省人民政府办公厅转发省科技厅山东省科技服务业转型升级实施方案的通知》（鲁政办字〔2016〕114号）等文件，提出了一大批扶持政策措施，为科技企业孵化器发展营造良好的政策环境。山东省科技厅也发布了一系列文件支持创业载体的发展。其中，《关于加快推进全省科技企业孵化器专业化发展的实施意见》指出，在各地市现有产业优势上，统筹专业科技企业孵化器发展布局，引导科技企业孵化器专业化发展，打造针对性强、专业服务水平高的孵化器。《山东省众创空间和科技企业孵化器备案服务暂行办法》提出，山东省省级科技企业孵化器和众创空间的认定采用备案制，以便于制定更加有针对性的扶持措施；同时也为创业载体法人的备案提供方便。山东省中小企业局也提出多方面举措支持双创载体的发展。2017年6月，省中小企业局制定的《关于印发〈山东省小型微型企业创业创新示范基地建设管理办法〉的通知》（鲁中小企局字〔2017〕35号），引导示范基地为小微企业创业创新提供良好的环境。该办法明确示范基地的申报条件和申报程序，明确中小企业发展专项资金给予示范基地重点支持。

1. 众创空间"井喷式"增长

2015年1月28日，李克强总理在国务院常务会议上提出，构建面向人人的"众创空间"等创业服务平台,并详细说明了对众创空间的政策支持等,自此,众创空间开始伴随着大众创业、万众创新在全国范围内出现。山东省全力推进众创空间发展,积极营造良好的创新创业环境。全省众创空间服务能力不断提升,创新产出明显增加,培育了一批科技型企业、企业家和创客团队,成为推动新旧动能转换、培育新的经济增长点的重要力量。当前对众创空间、科技企业孵化器等没有明确的定义,因此本报告所讲的众创空间是狭义的概念,类似创业苗圃,为创业者提供初步的孵化功能。截至2017年底,全省各级各类众创空间总量达681家,众创空间数量相对于2016年增长了52.12%。通过国家备案的众创空间有203家,在全国排名第二,省级备案的众创空间为349家,备案空间数量不断增加。

国家级众创空间。2017年10月,科技部火炬中心印发的《国家众创空间备案暂行规定》(国科火字〔2017〕120号)指出,科技部将对国家备案众创空间进行动态管理,每年开展一次备案工作。通过国家备案的众创空间所达到的标准较高,明确要求众创空间运营时间要满18个月;有不低于500平方米的服务场地或提供不少于30个创业工位;每年协议入驻的创业团队和企业不低于20家;入驻创业团队每年注册成为新企业数不低于10余家,或每年有不低于5家获得融资等。2017年12月,科技部火炬中心发布《科技部火炬中心关于2017年度拟确定为国家级科技企业孵化器名单的公示》和《关于2017年度拟确定为国家备案众创空间名单的公示》,其中2017年度拟确定为国家备案的众创空间有645家,山东省有41家。2015年11月、2016年2月和9月以及2017年12月,国家总共公布了四批共1976个国家备案众创空间。其中,第一批有6家山东企业,第二批有50家山东企业,第三批有106家山东企业。四批中共有203家山东企业,总数列全国第二,占全国国家备案众创空间总量的10.27%(见图3)。

省级众创空间。根据《关于印发〈山东省众创空间和科技企业孵化器备案服务管理办法〉的通知》(鲁科办发〔2016〕4号)文件,山东省对于众创空间的备案没有具体的要求,只是要求具备以下条件:具备完善的发展规划,年度工作目标明确,考核评价体系健全;具备专业化运营管理团队;

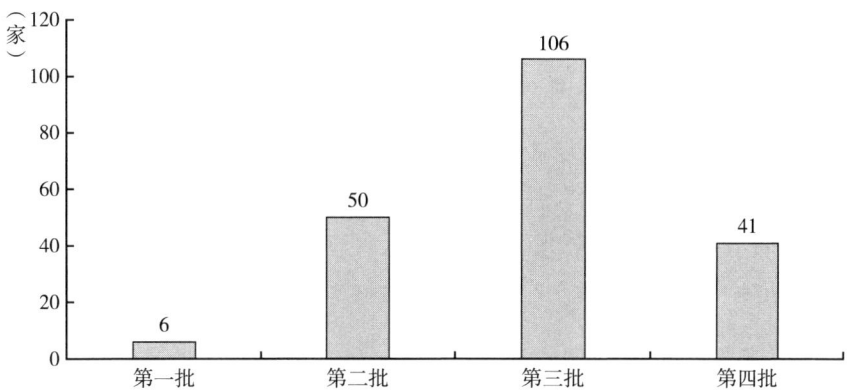

图3 山东国家级众创空间数量

资料来源：根据科技部火炬中心、齐鲁财富网相关内容整理得出。

具备完善的服务设施，能够提供办公条件；已经入驻一批优秀创客和创业团队等。2015年12月，山东省科技厅发布第一批众创空间备案名单，本次共有131家众创空间备案。2016年7月，第二批省级众创空间备案，本批次共有89家众创空间名单公布。2017年10月，省科技厅对第三批129家众创空间进行备案（见图4）。截至2017年底，山东省省级众创空间通过备案的有349家，省级众创空间数量不断增多。

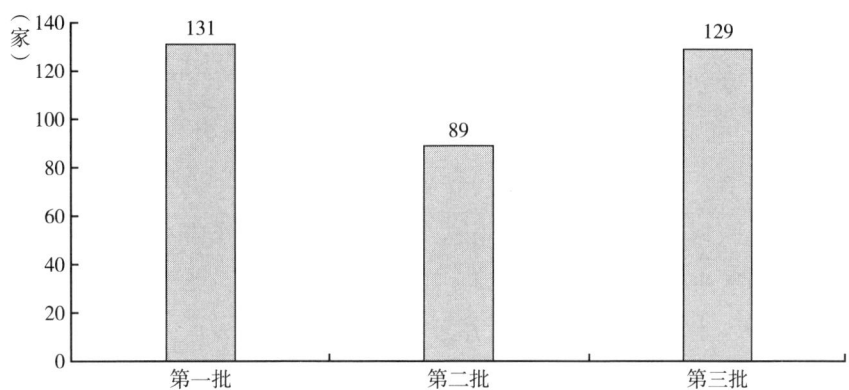

图4 山东省级众创空间数量

资料来源：根据科技部火炬中心、齐鲁财富网相关内容整理得出。

专业化众创空间。专业化众创空间一般都是依托大企业、科研院所等主体建设，可供给大量技术、仪器设备、研究成果、人才团队等要素资源，在降低创业者创业成本的同时给创业企业带来该领域的专业化服务。与此同时，专业化众创空间具有较高水平的资源整合能力，可以聚集更加多元化的产业创新要素资源，具有较强的协同带动作用。2016年2月，《国务院办公厅关于加快众创空间发展服务实体经济转型升级的指导意见》（国办发〔2016〕7号），提出要推动众创空间向纵深发展，促进众创空间专业化发展，为实施创新驱动发展战略，推进大众创业、万众创新提供低成本、全方案、专业化的服务，进一步引导众创空间与实体经济紧密结合。在此基础上，2016年7月，科技部发布《科技部关于印发〈专业化众创空间建设工作指引〉及公布首批国家专业化众创空间示范名单的通知》（国科发高〔2016〕231号），并公布了首批国家专业化众创空间。

科技部公布的第一批专业化众创空间共有17家，其中大部分都由行业龙头企业建立，山东有3家，分别是青岛海尔集团公司的智慧家庭国家专业化众创空间、青岛软控股份有限公司和橡胶谷集团有限公司橡胶谷建设的化工橡胶专业化众创空间以及潍坊市潍柴控股集团有限公司的卡车动力总成国家专业化众创空间，居全国各省榜首。2017年12月，科技部公布的第二批国家专业化众创空间共33家，其中山东有2家，分别是威海迪尚集团有限公司的服装设计国家专业化众创空间和济南浪潮集团有限公司的大数据应用国家专业化众创空间。两批国家专业化众创空间中山东共有5家，占全国总量的10%，与北京、江苏、湖北、广东等省份并列全国第一。

总的来看，山东省的众创空间数量在全国名列前茅，但与广东省还存在一定差距。根据广东省科技厅的相关数据，2017年广东省在创新驱动发展方面取得重大进展，国家高新技术企业达到3.3万家，总量在全国排名第一，2017年一年的时间新增1.3万多家。创业载体也发展迅速，广东省科技企业孵化器为781家，众创空间为735家，均位列全国第一，广东省国家级众创空间数量也位居各省份第一，为235家，其中深圳一市就有91家；山东以203家众创空间排名第二，青岛占据78家；江苏共有170家众创空间，北京共有168家众创空间，也是众创空间数量较多的省份之一。

另外，从全省来看，省内众创空间等载体发展也不均衡。济南、青岛两市的创新创业资源集聚程度相对较高。根据青岛市统计局公布的数据，2017年底，青岛市拥有国家级众创空间80家，居全国直辖市和副省级城市第五位，占山东省国家级众创空间的39.41%。全市在各级备案的众创空间总共155家，占全省的22.76%。2017年青岛市众创空间服务初创企业2687个，举办创新创业活动4384场次，开展创业培训2729场，众创空间内217个团队或企业获得融资；常驻企业和团队拥有的有效知识产权数量达到2656项，其中发明专利为716项。从济南市科技局2017年12月披露的济南市部分众创空间信息一览表来看，共展示了95家众创空间，占全省的13.95%，其中26家为国家级众创空间，占全省的12.81%，40家为省级众创空间。综合来看，青岛和济南两个城市的众创空间数量占全省的36.71%，其中国家级众创空间占全省的52.22%。

众创空间是大众创业、万众创新环境下的产物，同时也是满足大众创业、万众创新的新型服务平台。众创空间通过盘活、共享存量的场地和设施，向创业者提供低成本的场地和设施以及周到的服务，降低创业者的成本，是早期创业企业的摇篮。当前，山东省众创空间呈现"井喷式"增长，大部分众创空间起到了服务企业创业创新的重要作用，但同时也存在专业运营管理人员不足、创业服务不够专业、同质化等问题。下一步还应推动众创空间从量到质的转变，鼓励众创空间特色化、专业化发展，积极培育运营管理型人才。

2. 科技企业孵化器建设稳步推进

2017年是中国科技企业孵化器出现30周年。科技企业孵化器（简称"孵化器"）最早在1987年出现，当年全国共有2家。1992年10月，山东省第一家孵化器——济南高新技术创业服务中心成立，至今已成立近26年。2015年9月18日，为贯彻落实《山东省人民政府办公厅转发省科技厅关于加快推进大众创新创业的实施意见的通知》（鲁政办发〔2015〕36号），充分发挥科技企业孵化器在聚集科技创新人才、扶持科技型小微企业、促进科技成果转化、培育新兴产业等方面的重要作用，《山东省科学技术厅关于加快推进全省科技企业孵化器专业化发展的实施意见》（鲁科字〔2015〕119

号）发布后，孵化器开始迅速发展起来。

截至2017年底，全省各类孵化器有442家，加速器有64家，比2016年底分别增长了33.91%和72.98%，国家级孵化器达到75家，继续位列全国第三。2017年新增省级孵化器53家，"众创空间—孵化器—加速器"创业孵化链条日趋完善。从国家级企业孵化器来看，2017年莱芜市实现零的突破，国家级科技企业孵化器在全省各市实现全覆盖。威海市新增3家国家级孵化器，居全省新增数量首位。

科技企业孵化器的成立标准要高于众创空间，众创空间类似于孵化器的前端，更加关注创意，而孵化器则是为辅助企业成长壮大，在企业创办初期艰难时，提供资金、管理支持等，扶持中小企业，促进经济发展和产业升级。从可查到的数据来看，经过12年的发展，到2004年，山东省科技企业孵化器为33家，其中国家级为12家。之后几年也处于缓慢增长的态势，截至2010年底，全省各类孵化器为60余家，其中国家级科技企业孵化器26家。2015年，全省省级及以上科技企业孵化器总量为59家，孵化器总量基本上没有增长。进入2016年后，孵化器呈现爆发式增长，截至2016年底，各级各类科技企业孵化器总数达410家（含青岛市），其中经认定（备案）的省级及以上科技企业孵化器为145家。

可以看到，山东省孵化器2016年实现大幅增加，当年孵化器数量增长量比之前年份孵化器的总量还多，这与国家出台相关政策鼓励孵化器的发展有关，也与山东省积极开展"双创"，政府加强对创业载体的补贴扶持有关。孵化器的大量增加，为企业发展提供诸多服务，能有效促进中小企业发展。根据国家科技部火炬高技术产业开发中心在2017年8月发布的信息，截至2016年底，山东省90%以上的在孵企业申请了各类知识产权保护，60%拥有专利；实现上市56家，培育高新技术企业344家，占该省总数的1/10。孵化毕业的4500多家企业中，积成电子、方硕电子、法因数控、广泰空港等一大批企业已成为区域科技企业的杰出代表，有的则在产业领域内成为领军企业。孵化器则成为培育高新技术产业发展后备力量的重要阵地。

3. 创新创业示范基地分布不均

创业辅导基地在"十一五"期间就已经建立，山东省从2006年开始发展创业基地，在"十二五"期间，山东省中小企业局等部门认真学习和借鉴先进省份的经验，积极探索、大胆实践，建立了一批水平较高、设施完善、功能较为健全的小企业创业辅导基地，为创业者搭建了创业平台。2016年6月，《工业和信息化部关于印发〈国家小型微型企业创业创新示范基地建设管理办法〉的通知》（工信部企业〔2016〕194号），将"创业示范基地"改为"小型微型创业创新示范基地"，山东省积极响应国家的号召，将创新这一重要因素加入基地的考核内容，从2016年开始建设"小型微型企业创新示范基地"（以下简称"示范基地"），改变了之前单纯注重创业的"小企业创业辅导基地"，对认证标准也进行了调整。

培育小企业创业辅导基地。根据省中小企业局的相关数据，2015年、2016年山东省分别公布了第十批、第十一批小企业创业辅导基地，分别为30家和51家。从可查到公开数据来看，截至2014年底，省、市创辅基地达到460家，建筑面积为7996万平方米，入驻企业为4.2万家，从业人员近100万人。其中：省级创辅基地为173家，入驻企业为1.9万家，安排从业人员近40多万人。每个省级创业辅导基地平均培育企业近100家。其中，37家为省级基地，获国家扶持资金5300万元，有60家省级基地获省专项扶持资金2000多万元，政策资金的扶持也有效地推动了创辅基地的建设和发展。

对于创业辅导导师队伍的建设，山东省中小企业局从2012年就着手。组建的创业导师队伍包括有多年中小企业服务经验的退休国企高管人员，工商、税务、金融部门人员，有丰富创业成功经验的民企老板以及有着创业辅导工作经验的专业人员。截至2014年底，山东省、市两级认定的创业辅导导师达到688名，其中省级创业辅导导师182名，有50多名创业导师获国家职业资格证书。

创建国家小型微型企业创业创新示范基地。2016年6月，《工业和信息化部关于印发〈国家小型微型企业创业创新示范基地建设管理办法〉的通知》（工信部企业〔2016〕194号），规定申报示范基地需要同时满足五个条件：一是经省级中小企业主管部门认定的小型微型企业创业创新（示范）基地；二是申报主体具有独立法人资格并运营管理本基地，基地成立时间为三年以上；三是目前基地入驻小微企业为80家以上，从业人员为1500人以上；四是专职从事创业创新服务的人员不少于10人，其中创业辅导导师不少于3人，引入或战略合作的外部专业服务机构不少于5家；五是服务有特色，业绩突出，为小微企业提供的公益性服务或低收费服务不少于总服务量的20%。从这些必要条件看，申报示范基地的要求相对较高。

截至2017年底，全国共公布了三批297家国家级示范基地。山东共有17家基地入选，是全国最多的省份。青岛市不断强化小微企业创业创新基地建设，加强规范引导以及支持工作，截至2017年底，青岛市共有6家基地入选，占全省入选基地数量的35.29%。作为省会城市，济南市共有2家基地入选，济南在创业创新基地建设方面仍有所欠缺。2015年12月21日，工业和信息化部公布首批国家小型微型企业创业创新示范基地，首批共95家，其中山东共6家，全国最多，青岛市有2家。小微企业创业创新基地既是创办小微企业的场所，还是新形势下"以创业促进创新，以创新推动创业"的载体。2016年11月11日，第二批国家小微企业创业创新示范基地名单公布，全国共99家基地入选，其中山东省有5家，青岛有2家。在第二批示范基地中，广东省示范基地数量最多，共6家，其中深圳市有2家。辽宁、福建和浙江与山东相同，都有5家基地入选。2017年9月，第三批示范基地名单公布，共有103家示范基地入选，其中山东有6家基地，是本次入选最多的省份，在全省6家基地中青岛市有2家（见表1）。

表1 小微企业创业创新示范基地情况（2015~2017年）

单位：家，名

年份	全国	山东	排名	青岛
2015	95	6	1	2
2016	99	5	2	2
2017	103	6	1	2

资料来源：齐鲁财富网根据公开资料得出。

创建山东省小型微型企业创业创新示范基地。2017年6月，山东省中小企业局印发的《关于印发〈山东省小型微型企业创业创新示范基地建设管理办法〉的通知》（鲁中小企局字〔2017〕35号），进一步培育、引导和支持小型微型企业创业创新基地发展。2017年12月，山东公布的第一批小型微型企业创业创新示范基地名单中共有46家基地。其中，泰安市最多，共有7家基地。临沂市有6家，潍坊和济宁两市均有5家基地，济南市仅有2家基地入选，而青岛、威海、莱芜一家没有（见图5）。

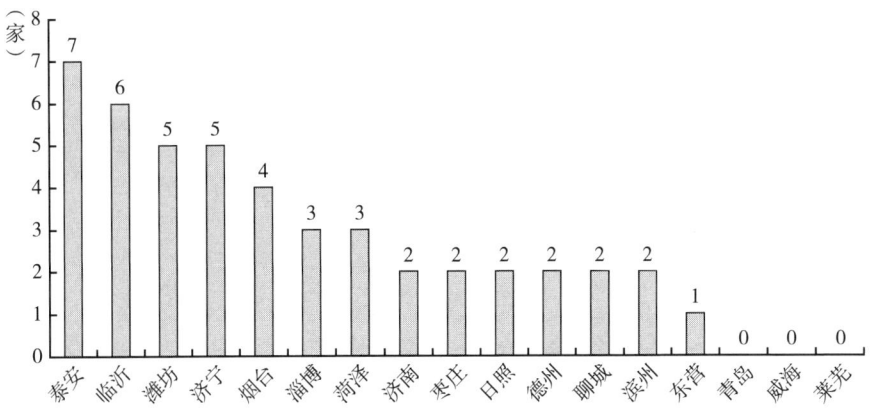

图5　山东小型微型企业创业创新示范基地分布情况（2017年）

资料来源：根据科技部火炬中心、齐鲁财富网相关内容整理得出。

从图5可以看出，山东省在小型微型企业创业创新示范基地发展方面相对不均衡，青岛没有省级小型微型企业创业创新示范基地，但是结合前文中国家级小型微型企业创业创新示范基地的分析可以看出，青岛市的示范基地多为国家级，进入门槛更高，示范基地更优质，能够长期有效扶持创业企业。从省级示范基地来看，济南的省会地位并不凸显，反而是泰安等城市在创业创新示范基地的发展上较有优势。

（四）资金支持情况

近年来，为促进全省小型微型企业健康发展，山东财政部门不断创新扶持政策，加大各项财税优惠政策落实力度，小微企业发展环境得到明显改善。政府引导基金、早期投资、创业投资以及多层次资本市场等多种融资途径也在创业创新方面不断取得新进展和新成效,积极主动地吸引金融和社会资本支持双创的发展,助力全省新旧动能转换。2017年全省延续双创以来的增长态势,为双创开辟了新的融资渠道。

1. 政府财政资金

从2014年以来,山东确定用五年时间,每年安排10亿元省级财政资金,促进创业孵化基地和创业园区建设。2014年设立了中小企业创业补助创新奖励资金1.35亿元,着力缓解小微企业融资困难,支持小微企业孵化器、创业基地、公共服务平台建设,降低小微企业创业创新成本,优化小微企业发展环境。2017年,全省各地方政府支持"双创"的资金投入总额达29.6亿元,其中直接用于各类孵化载体的支持资金总额为5.9亿元。

落实小额担保贷款贴息政策。为缓解小微企业融资难、融资贵问题,山东省财政采取贷款贴息政策,支持小微企业创业发展。对于金融机构向创业个人申请的微利项目贷款,财政给予全额贴息;对于劳动密集型小企业申请的小额担保贷款,财政按照基准利率的50%给予贴息。截至2017年第三季度末,山东省财政共贴息4.37亿元,934家小企业获得贷款扶持,14.74万人直接享受到政策红利。

认真落实小型微型企业税收优惠政策。2017年继续对月销售额3万元以下的小微企业免征增值税,同时扩大享受税收优惠的企业范围,将享受所得税优惠的小型微型企业年应纳税所得额上限由30万元提高到50万元。通过税收优惠政策的实施,全省累计减免小微企业增值税32亿元、所得税12亿元。

山东省已构建起一整套相对规范、完整的融资担保体系和银行外融资体系,至2017上半年,全省405家融资性担保机构累计为52.52万户中小企业担保贷款8702亿元;全省427家小额贷款公司发放贷款743.5亿元,512家民间融资机构投资额达到315.43亿元,80%以上的资金投向了小微企业。

2. 政府引导基金

政府引导基金又称创业引导基金,是由政府出资,并吸引有关地方政府、金融、投资机构和社会资本,不以营利为目的,以股权或债券等方式投资于创业风险投资机构或新设创业风险投资基金,以支持创业企业发展的专项资金,主要包括股权投资、基础设施投资等类型。其中,直接与"双创"

和中小企业相关的是股权投资类政府引导基金，因此，本报告中出现的政府引导基金是指股权投资类政府引导基金。中国的政府引导基金以2002年中关村创业投资引导基金的成立为开端，之后迅速发展，2005年《创业投资企业管理暂行办法》中首次出现引导基金的概念；2009年山东省发布《山东省省级创业投资引导基金设立方案》（鲁政办发〔2009〕57号），确定省级引导基金总规模为10亿元，2009年首期引导基金为4亿元。山东省人民政府出台《山东省人民政府关于运用政府引导基金促进股权投资加快发展的意见》（鲁政发〔2014〕17号）、《山东省省级股权投资引导基金管理暂行办法》等文件，正式拉开山东省人民政府引导基金发展的序幕。

根据清科研究中心以及民生证券研究院披露的数据来看，截至2017年8月，山东省人民政府引导基金累计设立122只，累计目标规模为4721.23亿元（见表2）。山东省人民政府引导基金数量在全国排名第4。累计目标规模在全国排名第5。2017年1月至8月，新增6只基金，新增目标规模为573.02亿元。山东政府引导基金每年新增数量和规模呈递减趋势。

表2 四省国家小微企业创业创新示范基地情况

单位：只，亿元

省份	基金数量	累计目标规模	平均目标规模	2016年新增基金数量	2016年目标规模	2017年1月至8月新增基金数量	2017年1月至8月新增目标规模
广东	144	6634.47	44.23	54	3366.5	15	4262
浙江	137	9735.23	86.92	40	1073.25	7	158.5
江苏	133	2469.43	22.45	45	2504.1	10	1013
山东	122	4721.23	44.54	24	1834.05	6	573.02

资料来源：清科研究中心和民生证券研究院研报、齐鲁财富网。

政府引导基金的投资阶段主要分为种子期、初创期、扩张期和成熟期。从各个阶段的投资数量来看，扩张期占比最大，为46%，成熟期为30%，而初创期和种子期仅占19%和4%，可以说明政府引导基金对初创期和种子期企业关注度不够。从投资规模来看，成熟期占比最大，为72%，扩张期为19%，初创期为8%，种子期为1%，一方面是政府引导基金对初创期和种子期关注度不够,另一方面是这两个阶段的中小企业单次的资金量相对较小。

省级天使投资引导基金。省级天使投资引导基金是省政府引导基金中的一只子基金,是专门投资于种子期、初创期小微企业的一种股权投资基金。2015年,省财政设立引导基金,首期出资2亿元,与省内外社会资本合作建立天使投资引导基金,重点投资从事高新技术产品研究、开发、生产和服务或在商业模式上具有开创性的种子期或初创期科技型、创新型小微企业。

省级直投基金。2015年山东省人民政府在全国率先设立省级直投基金,直接对齐鲁股权交易中心挂牌企业进行股权投资,对在2016年7月1日至2017年年底前在齐鲁股权交易中心新挂牌的企业,直投基金给予每户300万元支持。根据省财政厅的数据,省级直投基金共支持挂牌企业340家,落实投资10亿元,平均每家挂牌企业获得294.12万元。

省级直投基金的主要意义是:第一,直投基金直接给中小企业注入资金,解决部分资金问题;第二,直投基金的投资可以提高企业的授信额度,企业获得银行贷款的可能性提高;第三,直投基金的支持提高了中小企业在齐鲁股权交易中心挂牌的积极性,激发了山东省资本市场的活力,同时也为中小企业获得资金提供了更多渠道。根据省财政厅的数据,直投基金带动各地政府配套以及吸引金融和社会投资320亿元。但是省级直投基金存在的一个局限就是带动面积比较小,投资对象只是在齐鲁股权交易中心挂牌的企业,截至2017年底,省级直投基金总共支持了340家企业,对于全省200多万家中小企业来讲,覆盖面太小。

(五)创新能力情况

发展"专精特新""一企一技术"企业等,依靠科技创新和专有技术,成为行业和细分领域的领军企业和隐性冠军,进而占据市场竞争的制高点是中小企业在当前经济环境中生存和发展的必然出路,也是促进中小企业成长的重要途径,同时也是一个地区中小企业持续生存不断创新的体现。

1. 中小企业发明专利较少

近年来,中小企业不断加快创新步伐,专利作为创新能力的直接体现,既是企业参与市场竞争的重要工具,也是衡量企业综合实力的重要标志。2017

年,《国务院知识产权战略实施工作部际联席会议办公室关于印发〈2017年深入实施国家知识产权战略加快建设知识产权强国推进计划〉的通知》,提出了实施知识产权战略的具体行动计划,为企业自主创新提供重要的政策引导。专利对于中小企业的作用更加明显,谁拥有的发明专利越多,谁在转型升级中迈出的步伐越大,谁在市场竞争中取胜的能力就越强。

根据山东省知识产权局发布的数据,2017年山东发明专利达到74590件,每万人发明专利拥有量为7.57件,未能进入全国各省份排名前十。江苏、浙江和广东三省分别以22.50件/万人、19.70件/万人、19.00件/万人在全国排名第三、第四、第五,且远超山东省每万人发明专利拥有量(见图6)。具体来看,2017年山东企事业单位获得专利授权量最多,达到10674件。从山东省知识产权局发布的授权量排名前十的企业来看,它们是海尔集团公司、山东钢铁、中电四十一所、浪潮电子、歌尔股份等大型企业。结合2016年的数据来看,2016年山东省专利授权量为19404件,其中企事业单位发明专利授权量为10816件,授权量排名前十的企业为海尔集团公司、青岛玉兰祥商务服务有限公司、中电四十一所、潍柴动力、莱钢集团、济钢集团、浪潮电子等。入选全省专利授权量TOP 50的企业共有3220件专利获得授权,占据企事业单位发明专利授权量的30%。而山东省中小企业共200多万户,可见中小企业专利授权量是极少的。

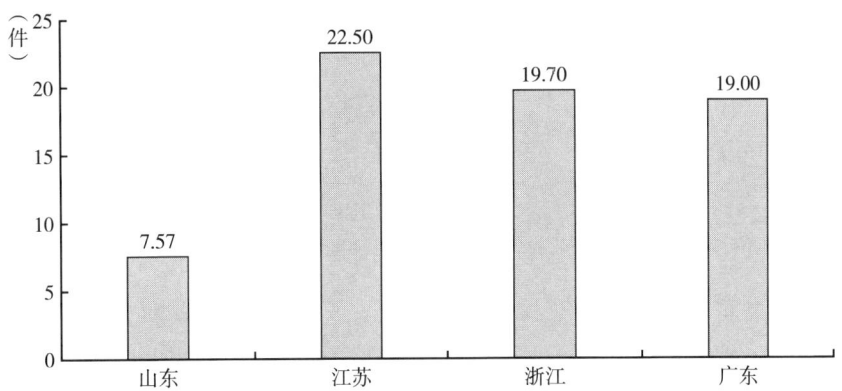

图6 四省每万人发明专利拥有量(2017年)

资料来源:山东省知识产权局、齐鲁财富网。

"十二五"以来，海尔集团、浪潮信息、海信电器等大型企业的发明专利申请总量呈上升趋势，山东省依托大型企业的发明专利优势较为明显，也说明中小企业创新能力相对较弱，自主创新能力还需提升，以增强知识产权竞争力。

2. 专精特新企业持续培育

自《工业和信息化部关于促进中小企业"专精特新"发展的指导意见》（工信部企业〔2013〕264号）出台以来，各省份高度重视，出台配套的支持性政策。山东2011年先后出台的《关于培育支持中小企业"一企一技术"研发中心的意见》（鲁中小企办字〔2011〕3号）、《山东省地方特色产业中小企业发展的意见》（鲁政办发〔2011〕32号）、《关于编制发展"专精特新"中小企业规划，实施"育苗扶壮"工程的通知》（鲁中小企局字〔2013〕40号）等政策，对提高中小企业自主创新能力，加大自主品牌培育力度，积极开发特色产品和服务起到了明显的促进作用。

2013年山东省出台的《关于编制发展"专精特新"中小企业规划，实施"育苗扶壮"工程的通知》（鲁中小企局字〔2013〕40号）提出，规划培育"专精特新"中小企业，包括"专精特新"中小工业企业、自主品牌、科技创新型中小企业、"一企一技术"研发中心及企业和特色服务型中小企业，实行"五位一体"，各自分类规划。在具体条件中，只要是市级以上"一企一技术"研发中心或"一企一技术"企业，即被视为科技创新型中小企业，将其纳入"专精特新"中小企业发展规划。

2014年1月，山东省中小企业局公布第一批"专精特新"中小企业，共200家，其中专精特新工业企业66家，科技创新型企业69家，自主品牌企业15家，特色服务企业50家。截至2017年底，山东省共公布了七批"专精特新"中小企业，共2566家。表3展示了山东省省级"专精特新"中小企业，各地市为了发展中小企业，多措并举支持引导小微企业走专业化、精细化、特色化、新颖化的"专精特新"发展之路，"十二五"期间，全省培育了8294家"专精特新"中小企业，全省计划在"十三五"期间再培育"专精特新"企业7500家，总数达到15000家左右，发挥以"专精特新"中小企业为引领的一大批中小微企业的创新主体作用，推进中小微企业转型升级。

表3 山东"专精特新"中小企业(第一批至第七批)情况

单位:家

时间	批次	专精特新	专精特新工业	科技创新型	自主品牌	特色服务
2014年1月	第一批	200	66	69	15	50
2014年11月	第二批	400	139	143	46	72
2015年7月	第三批	414	138	133	61	82
2015年12月	第四批	369	133	113	62	61
2016年8月	第五批	403	150	120	64	69
2016年12月	第六批	419	—	—	—	—
2017年12月	第七批	361	—	—	—	—

注:由于2016年之后公布的"专精特新"中小企业名单中,青岛市不对企业分类,因此山东省细分企业数据无法统计。

资料来源:山东省中小企业局、齐鲁财富网。

具体来看,从表3可以看到每一批"专精特新"中小企业都在400家左右(除第一批外),其中专精特新工业企业数量最多,这与山东省的产业结构有关——以工业企业为主。自主品牌和特色服务企业数量相对较少,山东省企业对自主知识产权和商标等不够重视,产品品牌培育能力不强。服务业方面,山东省长期以来发展就相对落后,一方面,服务业持续创新发展动力不足,在餐饮住宿、批发零售等传统服务业中,企业网络化、信息化水平低;在新兴服务业领域,山东省也没有具有较强影响力的企业。另一方面,山东省服务行业服务质量较差,缺少市场规范和行业监管。

3. "一企一技术"企业不断增加

中小企业"一企一技术"研发中心(以下简称"一企一技术"研发中心)是指企业整合内外资源、统筹管理技术创新活动、从事独门绝技研究开发、促进科技成果向现实生产力转化的专业机构,是企业技术创新体系的核心。"一企一技术"创新企业是指虽然没单设研发机构,但同样具有独特技术和产品的企业。"一企一技术"倡导一个企业掌握一项专有技术或一门绝活,企业通过研发创新,掌握具有自主知识产权的专有技术,有效激励了中小企业自主创新,成为全省中小企业新产品、新技术的重要来源。"一企一技术"对山东中小企业转型升级产生了重大推动和引领作用,已经成为全省中小企业新产品、新技术的重要来源。"一企一技术"创新活动使众多中小企业拥有了专有技术、专利产品,成为中小企业集聚创新人才的重要平台,为企业做优做强提供了强有力的技术支撑。"一企一技术"研发中心已经成为协同创新的重要载体。这些企业与科研院所建立长久合作关系,对于引领研发方向,整合创新资源发挥着越来越大的作用。截至2017年,山东省共认定了十三批省级"一企一技术"研发中心1127家(不含青岛市);认定十一批次省级"一企一技术"创新企业,共计1104家(见表3)。市级"一企一技术"研发中心和创新企业也有数千家。

开展"一企一技术"认定成为山东省培育中小企业新动能的主流方式,通过打造创新主体,加大研发投入,推动"产学研用"结合,加快成果转化,提升了企业核心竞争力。"一企一技术"研发中心研发的生产技术处于行业前沿,具有突出竞争优势,能够提升企业技术创新能力和核心竞争力。

表4 山东"一企一技术"研发中心和创新企业情况

单位:家

时间	研发中心	批次	创新企业	批次
2011年7月	30	第一批	—	—
2011年9月	40	第二批	—	—
2012年6月	49	第三批	50	第一批
2013年1月	48	第四批	91	第二批
2013年7月	64	第五批	90	第三批
2013年12月	72	第六批	75	第四批
2014年8月	71	第七批	63	第五批
2014年12月	106	第八批	178	第六批
2015年7月	109	第九批	166	第七批
2015年12月	103	第十批	127	第八批
2016年8月	157	第十一批	121	第九批
2016年12月	115	第十二批	64	第十批
2017年12月	163	第十三批	79	第十一批

资料来源:山东省中小企业局、齐鲁财富网。

专题报告

Special Topic Reports

B.6 山东省中小企业发展指数研究

摘 要: 为准确评价山东省中小企业的发展情况,本报告在总结已有研究成果的基础上,编制山东省中小企业发展指数,期望通过对全省中小企业发展情况的研究和分析,为政府部门、行业机构制定中小企业相关政策和发展战略提供依据。该指数由一个包含微观指标、宏观经济指标、社会指标三个维度的指标体系计算得出,指标体系涵盖了销售收入、净利润、企业家数、社会融资规模等22个二级指标,全部为可计量的客观性指标。通过对比现有的专家调查法、层次分析法、熵值法、主成分分析法,权衡多种确定指标权重方法的优缺点,最终采用专家打分法来确定指标权重。在指数计算中,我们采用增长率循环法,将2016年基期指数设定为100,通过对指标进行正向化、标准化处理,计算出2017年全省中小企业发展指数为107.96,指数大于100,说明中小企业发展综合向好。经过指数计算和对各项指标进行分析,我们发现山东中小企业发展存在销售收入和获利能力减弱、融资难和融资贵

问题仍未解决、民营经济占比下降等情况。

关键词： 中小企业发展指数　指标体系　评价体系

在本报告中我们已知，中小企业是我国创造社会财富的主体之一，是解决大众就业问题的主力军，是企业家精神和创新精神的重要来源，是推动我国国民经济平稳加快发展、促进社会和谐不可或缺的重要力量，因此，中小企业能否持续健康发展和如何衡量中小企业发展，应当成为社会各界广泛关注的问题。准确评价其发展情况对于中小企业改善经营管理、提高自身核心竞争力具有重要意义，也是促进中小企业迅速发展、壮大的关键。在此背景下，我们构建了山东省中小企业发展指数评价体系，希望通过我们对全省中小企业发展情况的研究和分析，为有关政府部门、行业机构制定中小企业相关政策提供依据。具体而言，对山东省中小企业发展指数的调查、编制与发布有三方面的意义：一是加强政府部门、行业机构组织与中小企业之间的沟通、联系与互动；二是通过对全省中小企业发展指数的分析，企业可以了解营商环境的整体变化态势，较为客观地评估企业的优势及不足之处，为制定长期发展战略提供依据；三是作为分析全省宏观经济形势的补充资料，该指数的编制能够提高相关政府部门对中小企业整体发展态势的把握能力，进而提高决策效率，提升政策制定的精准度。

一　山东省中小企业发展指数的编制

（一）研究现状

随着发达国家企业业绩评价理论和企业竞争力理论的发展，企业评价指标体系也在不断更新和完善。国外学者对企业发展评价经历了以财务指标为核心逐步演变为将财务指标与产品创新、内部控制、社会责任等多角度综合考虑的评价体系。在已有的研究成果中，比较有影响的是 Clive Emmanuel、David Otley 和 Kenneth Merchant 于 1990 年根据"权变管理理论"（Contingency Theory of Management）建立的由 17~19 项指标构成的"业绩计量体系"（Performance Measure），该体系是定量指标与定性指标相结合的综合评价体系，能有效地反映出企业经营绩效和发展能力。20 世纪末和 21 世纪初，出现了大量融入了多种多样非财务指标的业绩评价体系。比较有代表性的就是"绩效三棱镜体系"和"四尺度评价模型"：Neely 和 Adams 在 2003 年提出了"绩效三棱镜体系"，即对于企业进行绩效评价，需要从利益相关者的能力、需求、企业贡献、战略定位、流程设计 5 个方面进行评价，是一种典型的围绕利益相关者的价值取向进行的绩效评价。Robert Hall 在 2004 年提出了"四尺度评价模型"，他认为应当从质量、作业时间、资源利用和人力资源四个维度来评价企业的经营业绩，并逐项提出改进建议以增强企业的综合竞争力。近年来，财务指标与非财务指标相结合的评价体系研究日渐成熟。Corazza 等于 2016 年考虑影响公司偿付能力水平的不同因素，应用"多标准决策分析"（Multi-criteria Decision Analysis），将多个影响公司偿付能力的相互冲突的因子利用计算机技术完成信息加工和赋权以形成判断矩阵，揭示中小企业部门衰退的早期信号。《财富》杂志在研究企业发展潜力时，为体现企业的综合竞争力，通过创新能力、服务质量、管理质量、社会责任感、吸引人才和留住人才的能力、整合资产能力、国际运作能力、投资评估八个方面建设评价体系来评价企业的持续生存能力。

国内学者对企业发展评价的研究经历了曲折的过程，20 世纪 70 年代以实物的数量作为考核标准；80 年代以企业的产值和净利润作为考核标准，90 年代把以 ROA、ROE 为代表的投资回报作为考核标准，1999 年财政部、国家经济贸易委员会、人事部、国家发展计划委员会联合发布《关于印发〈国有资本金效绩评价规则〉〈国有资本金效绩评价操作细则〉的通知》（财统字〔1999〕2 号），提出从基本指标、修正指标和专家评议指标三个维度建设企业绩效评价体系，涉及 32 项财务指标和 8 项非财务指标，初步形成了财务指标与非财务指标相结合的评价体系。孙国茂在 2002 年认为公司价值是公司经营和发展的目标函数，理论上公司价值等于公司股权价值和公司债权价值，但是实际上公司财务指标和公司治理指标等会影响公司价值。冒乔玲在2002年提出了从安全性评价指标、前瞻性评价指标、相关者利益评价指标三个维度构建企业成长性评价指标体系，从企业的经营、财务管理、人力资本、创新能力及"相关者"利益等方面建立评价指标体系。郭蕊在2006年认为企业的可持续成长能力主要体现在企业的成长性、持续性和创新性方面，提出从宏观层面、中观层面、微观层面设计评价体系，该评价体系从社会宏观、产业、制度、技术、财务5个维度建设，涵盖环境意识、社会贡献、行业可持续发展性、创新活力、组织结构、偿债能力、运营能力等20个细分指标。司玉辰在2013年强调定价指标与定性指标相结合，他认为在构建中小企业评价体系时，要将短期水平与长期效益相结合、将静态指标与动态指标相结合，提出从投入、过程、产出、环境4个维度选用31个二级指标设计评价体系。

另外，我国目前采用采购经理指数（PMI）、企业景气指数、企业家信心指数、企业商品交易价格指数、渣打中国中小企业信心指数（SMEI）等来观测企业的内外部发展环境变化情况。其中，采购经理指数（PMI）是及时反映市场动态的先行指标，它与GDP一同构成我国宏观经济的信号指标。PMI共包括11个指标，其每项指标均反映了商业活动的现实情况。企业景气指数是综合反映企业的生产经营状况的指数，是企业家对本企业生产经营状况的判断和预期。企业家信心指数是反映企业家对当前宏观经济形势和发展趋势的乐观程度的指标，是在已计算出各行业景气指数的基础上，以GDP为权数来计算的。企业商品交易价格指数（Corporate Goods Price Index，CGPI），是反映国内企业之间物质商品集中交易价格变动的统计指标，是比较全面的测度通货膨胀水平和反映经济波动的综合价格指数。渣打中国中小企业信心指数（SMEI）旨在通过企业经营现状、未来预期以及企业信用三个维度，对中国中小企业的生存和发展现状做出即时有效的综合评估和动态连续的观察研究。其由渣打银行于2011年10月开始发布，此后每季度发布一次，每期调研涉及1000家中小企业，其中70%为小微企业，主要调研指标包括宏观信心、运营信心、投资信心、融资信心四类，是外资银行第一次定期发布专门针对中国中小企业的信心指数。在本报告中，我们参考了国内各种与企业发展评价相关的指数编制方法，并借鉴国内外专家、学者的研究方法，通过分析国内其他区域中小企业研究现状，构建了"山东省中小企业发展指数"，以反映全省中小企业的营商环境及综合发展变化情况。

（二）中小企业发展指数内涵及指标体系的构建

尽管国内外研究人员对中小企业发展水平衡量越来越感兴趣，但研究人员对中小企业绩效指标、衡量和评估方法没有一致的意见，目前尚没有学术权威对其进行深入解构进而构筑一个系统的规范体系。在对区域中小企业发展研究上，2014年赵有广主编的《安徽中小企业发展研究报告（2014）》，主要从中小企业产业集群、可持续发展、技术创新、内部控制、信息化、人力资源管理、可持续发展7个角度进行现状分析、发放调查问卷、进行问题研究，没有提出多因素影响下的中小企业发展评价体系。2016年内蒙古中小企业发展研究基地编的《内蒙古自治区中小企业发展研究报告（2016）》由内蒙古自治区高等学校人文社会科学重点研究基地"内蒙古中小企业发展研究基地"资助课题的研究成果整合而成，从内蒙古自治区中小企业的管理状况、经营状况、管理案例、融资、中小企业集群5个方面分析和探讨了内蒙古自治区中小企业的发展现状、技术创新、融资、扶持政策、服务体系等重点和热点问题，同样未提及针对中小企业发展能力评价的指标体系。我们发现，在区域研究上浙江省起步较早，2006年1月17日，浙江省中小企业局发布《2005浙江省中小企业发展报告》，以年度报告的形式发布中小企业发展的情况，推动中小企业加快转型，推进区域经济协调发展。2013年由浙江省经信委企业规划处指导，省中小企业发展促进中心具体承担，张金如主编的《2013浙江省中小企业发展报告》中首次编制了浙江省小微企业发展指数，该指数基于浙江省统计局相关数据及浙江省小微企业培育与监测平台的原始数据进行编制，从内部资源、股东情况、财务情况、生产经营效益和企业规模5个方面，选取了总资产、流动资产、固定资产、所有者权益、实收资本、税金、负债、利息支出、主营业务收入、利润、总市值、企业数量、从业人员13个指标对全省11个地市计算发展指数。该指数主要从财务方面选用指标，未能考虑宏观经济环境、社会消费水平等对企业发展的影响因素。

总之，现有对中小企业发展情况的观测方法大多借助调查问卷，主观因素较强且过多地侧重于宏观经济环境分析。对中小企业发展能力的研究主要是从财务方面设计指标以进行评价，部分学者考虑到企业文化、资源整合、国际运作指标，并没有考虑到宏观经济及社会营商环境等非财务指标对企业发展的影响，也没有考虑到财务指标与非财务指标两方面之间的交互关系，如果单纯考虑财务指标，则不能及时发现经营管理中存在的问题，不能预测企业未来的业绩成果，无法衡量企业外部环境的变化程度，若只看重当前的财务数据，则容易造成决策层的短期行为影响中小企业的战略选择及长期发展。对区域中小企业发展能力的研究则主要体现在对中小企业某一方面现状的分析研究上，没有考虑各因素对区域内中小企业发展的相互关系及综合影响的结果。随着数字化、信息化、智能化技术在中小企业的运用，企业的发展不再单纯地由成本和质量决定，宏观经济状况及社会营商环境的变化对中小企业的影响日渐加大，因此，对中小企业发展情况进行评价时需要的信息是多方面的，不但包括财务方面的信息，还包括企业数量、CPI、PPI、社会融资规模、失业率等宏观经济方面的信息。

为定量反映山东省中小企业发展环境，我们综合了微观、宏观经济和社会三个维度的因素，编制"山东省中小企业发展指数"。该指数是一个纯客观的、综合性的、全量化的指数。它既能反映企业的获利能力及潜在的成长能力，也能反映企业生存环境的变化。之所以用指数的形式作为评价全省中小企业发展能力的载体，主要是因为指数可以综合反映山东省中小企业发展能力的变动方向和变动程度，可以分析各因素的影响大小和影响程度，可以研究全省中小企业发展能力在多个年度内的变动趋势。我们通过查阅国内外专家、学者关于企业发展能力评价的相关文献，在研究、分析企业竞争力理论、利益相关者理论及动态能力理论的基础上构建了一个新的、符合山东省情的、较为全面评价全省中小企业发展能力的指标体系。该指标体系由微观指标、宏观经济指标、社会指标三个维度22个二级指标构成（见表1），通过对现有的专家调查法、层次分析法、熵值法、主成分分析法等确定指标权重方法优缺点的对比分析，采用专家打分法来计算一级指标和二级指标的权重。通过对 22 个客观、可量化的指标的计算，编制山东省中小企业发展指数，对山东中小企业的发展能力进行定量和定性的分析。

表 1 山东省中小企业发展评价指标体系

序号	一级指标	二级指标	指标性质
1	微观指标	销售收入	正向指标
2		净利润	正向指标
3		销售收入利润率	正向指标
4		净资产	正向指标
5		负债率偏离度	负向指标
6		总资产收益率	正向指标
7		劳动生产率	正向指标
8		研发费用占销售收入的比重	正向指标
9		三板成指	正向指标
10	宏观经济指标	非公企业投资	正向指标
11		企业家数	正向指标
12		融资成本	负向指标
13		民营经济占比	正向指标
14		社会融资规模	正向指标
15		PMI	正向指标
16		发明专利数量	正向指标
17		税收收入	正向指标
18		高新技术企业数量	正向指标
19	社会指标	社会消费品零售总额	正向指标
20		失业率	负向指标
21		创业板指数	正向指标
22		CPI	负向指标

（三）指标解析

1. 微观指标

微观指标指从企业的角度反映投入产出的效益，本指标主要从企业财务报表中反映的数据及其在二级市场上的表现来衡量其发展能力。涵盖销售收入、净利润、销售收入利润率、净资产、负债率偏离度、总资产收益率、劳动生产率、研发费用占销售收入的比重、三板成指9个二级指标。这些指标能够客观地反映企业的生产经营情况,通过对该指标的分析,可以了解山东中小企业总体经营绩效及成长情况。

(1) 销售收入:销售收入是企业实现财务成果的基础,也是反映企业生产经营活动状况的重要财务指标。销售收入增长率体现了一段时期内,销售收入的变化程度,该指标越大表明企业增长速度越快,企业市场前景越好,为正向指标。

(2) 净利润:净利润是指利润总额减所得税后的余额,是当年实现的可供出资人(股东)分配的净收益,也称为税后利润,为正向指标。

(3) 销售收入利润率:销售收入利润率指企业实现的总利润对同期的销售收入的比例,用以反映企业销售收入与利润之间的关系,是反映企业获利能力的重要指标,这项指标越高,说明企业销售收入获取利润的能力越强,为正向指标。计算公式为:

$$销售收入利润率 = 利润总额 / 销售收入 \times 100\%$$

(4) 净资产:净资产是指归企业所有,并可以自由支配的资产,即所有者权益或者权益资本。该指标越高表明企业可以自由支配的资产越多,为正向指标。

(5) 负债率偏离度:为观察山东省中小企业的负债程度,我们选择国有企业的负债率作为参照标准,负债率偏离度越大,说明中小企业的资产负债率越小,一般认为其获得借款的难度越大,为负向指标。计算公式为:

$$负债率偏离度 = (国有企业资产负债率 - 中小企业资产负债率) / 国有企业资产负债率 \times 100\%$$

(6) 总资产收益率:总资产收益率是分析公司盈利能力非常有用的指标,其直接反映了公司的竞争实力和发展能力,是决定公司是否应举债经营的重要依据,为正向指标。计算公式为:

总资产收益率 =（净利润／平均资产总额①）×100%

（7）劳动生产率：本指标代表全员劳动生产率，是根据公司营业收入计算的一年期内，每个从业人员创造的平均营业收入量。该指标越高，表明企业的技术水平、经营管理水平越高，职工劳动积极性较强，为正向指标。计算公式为：

劳动生产率 = 营业收入／平均从业人数②

（8）研发费用占销售收入的比重：研发费用是指企业用于项目研究、开发而支付的费用。我们用研发费用占销售收入的比重来表示企业研发投入的意愿，是营商环境、企业对未来预期等多项因素的综合表现。该指标越高，表明区域内的营商环境越适合企业成果孵化，企业对市场预期向好，为正向指标。

（9）三板成指：二级市场价格除了与公司股本、所处行业、财务状况、经营绩效等自身因素有关外，还受到投资者对股价的认可程度影响。由于新三板市场相对成熟，且绝大多数挂牌企业为中小企业，在对中小企业进行分析时，我们选用该指标代表三板协议、做市等各类转让方式的股票市场的表现，为正向指标。

2. 宏观经济指标

宏观经济指标是全省中小企业营商经济环境的体现。该指标包含非公企业投资、企业家数、融资成本、民营经济占比、社会融资规模、PMI、发明专利数量、税收收入、高新技术企业数量9个二级指标。这些指标能够客观地反映全省中小企业的生存环境，通过对该指标的分析能够体现全省大力推行行政改革、优化产业结构的成果，并为政策的宏观调控及企业战略调整提供依据。

（1）非公企业投资：固定资产投资是指以货币形式表现的、企业在一定时期内建造和购置固定资产的工作量以及与此有关的费用变化情况，包括企业用于基本建设、更新改造、大修理和其他固定资产投资等。该指标指非国有企业固定资产投资，主要指集体、私营、个人性质的内资企事业单位以

---

① 平均资产总额 =（年初资产总额 + 年末资产总额）/2。
② 平均从业人数 =（年初从业人数 + 年末从业人数）/2。

及由其控股（包括绝对控股和相对控股）的企业单位在山东省建造或购置固定资产的民间投资，为正向指标。

（2）企业家数：其是衡量全省营商环境优劣的指标之一。该指标越大说明适合中小企业主创业的外部经济及行政条件越好，为正向指标。

（3）融资成本：其指企业为筹集和使用资金而付出的代价。由于中小企业抵押担保物不足、财务制度不健全、经营风险较大，借款期限一般在一年（含）之内，所以我们用中小企业一年期借款利率来反映其融资成本情况。在选用该指标数据时，没有直接使用人民币贷款基准利率（简称LPR）而是以上海银行间同业拆借利率（简称SHIBOR）与P2P网贷综合年利率分别按照50%的权重计算，即：

$$融资成本 = SHIBOR \times 50\% + P2P \times 50\%$$

一方面，在货币政策及金融监管的影响下，一年期SHIBOR已经超过一年期LPR，银行出现成本收益倒挂；另一方面，中小企业经营稳定性差、缺乏抵押物等原因致使银企关系脆弱，很难达到银行的放款条件，并且由于手续繁杂，需要承担增信费用、各项评估费用等，以P2P为代表的普惠金融成为缓解中小企业融资压力的渠道之一，该指标能相对客观地反映中小企业的整体融资压力，我们用SHIBOR与P2P综合年化利率加权后的利率表示中小企业融资成本，其为负向指标。

（4）民营经济占比：民营经济是国民经济的重要组成部分和社会发展的基础，山东省为大力推动"大众创业、万众创新"，在促进民间投资、降低企业融资成本、鼓励技术创新、简政放权、优化政府服务等方面出台了多项政策，努力营造良好的营商环境，推进民营经济发展。我们用民营经济占比表示民营经济增加值占GDP的比重，将其作为衡量民营经济发展水平的指标，为正向指标。

（5）社会融资规模：指1个年度内全省实体经济从金融体系获得的全部资金总额，是增量概念。我们用社会融资规模的变化来体现金融对实体经济的支持变化程度，为正向指标。

（6）PMI：采购经理指数（PMI）是按照国际上通用的做法，由新订单指数、生产指数、从业人员指数、供应商配送时间指数、主要原材料库存指数五个扩散指数加权而成，是反映经济变化趋势，检测经济的先行指标。根据美国专家的分析，PMI 与 GDP 具有高度相关性，且其转折点往往领先于 GDP 几个月。我们将该指标作为宏观经济预测先行指标，为正向指标。

（7）发明专利数量：我国《专利法》规定可以获得专利保护的发明创造有发明专利、实用新型专利和外观设计专利。发明专利是指前所未有、独创、新颖和实用的专利技术或方法；它在实用新型专利、发明专利及外观专利三种专利类型中的技术含量及价值是最高的。在本报告中，我们用发明专利数量表示企业创新的主动性、积极性，是市场活力的象征，为正向指标。

（8）税收收入：税收收入是财政收入的主要组成部分，在我国的税收收入结构中，企业的流转税和所得税居于主体地位。由于企业的纳税与销售额及利润总额相关，我们用税收收入变化体现中小企业对经济的贡献及企业发展环境景气状况，为正向指标。

（9）高新技术企业数量：高新技术企业是指在国家颁布的《国家重点支持的高新技术领域》范围内，持续进行研究开发与技术成果转化，形成企业核心自主知识产权，并以此为基础开展经营活动的企业，是知识密集、技术密集的经济实体。我们用高新技术企业数量变化体现企业推动科技进步的程度和积极性，为正向指标。

3. 社会指标

社会指标是围绕中小企业发展，对社会经济环境进行的量化指标，含社会消费品零售总额、失业率、创业板指数、CPI 4 个二级指标。从失业人口、消费者、投资者的经济行为角度，衡量区域内中小企业的营商环境，为企业战略调整提供参考依据。

（1）社会消费品零售总额：其指 1 个年度内国民经济各部门向消费者出售的消费品的金额总和。我们用社会消费品零售总额的变化反映全省人民物质文化生活水平、社会商品购买力的实现程度，以及零售市场的规模状况，为正向指标。

（2）失业率：其指失业人口占劳动人口的比例，用于衡量一定时期内闲置劳动力的情况，一般来说，失业率下降，表示经济健康发展；失业率上升，表示经济出现衰退。我们用失业率间接衡量全省经济健康发展状况,为负向指标。

(3)创业板指数:创业板上市公司一般为无法在主板上市的创业型企业、中小企业和高科技产业企业等。我们用创业板指数的变化代表有潜力的中小企业获得融资情况及二级市场投资者对中小企业的信心程度,为正向指标。

(4)CPI:居民消费价格指数反映消费环节价格水平,是衡量居民家庭所购买的消费品价格水平变动情况的指数。其变动在一定程度上反映了通货膨胀或紧缩的程度。一般来讲,物价全面地、持续地上涨就被认为发生了通货膨胀,为负向指标。

(四)指标权重确定

确定了指标体系就要考虑各项指标对最终测算结果的影响。现有的赋权方法分为主观赋权和客观赋权,主观赋权是人们对分析对象的各个要素按重要程度,依据经验主观确定权重,如专家打分法、层次分析法。客观赋权是指经过对实际发生的资料进行整理和计算,得出具体数值并进行赋权,如变异系数法、熵值法、主成分分析法。专家打分法又称德菲尔法,是广泛征求专家意见,由专家直接根据经验并考虑评价观点后定出权重,经反复多次的信息交流和反馈修正,使评价意见逐步趋于一致,一般被用于信息不能准确量化和数据搜集困难的评价中。层次分析法(AHP)是一种先分解后综合的分析方法,通过把复杂问题系统化、层次化实现由定性到定量的转化,将复杂的评价对象排列为一个有序的、递阶层次的结构体,构建时依据人们对每一层因素的相对重要性做出判断,按照1~9分对比打分,做出判断矩阵。层次分析法将决策者的经验判断定量化,实现定性分析与定量分析方法相结合,提高了决策依据的准确性,在目标结构较为复杂且缺乏统计数据的情况下较为实用。变异系数法是通过计算变异系数①进行指标赋权的方法。在评

---

① 变异系数又称"标准差率",是衡量资料中各观测值变异程度的另一个统计量。当进行两个或多个资料变异程度的比较时,如果度量单位与平均数相同,则可以直接利用标准差来比较。如果度量单位和(或)平均数不同时,比较其变异程度就不能采用标准差,而需采用标准差与平均数的比值(相对值)来比较。

价指标体系中，取值差异越大的指标，也就是越难以实现的指标，这样的指标更能反映被评价单位的差距，被赋予的权重也就越大。我们发现，一个指标体系一般会选用多个指标，指标之间又常常具有某种相关性，在指标运用时，如果不了解指标之间的相互关系，就会降低指标体系的准确性和科学性。在综合考量各种赋权办法及各级指标间的相互关系后，我们选择相对科学易行的专家打分法，具体做法和基本步骤如下。

（1）在全国范围内选择在金融经济相关领域既有实际工作经验又有较深理论修养的专家10人。

（2）将待确定权重的22个指标及统一的权重确定规则发给各位专家，请他们独立地给出指标赋分。

（3）请每位专家用22个指标赋分值相加的总数去除单个指标分数，即为该指标权数。

（4）回收专家赋权结果，并计算各指标权数的均值和标准差。

（5）将计算的结果及补充材料返还给各位专家，请专家在此基础上再次确定权重。

（6）重复第（4）步和第（5）步，直至各指标权数与其均值的离差不超过20%为止，即10位专家的意见基本趋于一致，并以此作为该指标的权重（见表2）。

表2　山东省中小企业发展评价指标权重

单位：%

序号	一级指标	二级指标	指标性质	权重
1	微观指标(50)	销售收入	正向指标	10
2		净利润	正向指标	10
3		销售收入利润率	正向指标	5
4		净资产	正向指标	5
5		负债率偏离度	负向指标	5
6		总资产收益率	正向指标	5
7		劳动生产率	正向指标	5
8		研发费用占销售收入的比重	正向指标	2.5
9		三板成指	正向指标	2.5

续表

序号	一级指标	二级指标	指标性质	权重
10	宏观经济指标(40)	非公企业投资	正向指标	10
11		企业家数	正向指标	5
12		融资成本	负向指标	5
13		民营经济占比	正向指标	5
14		社会融资规模	正向指标	2.5
15		PMI	正向指标	2.5
16		发明专利数量	正向指标	2.5
17		税收收入	正向指标	2.5
18		高新技术企业数量	正向指标	5
19	社会指标(10)	社会消费品零售总额	正向指标	2.5
20		失业率	负向指标	2.5
21		创业板指数	正向指标	2.5
22		CPI	负向指标	2.5

二 2017年山东省中小企业发展指数计算

由于大多数中小企业未进入资本市场，财务核算制度不健全，没有严格的信息披露要求。财务数据大多未经过第三方审计，真实性、准确性、权威性、及时性难以得到保证。我们在计算山东省2017年中小企业发展指数时，综合考虑数据的普遍性、客观性及真实性，采用山东省在全国中小企业股份转让系统挂牌的540家符合《关于印发中小企业划型标准规定的通知》（工信部联企业〔2011〕300号）要求的中小企业挂牌公司作为微观指标样本，再通过对山东省统计局、山东省财政厅、山东省中小企业局等机构权威公开数据的搜集、汇总获得全省宏观经济指标、社会指标（见表3）。最后经过对指标做正向化、标准化处理后计算2017年山东省中小企业发展指数，并得出结论。

山东省中小企业发展指数研究

表3　山东省中小企业发展评价指标数据（2016～2017年）

序号	一级指标	二级指标	2017年	2016年
1	微观指标	销售收入（万元）	8281312.61	6972107.57
2		净利润（万元）	419934.53	368003.69
3		销售收入利润率（%）	6.21	6.64
4		净资产（万元）	5391777.161	4776632.947
5		负债率偏离度（%）	22.39	21.25
6		总资产收益率（%）	4.01	3.89
7		劳动生产率（万元/人）	74.54	62.75
8		研发费用占销售收入的比重（%）	3.22	3.19
9		三板成指	1275.32	1243.61
10	宏观经济指标	非公企业投资（亿元）	42040.70*	41176.00
11		企业家数（万户）	225.00	190.00
12		融资成本（%）	6.87	6.78
13		民营经济占比（%）	50.77	51.13
14		社会融资规模（亿元）	8497.71	8311.93
15		PMI	51.6	51.4
16		发明专利数量（件）	74590	62005
17		税收收入（亿元）	4419.3	4212.6
18		高新技术企业数量（家）	6300	4692
19	社会指标	社会消费品零售总额（万元）	336490430.7	306457587.1
20		失业率（%）	3.4	3.46
21		创业板指数	1752.65	1962.06
22		CPI	101.5	100

注：*2017年山东省非公企业投资42040.70亿元，是根据山东省统计局公布的民间投资增长率2.1%及2016年非公企业投资（民间投资）41176.00亿元进行计算得来的。

资料来源：Wind、全国中小企业股份转让系统、网贷之家、http://www.shibor.org/、山东省统计局、山东省知识产权局、山东省科学技术厅、齐鲁财富网。

（一）指数计算

在指数计算时，各指标由于经济学意义和计量单位不同，不具有直接可比性。综合考虑时间的连续性，不同年份的可比性，对正向指标直接计算报告期指标相对上年的增长率。计算公式为：

$$P_i = \frac{X_i - X_{i-1}}{X_{i-1}} \times 100\% \tag{1}$$

其中，P_i表示第i个指标的增长率，X_i是实际测度值，X_{i-1}则表示第i个指标上年的数值，本报告中，X_i指2017年指标实际测度值，X_{i-1}为2016年数值。需要说明的是，在计算指标的增长率的过程中，要对负向指标做正向化处理，我们采用指标取倒数的方法进行处理，公式为：

$$X_i = \frac{1}{x_i} \tag{2}$$

其中，x_i为负向指标的实际测度值。对负向指标做正向化处理之后，再通过搜集、汇总山东省统计局、山东省财政厅、山东省中小企业局公开数据，利用式（1）计算指标涨幅（见表4）。最后综合考虑指标权重，即W_i表示第i个指标的权重，依据下列公式逐年连续计算年度指数：

$$\text{报告期指数} = \text{基期指数} \times (1 + \sum W_i \times P_i) \tag{3}$$

我们按照增长率循环法将2016年中小企业发展指数设定为基期指数，并设定为100。利用式（3）及表4数据计算得出2017年山东省中小企业发展指数为107.96。

表4 山东省中小企业发展评价指标处理结果

单位：%

一级指标	二级指标	P_i	W_i
微观指标	销售收入	18.78	10
	净利润	14.11	10
	销售收入利润率	-6.35	5
	净资产	12.88	5
	负债率偏离度	-5.12	5
	总资产收益率	3.08	5
	劳动生产率	18.78	5
	研发费用占销售收入的比重	0.94	2.5
	三板成指	2.55	2.5

续表

一级指标	二级指标	P_i	W_i
宏观经济指标	非公企业投资	2.10	10
	企业家数	18.42	5
	融资成本	−1.38	5
	民营经济占比	−0.7	5
	社会融资规模	2.24	2.5
	PMI	0.39	2.5
	发明专利数量	20.30	2.5
	税收收入	4.91	2.5
	高新技术企业数量	34.27	5
社会指标	社会消费品零售总额	9.80	2.5
	失业率	1.76	2.5
	创业板指数	−10.67	2.5
	CPI	−1.5	2.5

（二）结论

山东省中小企业发展指数的计算是为了发现区域内中小企业发展程度及存在的问题与不足。从指数的计算不难看出，2017年山东省中小企业发展指数比2016年增长了7.96%，综合向好发展。在对指数的具体分析时，发现有16个指标与2016年相比出现明显好转，6个指标出现不同程度的下滑。2017年全省中小企业发展还存在企业销售收入获利能力弱、融资难融资贵仍未改善、民营经济占比下滑、二级市场股票认可度下降等问题。要增强企业的发展能力，还亟须从改善企业营商环境，推动企业转型升级等环节增强企业竞争力。

通过我们对微观指标、宏观经济指标及社会指标3个维度的分析发现，山东中小企业发展呈现以下问题。第一，销售收入获利能力弱。2017年山东中小企业的销售收入及净利润分别比2016年增长18.78%、14.11%，企业净利润增长率小于销售收入增长率。数据显示2017年样本企业销售利润率为6.21%，比2016年下降0.43个百分点。第二，融资难融资贵仍未改善。全省中小企业与国有企业的资产负债率偏离度由2016年的21.25%扩大到2017年的22.39%；2016年中小企业融资成本为6.78%，2017年提高到6.87%，该指标与"负债率偏离度"一起反映出全省中小企业融资难融资贵在2017年依旧没有改善。第三，民营经济占比下滑。2017年山东省民营经济增加值占GDP的比重为50.77%，比2016年下降0.36个百分点，与GDP靠前的广东省、江苏省、浙江省相比还有很大差距，三省2017年民营经济增加值占GDP的比重分别为53.78%、55.40%、60.20%，分别高出山东省3.01个百分点、4.63个百分点、9.43个百分点。第四，二级市场股票认可度下降。2017年创业板指数下降10.67%，另外三板市场平均交易换手率由2016年的20.74%下降到2017年的13.47%，下降7.27个百分点，市场交投活跃程度差、股票流通性降低，高科技企业的发展环境及投资者的认可度出现下滑。针对中小企业发展存在的问题，我们在《B.7 山东省中小企业发展存在的问题》做详细的分析，并在《B.8 山东省中小企业发展建议》从改善企业营商环境、推动企业转型升级等方面提出改善措施。

B.7
山东省中小企业发展存在的问题

摘　要： 国务院出台《中国制造2025》的目的在于促进制造业转型升级。李克强总理强调，要积极支持大中小企业融通发展，要将"互联网+"和大众创业、万众创新紧密结合。国家重视中小企业发展，是因为当前中小企业盈利空间受到挤压，生存环境日趋恶化。去产能导致能源及原材料价格上涨；劳动力短缺导致人口红利消失和人力成本快速提高；国际市场依然萎缩不振，人民币汇率波动和中美贸易摩擦进一步升级导致外贸出口充满不确定性；金融严监管导致商业银行紧缩信贷，令中小企业雪上加霜。在全球经济增速放缓的背景下，山东经济运行也面临下行压力，中小企业发展面临严峻的挑战。本报告认为，当前山东中小企业主要存在错过互联网经济发展机遇，转型升级进展缓慢；过度依赖低端产业，新旧动能转换亟待加快等五方面问题并对其做出了详细的分析和阐述。

关键词： 山东中小企业　新旧动能转换　中国制造2025

2017年，国家加快推进《中国制造2025》。3月，工信部批准青岛市创建《中国制造2025》试点示范城市，要求青岛以供给侧结构性改革为主线，促进制造业与互联网融合发展，着力培育以蓝色制造、高端制造、新兴制造、转型升级为主体的新型制造体系，打造特色鲜明的蓝色制造高地、优势突出的高端制造高地、面向未来的新兴制造高地、传统制造业转型升级高地四大高地，发挥"优质制造"的特色优势，基本实现"青岛制造"向"青岛智造"的跨越，成为全国制造业创新发展示范城市、东北亚地区重要的制造业强市、全球制造业生态链重要节点、具有国际竞争力的制造业创新中心，并为《中国制造2025》在全国范围内加快落实提供典型经验和示范引领。随着《中国制造2025》全面实施，促进大中小企业协调发展成为深入推进制造业结构调整的工作重点。2017年5月17日，李克强总理主持召开的国务院常务会议，部署以试点示范推进《中国制造2025》深入实施，促进制造业转型升级。李克强强调，加快建设工业互联网云平台和基于互联网的开放式"双创"平台，积极支持大中小企业融通发展、服务业与制造业有机结合，鼓励制造、电信、软件等企业跨界合作，发展网络化协同研发制造、大规模个性化定制、服务型制造等新模式。他说："《中国制造2025》绝对不是光指大企业，制定相关方案和支持措施时千万不要只瞄准大企业，对中小企业要予以充分支持，促进大中小企业融通发展。"

李克强总理的讲话不仅要求广大中小企业积极参与《中国制造2025》，同时也意味着实现制造强国的战略目标为中小企业发展提供了巨大的发展机遇。国家把进一步完善中小企业政策作为重要支撑和保障，这是新常态下政府全面促进中小企业发展的战略部署。山东作为经济大省，中小企业同样发挥着举足轻重的作用。但是在全球经济增速放缓的背景下，山东中小企业的发展也面临严峻的挑战。从整体上看，中小企业不仅融资难度越来越大，税费负担越来越重，生存环境也不容乐观。2017年7月，山东支持非公有制经济健康发展工作会议召开，省委书记刘家义在会上提出，力争经过几年努力，非公有制经济在全省经济中的比重明显提高，发展质量和效益明显提升，发展活力和竞争力明显增强，为山东创新发展、持续发展、领先发展提供战略支撑。刘家义说："推动非公有制经济健康发展，关键要坚持问题导向，找准问题，精准施策，拿出实招硬招来破解。"目前，山东中小企业主要存在以下几个方面的问题。

一 错过互联网经济发展机遇，转型升级进展缓慢

由于地理环境优越和历史文化悠久，山东相比浙江、江苏及广东等省份具有更加丰富的自然资源和人文条件，这使山东传统文化和传统产业较为发达。传统产业发达不仅给山东带来了以低端产业为主的产业结构和经济结构，形成大量落后产能，同时也禁锢了企业家的思想和创新精神。长期以来，许多中小企业也将关注的重点放到了低端产业链上，从而完全错过了互联网经济发展所带来的良好机遇。

互联网经济既是一个集合概念，也是一个动态概念，是信息网络化时代产生的一种崭新的经济现象。早期的互联网经济主要包括电子商务、通信技术、即时信息、社交媒体、搜索引擎和网络游戏等几大类型。目前，互联网经济已经发展成由大数据、云计算、人工智能和信息技术交汇融合且具有共享特征的经济形态。《国务院关于积极推进"互联网+"行动的指导意见》（国发〔2015〕40号）提出，"互联网+"是把互联网的创新成果与经济社会各领域深度融合，推动技术进步、效率提升和组织变革，提升实体经济创新力和生产力，形成更广泛的以互联网为基础设施和创新要素的经济社会发展新形态。在互联网经济时代，经济主体的生产、交换、分配、消费等经济活动，以及金融机构和政府职能部门等主体的经济行为，都越来越多地依赖信息网络，不仅要从网络上获取大量经济信息，依靠网络进行预测和决策，而且许多交易行为也直接在网络上进行。最能代表互联网经济的企业就是阿里巴巴及其旗下的淘宝电商的兴起，遗憾的是，山东中小企业中始终缺乏这样依靠互联网经济，依靠云计算、大数据和人工智能等技术发展壮大的互联网龙头企业。

近年来，越来越多的中小企业经营困难。中国产业信息研究网发布的《中国中小企业发展研究及融资策略研究报告》数据显示：日本、欧洲的小微企业生命周期可以达到12年，美国为8年多，而中国只有3年，原因在于不成熟的公司运行体系。中小企业不仅生命周期短，而且做强做大的更

是寥寥无几。山东中小企业虽然最近几年在数量上快速增加，但在产业层次、结构、竞争力等方面，与广东、江苏、浙江等经济发达省份相比还有较大差距，亟须破解过度依赖低端产业、自然资源、低端劳动力、传统市场、传统经营模式的发展方式，转向更多依靠科技、专利、数据、网络、人工智能等资源，转向高端、前沿、高品质和服务产业，转向高素质人才、创新团队和优秀企业经营者群体，转向满足新需求、个性化定制等现代市场，转向网络经济、平台经济、共享经济等新业态、新模式。另外，山东省中小微企业主要经济指标在全国排名也不具有优势，中小企业数量、主营业务收入和利税总额等均与先进省市存在较大差距。2017年，从山东省规模以上中小工业企业数量和实现主营业务收入等来看，整体实力还有较大的提升空间。山东规模以上工业中小企业销售利润率已下降至5.76%，与2016年相比降低0.22个百分点，与全部规模以上工业企业销售利润率相比也降低了0.08个百分点。

在我们统计的833家样本中小企业中，有221家资产负债率高于60%，占比超过25%。其中有10家企业资产负债率超过100%，企业总资产无法覆盖全部负债，公司面临较大债务风险。资产负债率过高无疑会加大企业经营风险，一旦无法还清本息，其就会面临破产风险。企业资产负债率过高还会影响企业发展。无论是从银行还是从投资者角度来看，过高的资产负债率均不被"看好"，较高的资产负债率也直接提高了企业融资成本。我们发现，山东样本中小企业总资产收益率为3.65%，低于同期一年期银行借款利率（4.35%），样本中仅有316家中小企业总资产收益率可以覆盖理论上的最低融资成本（在实践过程中，因为社会融资环境以及企业经营状况存在较大差异，中小企业融资成本利率一般远远大于银行基准贷款利率）。值得一提的是，山东新三板挂牌中小企业平均总资产收益率也仅为4.01%，虽然与2016年相比提高0.12个百分点，但仍低于银行基准贷款利率。经营状况较好的新三板挂牌中小企业平均总资产收益率尚且不能覆盖银行贷款利率，山东其他规模较小的中小企业盈利能力可能表现更差。

二 过度依赖低端产业，新旧动能转换亟待加快

山东不仅是人口大省也是资源大省，丰富的劳动力资源和自然资源为众多中小企业创造良好发展条件，但是也导致山东中小企业具有劳动密集特征和资源消耗特征，产业集聚以低端产业为主。2017年8月，中国民企500强名单公布，山东入选企业数量创历史新高，达到57家，占比达到了11.4%。但是，仔细观察即可发现，山东省入选企业中属于六大传统产业（轻工、纺织、机械、化工、冶金、建材）的企业为40家，营业收入和利润占比分别为78.1%和71.9%。山东省产业结构不合理的问题一直存在并困扰着地方政府决策部门和经济管理部门。省长龚正在一次会议上曾经说过："传统产业占全省工业比重约70%，重化工业占传统产业比重约70%，山东新旧动能转换任务艰巨。"从入围中国民企500强企业的情况看，这一问题依然十分突出。山东中小企业对于低端产业的过度依赖也从一个方面说明了山东省推进新旧动能转换的必要性。

2017年，全省中小微企业多处于产业链低端，传统产业比重高，技术创新能力不强，部分行业产能过剩严重，淘汰落后产能、转型升级任务艰巨。多数中小微企业技术装备水平不高，缺乏关键核心技术和自有品牌，创新投入不足，产品加工度与附加值较低。从国内经济运行情况看，短时间内经济增长无法走出"L形底部"。具体地说，一是需求周期性放缓的趋势还在持续，投资需求可能继续放缓，消费增速提高的难度较大；二是结构性矛盾进一步凸显，受产能严重过剩等困扰，相关行业低价格、低效益和高产能、高库存"两低两高"的局面短期内难以扭转，转型升级压力增大；三是动能转换衔接存在多重制约，要素流动不畅，企业加快转型升级能力不足，激发微观主体活力的激励机制不健全。宏观经济运行阻力必然会传导到区域经济。山东省在宏观经济下行压力加大的背景下，企业家信心势必受到影响，民间投资乏力导致民营经济增速明显放缓。特别是山东省规模以上民营企业主要集中在黑色、有色、化工、煤炭等原材料行业和房地产行业，去

产能、去库存、去杠杆、降成本、补短板压力较大。消化好、执行好国家和省支持民营经济、中小企业的政策需要一个较长的过程。当前，融资难、用地难和审批难等因素在一定程度上仍然存在，并制约山东省民营经济、中小企业发展。乱收费、乱摊派、乱罚款等问题并未从根本上得到解决，在一些行业、一些地区和一些部门依然不同程度存在。加之山东省中小企业公共服务体系不健全，中小企业发展所需的资金、技术、人才、信息等要素资源不能及时有效获取，尚未形成较为规范的科技人才引进、培养和保障体系，信息化水平落后，转型升级难度大、创新驱动乏力、发展后劲不足。值得注意的是，山东中小企业普遍存在人员流动快，缺乏高素质人才等问题。中小企业由于自身规模和企业实力的局限，往往难以吸引高级人才的加入，也难以支付高级人才所需的高额薪金。企业已经拥有的人才，又往往因为中小企业老板情结、管理问题、企业文化和福利等问题，难以稳定下来并被企业充分利用。由于中小企业缺乏稳定、优秀的工作团队，其生存和发展常遇到很大的困难。

在《B.5 山东省中小企业双创发展报告》中我们已经分析，山东在技术创新动力方面存在不足。截至2017年9月，山东省建成省级以上高新区21个（国家高新区13个，数量居全国第二）、国家火炬特色产业基地67家、国家高新技术产业化基地11家、国家可持续发展实验区14家，它们成为支撑区域创新发展的重要力量。2017年，山东发明专利授权量在全国排名第六，与发达省份差距较大。技术创新人才不足，全省规模以上工业企业研发人员户均不足10人，居全国中游水平。此外，山东在一些具有代表性的高科技领域发展较慢。乌镇智库公布的全国人工智能企业数、专利申请数、融资数排名显示，山东人工智能企业数和融资数分别排名第10和第8，专利申请数排在第10以后，山东在人工智能技术领域相对落后。

除此之外，从创新能力角度来看，有些中小企业迫于市场和发展需要，被迫创新，投入大量资金、技术和相关资源，但是企业的创新投入不能很快转化为效益，进而影响中小企业的即期利润，而中小企业的融资渠道不畅、融资难、融资贵的问题一直未能得到有效解决，这样就导致很多中小企业由于短期的资金链断裂而倒闭，形成了当前多数中小企业的"创新恐惧症"。山东省对于中小企业的扶持政策较其他省份而言有所欠缺，支持力度不足，企业的创新风险完全由企业承担，没有风险分担机制。

众所周知，企业对于技术的研究成功，需要依靠知识产权的保护，目前，山东省中小企业的技术保护能力缺乏，在科研成功后没有一套有效的保护措施，对维护科技专利的资金投入不够，也没有时间对专利申请进行深入研究，企业的核心技术——人才一旦流失，就会出现核心技术转移的现象。并且，如果企业中的核心科技成果被窃，中小企业在产品维权上的投入力度就会不足，这会直接将企业的科技创新扼杀在摇篮里。随着越来越多的企业进入科技创新的大环境中，企业需要重视对知识产权的维护。

三　融资难、融资贵问题依然突出

根据中国人民银行《2017年第四季度中国货币政策执行报告》，2017年9月中国人民银行宣布将原有对小微企业和"三农"领域实施的定向降准政策拓展并延伸至脱贫攻坚和"双创"等其他普惠金融领域。来自中国银保监会的统计数据显示，截至2017年12月末，全国银行业金融机构小微企业贷款余额为30.74万亿元，占各项贷款总余额的24.67%。小微企业贷款较2017年初增加4.04万亿元，较2016年同期增长15.14%，比各项贷款平均增速高2.67个百分点；小微企业贷款户数达到1520.92万户，较2016年同期增加159.82万户；小微企业申贷获得率为95.27%，较2016年同期提高1.67个百分点，全面实现"三个不低于"的监管目标。

目前我国正处在转变发展方式、优化经济结构、转换增长动力的攻关期，很多中小企业仍然面临成本上升较快、市场需求变化、融资难和融资贵等问题。《2017中小企业融资发展白皮书》显示，98%的中小企业的主要问题仍然是融资难、融资贵，缺少金融服务尤其是普惠金融服务的支持成为中小企业发展过程中的最大困难之一。中小微企业贷款利率上浮比例高，融资成本增加，企业贷不到款、不敢贷款的现象突出。具体来看，民营中小企业一般规模小，信用等级低，抵押物少；金融机构审批放贷时间较长，放贷周期太短。同时，为加强风险防控，金融机构对"高限"行业企业采取抽贷、压贷措施，部分续贷承诺难以有效兑现，不少企业无法筹措资金，有的企业面临资金链断裂风险，处于停产边缘。部分企业虽是靠民间借贷维持正常生产，但民间贷款利息高、风险大，生产经营难以长久维持。

2017年中小企业融资需求旺盛，复苏势头开始逐步显现。与此同时，融资供给依然存在一些"沉疴旧疾"，多数企业仍然主要通过土地、房屋抵押获得银行贷款，应收账款质押融资、知识产权质押融资等动产融资比例较低，纯信用贷款的企业仅约占10%；银行贷款不规范行为较为普遍，银行贷款手续繁、审批慢问题仍然存在，变相提高了中小企业的融资成本，导致中小企业贷款成本负担加重。

我们通过对场外市场挂牌企业进行筛选，选择了833家场外市场挂牌企业。经测算，山东833家场外市场挂牌企业资产负债率也仅为50.97%，与2016年相比下降0.86个百分点，低于全省规模以上工业企业的资产负债率（54.60%），表明山东经济总体杠杆率并不是很高。企业资产负债率的下降不仅与自身经营状况有关，还与山东融资环境欠佳有着密切的关系，在国家"三去一降一补"以及转方式、调结构的大背景下，一些企业特别是中小企业融资难度加大，山东场外市场挂牌企业资产负债率的持续下降更是从一个侧面反映出山东中小企业融资环境并不乐观，企业融资难问题近年来有所增加，实际上融资难问题尽管老生常谈，但其并未真正得到根本解决。另外，融资难与融资贵问题应该结合起来，统筹解决。融资难难在融资渠道窄，融资渠道少，融资规模难以维系中小企业迫切的需求；融资贵贵在山东中小企业为解决融资难问题而支出高额成本。尽管山东中小企业数量多，但就单一企业而言实力不强，这也就造成了这类中小企业在贷款时由于自身信用较低且缺乏抵押物，大型商业银行往往不会为其提供贷款，而只能倒逼中小企业去向利率较高的民间借贷机构去借款，高额的借贷成本加重了企业的负担，进一步阻碍了中小企业的持续发展，从而形成中小企业融资方面的恶性循环。

融资难、融资贵问题及融资渠道不畅是制约中小企业发展的重要因素。从渣打银行发布的中小企业信心指数来看，2017年12月中小企业信心指数较11月下降0.6个百分点，至53.5，表明中小企业融资环境趋于恶化。银行对中小企业放贷意愿指标由11月的54.7大幅降至47.8，表明考虑到2017年底信贷余额有限，银行对中小企业的信贷分配减少。然而，受定向降准政策的激励，渣打银行认为，2018年银行将加大对中小企业的信贷支持力度。12月中小企业现金盈余和应收账款周转率两项指标较11月分别上升4.0个和1.1个百分点，部分抵消了银行授信下降的负面冲击。

就当前山东中小企业融资情况来看，企业融资难、融资贵的问题依然没有很好的解决办法，融资成本居高不下。银行业金融机构不良贷款持续增加，企业债兑付进入高峰期，个别企业出现债务违约的现象。担保圈、担保链风险暴露，对互联互保企业形成较大压力。大型担保圈潜在风险较为突出，若企业出现经营问题或财务危机，风险就会很快扩散。除此之外，2018年以来，山东虽然工业品价格回升、工业经济效益改善，但利润主要集中在上游行业及国有企业、大型企业，中小微企业实际经营困难依然较多。虽然山东省降成本政策落实较好，但近期用工、原材料、燃料、环保、物流等成本上升较快，一定程度上抵消了政策效果，提高了中小企业运营成本。受金融风险上升和企业关停影响，制造业贷款处于历史低位，中小微企业融资更加困难。

而造成中小企业目前融资难、融资贵的主要原因是：融资渠道狭窄，股权融资、股票上市、发行债券等融资方式使中小企业可望而不可即；金融机构太少，山东省类银行业法人机构数量偏少，难以将业务覆盖小型、微型企业；贷款规模受限。进一步讲，这主要是由中小企业的先天条件与自身信用问题造成的。金融行业对中小企业的扶持力度不够，国家也缺乏专门从事为中小企业发展提供融资服务的政策性银行，中小企业贷款普遍非常困难。中小企业通过发行股票和债券融资的渠道也不畅通，上市融资的企业更是凤毛麟角。企业发展后续资金没有保障，社会融资成本太高，让多数中小企业难以承受。

四 "双创"载体同质化,中小企业创新能力不足

近年来,山东深入实施创新驱动发展战略,创新创业环境不断优化、主体日益壮大、成果层出不穷,对经济发展的支撑引领作用显著增强。但同时我们也看到,山东中小企业在发展过程中,存在"双创"载体同质化问题。具体地说,一是产业结构不合理,这已经成为山东经济发展中的"心头之痛"。从2017年全省新登记的市场主体来看,第二产业市场主体数量仍是增长最快的。山东主营业务收入排在前列的是轻工、化工、机械、纺织、冶金等行业,多为资源型行业,能源原材料行业占比为40%以上。而广东、江苏两省的第一大行业,均为计算机通信制造业。二是服务业落后。从山东的服务业构成来看,仍以交通、商贸、餐饮、住宿等传统行业为主,以信息技术、金融为代表的现代服务业发展较慢。山东在科技创新以及当前迅速发展的"互联网+"领域已经明显落后,在全国互联网企业百强中山东只有2家,且排名都在60名以后。滴滴打车、支付宝、微信等具有引领作用的创新模式,原创都不在山东。

对于科技革命和产业变革的机遇。山东均未抓住。2008年的国际金融危机是一次经济重生的机遇。近年来,广东实施产业、劳动力双转移战略,加速推动"腾笼换鸟";江苏实施产业高端发展、信息化引领等六大行动,推动产业向"高轻优强"调整优化;浙江实施"四换三名"工程,打造经济升级版,在新一轮竞争中走在了前列。而山东一直保持原有的大煤炭、大钢铁、大水泥等高能耗、高污染的国有企业占比较大的发展方式,挤压民营经济、中小企业的发展空间,错失发展良机。

山东在高技术和新型产业领域缺乏高成长性企业。2018年3月,科技部正式发布《2017年中国独角兽企业发展报告》,共有164家企业估值在10亿美元以上。但是在这164家企业名单中山东省没有一家。根据科技部火炬中心统计,164家独角兽企业分布在18个领域,其中电子商务、互联网金

融、大健康、文化娱乐和物流成为独角兽企业集中爆发领域，数量占比达56%。技术驱动型的独角兽企业不断涌现，人工智能、大数据、云计算、新能源、生物医药等技术驱动型企业成为独角兽群体的重要构成部分。2014年国家启动"双创"行动计划后，全国共有61家企业成为独角兽企业，可见独角兽企业的产生与"双创"行动步伐一致。山东没有一家独角兽企业，说明山东产业结构和产业政策与发展预期不匹配，在山东"双创"迅速开展的阶段，产业政策和产业结构方面存在的问题应当引起政府部门和企业的高度重视。

创新创业载体同质化问题严重也是阻碍中小企业发展壮大的重要因素。截至2017年底，全省各类众创空间达681家，各类孵化器为442家，加速器为64家，比2016年底分别增长52.12%、33.91%和72.98%，随着"双创"行动不断推进，创业载体确实对培育中小企业、加速中小企业成长起到促进作用。但是众创空间等创业载体在数量不断增加的同时也存在同质化严重、服务水平较低等问题。首先，创业载体的入住率较低。根据多家创业载体的调查，当前众创空间、孵化器的主流服务仍然是提供场地，这种以提供场地服务为主的众创空间和孵化器占全部众创空间等载体的比例为81.2%，而众创空间等载体的入驻率却不足60%，多数众创空间较为冷清，工位闲置率较高。近两年随着"双创"热潮的席卷以及政府对创业载体的支持，创业载体"井喷式"发展，很多创业载体成为政策的依赖者，超过六成的众创空间需要靠政府补贴才能维持运营，造成资源的极大浪费和行业过剩。其次，创业载体服务水平较低。从收入构成来看，当前绝大部分创业载体没有较为特色的运营模式，服务水平也较低。租金仍是绝大部分创业载体的主要收入来源，提供办公服务收取费用以及未来潜在的物业增值，使创业载体成了赚房价差的"二房东"。早期创业者往往缺少资金、缺少知识交流的平台，希望创业载体能够为企业提供人才、金融以及商务交流等方面的支持，但是现在的创业载体除了房租便宜、税收减免之外，对创业者的服务非常缺乏，同质化问题严重。

五 经营管理水平较低，公共服务体系不完善

理论上说，每一个中小企业都有可能成长为基业长青的百年企业和巨型企业，但是现实十分残酷。几年前，时任工信部中小企业司副司长的王建翔在一次会议上说，我国中小企业平均寿命为2.9年。专家学者和业界人士达成一致观点，认为，决定中小企业寿命长短主要的因素有三个：创新环境、融资成本和管理水平。在本报告中，我们已经讨论过创新环境、融资成本。在此，我们再看看山东中小企业在经营管理方面存在的问题。山东中小企业在40年的漫长发展过程中，由于来自市场、政府部门以及社会等几个方面的影响因素很多，在日常的经营工作中产生很多问题，这些问题最终体现在企业的管理水平和管理绩效上。

目前，山东中小企业在经营管理上普遍存在三个方面的问题。一是企业管理制度不健全。长期以来，山东以国有经济为主，计划经济体制长期而深刻地影响着国有企业的发展。国有企业的管理模式和经营理念对中小企业具有强烈的示范效应。大量中小企业和经营管理能力较弱的单一经营企业，不能建立完善的管理体制，以对企业内部的生产经济活动进行管理，一些中小企业的部门设置或者管理模式比较混乱，使之无法正常进行日常管理工作；还有中小企业为了避税而弱化财务管理部门，财务制度形同虚设，致使企业在信贷融资时因存在信息不对称现象，而难以完成融资，影响企业发展。二是企业缺乏激励和约束机制。在日常管理工作中，由于没有建立完善的目标责任制度、内部考核和薪酬管理制度，企业人力资源部不能做到在特定的岗位设置专人，工作人员无法在一定的岗位上进行工作，不能调动工作人员的积极性，自身的潜质及能力也无法得到很好的发挥。中小企业必须建立有效的约束机制和激励机制，为员工发展提供便利条件。三是公司治理存在缺陷，内部监督不能有效发挥作用。中小企业在管理过程中往往只注重生产和销售，忽视了对公司相关利益方的有效监督。如果企业产品在生产过程中出现质量缺陷，在销售的过程中得不到消费者认可，就会严重影响企业的声

誉，甚至可能会导致企业倒闭。但是如果企业经营效益很好，企业利益相关方同样有可能会侵占公司利益，在此情况下，有效的监督机制和完善的公司治理就显得十分必要。

造成山东中小企业管理水平低的原因主要有四个方面。一是经营理念落后。据估计，山东省目前约有七成以上的民营企业仍热衷于家族式管理，"小富即满"保守思想严重，这种企业偏好于简单粗放的管理方式，但是应对市场风险能力较差。二是转型升级压力大。中小企业自身资金实力和技术力量薄弱，判断市场和把握发展时机的能力不足，创新转型发展的能力不高。三是人才短缺。多数民营企业文化底蕴浅，招来的管理和技术人员难以真正融入企业，"高级人才难引进，中级工人难留住"成为中小企业的现实写照。统计显示，山东省中小企业中高层管理和科技人才平均任职时间不到三年。四是缺乏经营信心，应对市场风险能力很难提高。深层次的原因是，山东省长期存在的重国有、轻民营，重大工业、轻服务业，重大项目、轻小项目的传统观念和习惯性思维，导致一些地方政府的抓经济工作的指导思想、战略布局和工作部署没有把发展民营经济放在重要位置。更重要的是，目前山东省内相当数量的私营企业还没有建立起企业制度，实行家族体制管理必然带来经营理念落后、创新意识不强、缺乏现代企业管理经验和国际视野等一系列问题，最终导致高技能人才和管理人才流失严重。

从外部条件看，山东急需建立完善的中小企业公共服务体系，改变营商环境。山东省中小企业营商环境欠佳具体体现在，一是政策获得感不强。政策创新力度不够大，有些政策可操作性差。存在照转照搬现象，解决实际问题效率不高；政策宣传不到位，部分企业对政策的熟知度偏低。二是办事效率不够高。基层部门为企业服务的链条有缺失，虽然许多地方设立了政务大厅和行政审批中心，但各管理部门尚未有效整合，无法为企业提供实质性一站式和保姆式服务。三是行政执法不够规范。个别基层部门涉企检查不公开、不透明，存在多头或重复检查等问题。四是社会诚信体系不够完善。社会信用服务体系仍处于逐步完善过程中，在民营企业急需的融资、投资和开拓市场等方面，信用评价尚不能满足需要；信用监管机构不够完善，对失信企业的制约还不够。

《中华人民共和国中小企业促进法》规定，国家建立健全社会化的中小企业公共服务体系，为中小企业提供服务。结合山东省实际情况，本报告认为中小企业公共服务体系至少应当包括三个方面。一是提升全省中小企业公共服务平台的服务能力。运用云计算、大数据、物联网等新技术和微博、微信、App等新媒体，提高平台服务的针对性、便捷性和及时性。加大省级平台对县级平台和产业集群平台的服务技术支撑力度，支持重点产业集群平台建设，打造省、市、县、产业集群四位一体的公共服务网络体系。二是拓展服务资源。培育优质品牌服务机构，加强服务平台考核评价，建立平台和服务机构的正向激励机制，吸引社会优质服务机构向平台聚集，协同开展中小企业创新发展急需的一站式订单式服务。三是加强企业素质培训。针对全省中小企业存在的问题，围绕新常态下企业发展的关键环节，优化巡回大讲堂培训方式、课题内容，细分培训对象，提高培训针对性和实用性。依托省创业创新学院建立网络培训学院，开发微课在线培训课程，扩大在线培训的受众面。深化一年期高级工商研修培训和领军人才培训，培养具有核心竞争力的企业家队伍。

B.8
山东省中小企业发展建议

摘　要： 2017年，国家修订了《中华人民共和国中小企业促进法》，为中小企业发展提供了制度保障。山东积极实施供给侧结构性改革，大力推进新旧动能转换，中小企业实现了较快发展。创新驱动作用有所增强，工业结构不断优化，依托于互联网、云计算、大数据等新一代信息技术，智能制造、分享经济等"四新"经济方兴未艾；全年实现电子商务交易额3.49万亿元，同比增长32.02%，高出全国平均增速3.27个百分点；工业机器人、城市轨道车辆、新能源汽车产量分别增长60.7%、80.2%和300.0%。在经济进入新常态的背景下，山东中小企业的发展迎来了重要的历史机遇，同时也面临前所未有的挑战。山东中小企业在不断发展的过程中应总结自身存在的问题，从中找到解决的对策，以更好地为全省经济"走在前列"做出贡献。本报告从推动中小企业建立现代企业制度；推进转型升级，转变发展方式；加快推进中小企业工业互联网建设；培育壮大"四新"经济；引导中小企业集群化发展；强化人才支撑，加快创新发展；完善服务体系建设，营造良好发展环境角度为山东中小企业的更好发展提供相应的对策建议。

关键词： 山东中小企业　《中华人民共和国中小企业促进法》　中小企业发展建议

近年来,山东认真贯彻落实党中央、国务院的决策部署,在省委、省政府的正确领导下,以推进供给侧结构性改革为主线,以提高质量和效益为中心,大力推进新旧动能转换,努力促进全省经济结构的转型和实体经济的升级,并取得了可喜成就。山东中小企业作为推动全省经济社会发展的重要力量,在2017年紧紧抓住了新一轮技术革命与全国转方式、调结构形成历史交汇的战略机遇,通过发展新技术、新模式等促进产业智慧化、品牌高端化,淘汰落后产能,培育壮大新动能,实现了质与量的提升。截至2017年底,山东中小企业有225万户,全年新增35万户;规模以上中小企业增加值为17184.34亿元,比2016年增加6.10%,占全部工业企业增加值的63.60%,规模以上中小工业企业主营业务收入为87367.79亿元,占全部规模以上工业主营业务收入的61.24%,山东中小企业成为全省工业经济稳定发展的重要支撑力量;工业结构优化态势明显,高技术产业、装备制造业保持较快增长,2017年山东规模以上装备制造业增加值增长11.0%,比2016年提高3.4个百分点,规模以上高技术产业增加值增长10.9%,连续12个月保持10%以上增速;借助于互联网技术,山东中小企业电子商务发展迅速,2017年全省实现电子商务交易额3.49万亿元,同比增长32.02%,高出全国平均增速3.27个百分点。此外,涵盖了较多中小企业的"淘宝村"在2017年发展到了245个,增速达126%,增速为全国第一。

中小企业是国民经济和社会发展的生力军,是建设现代化经济体系、推动经济实现高质量发展的重要基础。随着经济社会的发展,中小企业在国民经济中的地位越来越重要。但是,当前国内外经济形势异常复杂,特别是我国经济进入新常态后,许多经济关系发生了变化,中小企业面临比以往更大的竞争压力和生存压力。国家及山东近年来出台了不少扶持政策鼓励支持中小企业发展,2016年工业和信息化部出台了《促进中小企业发展规划(2016—2020年)》,2017年山东省也出台了《山东省中小企业"十三五"发展规划》。国务院原则同意《山东新旧动能转换综合试验区建设总体方案》,为山东中小企业提供了难得的发展机遇。省委、省政府制定的《山东省新旧动能转换重大工程实施规划》提出"加快推进中小企业服务体系和信用担保体系建设,全面推进小微企业

'双升'战略"。为了实现省委、省政府确定的新旧动能转换重大工程目标,加快发展全省中小企业,本报告提出几点政策性建议。

一 推动中小企业建立现代企业制度

2017年新修订的《中华人民共和国中小企业促进法》规定,国家推进中小企业信用制度建设,建立社会化的信用信息征集与评价体系,实现中小企业信用信息查询、交流和共享的社会化。完成中小企业诚信体系建设,首先要促进中小企业建立现代企业制度,引导中小企业在经营管理和公司治理上实现转型升级。中小企业建立现代企业制度不仅关系企业个体,也影响到我国现代化经济体系建设和经济高质量发展。

2015年4月,省政府出台的《山东省人民政府关于加快推动规模企业规范化公司制改制的意见》(鲁政发〔2015〕8号)提出,通过规范化公司制改制,企业基本达到以下目标:产权清晰,股权结构优化;公司治理结构完善,内部控制制度健全;财务规范,家底清楚;历史遗留问题得到规范,市场主体资格合法;实现"人员、财务、资产、机构、业务"五个方面的独立,企业成为真正的法人实体。省政府确定的实施规模企业规范化公司制改制"五年行动计划"目标是,自2015年起,每年改制比例不低于10%,努力做到应改尽改。到2019年年末,力争实现全省50%以上的规模企业完成规范化公司制改制,改制企业普遍建立起现代企业制度,具备对接资本市场的基本条件。通过5年努力,股份公司数量位居全国前列,上市挂牌后备资源数量明显增多,质量明显提升,资本市场融资总量占全省社会融资规模的比重在20%以上,全省经济实力和内生动力明显增强。

具体地说,通过规范化改制,中小企业将实现四个方面的转变。一是建立规范的公司治理结构。山东省大多数中小企业没有完善的法人治理结构,董事会很大程度上掌握在内部人手中,有名无实,股东大会也形同虚设。现代企业制度中规范的企业治理结构应明确董事会、股东大会和经理层的职责,从制度和程序上形成有效的约束机制,使各组织间具有一种相互制衡的

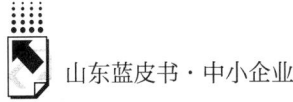

关系,保证经营决策和经营计划能够有效传达和实施,确保生产经营活动的正常进行。二是建立可操作的内控体系。中小企业应根据自身特点,结合外部环境、内部管理要求等,按照规范化、程序化、标准化的要求,逐步建立完善的、动态的内部控制体系,对各管理层、各部门的职责、权限等进行详尽的规定,并要求相关部门及个人在权限规定的范围内行使权力、履行职责、承担责任。三是强化内部审计,建立健全财务管理体系。将财务部作为财务会计机构,配备具有执业资格的会计人员,强化内部审计,内部审计应做到监督与服务并重,直接对董事会负责。财务部按照相关会计制度履行职责,内部审计应按照内控制度查错防弊,减少会计信息失真。四是提高员工素质。由于中小企业本身的规模、经营水平和发展水平的限制,管理层以及基层员工的整体素质相对大企业可能要低。而人员素质是企业治理的决定因素,中小企业要有意识地提高管理层的管理水平,提高技术人员的业务水平,提高专业人员的专业素养,以为现代企业制度的建立提供基础支持。

二 推进转型升级,转变发展方式

当前,山东中小企业产品技术含量不高,缺乏自主知识产权,附加值低,产业结构不合理,以劳动密集型产业为主,处于产业链和价值链的低端,若想获得长足发展,就必须改变产业链和价值链低端的发展模式。在推进实施新旧动能转换重大工程的背景下,以新技术、新产业、新业态、新模式为核心,以知识、技术、信息、数据等新生产要素为支撑,将中小企业的转型升级摆在发展的关键位置。

统计显示,山东传统产业占工业的70%,重化工业占传统产业的70%。靠资源能源丰富、劳动力价低的优势,过度依赖低端制造业、过度依赖传统市场的经营方式和管理模式,导致山东经济发展水平与先进省份的差距越来越大,曾经的发展优势开始减弱。过度消耗资源能源的发展方式不仅难以持续,还会给环境带来较大压力。党的十九大提出的高质量发展客观上要求山东经济必须转型升级,从规模速度型粗放增长转向质量效率型集约增长。山东应抓住新旧动能转换的历史机遇，转变传统的发展方式，淘汰旧动能，促进经济向全面、协调、可持续的方向发展。依靠人工智能、互联网、大数据、专利技术等资源发展省内经济，加快工业互联网的建设及推广，利用新技术发展新产业。传统的廉价劳动力在经济发展初期可能会带来明显优势，但在新经济条件下，创新型高端高素质人才才是社会经济发展的动力支撑。山东应继续大力发展人才强省战略，引进更多具有技术、创意以及商业头脑的高端人才，借新旧动能转换的契机做优做强十大产业，优化产业层次、产业结构，提升竞争力。在我国经济进入新常态后，社会供需关系不仅发生了改变，人民群众的需求也呈现多样化、品质化、个性化、科技化，山东依赖传统市场的经济发展方式已经不能满足现在的市场需求，应该抓住市场新需求，满足个性化需求、定制性需求等；大数据、云计算等新一代信息技术正在引发新一轮产业变革，创造了新型业态和发展模式，山东也应该逐渐摒弃传统落后的经营管理模式，向网络经济、平台经济、共享经济等新业态、新模式转变。

转型升级首先要明确升级方向。毫无疑问，中小企业转型升级需要政府职能部门发挥作用，以引导中小企业走转型升级之路，并为其创造良好的产业发展环境。但更重要的是，中小企业自身要找好定位，明确转型升级的方向。中小企业要完善创新体系，加快工艺技术创新和经营管理创新，健全研发机构，增加研发投入，加强与高校、科研机构的"产学研合作"，推进数字化、智能化建设，全面提升产业素质，改变经营业态和服务模式，形成独特的竞争优势。中小企业转型升级，要围绕发展新经济，抓新技术、新产业、新业态、新模式，以"四新"促"四化"，形成新的发展动力。另外，大企业也可以发挥对中小企业的带动作用，每一个大企业都是通过自身积累、从中小企业成长起来的，应鼓励大企业发挥引领示范作用，带动中小企业转型升级、提高自身核心竞争力，实现规模化集约经营，推动中小企业转型升级。

转型升级还要补齐短板，增加发展后劲。山东中小企业在转型升级过程中，还要针对不足补短板，增加发展后劲。2016年，山东三次产业结构实现了由"二三一"到"三二一"的历史性转变，但总体上看，服务业和制造业不平衡、不协调的矛盾仍然突出，高端产业短板，尤其是金融服务、现代物流、研发设计等生产性服务业的不健全严重制约山东制造业的提档升级，将短板和不足补齐，才能缩小与先进地区的差距；山东实施新旧动能转换重大工程，要依靠大量的新兴企业，中小企业转型升级过程中要利用新一代信息技术、先进的制造方式，培育发展新动能；山东传统低端制造业在生产效率、资源消耗以及产品质量方面短板明显，中小企业在转型升级过程中应把工匠精神和数字化、智能制造结合起来，补齐产品档次的短板，提高工艺水平和工业效率。山东中小企业在转型升级的过程中有针对性地补齐短板，能有效缓解经济发展过程中供需结构错配的矛盾，将经济发展中的薄弱点、关键点补足，可以增强全省经济发展活力，增强可持续发展的后劲。

三 加快推进中小企业工业互联网建设

2017年11月，国务院印发《关于深化"互联网+先进制造业"发展工业互联网的指导意见》，指出要"加快中小企业工业互联网应用普及"，"鼓励中小企业充分利用工业互联网平台的云化研发设计、生产管理和运营优化软件，实现业务系统向云端迁移，降低数字化、智能化改造成本"。山东省应抓住新旧动能转换重大工程的历史契机，加快推进中小企业工业互联网建设，推动本省中小企业参与《中国制造2025》。

在第三次工业革命的背景下，新一轮科技革命和产业变革正在加速演进，互联网技术成为新一代的创业创新资源。互联网、大数据与人工智能等新一代信息技术的出现，使经济社会发展不再具有简单分割的分工方式，不再是狭隘传统的产业行业概念，不再具有单一集中的经营方式，不再具有多层级的管理模式，而具有开放的、相互关联的、无界限的发展空间。将互联网技术应用到制造业企业，把制造要素和客户需求联系在一起，在网上通过智能技术支撑发展新业态、新模式，能够实现制造增值。

山东中小企业工业互联网的建设，既需要中小企业转变传统思维，在传统企业中注入互联网基因，又需要政府政策上的扶持，与企业联手推进工业互联网的建设。从企业的角度来说，首先要在观念上重视并积极发展工业互联网，但这并不意味着中小企业要变成互联网企业，而是要注入互联网基因，增强互联网思维，不断推动传统动能向新动能的转换。另外，中小企业推进工业互联网建设不能是盲目跟风的，要结合企业实际。山东近年来有不少工业互联网发展较好的经典案例，例如临沂绿爱糖果的"定制化智能生产平台系统"、青岛森麒麟轮胎建设智能工厂等，成功的经验可以借鉴，但不能简单复制，应结合制造环节的实际，推进设备联网、产线上网、制造上云。从政府的角度来说，要加强对中小企业工业互联网建设工作的领导，充分发挥主管部门的职能作用，制定目标清晰、步骤明确、务实可行的实施方案，推动中小企业转型升级、绿色发展、融合发展；要加强对企业数字化、智能化的指导服务，加强电子商务、互联网等知识培训，利用好全省中小微企业巡回大讲堂、中小企业银河培训工程和高级工商管理培训等活动平台，大力推广、普及中小企业上网上线，不断提高中小企业电子商务应用比例；要努力发展适合中小企业需要的工业App，通过开展工业App专项行动，采取开发、引进、采购、创新等措施，为广大中小企业提供搭载上云的阶梯；还要做好样板企业的培育和推广，制订中小企业"互联网+制造""互联网+服务""互联网+平台"试点计划，典型示范带动一批，培育扶持一批，特色成长一批，并及时总结做好宣传推广工作。

四 培育壮大"四新"经济

山东推动新旧动能转换的路径是以"四新"促"四化"，发展中小企业也应抓住时代机遇，大力培育壮大"四新"经济。新经济，以新一轮科技和工业革命为依托，以信息技术和智能制造为代表，以网络经济、数字经济、生物经济、绿色低碳经济等为重点。中小企业是发展新经济的主体，也是希望所在，山东要以新旧动能转换为契机，发挥好人才科技的引领作用，大力引导中小企业发展新技术、新产业、新业态、新模式。

一要坚持推进大众创业、万众创新，孵化培育越来越多的新型市场主体。多形式宣传创业兴业政策，为中小企业创业创造良好的环境，加快创业辅导基地的建设，鼓励高校毕业生、退役士兵、农民工等大胆创业，并给予税费、资金以及政策上的扶持。二要利用互联网技术，发展平台经济。引导中小企业积极融入软件应用商店、开放开发平台、电子商务平台等新兴平台，整合平台资源，同时借助平台用户黏性和忠诚度高以及服务高效的优势，推动中小企业转型升级、培育特色产业集群。三要重视知识产权和科技创新，培育发展智慧产业和科技型品牌企业。智慧产业更多地源自个人创意，同时又离不开科技的创新与支持，中小企业发展智慧产业有快、特、奇、多、新的优势。中小企业加大科技创新，有利于提高工艺水平以及品牌上的竞争力，成为细分领域的强者。四要大力发展绿色经济，培育节能环保型中小企业。传统产业在发展过程中消耗大量能源资源，也给周围环境带来了较大压力，发展清新高效能源企业，能提升企业节能降耗水平，降低企业成本，减少污染排放，实现绿色发展。利用新能源发展新产业，是中小企业培育新竞争优势的良好途径，中小企业发展要有"敢为人先"的精神和魄力。

发展新经济，是发展中小企业的有效途径，中小企业要逐步告别传统发展模式，树立发展新经济的思维，在新时代的背景下不断寻求适合自己的发展道路。但是新经济是相对的概念，也具有多样性，单个企业应该因地制宜，从自身实际出发，适合什么就发展什么，而不能跟风随大流，流行什么才做什么，没有创新也没有特色。当然，并不是新企业才能发展新经济，老企业、原有企业可以做，高新企业可以做，传统企业也可以做。立足现实，整合资源创新发展，处理好传统要素与新要素的关系，兼容并蓄协调发展。

五 引导中小企业集群化发展

2015年7月10日，《工业和信息化部关于进一步促进产业集群发展的指导意见》（工信部企业〔2015〕236号），提出了加强规划引导，促进产业集群科学发展；提升龙头骨干企业带动作用，强化专业化协作和配套能力；加强区域品牌建设，推动要素聚集和价值提升；提高产业集群信息化水平，建设智慧集群；提升创新能力，增强集群竞争优势；提升公共服务能力，支撑产业集群转型升级；加强指导和政策支持，优化产业集群发展环境7个方面的20条意见，重在推动产业集群转型升级，进一步促进产业集群发展。该意见的出台是贯彻落实国务院关于促进中小企业发展和《中国制造2025》的要求，推动大众创业、万众创新的一项具体措施。2015年5月19日，国务院印发的《中国制造2025》明确提出要"推动建设一批高水平的中小企业集群"，国务院促进中小企业发展的相关文件也明确提出要推动产业集群转型升级，引导中小企业集群式发展。

山东发展中小企业应努力推动产业集群转型升级，引导中小企业集群化发展。2016年10月20日，在全省产业集群工作会议上，省促进中小企业发展领导小组办公室、省中小企业局发布了《山东省产业集群发展规划（2016-2020年）》，要求"十三五"期间大力发展战略性新兴产业和现代服务业产业集群，着力培育高端装备制造等七大新兴产业集群；大力改造传统优势产业集群，着力提升食品、纺织服装、机械制造、汽车及配件等十三大传统优势产业集群。山东中小企业新旧动能转换要围绕《山东省产业集群发展规划（2016-2020年）》提出的七大新兴产业集群和十三大传统产业集群，加快培育一批集约集聚度高、创新能力强、产业特色鲜明、协作配套紧密、辐射带动作用大、市场竞争有力的优势产业集群。集群效应产生后，还要持续开展产业集群转型升级活动，联合政府各部门做好政策扶持工作，促进大中小企业的融通发展，引导更多中小企业向集群化方向发展，形成一个以主导产业为核心的相关产业或某特定领域内大量相互联系的中小企业及其支持机构在该区域空间内的集合，我国东部沿海乡镇的迅猛发展很大程度上也得益于这种能够快速适应市场变化、满足顾客个性化需求的集合模式。引导中小企业集聚化发展，既要联合各部门推进产业集群升级，又要在大数据、云计算等基础上培育智慧集群，还要结合当地特色建设特色产业镇。

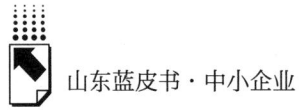

六 强化人才支撑，加快创新发展

中小企业的技术创新、转型升级以及管理提升离不开高素质的人才，发展中小企业，人才更是第一资源，应高度重视人才的支撑作用。2017年，围绕新旧动能转换这一重大战略部署，山东省委、省政府对人才工作已经提出了较高的要求，要研究务实管用的人才政策措施，确保人才引得进、留得住、用得好，以服务新旧动能转换重大工程为契机，加快构建国内领先的人才制度体系。2017年6月，根据山东省委部署，省委组织部、省人力资源社会保障厅会同省发展改革委、省经济和信息化委、省教育厅、省科技厅、省财政厅等部门成立了《关于做好人才支撑新旧动能转换工作的意见》起草组，深入开展调研，广泛听取各方面意见，组织有关方面反复研究论证。文件稿形成后，先后提请省人才工作领导小组、省委常委会会议进行了审议，并根据党的十九大报告精神进一步修改完善后，于2017年11月4日正式印发实施。

面对当前的人才竞争环境，尤以新兴产业人才的竞争最为激烈，山东应顺应人才发展的新趋势、新要求，立足当前人才发展的实际，积极推进人才治理体制机制改革，创新人才工作方式，为给更多的人才更好的创新创业提供良好的社会环境和政务环境，构筑人才聚集高地，推动人才强省战略的实施。具体来看，可以通过社保补贴、培训补贴等扶持政策鼓励引导高校毕业生到中小企业工作，或者支持发展职业教育，培养具有较高知识技能、职业素养的优秀应用型技能人才；也可以抢先引进高层次人才，这就需要人力资源和社会保障部门依据近年来的人才情况，提供人才的总量、趋势和结构的总体概况，为不同的部门和企业，特别是中小企业，引进急需的高层次人才，补齐新旧动能转换中的人才短板；另外，依照山东产业转型发展的实际引进外来人才，也要考虑本地特色和发展实际，改善内部用人环境，留住本地和已有人才。

人才是中小企业发展的基础，创新是引领中小企业发展的第一动力，抓创新就是抓发展，谋创新就是谋未来。《中华人民共和国中小企业促进法》第三十三条规定，"国家支持中小企业在研发设计、生产制造、运营管理等环节应用互联网、云计算、大数据、人工智能等现代技术手段，创新生产方式，提高生产经营效率"。中小企业在实体经济发展中扮演着重要的角色，是新兴产业的重要推动力量和应用新技术的生力军，利用互联网和信息通信技术的优势，提高中小企业信息化应用水平，是提高中小企业全要素生产率、管理水平和市场竞争力的重要手段。

山东发展中小企业，应大力支持科技型中小企业、民营企业发展，把创新创业能力提升作为推进中小企业发展的主攻方向。采取自主创新、联合创新、引进消化吸收再创新等方式，瞄准世界先进技术，围绕"数、网、智、绿"推动互联网、大数据、增材制造、高端装备、工业机器人、新材料、新能源和新医药等新兴产业，开发前沿产品；抓住新一轮工业革命和科技革命机遇，以新技术应用及产业化为主导，努力推动高端装备、新材料、新医药等先进制造业和新兴产业共性技术、关键技术实现重大突破；引导各类创新要素向企业集聚，加快构建以企业为主体、以市场为导向、产学研相结合的技术创新体系，在高端装备制造、新一代信息技术、新材料、新能源、生物医药等重点领域培育"小巨人"，推动企业沿着"隐形冠军""瞪羚企业""独角兽企业"的高成长发展路径，实现几何级增长、跳跃式发展。要充分发挥科技创新在中小企业发展中的重要作用，提升科技供给能力，强化对科技型中小企业的培育，不断壮大高新技术企业队伍，推动创新型产业集群加速发展，发挥科技创新型中小企业的引领作用。

七 完善服务体系建设，营造良好发展环境

建立完善的中小企业服务体系是长期而艰巨的任务。早在2009年9月，为了应对国际金融危机给我国经济带来的不利影响，帮助中小企业克服困难，转变发展方式，实现又好又快发展，国务院出台的《国务院关于进一步促进中小企业发展的若干意见》（国发〔2009〕36号），提出了"进一步

营造有利于中小企业发展的良好环境""切实缓解中小企业融资困难"等一系列措施。2011年12月,工业和信息化部、科学技术部、财政部、人力资源和社会保障部、国家税务总局联合下发《关于加快推进中小企业服务体系建设的指导意见》(工信部联企业〔2011〕575号),提出:到"十二五"末,在各省基本建立中小企业公共服务平台网络,树立百家国家中小企业公共服务示范平台,培育千家中小企业公共服务平台和小企业创业基地,带动万家以上专业服务机构,形成服务功能完善、特色鲜明、运营规范、方便快捷、社会影响力大和品牌知名度高的服务体系。山东近年来中小企业发展势头良好,但与广东、江苏和浙江等先进省份相比,无论是在数量规模、创新能力、产业层次上,还是在新经济的活跃度上,都存在较大差距。长远看,山东中小企业发展,既需要提高自身经营水平和竞争能力,还有赖于政府为中小企业提供完善的服务体系、良好的融资环境以及优惠的扶持政策。

首先,应进一步完善中小企业服务体系建设。全省各级中小企业管理部门普遍存在机构不健全、人员编制少、职能和服务手段弱等问题,远远不能满足中小企业发展和管理服务的需要。通过改革的手段优化政务环境,完善中小企业服务体系,是政府为中小企业提供良好发展环境的基础。

通过改革打造审批事项少、办事效率高、服务质量优的政务环境,降低制度性交易成本,中小企业的发展更需要这样的政务环境,需要政府提升行政管理能力和服务效率,提供保姆式、精准式服务以及适合新动能成长的制度体系;要树立以人为本和执政为民的理念,通过优化政府结构、创新政府机制、规范政府行为、提高政府效能,建成高效廉洁的服务型政府;加强中小企业管理机构和人员队伍建设,省、市、县三级设立独立的中小微企业管理机构,适当增加人员编制,强化部门职能和服务手段,还要积极发挥省促进中小企业发展领导小组宏观指导和综合协调作用,加强统筹协调、部门协同和各级联动,推动各项优惠政策落实到位;相关部门应积极贯彻落实2017年新修订的《中华人民共和国中小企业促进法》,通过媒体宣传、巡回宣讲、集中培训等方式,督促市县两级政府依法建立促进中小企业工作协调机制,依法设立中小企业发展专项资金,定期组织中小企业经营管理人员培训，大力支持中小企业的发展。

其次，重点改善融资环境。政府应积极改善中小企业融资环境，降低企业融资成本，缓解企业经营压力。重点推动金融市场发展，优化中小企业融资环境，政府应鼓励实力雄厚且营业网点分布于全国各地的国有银行在为中小企业提供金融支持方面发挥更重要的作用。《山东省中小企业"十三五"发展规划》中提出，"要鼓励金融机构设立中小企业专营机构，创新中小企业金融产品，全面落实'三个不低于'信贷要求"。"支持符合条件的中小企业发行企业债、公司债、短期融资券、中小企业集合票据等。积极创新财政资金代偿和奖励等新型方式，调动金融机构支持中小企业信贷积极性，撬动更多的金融信贷资金支持中小企业发展。"改善中小企业融资环境，具体可以通过以下几个方面来实现。一是创新融资模式。融资是中小企业发展的关键问题，融资难、融资贵是多年来一直困扰中小企业的问题。解决此问题，不仅要从降低融资成本着手，同样也需要多融资渠道全面发展的配合。目前山东中小企业融资渠道单一，以银行贷款为主，由于股权融资和债券融资对企业要求较高，大部分企业不能满足条件。鼓励银行机构设立小微企业专营机构，并积极利用科技手段，结合物联网、互联网提升金融服务效率。加快绿色金融发展，积极探索绿色债券、绿色基金等新型金融业务。另外，在监管趋严的背景下，加大对合规互联网金融平台的扶持力度，从而助力中小企业发展。融资渠道多样化，不仅需要资本市场的多层次发展，也需要银行等机构积极推出切合当地企业需要的贷款通道，可在中小企业贷款财政贴息政策、安排专项资金等方面做出努力。二是建立多层次直接融资市场。建立健全中小企业上市的培育机制，鼓励企业利用中小板、创业板、新三板和区域性股权交易市场等进行直接融资。积极发挥齐鲁股权交易中心和蓝海股权交易中心的优势，将符合条件的企业先录入区域性股权交易中心，帮助中小企业规范化发展。三是搭建信息共享平台，积极利用大数据增信。银行等金融机构和部分投资人对中小企业发展情况不了解，而企业信用体系作为贷款重要依据显得尤为重要。加强信用体系建设，充分利用电商平台、第三方支付等进行大数据资源整合，帮助优质企业获得贷款。积极打造中小企业信用数据云，实现信息共享。四是利用政府引导基金撬动社会资源。发挥政府股权投资引导基金的作用，注重产学研结合过程中科技创新融资模式，拓展中小企业融资方式，并注重新兴产业创投引导基金以及成果转化基金的合作，以带动创新型小微企业的发展，并改善对初创期企业的金融服务环境。创新政府投资方式，健全 PPP 模式制度，建立合理投资回报和多样化退出机制，支持民间资本管理公司开展债券投资、私募基金管理等创新业务，并支持民营企业发起设立民间资本投融资控股公司。五是扩展普惠金融服务对象。积极落实普惠金融，在互联网金融全面加速发展的进程中，落实好金融政策，扩展服务对象，让更多的中小企业进入普惠金融的"名单"。同时，推动中小企业发展新经济、培育新动能，注重高等级产业集群和特色产业镇的发展，引导企业走出去，参与经贸合作交流。山东中小企业在融资过程中，以银行贷款为主，存在成本高、手续烦琐等问题。普惠金融则可以通过完善金融形式，利用地域优势，在资金获得上助力中小企业发展。同时，随着普惠金融的全面推广和落实，各地均能享受普惠金融带来的福利，融资难才能得到有效解决。以服务实体经济为金融发展的出发点和落脚点，实现资源的高效配置，在重点领域加大扶持力度，在薄弱环节加大金融服务力度，提升服务效率，为中小企业融资提供便利。积极利用互联网、大数据以及人工智能等技术，对金融业务的流程进行改造，最终实现产品的创新，并提供农村金融等多种金融服务，推进济南新旧动能转换金融创新发展试点工作，对烟台的基金管理服务业进行改革创新，推进青岛财富管理金融综合改革试验区建设，从而完善普惠金融体系，以为中小企业融资提供更多便利。

最后，落实各项优惠扶持政策。中小企业的发展需要大的环境支持，制度、机制和政策等都要为之服务。营商环境要公平有序、公开透明、高效便捷；法制环境要有遵守契约、诚实信用的社会氛围；机制建设要适应新技术革命和新产业变革。当然，更需要良好的政策环境，以有效落实各项优惠扶持政策。政府要引导银行业金融机构加大对小微企业资金的投放力度，充分利用好小微企业贷款风险补偿、小微企业融资担保代偿补偿、小额贷款保证保险补贴等政策；对传统产业转型升级、战略性新兴产业发展、先进制造业发展等重点领域的金融支持力度要加大，坚持区别对待、有扶有控的信贷政策，合理引导和配置金融资源，更好地发挥金融在中小企业新旧动能转换中的功能作用；要发挥省促进中小企业发展领导小组宏观指导和综合协调作用，加强统筹协调、部门协同和各级联动，完善政策信息互联网发布平台，推动打造一流营商环境、制定实施投资项目管理负面清单、建立健全融资新机制、支持发展"四新"促"四化"项目、推动建立现代企业制度、加强诚信体系建设、合理降低税费负担、建设高素质企业家队伍、引导民营企业"走出去"、提高产权保护精准度等十条关于支持非公有制经济健康发展的政策有效落实，以惠及广大中小企业。

附 录

Appendix

B.9 山东场外市场挂牌中小企业数据列表

所属板块	股票代码	股票简称	地市	员工数量（人）	注册资本（万元）	总资产（万元）	净资产（万元）	营业收入（万元）	利润总额（万元）	净利润（万元）	总负债（万元）	资产负债率（%）	销售利润率（%）	总资产收益率（%）	净资产收益率（%）
新三板	835589.OC	山东海运	青岛	482	300000.00	1446921.71	400980.96	528753.10	4681.64	4326.59	1045940.75	72.29	0.89	0.30	1.08
齐鲁股交	172067.QLE	观澜国际	威海	126	2630.00	220581.35	4051.95	1902.43	-22.52	44.07	16529.40	7.49	-1.18	0.02	1.17
新三板	835072.OC	东海租赁	东营	45	50000.00	206351.80	84490.59	17894.69	8993.23	6736.51	121861.21	59.06	50.26	2.47	8.35

山东场外市场挂牌中小企业数据列表

续表

所属板块	股票代码	股票简称	地市	员工数量（人）	注册资本（万元）	总资产↓（万元）	净资产（万元）	营业收入（万元）	利润总额（万元）	净利润（万元）	总负债（万元）	资产负债率（%）	销售利润率（%）	总资产收益率（%）	净资产收益率（%）
新三板	833831.OC	鲁华泓锦	淄博	964	44540.00	195957.08	119459.33	207356.99	9789.37	8347.99	76497.75	39.04	4.72	4.36	7.29
新三板	430680.OC	联兴科技	潍坊	329	11046.54	184352.04	46600.67	95624.81	10539.28	7599.53	137751.37	74.72	11.02	4.69	17.72
新三板	831928.OC	开泰石化	淄博	856	18619.65	160060.71	43426.98	140149.13	913.06	1010.64	116633.73	72.87	0.65	0.70	2.35
新三板	832657.OC	光合文旅	济南	302	7586.30	147175.79	45704.15	16052.80	3038.12	1914.23	101471.64	68.95	18.93	1.39	4.29
新三板	837192.OC	伊莱特	济南	894	25850.00	138741.93	65179.21	105978.60	9994.90	8527.82	73562.72	53.02	9.43	7.60	14.00
新三板	835776.OC	招金励福	烟台	336	13800.00	128286.87	57199.29	841532.72	6922.24	5178.36	71087.58	55.41	0.82	4.08	9.27
齐鲁股交	000003.QLE	鲁中房产	淄博	61	5917.59	127229.18	5099.66	24636.11	−1724.79	−724.46	122129.52	95.99	−7.00	−0.61	−13.25
新三板	835821.OC	国际物流	威海	318	10000.00	123797.08	14534.44	29402.43	−3253.36	−3254.84	109262.64	88.26	−11.06	−2.91	−26.91
新三板	430609.OC	中盛视讯	济南	227	8193.00	88235.01	70523.00	34396.80	9730.05	8500.67	17712.01	20.07	28.29	10.41	12.83
新三板	837022.OC	雄狮装饰	枣庄	294	8800.00	78932.07	23736.82	78520.70	3853.24	2882.98	55195.26	69.93	4.91	3.55	12.81
新三板	838261.OC	万华节能	烟台	334	15000.00	77218.31	14699.53	34554.35	2676.88	2462.74	62518.78	80.96	7.75	3.48	18.29
新三板	835517.OC	发祥新材	德州	502	15300.00	76785.96	42250.30	35585.17	2677.87	2385.19	34535.66	44.98	7.53	3.12	5.62
新三板	836661.OC	特利尔	青岛	156	8781.00	73058.99	47543.26	34333.60	7354.12	6307.44	25515.73	34.92	21.42	10.89	17.44
新三板	834353.OC	大汉股份	济南	920	10300.00	72674.77	36085.65	45457.00	−5659.26	−4618.69	36589.12	50.35	−12.45	−5.28	−11.53
新三板	834151.OC	恒韭股份	菏泽	963	8299.00	71169.86	30291.50	50486.34	3190.91	2909.52	40878.35	57.44	6.32	4.11	10.26
新三板	834851.OC	威能电源	潍坊	451	14020.00	69827.60	29041.56	23081.31	1884.78	1424.68	40786.04	58.41	8.17	1.78	5.03
新三板	831702.OC	源怡股份	淄博	122	8158.00	65601.45	21850.24	13300.29	1361.07	1320.84	43751.21	66.69	10.23	2.25	6.23
新三板	831195.OC	三祥科技	青岛	864	8380.00	63930.13	29331.16	52251.58	2883.41	2113.22	34598.97	54.12	5.52	3.53	7.37
新三板	834428.OC	蓝孚高能	济南	117	13038.00	62390.08	49186.31	8331.17	1148.44	934.95	13203.77	21.16	13.78	1.82	2.60
新三板	833152.OC	新风光	济宁	415	8200.00	62370.61	32932.02	37683.34	5141.14	4509.27	29438.59	47.20	13.64	7.97	14.62
新三板	832236.OC	丰源股份	枣庄	128	6582.80	61501.47	24883.08	24753.96	5941.35	5296.60	36618.39	59.54	24.00	10.87	25.06
新三板	835902.OC	科育科技	烟台	436	23904.31	61427.95	32508.78	18639.21	5606.58	4732.48	28919.18	47.08	30.08	8.98	15.70

217

续表

所属板块	股票代码	股票简称	地市	员工数量(人)	注册资本(万元)	总资产(万元)	净资产(万元)	营业收入(万元)	利润总额(万元)	净利润(万元)	总负债(万元)	资产负债率(%)	销售利润率(%)	总资产收益率(%)	净资产收益率(%)
新三板	872190.OC	雷神科技	青岛	95	2000.00	59549.61	19131.46	147262.96	1462.30	548.81	40418.14	67.87	0.99	1.06	3.27
齐鲁股交	000009.QLE	青岛海王	青岛	970	4000.00	59159.58	24363.56	69410.60	1683.82	1291.22	34796.03	58.82	2.43	2.11	5.39
新三板	839122.OC	隆华新材	淄博	328	36000.00	58839.48	42845.75	142805.88	7075.90	6011.40	15993.73	27.18	4.95	11.40	17.26
新三板	832532.OC	大亚股份	淄博	452	11430.00	58780.23	24902.33	49987.03	4345.40	3574.51	33877.90	57.63	8.69	6.44	15.27
新三板	838849.OC	东岳机械	临沂	596	21015.00	58427.34	29098.78	28955.76	3074.90	2599.78	29328.56	50.20	10.62	4.94	9.15
新三板	830952.OC	方兰慝	东营	112	6516.00	57819.51	26556.11	26607.78	965.18	893.43	31263.40	54.07	3.63	1.45	3.34
新三板	834270.OC	远大特材	德州	202	15500.00	57795.94	34553.56	14898.34	-2202.53	-1971.96	23242.38	40.21	-14.78	-3.21	-5.49
新三板	837598.OC	绿嘉股份	滨州	207	23976.82	55754.57	25368.60	16293.23	184.08	46.78	30385.97	54.50	1.13	0.09	0.18
新三板	430762.OC	荣昌育种	滨州	401	16970.51	55432.98	31567.50	11648.03	893.14	889.97	23865.48	43.05	7.67	1.82	2.86
新三板	871452.OC	朗进科技	莱芜	608	6668.00	54659.23	28196.45	41197.04	7204.10	6226.59	26462.79	48.41	17.49	13.61	28.11
新三板	830906.OC	万事达	滨州	709	8000.00	53634.97	18205.74	69832.29	2445.25	2037.96	35429.23	66.06	3.50	4.13	10.08
新三板	838564.OC	康平铁科	青岛	916	16376.00	53321.08	32157.50	30601.77	5234.24	4563.09	21163.58	39.69	17.10	9.55	15.03
新三板	832938.OC	国林环保	青岛	461	4005.00	52039.75	34415.75	21280.36	5126.44	4426.80	17624.00	33.87	24.09	9.41	13.73
新三板	834314.OC	卓能材料	烟台	225	3600.00	50787.52	12054.06	21232.81	-209.26	-137.37	38733.46	76.27	-0.99	-0.36	-1.50
新三板	834278.OC	高测股份	青岛	755	6209.60	50558.13	16790.09	42530.61	4749.10	4224.02	33768.04	66.79	11.17	10.91	35.31
新三板	839711.OC	凯盛新材	淄博	432	10000.00	50489.73	44163.38	47246.44	8955.23	7733.29	6326.35	12.53	18.95	16.06	18.53
新三板	830832.OC	齐鲁华信	淄博	456	10037.35	50173.95	32240.34	37611.92	4335.67	3353.59	17933.61	35.74	11.53	6.72	11.58
新三板	831387.OC	华特盛电	潍坊	507	6475.00	49915.40	28738.46	18569.92	1057.42	783.38	21176.95	42.43	5.69	1.56	2.77
新三板	832029.OC	金正食品	潍坊	408	16800.00	48006.69	46622.52	51012.89	3019.35	3019.35	1384.18	2.88	5.92	6.43	6.69
新三板	836960.OC	永平资源	潍坊	190	10628.30	47629.05	22413.16	41091.29	4879.10	3586.39	25215.88	52.94	11.87	7.58	17.39
新三板	831613.OC	雷帕得	淄博	296	4710.30	47222.63	21210.86	34560.93	2326.02	1860.57	26011.77	55.08	6.73	4.44	10.77

续表

所属板块	股票代码	股票简称	地市	员工数量（人）	注册资本（万元）	总资产↓（万元）	净资产（万元）	营业收入（万元）	利润总额（万元）	净利润（万元）	总负债（万元）	资产负债率（%）	销售利润率（%）	总资产收益率（%）	净资产收益率（%）
新三板	831300.OC	同创股份	泰安	642	2800.00	46223.50	6139.79	25544.48	276.43	166.35	40083.70	86.72	1.08	0.37	2.75
新三板	838891.OC	嘉华股份	聊城	522	12341.00	45841.89	26888.97	73707.56	7799.11	5864.69	18952.92	41.34	10.58	13.57	21.83
新三板	835968.OC	科创蓝	青岛	127	11063.33	45812.30	30426.52	21509.74	6771.14	5789.27	15385.78	33.58	31.48	16.24	24.22
新三板	835480.OC	北汽海华	淄博	465	6000.00	44615.61	9290.28	36778.12	622.07	325.30	35325.33	79.18	1.69	0.79	3.80
新三板	835020.OC	山东北辰	济南	526	6288.00	43740.42	21688.14	25637.50	2113.78	1771.25	22052.28	50.42	8.24	4.29	8.51
新三板	833838.OC	美世创投	滨州	21	24100.00	43645.43	43098.55	501.23	-697.41	-668.29	546.88	1.25	-139.14	-1.61	-1.64
新三板	430713.OC	昌润钻石	聊城	464	6000.00	42946.01	28046.45	19080.50	2618.78	2296.09	14899.56	34.69	13.72	5.44	8.50
新三板	838404.OC	美陵股份	淄博	656	5545.81	42527.67	17506.57	37480.35	124.59	182.14	25021.10	58.83	0.33	0.43	1.03
新三板	832556.OC	宏力能源	潍坊	151	6500.00	42113.42	16725.42	2413.81	-8464.12	-8523.75	25388.00	60.28	-350.65	-17.88	-40.61
新三板	835289.OC	三力新材	青岛	233	15859.53	39909.36	28778.42	19255.47	1387.74	1137.81	11130.94	27.89	7.21	3.09	4.45
蓝海股交	800733.OEE	今墨堂	青岛	56	6666.66	39202.68	2208.81	36541.54	1422.27	1214.34	36993.88	94.00	3.89	3.25	75.82
新三板	838716.OC	晓天智能	青岛	214	11656.00	38991.12	18828.98	17209.32	309.88	214.74	20162.13	51.71	1.80	0.56	1.23
新三板	836800.OC	海钰生物	济宁	130	8493.10	37750.77	26462.13	18100.97	5204.34	4448.24	11288.64	29.90	28.75	13.31	18.34
新三板	430476.OC	海能仪器	济南	406	7475.41	36402.49	28334.46	16246.85	3509.46	2823.90	8068.03	22.16	21.60	7.86	10.50
新三板	831827.OC	宝来利来	泰安	796	3880.50	35824.37	20314.85	18347.36	1037.19	872.32	15509.53	43.29	5.65	2.51	4.39
新三板	835734.OC	祥维斯	潍坊	255	10812.50	35774.24	11679.24	18345.91	488.61	329.10	24095.00	67.35	2.66	0.94	2.81
新三板	871585.OC	宝力股份	东营	106	18000.00	35587.20	16527.13	3759.88	140.54	150.03	19060.08	53.56	3.74	0.47	0.91
新三板	838602.OC	环能设计	济南	227	5555.00	35512.92	12748.50	43279.92	3207.56	2800.76	22764.42	64.10	7.41	9.50	24.94
新三板	833066.OC	亿联科技	青岛	202	6000.00	35431.17	11732.14	23769.20	2801.33	2417.33	23699.03	66.89	11.79	7.79	22.97
新三板	831129.OC	领信股份	日照	238	10954.10	35368.70	32582.21	19498.40	4389.73	4614.78	2786.48	7.88	22.51	16.06	17.28
新三板	834779.OC	美瑞新材	烟台	165	5000.00	35261.08	15123.60	52637.49	5126.62	4441.04	20137.48	57.11	9.74	14.51	33.57
新三板	832488.OC	奔腾股份	济宁	495	5573.20	34836.81	17467.71	30195.88	616.67	572.17	17369.10	49.86	2.04	1.68	3.31

续表

所属板块	股票代码	股票简称	地市	员工数量（人）	注册资本（万元）	总资产（万元）	净资产（万元）	营业收入（万元）	利润总额（万元）	净利润（万元）	总负债（万元）	资产负债率（%）	销售利润率（%）	总资产收益率（%）	净资产收益率（%）
新三板	831236.OC	华东修船	威海	297	5000.00	34669.36	12325.42	18258.42	3068.86	2315.73	22343.95	64.45	16.81	6.63	19.85
新三板	430492.OC	老来寿	济南	254	6245.00	34548.97	25317.50	4912.02	-3015.46	-2789.45	9231.48	26.72	-61.39	-7.91	-10.53
新三板	870257.OC	龙冈旅游	临沂	292	10790.00	34437.15	30008.13	15413.82	9380.36	6901.11	4429.02	12.86	60.86	21.79	26.22
新三板	870161.OC	枫林环保	烟台	349	6800.00	33929.91	19050.26	19195.56	2542.96	2211.74	14879.65	43.85	13.25	7.32	11.94
新三板	832234.OC	鸿通管材	威海	184	3000.00	33870.04	22379.60	15613.86	2195.08	1814.96	11490.44	33.93	14.06	5.18	8.39
新三板	836448.OC	民和生物	烟台	154	10000.00	33735.07	9146.11	3596.65	-3572.64	-3572.64	24588.96	72.89	-99.33	-10.99	-32.68
新三板	836262.OC	科源制药	济南	454	5800.00	33475.09	25949.13	23944.53	5410.13	4602.01	7525.96	22.48	22.59	16.46	25.96
新三板	832308.OC	旺盛园林	济南	226	10032.00	33436.01	13926.92	18423.56	2721.44	2494.04	19509.08	58.35	14.77	8.09	19.67
新三板	836596.OC	鲁新新材	济南	114	15000.00	33199.22	27981.40	38998.53	785.89	679.28	5217.82	15.72	2.02	2.06	2.46
新三板	872210.OC	德建建科	德州	260	3640.00	33149.92	7208.00	33584.83	1822.18	1353.29	25941.92	78.26	5.43	4.94	20.72
新三板	871018.OC	华菱电子	威海	860	9560.00	33004.72	27325.06	35247.70	7339.84	6582.05	5679.65	17.21	20.82	22.42	27.83
新三板	831689.OC	克莱特	威海	376	6040.00	32809.31	21716.22	23188.43	3521.59	3127.71	11093.09	33.81	15.19	11.16	16.05
新三板	831686.OC	正大环保	威海	160	2746.00	32524.00	14657.10	13348.31	1165.29	1069.57	17866.91	54.93	8.73	3.46	7.46
新三板	832610.OC	山东天力	济南	182	8980.00	32450.86	13048.85	8695.87	-3725.70	-3306.74	19402.01	59.79	-42.84	-10.62	-22.45
新三板	832651.OC	天豆股份	威海	237	5035.00	32341.89	21919.98	13336.89	3930.49	3344.95	10421.91	32.22	29.47	10.35	15.46
新三板	832076.OC	泰鹏环保	泰安	391	9100.00	31864.39	14114.60	26234.43	2111.89	1882.85	17749.79	55.70	8.05	6.18	15.57
齐鲁股交	300585.QLE	华丰防水	潍坊	72	10188.00	31803.40	30936.10	11921.20	1498.60	1123.90	867.30	2.73	12.57	4.13	4.28
新三板	832220.OC	海德尔	烟台	47	8400.00	31648.42	18540.09	4862.32	120.67	117.28	13108.33	41.42	2.48	0.38	0.63
新三板	830839.OC	万通液压	日照	368	6000.00	31240.83	17498.92	24700.37	3052.52	2605.00	13741.91	43.99	12.36	9.67	16.08
齐鲁股交	100301.QLE	华宝食品	潍坊	248	6000.00	30102.26	23739.31	242663.56	3469.11	3469.11	6362.95	21.14	1.43	13.07	15.77
新三板	838157.OC	华光光电	济南	551	5966.67	30040.39	26693.68	16887.80	5340.44	4606.05	3346.70	11.14	31.62	18.46	21.56
新三板	835600.OC	瑞阳医药	青岛	171	8100.00	29620.26	11318.04	79228.15	1098.51	823.09	18302.23	61.79	1.39	3.10	7.28

续表

所属板块	股票代码	股票简称	地市	员工数量(人)	注册资本(万元)	总资产(万元)	净资产(万元)	营业收入(万元)	利润总额(万元)	净利润(万元)	总负债(万元)	资产负债率(%)	销售利润率(%)	总资产收益率(%)	净资产收益率(%)
新三板	832119.OC	路通精密	烟台	229	6000.00	29440.60	19074.33	12685.79	1694.38	1582.95	10366.27	35.21	13.36	5.68	8.66
齐鲁股交	100022.QLE	安博科技	淄博	470	2340.00	29440.45	7768.13	26484.96	3044.53	2691.20	21672.32	73.61	11.50	10.29	40.35
新三板	832027.OC	智衡减振	德州	335	4647.06	29217.68	26824.09	14247.43	2473.84	2123.00	2393.59	8.19	17.36	7.28	7.95
新三板	836516.OC	冰科医疗	烟台	241	5000.00	29190.71	16795.99	13583.91	2996.91	2590.00	12394.72	42.46	22.06	9.43	16.71
新三板	832597.OC	中移能	济南	115	10775.00	29124.53	13274.94	8958.84	681.60	722.08	15849.59	54.42	7.61	2.61	5.81
新三板	832419.OC	路斯股份	潍坊	1157	8580.00	29081.91	16326.92	31046.00	4413.58	3733.38	12754.98	43.86	14.22	12.82	26.70
新三板	830782.OC	泰安众诚	泰安	256	6232.00	28972.40	23321.67	12663.18	2488.38	1910.90	5650.73	19.50	19.65	6.73	8.48
新三板	430533.OC	同立高科	烟台	256	7030.00	28923.38	15132.07	6832.87	-1610.15	-1414.83	13791.32	47.68	-23.56	-5.02	-8.93
新三板	831792.OC	海思堡	淄博	585	10950.00	28803.81	10886.67	18335.73	-1603.83	-1564.58	17917.14	62.20	-8.75	-5.63	-13.52
新三板	833273.OC	蓝思种业	日照	137	10157.07	28553.62	17067.11	5269.01	692.62	692.62	11486.51	40.23	13.15	2.45	4.14
新三板	833579.OC	鼎盛精工	东营	103	7045.00	28384.70	14693.70	3242.41	-2257.94	-2194.00	13690.99	48.23	-69.64	-7.47	-13.88
新三板	832794.OC	万斯达	济南	141	4650.00	28197.06	6811.14	11823.78	236.37	136.91	21385.92	75.84	2.00	0.56	2.15
新三板	872461.OC	山东京普	临沂	204	8376.50	27948.03	17267.54	48939.64	9942.07	7401.66	10680.49	38.22	20.31	32.70	56.11
新三板	832620.OC	中安京普股份	济南	241	11360.00	27919.82	14324.74	20009.20	1069.87	919.90	13595.08	48.69	5.35	3.80	6.63
新三板	835181.OC	中阳股份	东营	162	7280.00	27030.26	13615.41	36937.16	4113.17	3037.44	13414.84	49.63	11.14	12.73	27.63
齐鲁股交	100606.QLE	通力机电	淄博	78	3157.44	27005.83	4854.66	7124.30	-210.65	-221.56	22151.17	82.02	-2.96	-0.81	-4.46
新三板	831278.OC	泰德股份	青岛	411	6000.00	26946.72	16453.48	23058.81	4623.15	4002.88	10493.24	38.94	20.05	17.14	29.39
新三板	833055.OC	旭域股份	青岛	171	5900.00	26855.84	16888.26	18217.98	2336.34	1980.33	9967.58	37.12	12.82	8.28	14.20
新三板	832634.OC	赛特电工	泰安	317	4280.00	26767.10	20182.34	49296.69	3036.48	2580.81	6584.77	24.60	6.16	10.82	13.28
齐鲁股交	100181.QLE	亿盛铝业	临沂	168	5520.00	26704.00	10334.00	14580.00	724.00	529.00	16370.00	61.30	4.97	2.05	5.25
新三板	830792.OC	创新科技	聊城	145	4579.75	26468.27	12593.81	6606.48	664.13	511.55	13874.45	52.42	10.05	2.05	4.15
齐鲁股交	100203.QLE	瑞电气	青岛	115	5100.00	26096.31	7114.02	3548.87	775.98	-1169.01	18982.29	72.74	21.87	-4.38	-16.95

续表

所属板块	股票代码	股票简称	地市	员工数量（人）	注册资本（万元）	总资产↓（万元）	净资产（万元）	营业收入（万元）	利润总额（万元）	净利润（万元）	总负债（万元）	资产负债率（%）	销售利润率（%）	总资产收益率（%）	净资产收益率（%）
新三板	831311.OC	博安智能	济南	108	5990.00	26049.45	17062.37	20431.89	2298.72	1992.31	8987.08	34.50	11.25	8.62	12.58
新三板	832992.OC	神戎电子	济南	415	4569.00	25987.86	17808.30	16739.74	655.65	671.03	8179.55	31.47	3.92	2.65	3.84
新三板	871397.OC	美泰科技	青岛	224	6500.00	25922.42	15036.15	34009.27	7800.51	6635.52	10886.27	42.00	22.94	25.68	56.61
新三板	430433.OC	中瑞电子	临沂	174	3000.00	25808.85	3815.34	16076.15	501.41	387.87	21993.50	85.22	3.12	1.58	10.71
齐鲁股交	100537.QLE	鑫河股份	潍坊	203	7742.75	25767.92	8249.46	5842.08	149.57	112.18	17518.46	67.99	2.56	0.52	1.37
新三板	833804.OC	康威通信	济南	202	5821.00	25654.91	15669.34	12119.01	1144.07	962.74	9985.57	38.92	9.44	3.94	6.59
新三板	872123.OC	开创集团	济南	993	6900.00	25593.79	16569.96	97420.42	6535.77	5377.18	9023.83	35.26	6.71	23.87	38.80
新三板	832078.OC	泰利模具	烟台	215	4300.00	25555.24	7807.92	6985.67	-729.92	-672.82	17747.31	69.45	-10.45	-2.65	-8.26
新三板	839288.OC	荣鑫科技	威海	242	12000.00	25436.14	16849.80	21584.76	3177.22	2756.21	8586.34	33.76	14.72	12.32	18.96
齐鲁股交	100069.QLE	嘉特包装	淄博	155	2690.00	25390.78	3655.31	47504.81	37.51	49.70	21735.47	85.60	0.08	0.23	1.37
新三板	835839.OC	环丰食品	潍坊	154	3527.49	24912.90	7616.34	24630.86	1014.48	930.67	17296.56	69.43	4.12	3.57	13.01
新三板	833394.OC	民士达	烟台	85	10000.00	24827.14	20754.40	8704.85	1335.49	1156.20	4072.74	16.40	15.34	4.62	5.46
新三板	832819.OC	啸创股份	济南	54	6100.00	24756.40	7174.21	26021.79	255.68	184.96	17582.19	71.02	0.98	0.92	2.61
新三板	838813.OC	招金膜天	烟台	330	8037.00	24432.03	10863.98	14966.37	661.54	629.11	13568.04	55.53	4.42	2.68	5.97
新三板	831668.OC	天元小贷	聊城	17	15000.00	24410.90	19644.81	3409.07	2755.96	2042.96	4766.09	19.52	80.84	7.98	10.38
新三板	839225.OC	健源生物	烟台	380	2168.00	24329.26	9328.06	19632.29	3870.86	2895.25	15001.20	61.66	19.72	14.65	36.74
新三板	830919.OC	飞达股份	德州	334	4000.00	24182.67	13983.26	15745.15	-6668.56	-7010.75	10199.41	42.18	-42.35	-25.08	-40.09
新三板	832883.OC	德润能源	东营	120	10500.00	24160.04	12538.75	9122.20	-3257.82	-3161.94	11621.29	48.10	-35.71	-12.37	-22.56
新三板	871975.OC	百年堂	聊城	202	10356.69	24103.30	15112.05	6725.70	688.97	594.89	8991.25	37.30	10.24	2.59	4.02
齐鲁股交	100015.QLE	三合机械	枣庄	591	4002.88	23942.85	13146.06	24248.92	1866.68	1631.55	10796.79	45.09	7.70	7.07	12.97
齐鲁股交	100378.QLE	欣洲园林	淄博	60	3710.00	23923.68	6439.35	1319.33	184.24	184.24	17484.33	73.08	13.96	1.15	2.90
新三板	834422.OC	鑫光正	青岛	557	3000.00	23914.18	6461.52	37165.94	1508.55	1044.87	17452.67	72.98	4.06	5.09	17.74

续表

所属板块	股票代码	股票简称	地市	员工数量（人）	注册资本（万元）	总资产（万元）	净资产（万元）	营业收入（万元）	利润总额（万元）	净利润（万元）	总负债（万元）	资产负债率（%）	销售利润率（%）	总资产收益率（%）	净资产收益率（%）
新三板	838875.OC	鲁华生物	济宁	192	4000.00	23818.87	8146.14	39379.62	1222.27	1132.87	15672.73	65.80	3.10	4.70	15.15
新三板	870711.OC	泰莱电气	莱芜	220	10010.00	23677.56	12555.86	13438.37	1760.25	1590.56	11121.71	46.97	13.10	7.82	13.52
新三板	833111.OC	国泰股份	青岛	80	4015.06	23459.32	10859.62	21986.24	524.90	351.37	12599.70	53.71	2.39	1.52	3.29
新三板	838249.OC	邦德激光	济南	831	2800.00	23208.99	4096.12	46720.18	1152.54	1073.83	19112.86	82.35	2.47	6.41	29.54
新三板	836412.OC	海泰新光	青岛	364	3400.00	23156.33	20093.25	17811.99	5789.69	4917.33	3063.08	13.23	32.50	22.21	28.66
新三板	837191.OC	京广传媒	潍坊	145	2000.00	23082.33	6236.25	13560.91	2045.94	1507.27	16846.08	72.98	15.09	6.82	27.49
新三板	832286.OC	ST凯翔	日照	234	2860.00	22878.32	-219.65	16101.79	-1719.53	-1719.53	23097.97	100.96	-10.68	-8.57	—
新三板	838173.OC	佳明测控	青岛	294	5800.00	22779.69	15109.01	10566.13	1653.52	1408.63	7670.68	33.67	15.65	6.00	9.78
新三板	430516.OC	文达通	青岛	2893	7729.00	22618.08	8582.49	25043.69	-756.21	-1148.01	14035.59	62.05	-3.02	-5.28	-12.46
新三板	831338.OC	山东信和	聊城	176	3900.00	22462.81	2814.73	4973.48	-834.53	-873.17	19648.07	87.47	-16.78	-4.61	-26.54
新三板	837873.OC	正海科技	烟台	173	3000.00	22325.01	5130.33	21799.63	439.72	439.72	17194.68	77.02	2.02	2.01	8.95
新三板	430395.OC	奥盖克	青岛	210	9500.00	22276.40	130.19	11064.06	-3962.10	-3962.10	22146.22	99.42	-35.81	-16.65	-187.67
新三板	872222.OC	中稀天马	济宁	132	6464.00	22083.93	14934.68	20020.13	2349.89	1916.22	7149.25	32.37	11.74	9.48	13.71
新三板	838014.OC	亿维集成	济宁	291	5180.00	21941.72	6676.62	33824.57	659.73	484.02	15265.10	69.57	1.95	2.40	7.52
新三板	834347.OC	天畅环保	枣庄	152	5570.00	21851.18	7740.23	4281.86	120.49	114.72	14110.95	64.58	2.81	0.53	1.49
新三板	837267.OC	海纳摩擦	烟台	182	5000.00	21800.14	8166.35	10670.66	2003.41	1732.12	13633.78	62.54	18.77	8.63	20.53
新三板	838790.OC	卡尔股份	威海	230	6000.00	21346.21	17800.77	21554.60	4628.27	4183.40	3545.44	16.61	21.47	21.45	26.63
新三板	430510.OC	丰光精密	青岛	525	11725.00	21342.45	16313.47	17284.02	2795.89	2424.43	5028.98	23.56	16.18	11.65	13.75
新三板	837582.OC	海essoa云视	济南	207	5520.00	21160.98	10144.04	32948.32	1789.02	1503.06	11016.94	52.06	5.43	7.41	15.30
齐鲁股交	172118.QLE	美珂新材	潍坊	100	1170.00	21107.60	2927.24	6002.28	464.59	348.44	18180.36	86.13	7.74	1.79	13.06
新三板	430732.OC	威马股份	莱芜	280	5625.00	20943.04	10899.21	9364.50	-1730.45	-1493.84	10043.84	47.96	-18.48	-6.95	-12.83
新三板	430663.OC	大陆股份	济南	141	7580.00	20864.07	10909.05	8278.49	565.23	503.27	9955.02	47.71	6.83	2.38	4.72

续表

所属板块	股票代码	股票简称	地市	员工数量（人）	注册资本（万元）	总资产（万元）	净资产（万元）	营业收入（万元）	利润总额（万元）	净利润（万元）	总负债（万元）	资产负债率（%）	销售利润率（%）	总资产收益率（%）	净资产收益率（%）
新三板	837242.OC	建邦股份	青岛	104	3064.40	20803.82	10258.72	26974.41	4461.62	3344.20	10545.10	50.69	16.54	20.11	45.12
齐鲁股交	301637.QLE	金马首	德州	291	42268.00	20724.00	13376.00	19226.00	2358.00	1768.00	7348.00	35.46	12.26	8.86	13.89
新三板	832799.OC	陆海股份	德州	151	5017.60	20709.54	10411.88	3350.43	-2018.63	-1846.44	10297.67	49.72	-60.25	-8.08	-16.22
新三板	833748.OC	奥图股份	济南	278	4102.62	20550.56	9666.38	14836.06	1226.41	1073.66	10884.17	52.96	8.27	6.42	15.80
新三板	871510.OC	大境生态	烟台	56	2700.00	20403.96	16018.95	9573.79	3111.95	2721.06	4385.01	21.49	32.50	16.23	21.46
新三板	836575.OC	绿邦作物	济南	163	4209.50	20384.30	9069.86	16886.75	824.70	778.22	11314.45	55.51	4.88	3.95	8.75
新三板	831234.OC	天辰股份	济南	266	5025.00	20221.05	14151.36	8778.67	1330.65	1186.93	6069.69	30.02	15.16	6.19	8.66
新三板	831605.OC	奔速电梯	莱芜	156	5470.00	19999.31	10659.49	7589.27	1124.61	848.18	9339.82	46.70	14.82	4.49	8.29
新三板	835077.OC	博宁福田	青岛	208	6581.50	19892.53	8005.65	8209.73	-740.66	-807.81	11886.88	59.76	-9.02	-4.33	-10.68
新三板	870869.OC	比特智能	日照	474	9800.00	19891.68	15597.85	14854.64	677.66	686.13	4293.82	21.59	4.56	3.61	4.52
新三板	872499.OC	新诚志卓	青岛	374	4500.00	19861.86	4994.68	14435.47	84.55	83.47	14867.18	74.85	0.59	0.47	1.69
新三板	871052.OC	盛日环保	淄博	77	4910.00	19739.85	15633.60	13086.29	2892.12	2464.05	4106.25	20.80	22.10	17.68	21.47
新三板	838820.OC	普利思	济南	361	8800.00	19710.99	14092.57	16853.70	3199.67	2392.86	5618.41	28.50	18.98	12.47	18.55
新三板	831509.OC	中科英泰	青岛	232	8456.00	19653.75	13645.92	18573.70	3288.22	2918.60	6007.83	30.57	17.70	15.72	26.40
齐鲁股交	300615.QLE	正大防水	潍坊	56	15086.00	19483.00	17447.00	20550.00	3302.00	3243.00	2035.00	10.45	16.07	17.86	20.49
新三板	836079.OC	鑫海矿装	烟台	325	6300.00	19419.65	9256.96	17846.11	2720.15	2412.37	10162.69	52.33	15.24	13.67	29.96
新三板	430626.OC	胜达科技	潍坊	213	5400.00	19056.93	12566.92	14739.39	1011.80	897.45	6490.02	34.06	6.86	4.32	7.02
新三板	830772.OC	远航科技	威海	181	4225.00	18925.41	11942.87	7346.70	662.65	614.62	6982.54	36.90	9.02	3.19	5.04
新三板	833225.OC	赛特股份	淄博	58	8509.80	18918.19	17166.88	6642.68	734.36	563.43	1751.31	9.26	11.06	3.01	3.32
新三板	837356.OC	华顺环保	烟台	149	5009.90	18902.56	11559.63	5299.83	488.30	360.59	7342.93	38.85	9.21	1.94	3.18
新三板	838483.OC	亿嘉股份	潍坊	75	5410.00	18741.72	7971.82	8003.28	-71.17	-55.76	10769.90	57.46	-0.89	-0.27	-0.75
新三板	831955.OC	海益宝	烟台	56	7885.00	18485.92	12487.51	11082.57	2361.92	2098.49	5998.41	32.45	21.31	11.73	18.35

山东场外市场挂牌中小企业数据列表

续表

所属板块	股票代码	股票简称	地市	员工数量(人)	注册资本(万元)	总资产(万元)	净资产(万元)	营业收入(万元)	利润总额(万元)	净利润(万元)	总负债(万元)	资产负债率(%)	销售利润率(%)	总资产收益率(%)	净资产收益率(%)
齐鲁股交	300930.QLE	银河商贸	济南	25	15000.00	18457.00	14784.00	471.00	3.20	3.20	3673.00	19.90	0.68	0.02	0.03
新三板	833104.OC	融汇管通	济南	106	7500.00	18444.59	12215.12	9224.80	144.29	179.45	6229.47	33.77	1.56	0.99	1.48
新三板	830783.OC	广源精密	聊城	297	5100.00	18404.84	8986.24	8795.32	-611.83	-383.83	9418.60	51.17	-6.96	-2.00	-4.91
新三板	831413.OC	中创股份	济南	197	5620.00	18276.64	16241.86	10826.52	1481.36	1372.71	2034.78	11.13	13.68	7.70	8.75
新三板	836938.OC	鑫华润	德州	413	3196.00	18127.37	7046.60	24629.15	1201.50	1142.84	11080.78	61.13	4.88	6.61	17.65
新三板	834971.OC	三元生物	滨州	175	4866.76	17876.84	12398.71	11872.06	2546.86	2164.30	5478.13	30.64	21.45	14.15	20.65
新三板	872317.OC	凯特智控	潍坊	148	5000.00	17764.32	13978.52	12394.78	1095.26	924.78	3785.80	21.31	8.84	5.55	6.84
新三板	871762.OC	冠森农科技	东营	209	5000.00	17732.45	8653.02	13494.20	3382.02	2951.63	9079.43	51.20	25.06	17.15	41.47
齐鲁股交	300696.QLE	惠德农产	潍坊	140	4000.00	17662.54	2943.82	1598.92	-1166.96	-1166.96	14718.71	83.33	-72.98	-6.56	-32.95
蓝海股交	800137.OEE	浩金铭	青岛	453	613.00	17644.25	17644.25	14850.83	111.80	111.80	14033.36	79.54	0.75	0.63	0.63
新三板	836376.OC	前田热能	泰安	154	5500.00	17619.13	4979.90	7295.84	857.85	857.85	12639.23	71.74	11.76	5.06	18.79
齐鲁股交	100153.QLE	昊安金科	威海	150	10500.00	17549.56	6970.00	1913.63	-961.47	-968.64	10579.54	60.28	-50.24	-5.46	-14.45
新三板	832736.OC	华鼎股份	烟台	218	4000.00	17510.79	4567.31	6083.59	-1301.65	-1406.82	12943.48	73.92	-21.40	-9.09	-35.88
新三板	831121.OC	力久电机	威海	397	5138.44	17290.09	7489.16	21051.23	655.76	534.23	9800.94	56.69	3.12	3.44	7.32
新三板	839737.OC	鸥玛软件	济南	243	6718.40	17288.88	15744.05	15051.70	5681.80	5095.49	1544.83	8.94	37.75	37.03	41.27
新三板	832600.OC	金鸿新材	潍坊	356	3300.00	17260.50	13678.88	11293.40	2036.84	1729.59	3581.62	20.75	18.04	10.28	14.32
新三板	837062.OC	同成医药	潍坊	188	5025.00	17112.66	11967.16	27040.27	2511.70	2128.36	5145.50	30.07	9.29	13.80	19.68
齐鲁股交	172009.QLE	忠诚农业	济宁	126	5439.00	17069.67	8332.65	5533.21	246.15	245.40	8737.02	51.18	4.45	1.77	3.05
新三板	832416.OC	华美精陶	潍坊	421	8256.00	16997.39	12308.53	11624.22	1177.61	1014.66	4688.86	27.59	10.13	6.38	8.60
新三板	837212.OC	智新电子	潍坊	376	3830.00	16904.76	9870.23	20446.68	2617.78	2247.73	7034.54	41.61	12.80	14.39	28.18
新三板	833254.OC	中惠生物	滨州	131	3679.81	16862.75	4879.81	10678.43	-248.68	-382.93	11982.94	71.06	-2.33	-2.42	-8.55
齐鲁股交	100017.QLE	瀚海水业	淄博	137	5400.00	16725.50	6757.05	3577.91	365.66	283.18	9968.45	59.60	10.22	1.75	4.28

225

续表

所属板块	股票代码	股票简称	地市	员工数量（人）	注册资本（万元）	总资产（万元）	净资产（万元）	营业收入（万元）	利润总额（万元）	净利润（万元）	总负债（万元）	资产负债率（%）	销售利润率（%）	总资产收益率（%）	净资产收益率（%）
新三板	430545.OC	星科智能	济南	378	3665.00	16615.08	11007.53	10932.79	161.23	184.87	5607.54	33.75	1.47	1.15	1.70
新三板	871336.OC	裕龙农牧	滨州	107	5000.00	16501.34	12380.76	7073.96	979.06	965.09	4120.59	24.97	13.84	5.76	7.34
新三板	835177.OC	人立文创	淄博	166	3270.00	16406.47	2991.92	3573.84	-1556.59	-1244.54	13414.55	81.76	-43.56	-7.70	-34.43
新三板	832621.OC	三维钢构	枣庄	163	4800.00	16384.80	9368.64	24487.36	1445.02	1221.02	7016.15	42.82	5.90	8.17	15.35
齐鲁股交	302293.QLE	宝源防水	潍坊	58	15764.00	16255.09	16154.12	26689.95	2729.55	2712.77	100.97	0.62	10.23	25.83	26.06
新三板	831176.OC	天鸿股份	烟台	165	4131.72	16245.68	3815.53	4108.24	-139.41	-149.54	12430.15	76.51	-3.39	-1.04	-3.85
新三板	831957.OC	晨宇电气	潍坊	170	5513.00	16198.04	6879.61	10218.54	383.12	440.83	9318.43	57.53	3.75	2.77	6.62
新三板	837667.OC	益生康健	青岛	478	3000.00	16195.29	6602.44	21465.05	2158.40	1622.67	9592.85	59.23	10.06	10.80	27.81
齐鲁股交	100528.QLE	硅元新材	淄博	334	6880.00	16121.00	11376.00	6213.00	149.00	10.00	4746.00	29.44	2.40	0.06	0.09
新三板	834826.OC	常青树	东营	180	4000.00	16022.05	8817.61	15667.10	38.01	41.89	7204.44	44.97	0.24	0.25	0.47
新三板	834389.OC	富景农业	青岛	21	7000.00	15943.73	9692.55	4266.99	1310.13	1310.13	6251.18	39.21	30.70	9.52	14.50
新三板	833088.OC	泰金精锻	莱芜	147	2800.00	15890.29	6547.21	11174.28	616.12	466.96	9343.08	58.80	5.51	3.10	7.40
新三板	430496.OC	大正医疗	威海	239	3700.00	15850.15	14873.89	9417.75	2890.88	2495.61	976.26	6.16	30.70	16.62	17.95
新三板	834135.OC	龙盛股份	德州	128	3000.00	15823.36	3550.97	12202.04	447.30	329.23	12272.39	77.56	3.67	2.01	9.08
新三板	838234.OC	亚华电子	淄博	273	7200.00	15777.84	12034.71	10631.64	3053.83	2684.24	3743.13	23.72	28.72	18.86	24.42
新三板	831492.OC	安信种苗	济南	128	5628.00	15680.22	12079.51	7165.71	1371.77	1367.65	3600.72	22.96	19.14	9.18	12.00
新三板	831304.OC	迪尔化工	泰安	175	8676.00	15667.74	11520.58	22781.01	1988.83	1585.15	4147.15	26.47	8.73	11.13	14.79
新三板	835850.OC	凯欣股份	潍坊	115	3350.00	15628.64	10569.20	22832.12	2196.25	2228.26	5059.44	32.37	9.62	15.34	26.32
新三板	837092.OC	金佳园	烟台	70	3777.60	15623.48	8055.27	14100.91	2645.77	2288.59	7568.21	48.44	18.76	18.14	36.20
新三板	430497.OC	威硬工具	威海	160	3881.84	15584.16	13100.20	8647.73	3197.66	2745.99	2483.96	15.94	36.98	18.38	21.63
新三板	838171.OC	邦德股份	威海	412	6842.13	15552.64	11325.26	16494.06	3822.92	3361.84	4227.38	27.18	23.18	23.14	31.25
新三板	430695.OC	浩海科技	青岛	130	5733.24	15367.43	10306.66	13142.55	1961.19	1799.02	5060.77	32.93	14.92	13.66	20.59

山东场外市场挂牌中小企业数据列表

续表

所属板块	股票代码	股票简称	地市	员工数量（人）	注册资本（万元）	总资产（万元）	净资产（万元）	营业收入（万元）	利润总额（万元）	净利润（万元）	总负债（万元）	资产负债率（%）	销售利润率（%）	总资产收益率（%）	净资产收益率（%）
齐鲁股交	100363.QLE	五维实业	淄博	86	3330.00	15347.69	3873.89	12934.20	415.09	310.00	11473.80	74.76	3.21	2.07	8.82
新三板	839034.OC	优优木业	临沂	349	9900.00	15125.93	11716.80	14987.27	695.09	661.13	3409.13	22.54	4.64	4.62	5.81
新三板	831778.OC	鸿森重工	青岛	255	5800.00	15109.88	7769.18	14138.96	490.13	382.31	7340.70	48.58	3.47	2.63	5.04
齐鲁股交	100010.QLE	华伟科技	淄博	160	4025.30	15100.29	4097.22	8349.80	-765.65	-675.07	11003.06	72.87	-9.17	-4.01	-15.23
新三板	870316.OC	明大科技	聊城	321	8967.00	15060.87	12838.81	18215.10	2521.52	1943.22	2222.06	14.75	13.84	12.97	14.98
齐鲁股交	300535.QLE	华光防水	潍坊	80	10098.00	15005.00	12818.00	12675.00	1052.00	970.00	2187.00	14.58	8.30	6.70	7.87
新三板	831569.OC	华牧天元	济南	121	7488.36	15002.94	9603.40	15916.00	715.06	648.56	5399.54	35.99	4.49	4.86	7.80
新三板	836593.OC	大宇纺织	聊城	61	5000.00	14993.30	5222.17	6698.57	-485.51	-432.45	9771.13	65.17	-7.25	-3.15	-7.95
齐鲁股交	100223.QLE	三和玩具	临沂	630	1400.00	14825.00	14825.00	14348.00	2319.00	1736.00	11640.00	78.52	16.16	12.14	12.14
新三板	839373.OC	润华保险	济南	60	5000.84	14743.40	13454.14	20050.02	7224.48	5371.05	1289.26	8.74	36.03	46.50	52.55
齐鲁股交	100318.QLE	兴国资本	淄博	9	1000.00	14521.73	12372.80	63.38	-36.50	-36.50	2148.93	14.80	-57.59	-0.25	-0.29
新三板	837804.OC	韩升元	菏泽	926	3006.00	14496.93	6024.11	32896.45	1550.36	1444.95	8472.82	58.45	4.71	10.56	28.51
新三板	833292.OC	泰然科技	东营	167	3098.00	14484.76	11190.71	9507.17	733.16	620.31	3294.04	22.74	7.71	4.11	5.70
新三板	838388.OC	凯能科技	青岛	186	4600.00	14468.54	7481.50	6682.16	383.92	351.53	6987.04	48.29	5.75	2.26	5.17
新三板	871685.OC	慧科股份	淄博	52	4153.60	14451.70	9160.73	7342.61	99.32	81.55	5290.97	36.61	1.35	0.56	0.89
新三板	834339.OC	东方贷款	济南	15	10000.00	14411.24	11724.50	1163.62	686.90	513.29	2686.74	18.64	59.03	3.82	4.29
新三板	832730.OC	蓝贝股份	济南	397	4220.00	14323.02	9795.59	24449.14	1507.98	1360.97	4527.44	31.61	6.17	9.73	15.13
新三板	837207.OC	沃特佳	济南	87	2130.00	14311.48	10068.77	6131.27	221.43	192.99	4242.70	29.65	3.61	1.78	2.62
新三板	839313.OC	和宁信息	济南	109	1242.00	14308.47	2251.58	15143.14	840.29	686.23	12056.89	84.26	5.55	5.99	35.96
新三板	171002.QLE	山能激光	泰安	108	1800.00	14294.77	10363.09	12118.48	550.99	558.79	3931.67	27.50	4.55	3.91	5.54
齐鲁股交	100595.QLE	天宇建机	德州	180	2807.10	14290.00	4816.30	5111.00	-222.80	-209.90	9473.70	66.30	-4.36	-1.48	-4.27
新三板	832298.OC	菲缆股份	潍坊	68	3760.00	14261.99	5923.93	6873.81	49.31	74.74	8338.06	58.46	0.72	0.56	1.27

续表

所属板块	股票代码	股票简称	地市	员工数量(人)	注册资本(万元)	总资产(万元)	净资产(万元)	营业收入(万元)	利润总额(万元)	净利润(万元)	总负债(万元)	资产负债率(%)	销售利润率(%)	总资产收益率(%)	净资产收益率(%)
新三板	835670.OC	数字人	济南	162	5836.40	14221.51	12374.10	8033.34	2810.89	2525.88	1847.41	12.99	34.99	22.76	27.36
新三板	837414.OC	恒誉环保	济南	70	6000.80	14217.82	9230.86	5288.63	1334.71	1166.58	4986.96	35.08	25.24	9.14	16.28
新三板	871005.OC	太环股份	济南	115	3267.00	14112.43	3638.43	9022.71	528.55	478.86	10474.00	74.22	5.86	4.44	14.09
新三板	832084.OC	深川股份	淄博	169	5130.00	13936.39	8262.76	8268.00	468.01	383.08	5673.62	40.71	5.66	2.88	4.79
齐鲁股交	172126.QLE	世代海洋	威海	46	5312.00	13933.62	5178.82	367.30	-423.97	-423.97	8754.80	62.83	-115.43	-3.04	-7.84
新三板	870615.OC	龙港股份	烟台	242	6000.00	13837.85	6489.99	9405.92	244.15	178.41	7347.86	53.10	2.60	1.36	2.76
新三板	833995.OC	黄河文化	滨州	69	10000.00	13747.59	12232.92	3614.32	583.15	469.35	1514.67	11.02	16.13	4.48	5.21
新三板	870601.OC	启明星	淄博	282	3000.00	13704.06	6180.21	10963.63	1193.62	1064.01	7523.85	54.90	10.89	8.27	18.84
新三板	837785.OC	聚力股份	烟台	25	6000.00	13555.02	11873.59	4001.78	468.70	341.20	1681.43	12.40	11.71	3.70	4.33
新三板	430717.OC	源通机械	淄博	579	2600.00	13520.43	6311.76	13666.68	69.76	17.64	7208.67	53.32	0.51	0.14	0.28
齐鲁股交	100392.QLE	山东飞雪	东营	37	3280.00	13518.54	3757.90	5518.25	270.17	270.17	9760.65	72.20	4.90	1.98	7.46
新三板	830926.OC	迪浩动力	淄博	101	4242.00	13484.54	4758.22	4487.53	-715.89	-710.20	8726.32	64.71	-15.95	-4.91	-13.99
新三板	838892.OC	休普动力	淄博	226	2777.00	13472.29	5690.26	6368.33	1.29	-39.82	7782.03	57.76	0.02	-0.30	-0.70
新三板	872309.OC	信泰节能	潍坊	136	4679.73	13464.85	6627.02	10782.92	736.11	474.70	6837.83	50.78	6.83	3.74	7.55
齐鲁股交	300239.QLE	龙德科技	潍坊	73	5310.00	13410.36	5127.16	6660.36	25.87	19.41	8283.20	61.77	0.39	0.15	0.38
新三板	836272.OC	星通教育	济南	113	3120.00	13386.81	3971.97	5091.46	-291.28	-258.98	9414.84	70.33	-5.72	-1.95	-6.30
新三板	834729.OC	朗朗教育	济南	280	5053.00	13261.25	8312.07	17768.39	2482.35	2350.37	4949.18	37.32	13.97	19.38	33.24
新三板	836128.OC	温声股份	济南	253	3000.00	13092.26	3693.89	11387.96	323.40	241.26	9398.37	71.79	2.84	1.89	6.75
新三板	872397.OC	世德装备	烟台	194	5350.00	12916.45	7940.16	8900.78	1067.90	986.15	4976.29	38.53	12.00	7.84	13.24
新三板	837343.OC	益通节能	德州	57	5000.00	12879.29	6856.16	5930.33	467.26	344.11	6023.12	46.77	7.88	2.82	5.15
新三板	831132.OC	临风股份	临沂	167	8360.28	12874.41	8237.31	6504.73	255.86	255.86	4637.11	36.02	3.93	2.16	3.16
新三板	835887.OC	正凯新材	枣庄	335	3000.00	12818.60	4834.70	12396.98	968.74	760.79	7983.91	62.28	7.81	6.14	16.00

山东场外市场挂牌中小企业数据列表

续表

所属板块	股票代码	股票简称	地市	员工数量（人）	注册资本（万元）	总资产（万元）	净资产（万元）	营业收入（万元）	利润总额（万元）	净利润（万元）	总负债（万元）	资产负债率（%）	销售利润率（%）	总资产收益率（%）	净资产收益率（%）
新三板	870991.OC	鑫丰种业	聊城	71	10018.00	12811.06	10247.61	6883.11	-911.99	-911.99	2563.45	20.01	-13.25	-6.81	-8.44
新三板	835166.OC	综艺联创	泰安	331	2800.00	12809.80	3686.35	6123.27	-276.55	-211.85	9123.46	71.22	-4.52	-1.62	-5.74
新三板	834486.OC	德佑电气	淄博	128	5500.00	12712.56	5953.20	9411.61	645.14	487.76	6759.36	53.17	6.85	4.08	9.11
新三板	833934.OC	震宇科技	威海	68	4800.00	12655.27	6642.70	1760.01	-780.35	-737.31	6012.57	47.51	-44.34	-5.68	-10.52
新三板	430511.OC	远大教科	济南	162	4800.00	12626.31	11681.36	5865.70	388.07	220.52	944.94	7.48	6.62	1.70	1.86
新三板	837965.OC	宝源股份	淄博	274	2100.00	12457.12	7264.25	20657.05	2267.99	1671.13	5192.88	41.69	10.98	14.76	25.53
新三板	870395.OC	龙普股份	聊城	253	2860.00	12447.37	3575.84	11172.58	-29.78	23.90	8871.53	71.27	-0.27	0.20	0.67
新三板	872070.OC	环球股份	青岛	471	524.72	12440.96	2598.06	16702.18	-902.62	-853.62	9842.90	79.12	-5.40	-7.38	-28.16
新三板	831293.OC	征宙机械	德州	624	1718.00	12300.29	10462.05	7363.21	364.47	323.45	1838.24	14.94	4.95	2.58	3.07
新三板	836784.OC	方德股份	济南	226	3289.70	12288.40	4678.10	7270.93	803.82	676.77	7610.30	61.93	11.06	7.32	18.49
新三板	834073.OC	隆和节能	烟台	111	4000.00	12180.78	4503.66	2378.66	-2348.80	-2440.82	7677.12	63.03	-98.74	-20.44	-44.51
新三板	870495.OC	金恒宇	济南	239	1510.00	12166.01	1564.00	11443.27	-364.98	-364.98	10602.02	87.14	-3.19	-2.96	-20.90
新三板	832464.OC	科大科技	济宁	138	3342.71	12034.08	10011.70	4167.84	629.13	564.92	2022.39	16.81	15.09	4.74	5.76
齐鲁股交	171012.QLE	飞天医塑	济宁	161	4300.00	11951.06	4139.73	6419.51	-236.19	-236.19	7811.33	65.36	-3.68	-2.05	-5.55
新三板	831714.OC	福航环保	德州	157	4800.00	11807.67	7599.44	6356.52	1003.85	881.88	4208.22	35.64	15.79	7.30	12.32
新三板	831092.OC	乾元泽孚	济南	84	2970.00	11786.41	9619.76	7618.90	1380.75	1137.44	2166.66	18.38	18.12	10.53	14.12
新三板	833676.OC	宇方工业	青岛	180	3500.00	11742.40	5335.40	7482.96	69.28	133.42	6407.01	54.56	0.93	1.25	2.53
新三板	837892.OC	宏运通	德州	59	3150.00	11704.31	2618.96	3442.96	-378.26	-387.13	9085.35	77.62	-10.99	-3.51	-13.78
新三板	836007.OC	润华物业	济南	7252	2000.00	11660.27	6585.48	28219.85	1143.76	784.31	5074.80	43.52	4.05	7.18	12.66
新三板	831924.OC	海天物联	济南	32	2150.00	11483.31	3757.62	24207.78	356.95	257.96	7725.69	67.28	1.47	2.17	7.11
新三板	871775.OC	本本鼎	滨州	89	4000.00	11473.55	6259.69	4940.85	263.50	359.46	5213.86	45.44	5.33	3.59	5.91
新三板	872078.OC	思索股份	临沂	206	3000.00	11432.78	5039.04	13735.46	230.05	267.41	6393.74	55.92	1.67	2.28	5.74

229

续表

所属板块	股票代码	股票简称	地市	员工数量(人)	注册资本(万元)	总资产↓(万元)	净资产(万元)	营业收入(万元)	利润总额(万元)	净利润(万元)	总负债(万元)	资产负债率(%)	销售利润率(%)	总资产收益率(%)	净资产收益率(%)
新三板	871258.OC	吉田股份	枣庄	123	3866.00	11343.87	10387.90	6706.53	1901.46	1646.90	955.97	8.43	28.35	15.68	17.25
新三板	836612.OC	瑞博龙	德州	106	6528.00	11338.65	8054.44	8167.04	1255.84	1000.29	3284.21	28.96	15.38	9.25	13.25
新三板	831717.OC	首信材料	聊城	100	1010.00	11172.00	109.13	8049.12	-705.43	-666.14	11062.87	99.02	-8.76	-5.57	-150.64
齐鲁股交	100396.QLE	森荣新材	淄博	165	3416.00	11170.00	4411.00	11367.50	871.80	651.20	6759.00	60.51	7.67	5.79	16.07
新三板	837426.OC	易森园林	青岛	77	2000.00	11099.70	2754.12	5022.70	301.94	219.40	8345.57	75.19	6.01	2.24	8.30
齐鲁股交	300553.QLE	碧龙画业	潍坊	54	1429.00	11031.76	3816.70	28396.82	1328.60	1325.17	7215.06	65.40	4.68	13.58	45.53
新三板	834290.OC	培诺教育	青岛	246	2236.87	11026.83	7034.50	5865.68	1436.89	1130.60	3992.34	36.21	24.50	12.80	17.48
新三板	835198.OC	松竹铝业	淄博	280	2900.00	10975.10	6930.32	17591.22	238.21	177.23	4044.77	36.85	1.35	1.65	2.53
新三板	837918.OC	力力惠	青岛	177	3000.00	10909.06	3304.60	20468.10	164.84	119.22	7604.45	69.71	1.22	1.22	3.67
新三板	831870.OC	欧森纳	烟台	145	4660.00	10873.62	5388.72	4893.58	51.65	60.56	5484.89	50.44	0.81	0.58	1.14
新三板	870373.OC	中船线缆	威海	142	2500.00	10814.35	1351.37	8029.32	-900.11	-922.76	9462.98	87.50	1.06	-7.86	-50.90
齐鲁股交	300939.QLE	一航制动	滨州	19	5000.00	10790.39	5064.21	2828.41	86.60	64.82	5726.18	53.07	-11.21	0.74	1.61
新三板	838172.OC	芯诺科技	济宁	261	4000.00	10719.82	5678.70	7714.08	760.18	674.19	5041.12	47.03	3.06	7.29	12.62
新三板	838861.OC	华鹏精机	烟台	85	3000.00	10689.19	4300.56	7249.23	1020.98	891.40	6388.63	59.77	9.85	9.25	23.12
齐鲁股交	100092.QLE	齐御牧业	淄博	20	3596.80	10678.83	6739.42	2369.46	147.82	147.82	3939.41	36.89	14.08	1.36	2.27
新三板	838394.OC	金润股份	烟台	65	4453.79	10673.58	9186.49	3632.29	313.75	321.08	1487.09	13.93	6.24	3.64	4.21
齐鲁股交	100486.QLE	长江粮机	淄博	145	6440.00	10662.36	6648.05	7254.42	-32.04	-29.64	4014.30	37.65	8.64	-0.29	-0.46
齐鲁股交	301967.QLE	乾诚股份	淄博	19	10100.00	10631.63	9587.22	1445.03	-531.15	-415.07	1044.42	9.82	-0.44	-4.61	-5.37
新三板	832303.OC	广安车联	济宁	311	6820.00	10581.98	8408.91	5859.12	434.11	440.34	2173.07	20.54	-36.76	4.64	5.39
齐鲁股交	100216.QLE	泰山天盾	泰安	210	3294.80	10508.24	3624.11	2608.09	-109.07	-109.07	6884.13	65.51	7.41	-1.04	-2.94
新三板	836780.OC	新之环保	青岛	57	3985.80	10500.46	5993.69	20083.12	2300.59	2257.92	4506.77	42.92	-4.18	26.28	46.41
新三板	870402.OC	金东创意	青岛	234	2000.00	10465.16	4209.89	10985.84	1685.69	1503.91	6255.27	59.77	11.46	18.67	43.56

续表

所属板块	股票代码	股票简称	地市	员工数量（人）	注册资本（万元）	总资产（万元）	净资产（万元）	营业收入（万元）	利润总额（万元）	净利润（万元）	总负债（万元）	资产负债率（%）	销售利润率（%）	总资产收益率（%）	净资产收益率（%）
新三板	837856.OC	德鲁泰	济南	108	5712.00	10421.25	8339.49	8131.28	1693.02	1643.34	2081.76	19.98	20.82	16.84	21.86
新三板	430730.OC	先大药业	济南	457	3500.00	10418.70	5104.99	14305.94	-709.77	-573.85	5313.71	51.00	-4.96	-5.37	-10.64
新三板	871801.OC	兆宇电子	济南	89	5060.00	10349.36	5629.92	6203.09	551.26	454.76	4719.43	45.60	8.89	4.42	8.42
新三板	832918.OC	鼎讯股份	济南	60	5150.00	10348.67	6036.71	4504.89	264.11	217.17	4311.96	41.67	5.86	2.33	3.66
新三板	870348.OC	华辰泰尔	青岛	200	4000.00	10342.60	6396.93	11330.43	1222.35	1122.60	3945.67	38.15	10.79	11.62	19.24
新三板	832125.OC	乐克科技	青岛	173	5128.00	10245.61	6779.75	6855.06	-1266.52	-1449.42	3465.85	33.83	-18.48	-14.03	-19.31
新三板	831913.OC	东方誉源	潍坊	85	5360.00	10230.32	7876.29	19463.51	1286.69	1260.18	2354.02	23.01	6.61	13.53	17.22
新三板	831556.OC	文正股份	日照	342	3636.76	10171.52	6717.12	4367.71	-387.40	-367.52	3454.40	33.96	-8.87	-3.48	-5.44
新三板	833141.OC	耀华医疗	莱芜	154	4120.00	10171.40	512.93	2443.04	-987.36	-987.36	9658.47	94.96	-40.42	-10.90	-98.09
新三板	870218.OC	金潮新材	烟台	151	3300.00	10154.60	4362.39	7529.49	289.03	215.44	5792.21	57.04	3.84	2.17	5.06
新三板	835567.OC	泰维能源	聊城	73	5221.17	10121.02	4837.36	1926.11	-225.53	-225.53	5283.65	52.20	-11.71	-3.40	-7.31
齐鲁股交	300937.QLE	鑫通钢构	济南	90	1900.00	10086.00	1609.00	5758.00	33.00	5.00	8478.00	84.06	0.57	0.05	0.31
新三板	833644.OC	瀚高股份	济南	127	5773.69	10080.57	7505.14	7966.16	1590.68	1494.02	2575.43	25.55	19.97	16.45	22.11
新三板	871643.OC	祥生科技	潍坊	82	3600.00	10051.30	7399.63	16089.50	2163.52	1653.03	2651.67	26.38	13.45	18.34	25.15
新三板	832314.OC	四砂泰益	青岛	237	3422.80	10014.74	6376.27	6679.09	1133.36	991.10	3638.47	36.33	16.97	10.09	16.38
新三板	831149.OC	奥美环境	济南	61	5036.64	9909.26	6240.00	7232.50	823.63	746.76	3669.26	37.03	11.39	8.46	12.56
新三板	834715.OC	十川股份	青岛	46	5000.00	9807.96	6909.92	4088.98	673.49	639.76	2898.04	29.55	16.47	7.08	9.71
新三板	871952.OC	国创节能	潍坊	112	3300.00	9755.74	6357.24	9139.55	1423.19	1130.70	3398.50	34.84	15.57	12.74	21.17
新三板	832319.OC	华仁物业	青岛	689	4687.50	9691.51	5842.50	10009.00	1647.24	1247.28	3849.01	39.72	16.46	16.29	27.77
新三板	831270.OC	宇虹颜料	德州	188	5345.20	9636.98	6234.08	11956.88	41.38	32.05	3402.89	35.31	0.35	0.32	0.51
新三板	838349.OC	乐舱网	青岛	122	4261.80	9547.20	6863.35	23838.32	1128.51	858.83	2683.85	28.11	4.73	10.82	16.68
新三板	836835.OC	鲁虹农科	济宁	221	4858.00	9494.93	1080.99	8304.99	-1218.15	-1215.84	8413.93	88.62	-14.67	-12.53	-71.99

续表

所属板块	股票代码	股票简称	地市	员工数量（人）	注册资本（万元）	总资产↓（万元）	净资产（万元）	营业收入（万元）	利润总额（万元）	净利润（万元）	总负债（万元）	资产负债率（%）	销售利润率（%）	总资产收益率（%）	净资产收益率（%）
齐鲁股交	100160.QLE	恒久科技	淄博	98	1832.00	9466.89	2334.82	12222.62	333.62	249.20	7132.07	75.34	2.73	2.54	11.27
蓝海股交	800224.OEE	李村苯叶	青岛	25	100.00	9390.46	7646.64	774.41	-522.19	-510.47	1743.82	18.57	-67.43	-5.32	-6.46
齐鲁股交	100463.QLE	潍坊华光	潍坊	230	1680.00	9390.40	4469.85	4564.00	19.67	19.67	4920.55	52.40	0.43	0.21	0.44
齐鲁股交	100382.OC	国星机械	淄博	10	1130.00	9361.37	4974.62	15034.71	1937.56	1448.96	4386.75	46.86	12.89	19.19	31.96
新三板	832607.OC	安华生物	滨州	87	3890.91	9347.53	7974.27	2278.46	158.55	114.60	1373.27	14.69	6.96	1.25	1.45
新三板	835449.OC	二十度	威海	52	1666.00	9334.49	504.22	1312.34	-580.08	-507.57	8830.27	94.60	-44.20	-5.35	-67.63
新三板	831835.OC	苏柯汉	潍坊	124	3776.00	9330.15	5710.89	3763.79	-58.01	-73.80	3619.26	38.79	-1.54	-0.87	-1.34
新三板	831716.OC	金新股份	聊城	99	3000.00	9316.96	2878.57	2068.95	-1000.45	-1032.95	6438.39	69.10	-48.36	-9.94	-30.43
新三板	871659.OC	鑫科生物	聊城	154	6460.00	9311.27	6664.24	2770.96	425.37	358.05	2647.02	28.43	15.35	3.94	5.52
新三板	838578.OC	东方信达	济南	123	2498.00	9268.11	5732.71	11492.79	867.61	787.09	3535.40	38.15	7.55	11.02	16.93
新三板	834752.OC	蓬莱海洋	烟台	119	4400.00	9136.91	4233.81	4275.78	-106.49	-118.14	4903.10	53.66	-2.49	-1.30	-2.75
新三板	871597.OC	海大海能	青岛	26	3888.00	9081.55	4408.94	2422.43	39.39	9.34	4672.60	51.45	1.63	0.10	0.21
新三板	835757.OC	盛金稀土	淄博	57	3205.00	9066.22	4576.31	2821.23	-932.03	-915.33	4489.90	49.52	-33.04	-9.42	-18.18
新三板	870289.OC	华海科技	东营	105	3618.00	9030.82	5150.06	2749.87	-288.52	-316.49	3880.76	42.97	-10.49	-3.58	-7.54
齐鲁股交	300065.QLE	强盛工具	临沂	120	600.00	8943.02	-386.11	1926.32	-258.33	-239.89	9329.13	104.32	-13.41	-2.62	—
新三板	832118.OC	华网智能	东营	89	4239.36	8934.70	5000.55	4021.97	484.19	426.09	3934.15	44.03	12.04	5.33	8.90
新三板	834860.OC	广大航服	威海	429	4485.45	8924.71	5708.54	10150.31	684.24	523.96	3216.17	36.04	6.74	6.01	9.18
齐鲁股交	172068.QLE	三立新材	烟台	155	3050.00	8836.91	1226.35	3087.06	-1915.78	-1949.67	7610.57	86.12	-62.06	-19.79	-88.57
新三板	870534.OC	万泽冷链	莱芜	100	2612.68	8822.87	3162.68	3161.80	247.75	208.14	5660.19	64.15	7.84	2.39	6.83
齐鲁股交	100379.QLE	恒运泊车	淄博	48	6330.00	8796.00	5753.00	705.00	-620.00	-614.00	3042.00	34.58	-87.94	-7.07	-10.34
新三板	830977.OC	婴儿乐	烟台	265	1650.00	8677.69	2377.99	5017.01	-92.21	-108.08	6299.69	72.60	-1.84	-1.28	-4.44
新三板	839253.OC	红棠股份	济南	139	2300.00	8670.91	3022.63	4370.21	-653.38	-653.38	5648.28	65.14	-14.95	-7.83	-19.51

山东场外市场挂牌中小企业数据列表

续表

所属板块	股票代码	股票简称	地市	员工数量(人)	注册资本(万元)	总资产(万元)	净资产(万元)	营业收入(万元)	利润总额(万元)	净利润(万元)	总负债(万元)	资产负债率(%)	销售利润率(%)	总资产收益率(%)	净资产收益率(%)
新三板	837885.OC	利和萃取	青岛	105	2198.95	8664.88	4638.36	7292.96	569.93	412.34	4026.51	46.47	7.81	5.93	9.89
新三板	870749.OC	建华中兴	济宁	615	2000.00	8660.03	4901.23	8420.87	667.32	464.69	3758.80	43.40	7.92	5.72	9.95
新三板	834920.OC	人合机电	威海	73	2591.31	8618.49	4980.07	13974.92	981.19	879.23	3638.42	42.22	7.02	11.67	20.20
新三板	833119.OC	得普达	淄博	114	3696.30	8491.12	4124.35	10054.50	1160.20	1032.84	4366.77	51.43	11.54	13.22	28.63
新三板	830883.OC	联桥新材	威海	154	2400.00	8473.22	4784.70	16441.81	979.52	931.51	3688.52	43.53	5.96	11.83	21.18
新三板	831770.OC	同智科技	济南	82	5100.00	8447.91	5500.80	3633.42	140.98	163.35	2947.11	34.89	3.88	2.12	3.01
新三板	833693.OC	华邦科技	威海	106	2638.75	8444.45	4482.85	5344.29	786.75	719.78	3961.60	46.91	14.72	9.42	16.46
新三板	872445.OC	大众股份	莱芜	181	2500.00	8406.44	4147.93	6596.15	534.45	449.76	4258.52	50.66	8.10	5.78	11.46
新三板	837396.OC	昊月新材	济南	196	3936.80	8383.68	5177.77	6972.46	244.37	210.70	3205.91	38.24	3.50	2.67	4.15
新三板	833805.OC	森诺特	临沂	73	2670.00	8351.91	4539.51	4681.65	22.30	26.29	3812.41	45.65	0.48	0.34	0.75
齐鲁股交	100550.QLE	华银食品	潍坊	220	1451.20	8265.00	1566.00	3204.00	155.00	135.00	6699.00	81.05	4.84	1.63	9.83
新三板	836258.OC	高兴新材	济宁	134	5342.00	8254.17	6445.22	7781.75	-55.14	-30.17	1808.95	21.92	-0.71	-0.36	-0.47
齐鲁股交	100386.QLE	鲁铭高温	淄博	52	3300.00	8233.34	3283.29	2535.52	37.15	6.60	4950.05	60.12	1.47	0.08	0.21
新三板	836394.OC	卓越能源	烟台	76	2493.00	8190.85	4393.63	3184.18	892.59	766.87	3797.22	46.36	28.03	10.84	19.12
新三板	831442.OC	枫林食品	烟台	92	2000.00	8156.51	2596.41	15593.17	209.19	176.26	5560.10	68.17	1.34	2.45	7.03
齐鲁股交	100360.QLE	海正化工	淄博	36	3300.00	8072.95	3816.26	23381.09	548.10	474.23	4256.69	52.73	2.34	5.96	13.25
新三板	835773.OC	纵横科技	烟台	113	3000.00	8037.63	6711.04	10794.20	814.57	737.04	1326.60	16.50	7.55	9.53	11.62
蓝海股交	801082.OEE	中天鹏	青岛	11	500.00	8033.54	138.54	703.80	-40.29	-40.29	7895.00	98.28	-5.72	-0.50	-25.39
新三板	832211.OC	鸿源科技	聊城	85	2978.00	8030.10	—	3480.16	-512.15	—	5168.42	64.36	-14.72	0.00	0.00
新三板	831703.OC	青广无线	青岛	117	3000.00	7965.76	4924.55	4443.37	-910.39	-912.91	3041.20	38.18	-20.49	-10.61	-16.96
新三板	834002.OC	易构软件	济南	113	3000.00	7964.13	7415.31	2596.20	11.28	44.56	548.82	6.89	0.43	0.63	0.70
新三板	831192.OC	海明威	威海	158	3000.00	7962.96	3740.24	3997.76	382.36	361.25	4222.72	53.03	9.56	4.55	10.15

续表

所属板块	股票代码	股票简称	地市	员工数量（人）	注册资本（万元）	总资产↓（万元）	净资产（万元）	营业收入（万元）	利润总额（万元）	净利润（万元）	总负债（万元）	资产负债率（%）	销售利润率（%）	总资产收益率（%）	净资产收益率（%）
新三板	834266.OC	英谷教育	青岛	120	1000.00	7882.78	5610.81	4297.62	2359.74	2041.15	2271.97	28.82	54.91	30.25	44.47
齐鲁股交	100037.QLE	伯仲真空	淄博	88	5548.30	7811.25	6074.18	4978.31	345.67	255.55	1737.07	22.24	6.94	3.32	4.26
新三板	831712.OC	创泽信息	日照	109	6014.28	7798.46	6778.90	5428.60	3715.36	3211.64	1019.57	13.07	68.44	54.94	62.08
新三板	836184.OC	和远智能	济南	166	5270.00	7773.53	6399.62	4195.36	604.21	609.53	1373.91	17.67	14.40	8.24	9.76
新三板	835861.OC	奥诺科技	济南	108	1020.00	7754.78	3592.25	10230.57	1953.03	1704.38	4162.53	53.68	19.09	24.21	53.87
齐鲁股交	171052.QLE	瀚星生物	潍坊	38	1988.00	7739.70	2083.54	1773.66	16.92	15.22	5656.16	73.08	0.95	0.23	0.77
新三板	836530.OC	骏发生物	青岛	51	4000.00	7735.78	6230.54	2064.11	943.54	943.54	1505.24	19.46	45.71	13.98	16.38
齐鲁股交	100517.QLE	鸿民科技	济南	80	1540.00	7703.54	1770.74	2047.34	-38.95	-36.71	5932.80	77.01	-1.90	-0.49	-2.05
新三板	872197.OC	汉诺宝嘉	淄博	52	2020.00	7684.26	2443.31	2964.73	-130.63	-116.22	5240.96	68.20	-4.41	-1.62	-4.65
新三板	838672.OC	金润德	淄博	166	3239.63	7653.62	5707.56	16712.63	1113.73	993.74	1946.07	25.43	6.66	14.33	20.35
新三板	870505.OC	隆济时	威海	90	2255.53	7529.88	3575.48	6090.47	1088.17	958.69	3954.40	52.52	17.87	13.85	31.73
齐鲁股交	100055.QLE	金宝工具	德州	100	1456.90	7521.44	1481.76	1662.00	-136.00	-144.00	6039.67	80.30	-8.18	-1.95	-9.27
新三板	837556.OC	开元模具	烟台	139	1800.00	7454.64	2260.09	3608.98	-208.24	-220.33	5194.55	69.68	-5.77	-2.81	-9.30
新三板	835936.OC	天璇物流	青岛	349	2129.93	7446.02	2942.40	18259.41	878.54	574.02	4503.62	60.48	4.81	8.90	22.15
新三板	872506.OC	合信科技	潍坊	130	1800.00	7443.63	3609.95	6456.61	1503.05	1106.17	3833.68	51.50	23.28	18.43	34.49
新三板	831261.OC	天海科技	聊城	185	1881.00	7382.18	3197.89	5906.81	652.92	539.80	4184.29	56.68	11.05	7.61	18.44
新三板	870920.OC	融汇通	青岛	71	5000.00	7349.02	6214.54	2919.37	918.05	753.13	1134.48	15.44	31.45	10.11	12.90
新三板	832542.OC	金软科技	烟台	58	3000.00	7329.07	5458.84	3932.55	158.82	120.13	1870.22	25.52	4.04	1.66	2.23
新三板	871925.OC	金视野	济南	494	2000.00	7320.00	6604.61	7680.74	1526.04	1355.78	715.39	9.77	19.87	20.81	22.88
新三板	833022.OC	欧迈机械	德州	172	1200.00	7300.03	2663.96	5654.90	489.50	433.60	4636.07	63.51	8.66	6.34	17.62
新三板	872044.OC	正中信息	济南	213	2000.00	7281.24	4268.36	8239.63	1166.70	1068.62	3012.89	41.38	14.16	16.90	28.62
新三板	838067.OC	三土能源	威海	32	1160.00	7278.78	2541.96	5666.72	865.51	773.27	4736.82	65.08	15.27	15.09	35.88

续表

所属板块	股票代码	股票简称	地市	员工数量（人）	注册资本（万元）	总资产（万元）	净资产（万元）	营业收入（万元）	利润总额（万元）	净利润（万元）	总负债（万元）	资产负债率（%）	销售利润率（%）	总资产收益率（%）	净资产收益率（%）
齐鲁股交	100369.QLE	凯升保险	淄博	84	5000.60	7254.63	6401.38	18809.51	7.34	3.53	53.25	11.76	0.04	0.05	0.05
新三板	837953.OC	圣邦人力	济宁	92	3378.60	7210.00	5868.82	57795.98	1472.22	1102.68	1341.18	18.60	2.55	17.13	23.72
新三板	839444.OC	泰华股份	泰安	49	3350.00	7192.59	5587.17	2849.46	289.17	199.24	1605.42	22.32	10.15	2.78	3.63
新三板	871275.OC	华宝科技	聊城	102	3000.00	7161.49	4121.15	11492.29	1501.48	1089.27	3040.34	42.45	13.07	15.99	30.46
新三板	872294.OC	汉邦生物	威海	61	3600.00	7157.79	4478.65	2543.77	34.34	41.40	2679.14	37.43	1.35	0.60	0.97
新三板	832355.OC	动脉智能	济宁	137	1611.35	7110.66	2188.92	5771.90	224.48	229.60	4921.74	69.22	3.89	3.59	11.07
齐鲁股交	301920.QLE	昌泰化工	潍坊	78	1842.00	6998.84	2121.20	6485.19	196.21	190.28	4876.64	69.68	3.03	3.22	18.81
新三板	870127.OC	精科特动	潍坊	135	3065.00	6980.32	2894.62	4065.76	-42.85	-34.26	4085.71	58.53	-1.05	-0.49	-1.18
新三板	839008.OC	东润仪表	烟台	144	2379.00	6972.09	4221.11	3301.41	257.42	256.22	2750.98	39.46	7.80	3.69	6.26
新三板	839542.OC	浩赛科技	青岛	100	2200.00	6960.78	3129.36	19199.27	424.95	296.55	3831.42	55.04	2.21	5.03	9.95
新三板	838386.OC	三慧利	临沂	154	5000.00	6960.38	5785.66	4035.16	-226.82	-209.92	1174.72	16.88	-5.62	-2.89	-3.57
新三板	871945.OC	隆鑫股份	滨州	194	2660.00	6905.11	3046.77	6169.98	-28.07	-23.28	3858.34	55.88	-0.45	-0.40	-0.76
新三板	833475.OC	深蓝机器	济南	130	3300.00	6899.19	4004.45	6264.35	531.89	470.30	2894.74	41.96	8.49	7.86	14.69
新三板	838065.OC	必普股份	济南	900	690.00	6896.97	1058.22	18113.40	583.62	229.67	5838.75	84.66	3.22	4.18	21.24
新三板	831480.OC	福生佳信	济南	156	3001.50	6883.36	4817.03	5811.72	871.73	732.96	2066.33	30.02	15.00	10.95	16.47
新三板	833628.OC	金山地质	烟台	141	2266.50	6839.19	4611.98	3288.21	96.41	102.17	2227.20	32.57	2.93	1.45	2.24
新三板	871991.OC	和同信息	济南	158	2105.26	6816.10	2939.51	5071.96	39.04	30.42	3876.59	56.87	0.77	0.47	1.04
新三板	871636.OC	高翔通航	济宁	53	2375.83	6795.49	3758.39	3474.01	564.09	413.58	3037.10	44.69	16.24	7.57	11.83
齐鲁股交	100395.QLE	联创管业	淄博	71	2140.00	6760.00	2072.00	5051.00	77.00	55.00	4688.00	69.35	1.52	0.87	2.66
新三板	836462.OC	华绢制衣	淄博	375	2180.00	6743.04	4264.67	10365.63	426.25	317.59	2478.38	36.75	4.11	4.77	7.35
新三板	838884.OC	东盛设计	青岛	285	642.38	6719.05	2838.46	6582.92	617.65	534.47	3880.60	57.76	9.38	9.12	21.03
新三板	872477.OC	龙成消防	泰安	308	2000.00	6695.84	2516.42	15862.71	290.17	338.27	4179.42	62.42	1.83	5.43	14.48

续表

所属板块	股票代码	股票简称	地市	员工数量（人）	注册资本（万元）	总资产（万元）	净资产（万元）	营业收入（万元）	利润总额（万元）	净利润（万元）	总负债（万元）	资产负债率（%）	销售利润率（%）	总资产收益率（%）	净资产收益率（%）
新三板	838841.OC	东方阿胶	聊城	207	6000.00	6686.71	5549.15	4395.03	340.32	297.65	1137.56	17.01	7.74	4.67	5.51
齐鲁股交	100207.QLE	只楚化学	烟台	112	2556.50	6683.54	2513.84	4240.72	-124.94	-145.85	4169.70	62.39	-2.95	-2.21	-5.16
新三板	872460.OC	一飞药业	德州	89	2500.00	6610.08	3572.37	4699.09	65.82	72.43	3037.71	45.96	1.40	1.13	2.04
新三板	832901.OC	山东孔圣	济宁	82	4000.00	6521.85	4267.83	3732.98	-217.74	-184.14	2254.02	34.56	-5.83	-2.89	-4.22
新三板	834482.OC	海格尔	烟台	145	3058.00	6488.85	4741.06	5633.85	1340.19	1158.42	1747.79	26.94	23.79	20.81	27.81
新三板	838734.OC	绿爱股份	临沂	157	5009.31	6480.22	5102.07	4388.23	170.38	143.93	1378.15	21.27	3.88	2.06	2.86
新三板	833110.OC	中教产业	济南	57	2108.80	6429.10	2983.04	8890.28	460.37	401.35	3446.06	53.60	5.18	6.29	17.35
齐鲁股交	100427.QLE	山泰食品	威海	307	1200.00	6406.00	1378.00	4118.00	6.00	4.00	5029.00	78.50	0.15	0.06	0.29
新三板	839381.OC	海鹰科技	潍坊	75	2000.00	6405.05	2722.05	11558.08	515.71	567.45	3683.00	57.50	4.46	9.77	23.27
新三板	830846.OC	格林检测	潍坊	195	2000.00	6393.55	5546.11	5195.08	1511.13	1293.36	847.44	13.25	29.09	22.87	26.40
新三板	837728.OC	奥海文化	青岛	75	3000.00	6390.20	4474.00	4905.86	785.47	606.74	1916.20	29.99	16.01	9.96	13.92
新三板	833512.OC	金尚新能	烟台	48	5262.00	6385.86	4055.80	1305.05	-443.62	-437.53	2330.06	36.49	-33.99	-6.03	-10.24
新三板	835856.OC	明炬气体	烟台	62	2000.00	6357.91	5219.70	4962.66	511.48	454.09	1138.21	17.90	10.31	7.22	8.52
新三板	838194.OC	金泰美林	烟台	49	5018.00	6341.18	5810.83	1980.25	8.26	2.70	530.35	8.36	0.42	0.04	0.05
新三板	836303.OC	嘉钢股份	济南	98	3000.00	6322.15	4296.67	44930.18	562.03	471.46	2025.48	32.04	1.25	7.67	11.20
齐鲁股交	172036.QLE	齐开电力	淄博	35	5310.00	6297.30	3813.72	853.93	-570.75	-571.47	2483.57	39.44	-66.84	-8.71	-13.94
齐鲁股交	300273.QLE	恒昌电工	潍坊	120	2383.00	6290.71	2383.07	18945.98	53.70	43.34	3407.64	54.17	0.28	0.73	1.85
新三板	831956.OC	汇森能源	青岛	15	3000.00	6246.06	4865.41	235.99	-802.78	-792.29	1380.66	22.10	-340.18	-12.05	-15.06
齐鲁股交	300718.QLE	致才颜料	滨州	65	1660.00	6240.48	1693.08	2316.60	-39.62	-34.83	4547.39	72.87	-1.71	-0.55	-2.02
新三板	837377.OC	云宇制动	泰安	58	1000.00	6236.10	1636.89	4368.23	146.32	152.66	4599.20	73.75	3.35	2.64	9.78
新三板	872298.OC	威海顺意	威海	162	1805.92	6197.60	4167.21	8742.81	279.50	275.41	2030.39	32.76	3.20	4.37	6.83
新三板	872356.OC	习尚喜	淄博	73	3300.00	6182.10	3383.29	4771.81	-11.41	-97.29	2798.81	45.27	-0.24	-1.70	-2.99

山东场外市场挂牌中小企业数据列表

续表

所属板块	股票代码	股票简称	地市	员工数量(人)	注册资本(万元)	总资产(万元)	净资产(万元)	营业收入(万元)	利润总额(万元)	净利润(万元)	总负债(万元)	资产负债率(%)	销售利润率(%)	总资产收益率(%)	净资产收益率(%)
新三板	870957.OC	侨森医疗	淄博	344	4000.00	6175.92	4634.52	8600.59	831.72	622.62	1541.40	24.96	9.67	10.94	14.40
新三板	872326.OC	名流泵业	威海	149	5008.00	6160.29	4918.29	3312.79	-331.16	-415.33	1242.00	20.16	-10.00	-6.55	-8.10
新三板	835980.OC	佳田影像	济宁	45	2454.66	6151.53	3551.23	751.44	-215.63	-206.07	2600.29	42.27	-28.70	-3.28	-6.15
齐鲁股交	300226.QLE	威柏礼品	青岛	70	500.00	6141.00	821.00	3008.00	75.00	56.00	5319.00	86.61	2.49	0.95	7.06
新三板	430728.OC	云鼎教育	聊城	19	6720.00	6120.58	4608.21	13012.65	145.70	-40.31	1512.37	24.71	1.12	-0.40	-0.80
新三板	871161.OC	绿通燃气	淄博	79	2380.00	6034.14	4397.20	3862.93	41.42	50.36	1636.94	27.13	1.07	0.79	1.15
新三板	837963.OC	通产智能	青岛	115	1045.20	6004.58	1287.91	962.34	-866.61	-866.61	4716.67	78.55	-90.05	-15.68	-50.35
新三板	831953.OC	天圣科技	烟台	55	3580.00	5999.70	3041.03	900.74	-312.69	-301.71	2958.67	49.31	-34.71	-4.87	-9.29
新三板	870567.OC	儒房融科	临沂	122	4166.60	5933.34	5244.05	5051.04	647.91	549.59	689.29	11.62	12.83	9.95	11.06
新三板	838281.OC	合力达	济南	136	2047.18	5860.32	1456.62	2578.21	-554.02	-477.09	4403.70	75.14	-21.49	-7.84	-28.14
新三板	830979.OC	泰宝生物	淄博	92	1700.00	5790.96	1974.59	3744.35	-711.44	-729.87	3816.37	65.90	-19.00	-13.76	-37.19
齐鲁股交	300552.QLE	思欧特	烟台	43	3200.00	5776.00	3479.00	6827.00	582.00	437.00	2297.00	39.77	8.52	7.72	13.00
齐鲁股交	832879.OC	迪宝防水	潍坊	80	11800.00	5712.00	5620.00	10988.00	1122.00	1118.00	920.00	16.11	10.21	26.55	27.14
新三板	830943.OC	开瑞物流	青岛	82	1587.19	5700.04	1589.13	20655.04	115.15	15.26	4110.91	72.12	0.56	0.31	0.97
齐鲁股交	302195.QLE	科明数码	济南	124	3580.00	5662.97	4841.98	4661.06	262.15	251.63	821.00	14.50	5.62	4.72	5.44
新三板	870248.OC	岳华化工	泰安	102	1500.00	5626.00	1668.00	13138.00	105.00	71.00	3958.00	70.35	0.80	1.28	4.22
新三板	838589.OC	巴罗克	济南	122	3000.00	5606.14	4297.22	5190.16	1776.22	1543.62	1308.92	23.35	34.22	30.03	38.28
新三板	872394.OC	驼凤科技	日照	109	2000.00	5553.58	2366.93	5464.31	-363.09	-295.13	3186.65	57.38	-6.64	-4.95	-11.74
新三板	100412.QLE	泰一股份	聊城	125	2708.00	5551.47	2689.34	1921.28	122.64	75.54	2862.14	51.56	6.38	1.64	3.20
齐鲁股交	833611.OC	鑫宝铝业	潍坊	60	2500.00	5541.01	2346.30	623.21	-207.10	-213.87	3194.71	57.66	-33.23	-3.87	-9.09
新三板	832642.OC	锴之源	济南	67	3000.00	5531.25	4820.48	3687.10	1431.19	1440.89	710.77	12.85	38.82	28.91	34.31
新三板		确信信息	济南	80	2005.70	5523.34	3600.49	3954.22	71.32	112.50	1922.86	34.81	1.80	2.20	3.17

续表

所属板块	股票代码	股票简称	地市	员工数量（人）	注册资本（万元）	总资产（万元）	净资产（万元）	营业收入（万元）	利润总额（万元）	净利润（万元）	总负债（万元）	资产负债率（%）	销售利润率（%）	总资产收益率（%）	净资产收益率（%）
齐鲁股交	100381.QLE	哈普沃	淄博	54	1903.00	5486.08	3374.03	4457.31	379.39	284.54	2112.05	38.50	8.51	5.76	9.55
新三板	832407.OC	华翼微	济南	77	6066.80	5437.83	3242.13	2805.53	-1088.15	-1088.15	2195.69	40.38	-38.79	-20.41	-29.43
齐鲁股交	172030.QLE	科力新材	莱芜	60	1340.00	5437.61	1357.64	2219.88	27.84	14.61	4079.97	75.03	1.25	0.28	1.24
新三板	832403.OC	德尔智能	烟台	86	1760.00	5368.62	3824.28	2883.98	568.77	456.92	1544.34	28.77	19.72	9.03	12.71
新三板	832134.OC	宇都股份	青岛	33	2500.00	5324.98	3271.30	16618.36	436.61	321.73	2053.68	38.57	2.63	6.40	9.87
新三板	832833.OC	易霸科技	威海	45	1579.40	5320.30	3016.42	2324.44	674.17	690.20	2303.88	43.30	29.00	11.62	25.11
新三板	171019.QLE	日兴新材	潍坊	45	1760.00	5311.76	2537.79	10074.17	353.74	354.37	2773.97	52.22	3.51	7.01	15.00
齐鲁股交	300739.QLE	新登基业	威海	20	2000.00	5304.00	691.00	250.00	-441.00	-442.00	4613.00	86.97	-176.40	-9.19	-53.22
新三板	838339.OC	劲牛股份	济南	43	1922.40	5296.16	3827.53	2108.37	545.56	461.05	1468.63	27.73	25.88	10.06	12.82
新三板	837980.OC	电眉科技	淄博	39	3100.00	5261.82	3276.66	2317.92	106.85	49.58	1985.15	37.73	4.61	0.93	1.51
新三板	871237.OC	玉鑫环保	淄博	67	3200.00	5184.48	4523.49	3152.37	837.83	799.45	660.99	12.75	26.58	15.71	19.45
新三板	832466.OC	山东众和	烟台	41	2500.00	5182.12	1832.20	3546.93	70.30	82.31	3349.92	64.64	1.98	1.64	4.60
新三板	838031.OC	易安达	青岛	124	3000.00	5176.88	3510.08	12080.75	495.67	354.34	1666.80	32.20	4.10	7.72	10.67
新三板	871674.OC	德衡股份	烟台	71	2334.00	5161.08	3402.64	74587.84	380.86	280.35	1758.44	34.07	0.51	5.21	8.59
新三板	835203.OC	亚微软件	青岛	192	665.00	5158.46	3171.21	3944.22	105.11	98.35	1987.25	38.52	2.66	2.04	3.45
新三板	834812.OC	圣士达	烟台	133	2331.50	5144.41	3652.01	5265.71	970.65	779.40	1492.40	29.01	18.43	18.68	25.81
新三板	835503.OC	山东力凯	烟台	43	715.00	5129.54	1203.24	3421.81	54.16	62.96	3926.30	76.54	1.58	1.82	5.57
齐鲁股交	302750.QLE	晨鸣防水	潍坊	590	10000.00	5087.47	5094.32	5988.68	0.51	-5.86	-6.85	-0.13	0.01	-0.19	-0.19
新三板	871810.OC	北洋天青	青岛	68	1986.28	5019.17	3453.82	3397.23	156.75	158.78	1565.35	31.19	4.61	3.14	4.71
新三板	871844.OC	凯美股份	青岛	248	2400.00	4985.93	2488.60	6019.73	99.55	76.44	2497.33	50.09	1.65	1.67	3.12
新三板	831109.OC	金牌股份	威海	85	2000.00	4956.22	1314.08	3039.71	-596.12	-596.12	3642.14	73.49	-19.61	-11.37	-38.04
齐鲁股交	100349.QLE	兄弟国贸	潍坊	13	600.00	4947.35	758.51	6710.38	82.84	62.13	4188.84	84.67	1.23	1.16	8.68

续表

所属板块	股票代码	股票简称	地市	员工数量(人)	注册资本(万元)	总资产(万元)	净资产(万元)	营业收入(万元)	利润总额(万元)	净利润(万元)	总负债(万元)	资产负债率(%)	销售利润率(%)	总资产收益率(%)	净资产收益率(%)
新三板	834625.OC	能源谷	济南	59	2750.00	4925.16	3268.19	1079.74	-861.33	-869.17	1656.97	33.64	-79.77	-17.72	-36.94
蓝海股交	800535.OEE	天惠乳业	青岛	258	500.00	4918.18	2914.56	1240.90	-2.05	-191.76	2212.09	45.00	-0.17	-4.52	-6.82
新三板	834727.OC	天茂新材	济南	39	2125.00	4911.03	3697.28	7773.12	816.37	700.69	1213.75	24.71	10.50	14.83	20.94
齐鲁股交	100507.QLE	蓝创科技	潍坊	83	2250.00	4890.62	2282.86	1725.23	-143.86	-143.86	2607.77	53.32	-8.34	-3.02	-6.43
新三板	872219.OC	联科云	济南	65	2400.00	4879.62	4160.45	4523.90	773.46	801.35	719.17	14.74	17.10	23.30	27.22
新三板	833086.OC	明药堂	青岛	41	3731.80	4877.15	3229.38	645.82	-576.39	-496.89	1647.77	33.79	-89.25	-10.39	-15.39
齐鲁股交	302321.QLE	鑫宝防水	潍坊	62	12800.00	4796.01	2486.06	4022.24	76.72	55.97	2309.95	48.16	1.91	1.53	2.28
新三板	872412.OC	三让洁能	济宁	27	2000.00	4724.97	2028.38	5527.48	19.70	16.97	2696.59	57.07	0.36	0.41	0.84
新三板	833552.OC	威尔数据	烟台	136	2000.00	4711.59	3973.53	4662.87	1214.32	1083.68	738.06	15.66	26.04	26.35	30.47
新三板	831995.OC	贝特智联	威海	31	3000.00	4693.98	3270.17	1811.28	21.68	21.78	1423.81	30.33	1.20	0.51	0.67
齐鲁股交	301119.QLE	富翔环保	临沂	14	910.00	4685.90	3202.01	1061.83	261.30	261.30	1483.89	31.67	24.61	6.13	9.01
蓝海股交	800285.OEE	黑金热工	青岛	46	3000.00	4685.66	1232.77	2209.05	-10.21	-10.21	3452.89	74.00	-0.46	-0.32	-0.82
新三板	836296.OC	海天纬业	青岛	70	3000.00	4662.35	1716.53	2937.56	-634.32	-683.26	2945.82	63.18	-21.59	-15.15	-33.20
齐鲁股交	100044.QLE	泰勒股份	淄博	80	1210.00	4653.51	2590.41	2549.48	-93.69	-93.69	2063.11	44.33	-3.67	-2.06	-3.55
新三板	832082.OC	聚祥股份	菏泽	128	2328.80	4642.84	3931.90	3798.62	690.86	590.49	710.94	15.31	18.19	12.93	15.68
新三板	839233.OC	艺创科技	济南	138	1750.44	4560.22	1842.77	3694.79	655.45	500.46	2717.45	59.59	17.74	12.00	31.43
新三板	837239.OC	欧宝家居	菏泽	115	3000.00	4556.20	3290.93	3988.03	141.07	110.36	1265.28	27.77	3.54	2.49	3.41
新三板	870550.OC	美核电气	济南	47	3000.00	4529.29	4349.60	1088.62	422.60	406.02	179.69	3.97	38.82	9.39	9.79
新三板	833408.OC	伊森新材	青岛	44	3000.00	4508.11	3438.03	6967.18	199.49	180.01	1070.08	23.74	2.86	4.18	5.34
新三板	830768.OC	耀通科技	济南	66	3009.00	4507.68	3004.98	3443.32	0.89	38.90	1502.71	33.34	0.03	0.94	1.30
新三板	871071.OC	康端体育	潍坊	238	777.77	4443.60	2764.04	4134.43	331.25	172.73	1679.56	37.80	8.01	3.80	6.45
蓝海股交	800048.OEE	海之润	青岛	335	1150.00	4432.06	1106.85	19180.04	88.63	64.22	3325.21	75.03	0.46	2.05	5.95

续表

所属板块	股票代码	股票简称	地市	员工数量（人）	注册资本（万元）	总资产（万元）	净资产（万元）	营业收入（万元）	利润总额（万元）	净利润（万元）	总负债（万元）	资产负债率（%）	销售利润率（%）	总资产收益率（%）	净资产收益率（%）
齐鲁股交	100319.QLE	颐丰新材	淄博	87	1310.00	4373.94	1524.01	4958.03	233.29	178.85	2849.93	65.16	4.71	4.20	14.02
新三板	838855.OC	力磁电气	青岛	79	525.00	4372.60	775.51	2080.34	-132.01	-138.65	3597.09	82.26	-6.35	-4.71	-16.60
齐鲁股交	100101.QLE	康友光电	烟台	60	2054.00	4333.77	1971.66	1548.90	-133.92	-133.92	2362.11	54.50	-8.65	-3.05	-6.72
新三板	832335.OC	科立森	临沂	34	505.10	4311.06	4008.70	1336.95	230.64	178.82	302.36	7.01	17.25	6.53	7.37
新三板	430704.OC	同智伟业	济南	109	1999.80	4308.87	3651.98	2827.00	47.72	65.22	656.89	15.25	1.69	1.67	2.09
新三板	832109.OC	新港模板	临沂	96	1000.00	4301.19	1897.52	2949.12	180.48	157.81	2403.67	55.88	6.12	4.51	8.68
蓝海股交	800710.OEE	希恩和	青岛	45	211.00	4292.46	135.24	2040.81	89.76	89.76	4157.21	96.00	4.40	2.21	99.32
新三板	430502.OC	万隆电气	潍坊	102	1045.00	4259.79	2006.06	3430.52	6.08	14.43	2253.73	52.91	0.18	0.34	0.72
新三板	835080.OC	蓝川环保	济南	32	2000.00	4230.93	2895.41	2694.79	546.55	472.30	1335.52	31.57	20.28	13.65	17.87
新三板	870291.OC	爱尔家佳	青岛	97	2520.00	4223.57	3038.93	6966.77	644.76	573.45	1184.63	28.05	9.25	14.03	19.76
齐鲁股交	100485.QLE	荣美尔	潍坊	25	2350.00	4203.80	2374.10	982.31	-9.64	-10.94	1829.70	43.52	-0.98	-0.24	-0.46
齐鲁股交	302789.QLE	龙鑫海洋	潍坊	36	800.00	4161.92	3026.21	872.45	110.36	80.50	1135.72	27.29	12.65	1.96	2.70
新三板	836132.OC	恒大教育	烟台	40	2000.00	4155.65	3041.91	4178.77	443.51	334.97	1113.74	26.80	10.61	9.80	14.06
新三板	833731.OC	默锐环境	潍坊	94	1000.00	4116.19	1158.69	2486.71	207.65	156.96	2957.50	71.85	8.35	3.67	14.68
新三板	872171.OC	绿泉环保	济南	38	1110.90	4115.29	1917.02	4308.46	675.72	590.37	2198.28	53.42	15.68	16.12	36.40
新三板	871119.OC	德荼智能	青岛	37	1053.00	4070.81	3345.12	2713.37	453.14	401.12	725.69	17.83	16.70	10.29	12.76
新三板	835756.OC	弘易传媒	潍坊	136	1338.40	4013.48	2242.97	3751.12	913.53	678.94	1770.52	44.11	24.35	20.42	34.59
新三板	836351.OC	鲁顺食品	烟台	98	1600.00	4001.25	2696.43	5176.69	402.36	301.43	1304.82	32.61	7.77	7.54	11.48
新三板	872031.OC	浩大海洋	青岛	123	2150.00	3979.87	2360.34	4616.14	915.20	819.32	1619.53	40.69	19.83	29.72	48.19
新三板	834027.OC	冠尔股份	青岛	40	2155.00	3979.62	2552.07	4057.38	197.27	164.71	1427.54	35.87	4.86	3.89	6.41
新三板	870784.OC	鲁强电工	济宁	72	2020.00	3970.02	3460.73	7520.52	699.09	550.94	509.30	12.83	9.30	14.53	16.77
齐鲁股交	300726.QLE	顺峰橡胶	滨州	72	3450.00	3968.75	3672.15	1012.53	-14.48	-10.86	296.60	7.47	-1.43	-0.28	-0.30

山东场外市场挂牌中小企业数据列表

续表

所属板块	股票代码	股票简称	地市	员工数量(人)	注册资本(万元)	总资产(万元)	净资产(万元)	营业收入(万元)	利润总额(万元)	净利润(万元)	总负债(万元)	资产负债率(%)	销售利润率(%)	总资产收益率(%)	净资产收益率(%)
新三板	838072.OC	鑫运通	聊城	62	2245.00	3956.44	2498.90	2520.97	10.01	25.45	1457.54	36.84	0.40	0.74	1.02
新三板	831623.OC	金汇膜	烟台	76	1206.50	3940.45	2517.94	2365.28	118.26	123.92	1422.52	36.10	5.00	3.37	5.05
齐鲁股交	301979.QLE	罗兰丝汇	滨州	88	1862.89	3930.00	2062.00	1549.00	156.00	117.00	1868.00	47.53	10.07	2.69	5.84
齐鲁股交	301006.QLE	普明科技	潍坊	12	5000.00	3925.97	3924.78	87.51	-14.04	-14.04	1.20	0.03	-16.04	-0.36	-0.36
新三板	839609.OC	雷悦重工	青岛	83	1000.00	3893.58	1688.55	7013.47	1141.00	987.98	2205.02	56.63	16.27	27.74	58.30
新三板	839814.OC	师帅冷链	青岛	74	2300.00	3875.47	2708.90	2183.82	530.72	387.58	1166.58	30.10	24.30	9.89	14.18
新三板	834120.OC	朱云清	济宁	35	3000.00	3856.39	3543.80	1128.58	-158.58	-137.54	312.59	8.11	-14.05	-3.52	-3.81
新三板	832508.OC	白马数控	济南	53	960.00	3830.88	1129.90	782.20	-334.97	-340.39	2700.98	70.51	-42.82	-8.86	-26.18
齐鲁股交	302323.QLE	晨光防水	潍坊	60	12800.00	3822.25	3610.61	1181.77	9.61	7.21	211.64	5.54	0.81	0.19	0.20
新三板	871352.OC	百灵科技	青岛	142	2800.00	3794.88	3190.34	3273.27	108.80	100.90	604.54	15.93	3.32	2.37	2.98
新三板	838950.OC	澳泰药剂	淄博	42	577.15	3783.81	1336.23	2369.08	-272.85	-307.71	2447.58	64.69	-11.52	-7.83	-20.96
新三板	839545.OC	特斯特	青岛	29	2200.00	3708.02	3044.46	5723.01	263.93	236.27	663.56	17.90	4.61	6.46	8.07
新三板	836126.OC	丰泰新材	威海	58	2454.00	3656.91	3454.71	1051.86	107.23	80.72	202.19	5.53	10.19	2.25	2.37
齐鲁股交	100385.QLE	永汇新材	淄博	60	1350.00	3655.89	2131.88	5792.60	269.43	225.95	1524.01	41.69	4.65	6.45	11.48
新三板	837223.OC	深蓝科技	青岛	39	2600.00	3645.11	3180.01	1280.37	-187.51	-140.54	465.10	12.76	-14.64	-3.55	-4.32
蓝海股交	801295.OEE	丰鸢科技	青岛	35	5000.00	3641.38	2496.15	3337.27	23.10	16.74	1145.24	31.00	0.69	0.50	0.67
新三板	835195.OC	金正动画	聊城	83	1492.40	3602.04	1509.22	1049.96	57.19	54.98	2092.82	58.10	5.45	1.92	5.31
新三板	831470.OC	德柏教育	聊城	28	2518.70	3575.06	3287.58	1768.49	-100.24	-108.12	287.48	8.04	-5.67	-2.93	-3.24
齐鲁股交	300890.QLE	光普股份	日照	14	2000.00	3547.01	2027.97	131.72	32.10	31.97	1519.04	42.83	24.37	0.97	1.59
新三板	836406.OC	矩阵软件	济南	51	1200.00	3516.58	2190.68	3102.24	361.68	328.87	1325.90	37.70	11.66	10.28	16.23
齐鲁股交	300085.QLE	宽惠红木	潍坊	55	996.00	3515.95	1101.28	120.01	-51.86	-52.59	2414.67	68.68	-43.21	-2.08	-4.67
齐鲁股交	600017.QLE	泛美利华	烟台	10	500.00	3472.80	2699.50	2983.50	537.30	403.00	773.20	22.26	18.01	20.24	25.15

续表

所属板块	股票代码	股票简称	地市	员工数量（人）	注册资本（万元）	总资产（万元）	净资产（万元）	营业收入（万元）	利润总额（万元）	净利润（万元）	总负债（万元）	资产负债率（%）	销售利润率（%）	总资产收益率（%）	净资产收益率（%）
新三板	832591.OC	翔宇科技	威海	57	2070.00	3463.34	3052.22	2249.69	379.35	359.17	411.12	11.87	16.86	11.30	12.50
新三板	839417.OC	元盛光电	青岛	52	1870.00	3427.13	1742.58	2767.76	87.59	94.97	1684.55	49.15	3.16	3.26	5.61
齐鲁股交	100428.QLE	新大东	威海	60	1250.00	3388.00	1744.20	4221.30	-217.60	-193.10	1643.70	48.52	-5.15	-6.14	-10.01
新三板	872022.OC	味正品康	威海	86	1100.00	3376.72	2026.25	5847.56	547.32	501.50	1350.48	39.99	9.36	17.04	28.25
齐鲁股交	301632.QLE	业荣食品	烟台	50	1360.00	3375.90	1466.60	1511.90	107.00	97.00	1909.30	56.56	7.08	3.15	7.85
新三板	870212.OC	奥迪医疗	淄博	10	1479.00	3315.72	2199.38	10953.47	188.98	140.90	1116.34	33.67	1.73	4.68	6.62
新三板	870599.OC	美迪医疗	济南	40	2000.00	3305.85	1827.95	1268.53	-70.57	-82.11	1477.90	44.71	-5.56	-2.75	-4.40
新三板	838049.OC	琅卡博	威海	43	2016.04	3292.04	2519.76	2252.82	457.03	411.70	772.29	23.46	20.29	11.21	15.44
新三板	830774.OC	百博生物	济南	66	2510.00	3242.00	2892.82	2394.47	8.56	7.35	349.19	10.77	0.36	0.23	0.26
齐鲁股交	301687.QLE	新思域	济宁	76	1425.00	3242.00	1783.00	2602.00	46.00	36.00	1459.00	45.00	1.77	1.07	2.35
齐鲁股交	301783.QLE	天和石材	日照	50	3000.00	3234.00	3209.00	763.00	29.90	24.70	25.30	0.78	3.92	0.77	0.77
齐鲁股交	300448.QLE	鑫联惠	滨州	10	2200.00	3231.00	2391.00	1036.00	85.00	64.00	840.00	26.00	8.20	2.21	2.71
齐鲁股交	100370.QLE	中南股份	淄博	80	1260.00	3218.00	1461.00	10280.00	98.00	74.00	1757.00	54.60	0.95	2.48	5.78
新三板	833869.OC	海普安全	青岛	98	1200.00	3206.82	1794.45	3439.11	303.59	292.22	1412.37	44.04	8.83	8.57	18.00
新三板	835132.OC	聚能达	济南	27	2366.50	3157.21	2410.65	1119.34	-389.36	-336.40	746.56	23.65	-34.78	-5.98	-13.17
齐鲁股交	301708.QLE	网金所	淄博	20	3030.00	3149.40	2987.07	0.02	-26.53	-26.53	162.35	5.15	-132650.00	-1.67	-1.77
蓝海股交	800629.OEE	天绘设计	青岛	92	500.00	3140.81	534.14	4158.16	5.44	4.70	2606.67	82.99	0.13	0.17	0.88
新三板	872003.OC	四维律动	济南	30	2000.00	3111.59	2282.41	7767.05	271.77	165.85	829.18	26.65	3.50	5.55	7.54
齐鲁股交	100678.QLE	杨帆环保	济南	48	2300.00	3097.19	2128.31	1760.51	-301.99	-364.98	968.88	31.28	-17.15	-10.81	-15.79
齐鲁股交	100495.QLE	溢鑫包装	潍坊	40	1000.00	3088.89	948.03	1371.40	-75.34	-75.34	2140.86	69.31	-5.49	-2.97	-11.80
齐鲁股交	300578.QLE	绿韵农科	威海	50	1198.00	3079.18	1168.21	895.21	30.06	30.06	1911.97	62.09	3.36	1.12	2.61
齐鲁股交	100296.QLE	东泽科技	烟台	40	1100.00	3057.71	911.79	990.88	-93.59	-93.81	2145.92	70.18	-9.45	-3.39	-9.73

续表

所属板块	股票代码	股票简称	地市	员工数量（人）	注册资本（万元）	总资产↓（万元）	净资产（万元）	营业收入（万元）	利润总额（万元）	净利润（万元）	总负债（万元）	资产负债率（%）	销售利润率（%）	总资产收益率（%）	净资产收益率（%）
新三板	872406.OC	三同新材	泰安	128	1004.00	2998.49	1083.24	2736.78	66.49	66.40	1915.25	63.87	2.43	2.47	6.32
齐鲁股交	300556.QLE	万宝防水	潍坊	120	12000.00	2993.00	1664.00	2943.00	30.00	60.00	1329.00	44.40	1.02	2.19	3.64
齐鲁股交	172168.QLE	诚峰智远	烟台	36	1280.00	2987.00	1349.00	1128.00	49.00	49.00	1638.00	54.84	4.34	1.46	4.05
新三板	838240.OC	九州信泰	济南	68	1730.30	2986.62	1815.96	4179.44	24.08	50.02	1170.65	39.20	0.58	1.64	2.79
齐鲁股交	172085.QLE	盛禾农业	青岛	70	850.00	2961.79	1800.70	674.47	276.26	276.26	1161.09	39.20	40.96	10.29	17.74
新三板	834868.OC	佳科能源	济南	50	1185.60	2959.78	981.08	1451.73	-838.57	-1193.14	1978.70	66.85	-57.76	-34.06	-75.63
新三板	430517.OC	新音纳	济南	35	1700.00	2952.21	2514.73	722.23	-185.57	-167.73	437.47	14.82	-25.69	-5.64	-6.45
新三板	872310.OC	协汇食品	威海	24	1010.00	2932.79	2463.85	1864.59	387.95	283.44	468.94	15.99	20.81	9.92	12.21
齐鲁股交	302295.QLE	中意德	潍坊	180	50.00	2918.00	271.00	3378.00	84.00	84.00	2647.00	90.71	2.49	3.17	36.76
新三板	838023.OC	嘉柏园林	淄博	18	1000.00	2887.58	1431.62	2192.70	286.31	204.03	1455.96	50.42	13.06	6.25	15.35
新三板	835606.OC	亿友电器	青岛	32	1600.00	2885.86	1517.87	1670.27	-64.68	-84.84	1367.99	47.40	-3.87	-2.38	-5.36
齐鲁股交	302018.QLE	福德化工	临沂	85	1611.60	2875.84	1662.28	2771.86	6.09	2.08	1213.56	42.20	0.22	0.07	0.15
新三板	300081.QLE	东润硅业	日照	45	1000.00	2870.00	971.28	2694.00	6.68	0.38	1899.00	66.17	0.25	0.01	0.04
齐鲁股交	300561.OC	石花化工	潍坊	80	10086.00	2868.55	551.77	3267.55	24.18	21.77	2316.78	80.76	0.74	1.25	4.02
新三板	836317.OC	萨菲尔	淄博	38	2165.00	2819.94	1097.85	400.34	-387.85	-387.85	1722.09	61.07	-96.88	-12.00	-30.02
新三板	871446.OC	瘦课教育	烟台	60	1111.11	2811.15	2672.01	1662.29	85.54	68.24	139.14	4.95	5.15	3.32	3.61
齐鲁股交	837579.OC	雨诺股份	青岛	210	1751.83	2806.00	2333.78	3343.77	210.90	240.64	472.22	16.83	6.31	9.27	10.95
齐鲁股交	300583.QLE	坤岳防水	潍坊	21	2000.00	2772.20	2030.09	3809.36	8.86	7.94	742.11	26.77	0.23	0.29	0.39
齐鲁股交	100182.QLE	华强精密	枣庄	65	1427.60	2758.53	1581.82	1241.33	116.58	102.52	1176.72	42.66	9.39	3.72	6.49
新三板	870545.OC	民建股份	东营	143	1000.00	2703.11	1116.65	3298.98	32.85	32.85	1586.46	58.69	1.00	1.24	2.99
新三板	871656.OC	远盾网络	济南	81	368.47	2698.60	2192.49	1727.46	-816.86	-813.90	506.11	18.75	-47.29	-26.47	-31.31
新三板	833128.OC	绿环股份	聊城	65	2000.00	2669.83	1650.78	1318.79	-129.86	-138.15	1019.05	38.17	-9.85	-5.46	-8.03

243

续表

所属板块	股票代码	股票简称	地市	员工数量(人)	注册资本(万元)	总资产↓(万元)	净资产(万元)	营业收入(万元)	利润总额(万元)	净利润(万元)	总负债(万元)	资产负债率(%)	销售利润率(%)	总资产收益率(%)	净资产收益率(%)
新三板	834142.OC	立晨数据	临沂	67	1100.00	2633.34	2386.87	1794.60	522.24	470.33	246.48	9.36	29.10	19.87	21.86
新三板	430658.OC	舜网传媒	济南	146	1000.00	2620.44	1747.58	2402.75	256.74	239.00	872.86	33.31	10.69	9.26	14.68
齐鲁股交	300002.QLE	怡然园艺	淄博	17	1640.70	2618.16	2391.96	1641.60	39.06	45.83	226.21	8.64	2.38	1.61	1.93
齐鲁股交	302825.QLE	江晟股份	济宁	50	100.00	2596.00	998.00	898.15	80.00	80.00	1598.00	61.56	8.91	5.44	14.45
齐鲁股交	301695.QLE	恒联物流	潍坊	76	200.00	2592.00	311.88	5129.10	46.93	35.20	2280.12	87.97	0.91	1.46	11.95
齐鲁股交	301589.QLE	祥龙股份	潍坊	70	1288.00	2559.28	1582.89	5897.15	13.97	5.72	976.39	38.15	0.24	0.27	0.47
新三板	838801.OC	中彩环保	济南	56	1506.00	2477.10	1553.56	2836.75	43.84	52.02	923.53	37.28	1.55	2.10	3.41
齐鲁股交	301036.QLE	蒙飞服饰	聊城	300	1698.00	2435.50	718.00	7032.25	71.70	53.78	1717.6C	70.52	1.02	2.51	7.78
齐鲁股交	172087.QLE	樱丰农业	潍坊	30	1449.00	2431.13	1200.16	197.08	-4.00	-26.67	1230.97	50.63	-2.03	-1.06	-2.20
新三板	838552.OC	同创化工	临沂	26	2020.00	2418.99	1763.06	2084.78	-302.82	-224.48	655.93	27.12	-14.53	-8.62	-11.97
齐鲁股交	302835.QLE	康维生物	济宁	22	1000.00	2373.15	1375.63	5316.68	86.78	86.78	997.52	42.03	1.63	4.13	6.51
齐鲁股交	172017.QLE	在天软件	日照	20	1380.00	2368.06	1903.71	644.62	149.83	125.67	464.34	19.61	23.24	5.61	7.15
新三板	831865.OC	凯瑞电气	威海	45	1738.80	2355.90	2114.01	1464.12	525.58	478.10	241.89	10.27	35.90	21.15	25.50
齐鲁股交	301038.QLE	洪邦石化	日照	30	1000.00	2350.00	635.00	158.00	1.50	1.50	1715.00	72.98	0.95	0.07	0.32
新三板	831773.OC	金巴赫	青岛	23	1357.80	2347.62	2293.50	2546.99	19.40	4.77	54.12	2.31	0.76	0.20	0.21
新三板	830975.OC	东利股份	青岛	48	900.00	2341.10	1315.93	1639.99	155.32	155.32	1025.17	43.79	9.47	6.78	12.63
齐鲁股交	100293.QLE	烟台万捷	烟台	30	1110.00	2280.40	1131.60	1875.50	15.30	13.70	1148.70	50.37	0.82	0.62	1.21
齐鲁股交	430410.OC	微纳颗粒	济南	51	1200.00	2268.81	2012.70	1011.29	36.74	36.33	256.11	11.29	3.63	1.61	1.82
新三板	872487.OC	筑建股份	济南	148	1000.00	2246.07	1674.77	3895.80	803.50	585.94	571.30	25.44	20.62	24.43	46.62
新三板	870570.OC	信带通	青岛	79	2000.00	2242.29	1439.00	767.99	-826.13	-828.88	803.29	35.82	-107.57	-41.55	-56.82
蓝海股交	800758.OEE	每家园艺	青岛	24	625.00	2238.09	889.83	1684.90	82.04	76.43	1353.86	60.00	4.87	4.54	9.22
新三板	838322.OC	达创科技	济南	139	1217.64	2228.66	1671.91	1760.03	37.58	83.92	556.76	24.98	2.14	3.82	5.11

续表

所属板块	股票代码	股票简称	地市	员工数量(人)	注册资本(万元)	总资产(万元)	净资产(万元)	营业收入(万元)	利润总额(万元)	净利润(万元)	总负债(万元)	资产负债率(%)	销售利润率(%)	总资产收益率(%)	净资产收益率(%)
齐鲁股交	302768.QLE	龙舟建材	潍坊	20	11388.00	2227.93	846.34	652.48	47.38	46.34	1381.59	62.01	7.26	2.09	5.40
新三板	835167.OC	福隆母婴	济南	168	1700.00	2218.04	1361.13	1477.02	-593.71	-612.66	856.91	38.63	-40.20	-22.61	-36.74
齐鲁股交	300477.QLE	希尔包装	潍坊	46	1350.00	2215.30	1108.30	275.60	1.90	1.90	1106.90	49.97	0.69	0.08	0.17
齐鲁股交	301061.QLE	瑞通股份	潍坊	24	800.00	2203.70	572.00	108.90	-138.00	-138.00	1631.70	74.04	-126.72	-6.34	-21.52
齐鲁股交	171039.QLE	科澜新材	潍坊	30	1300.00	2193.74	1705.44	2297.06	154.66	131.61	488.31	22.26	6.73	6.78	8.02
齐鲁股交	100487.QLE	精诺机械	潍坊	70	565.00	2188.22	587.25	890.28	7.94	6.58	1600.96	73.16	0.89	0.33	1.13
齐鲁股交	301585.QLE	华城矿业	日照	40	1500.00	2188.00	1699.00	264.00	13.00	13.00	489.00	22.35	4.92	0.60	0.77
齐鲁股交	172088.QLE	小伙伴	烟台	42	1088.89	2185.00	430.00	26.30	-543.90	-545.88	1755.00	80.32	-2068.06	-29.27	-77.82
齐鲁股交	100365.QLE	拼钢科技	淄博	12	730.00	2179.86	819.02	22431.63	60.34	44.55	1360.84	62.43	0.27	2.12	6.11
新三板	832573.OC	地瑞科森	东营	16	1000.00	2168.87	1193.25	522.24	1.13	1.13	975.62	44.98	0.22	0.05	0.10
齐鲁股交	100569.QLE	紫通节能	威海	54	1010.00	2158.70	1558.30	1061.25	110.57	98.30	600.30	27.81	10.42	5.33	7.26
齐鲁股交	301596.QLE	永鑫印务	潍坊	41	50.00	2157.00	414.00	1350.00	-81.00	-85.00	1743.00	80.81	-6.00	-4.17	-18.62
齐鲁股交	870719.QLE	方天股份	青岛	162	1160.00	2150.84	1554.02	2405.52	141.87	138.24	596.83	27.75	5.90	6.53	9.31
齐鲁股交	100421.QLE	滨州海隆	滨州	50	740.00	2149.14	875.99	2785.06	-49.81	-49.81	1273.15	59.24	-1.79	-2.39	-6.07
新三板	837515.OC	世纪股份	济南	38	1210.00	2149.12	752.74	1635.54	-7.34	73.82	1396.39	64.97	-0.45	3.55	10.31
蓝海股份	800121.OEE	正洁股份	东营	75	1001.88	2147.59	2026.13	1203.18	61.44	58.44	121.46	6.00	5.11	3.14	4.18
新三板	871907.OC	环球软件	潍坊	74	1500.00	2136.30	1905.53	1610.09	202.94	181.21	230.76	10.80	12.60	8.27	9.98
新三板	831615.OC	禹成股份	烟台	59	1000.00	2114.65	616.54	1183.05	-219.69	-211.02	1498.11	70.84	-18.57	-9.37	-29.23
齐鲁股交	302181.QLE	真源农业	临沂	11	3000.00	2112.10	1922.88	205.46	34.15	34.15	189.21	8.96	16.62	2.16	2.33
新三板	831747.OC	中景股份	青岛	149	832.00	2093.03	835.23	2653.92	332.92	300.90	1257.80	60.09	12.54	15.42	43.94
齐鲁股交	300451.QLE	百胜客	东营	39	1221.80	2062.84	1873.77	1037.41	353.67	353.67	189.08	9.17	34.09	19.42	21.80
齐鲁股交	301052.QLE	威海泓方	威海	62	400.00	2061.67	786.82	3164.75	-24.27	-39.60	1274.85	61.84	-0.77	-2.08	-4.91

245

续表

所属板块	股票代码	股票简称	地市	员工数量（人）	注册资本（万元）	总资产（万元）	净资产（万元）	营业收入（万元）	利润总额（万元）	净利润（万元）	总负债（万元）	资产负债率（%）	销售利润率（%）	总资产收益率（%）	净资产收益率（%）
新三板	835682.OC	安之畅	济南	134	1040.00	2032.33	1641.88	2466.31	288.46	241.83	390.45	19.21	11.70	11.48	15.27
齐鲁股交	100326.QLE	北斗华宸	淄博	25	1259.00	2010.00	1386.58	820.83	-326.33	-328.27	623.33	31.01	-39.76	-16.75	-24.17
齐鲁股交	172165.QLE	山能科技	泰安	74	3000.00	1996.96	1198.51	1998.61	219.62	197.42	798.44	39.98	10.99	14.91	32.91
新三板	834953.OC	金朋健康	烟台	79	800.00	1995.82	1730.34	1723.70	533.59	385.90	265.48	13.30	30.96	21.76	25.10
新三板	834359.OC	金色童年	济南	165	1589.00	1969.56	477.02	2193.70	-267.99	-203.84	1492.54	75.78	-12.22	-10.23	-35.21
新三板	839707.OC	昌宏股份	聊城	63	1200.00	1964.07	1564.62	2147.37	115.45	83.47	399.45	20.34	5.38	4.63	5.48
新三板	870192.OC	银维股份	济南	70	1510.00	1955.92	278.14	1614.81	-901.98	-954.39	1677.77	85.78	-55.86	-39.09	-126.35
新三板	870671.OC	光远文化	威海	71	1076.00	1949.66	930.53	2059.20	-173.10	-170.38	1019.13	52.27	-8.41	-10.13	-16.77
齐鲁股交	300716.QLE	立阳制造	滨州	48	1140.00	1944.00	1336.00	1886.00	152.00	114.00	608.00	31.28	8.06	6.01	9.47
齐鲁股交	100329.QLE	良成环保	淄博	40	930.00	1906.90	1008.50	2369.22	74.77	56.08	898.40	47.11	3.16	3.04	6.03
新三板	871832.OC	大石头	烟台	25	1620.00	1886.96	1641.31	1570.98	-194.34	-199.91	245.65	13.02	-12.37	-10.23	-11.48
新三板	833815.OC	嘉友互联	济南	92	1200.00	1796.17	1564.09	1369.30	105.74	104.73	232.09	12.92	7.72	6.13	6.93
齐鲁股交	301533.QLE	亿百合	淄博	18	505.00	1782.51	618.92	861.25	36.03	36.03	1163.59	65.28	4.18	1.98	6.00
齐鲁股交	301069.QLE	汇润科技	威海	21	300.00	1778.96	356.54	505.75	68.89	53.80	1422.42	79.96	13.62	4.78	16.32
齐鲁股交	872368.QLE	全影股份	潍坊	88	1100.00	1768.32	1486.82	700.67	-79.57	-79.57	281.50	15.92	-11.36	-4.49	-5.21
新三板	300773.OC	英吉股份	淄博	45	1200.00	1760.00	1259.00	347.00	11.00	6.00	601.00	34.15	3.17	0.36	0.52
齐鲁股交	302833.QLE	冠杰数控	济宁	15	510.00	1749.00	93.00	661.00	-20.00	-20.00	1656.00	94.68	-3.03	-1.25	-19.14
齐鲁股交	172003.QLE	佰丰电子	聊城	45	980.00	1739.23	997.52	994.36	-32.75	-31.11	741.71	42.65	-3.29	-1.99	-3.49
新三板	837858.OC	鼎商动力	青岛	49	785.00	1738.13	905.43	789.44	-1294.81	-1290.24	832.69	47.91	-164.02	-50.34	-83.21
齐鲁股交	171015.QLE	华分赛瑞	潍坊	27	1360.00	1723.22	1304.74	673.28	21.73	19.55	418.47	24.28	3.23	1.21	1.72
新三板	833307.OC	优格花园	青岛	37	1500.00	1711.77	1528.43	600.74	-480.98	-474.85	183.34	10.71	-80.07	-24.15	-26.89
蓝海股交	800432.OEE	医合网	青岛	22	230.00	1703.69	1130.00	331.71	5.50	4.95	573.70	33.67	1.66	0.29	0.44

山东场外市场挂牌中小企业数据列表

续表

所属板块	股票代码	股票简称	地市	员工数量(人)	注册资本(万元)	总资产(万元)	净资产(万元)	营业收入(万元)	利润总额(万元)	净利润(万元)	总负债(万元)	资产负债率(%)	销售利润率(%)	总资产收益率(%)	净资产收益率(%)
新三板	835295.OC	联通人力	烟台	35	600.00	1703.01	585.39	13692.15	15.12	19.55	1117.63	65.63	0.11	1.10	3.40
新三板	835500.OC	百丞税务	济南	131	500.00	1695.90	1012.17	2465.35	532.76	441.05	683.73	40.32	21.61	29.14	47.86
齐鲁股交	300445.QLE	争峰能源	东营	36	1500.00	1688.00	1081.00	1645.00	3.60	2.70	607.00	35.96	0.22	0.16	0.26
新三板	430576.OC	泰信电子	济南	14	1628.50	1675.41	338.46	354.48	-429.66	-429.66	1336.95	79.80	-121.21	-24.06	-77.66
齐鲁股交	172139.QLE	清大银光	枣庄	14	1200.00	1656.48	1023.71	0.00	-194.60	-194.80	632.77	38.20	—	-11.64	-19.15
新三板	833983.OC	一品鲜蔬	烟台	21	1300.00	1639.55	1387.37	1231.93	-352.72	-357.85	252.17	15.38	-28.63	-18.87	-22.85
齐鲁股交	100357.QLE	九一生物	淄博	24	1434.60	1635.42	1566.27	329.78	-11.34	0.93	69.15	4.23	-3.44	0.06	0.06
蓝海股交	800209.OEE	秀珀尔	青岛	164	1100.00	1631.30	520.60	20081.17	16.08	12.97	1110.69	68.09	0.08	0.81	2.49
齐鲁股交	100310.QLE	九星包装	潍坊	32	1235.00	1627.89	1270.02	1062.78	8.81	7.86	357.87	21.98	0.83	0.52	0.69
蓝海股交	801103.OEE	格瑞烯	青岛	30	300.00	1618.87	452.76	2646.65	12.52	11.17	1166.11	72.03	0.47	0.75	2.51
齐鲁股交	300851.QLE	乐上口	淄博	39	1250.00	1590.77	1255.79	1185.73	71.69	50.80	334.98	21.06	6.05	3.94	6.51
新三板	871225.OC	都都股份	青岛	36	1259.00	1574.66	1420.99	1402.90	9.16	5.50	153.67	9.76	0.65	0.35	0.39
齐鲁股交	300422.QLE	泽世新材	淄博	40	1006.00	1563.54	1140.04	2001.08	50.21	37.66	423.50	27.09	2.51	2.81	3.40
齐鲁股交	172089.QLE	伟昌电子	烟台	12	1380.00	1554.92	838.12	430.53	17.07	15.40	716.80	46.10	3.96	1.16	1.84
新三板	830932.OC	博扬超声	威海	33	1141.30	1542.63	1470.55	880.12	56.90	58.09	72.08	4.67	6.47	3.82	4.03
齐鲁股交	301075.QLE	诺锐科技	潍坊	20	1200.00	1536.00	780.00	2357.00	91.00	68.00	757.00	49.28	3.86	4.69	10.01
齐鲁股交	100429.QLE	立达尔	威海	49	590.00	1511.48	805.53	1142.65	-178.13	-178.24	705.94	46.71	-15.59	-13.10	-19.92
齐鲁股交	302539.QLE	长胜管业	潍坊	78	1008.00	1508.57	1223.23	3124.07	20.65	15.49	285.34	18.91	0.66	1.05	1.26
齐鲁股交	300932.QLE	鼎泰机械	聊城	60	350.00	1503.58	306.24	1712.95	-57.51	-61.24	1197.33	79.63	-3.36	-4.32	-18.18
齐鲁股交	100339.QLE	佰测科技	淄博	35	740.00	1501.20	1436.17	1125.58	109.02	109.44	65.03	4.33	9.69	7.89	8.27
齐鲁股交	172080.QLE	东宇能源	潍坊	20	1320.00	1499.46	1194.12	16.26	-93.82	-93.96	305.34	20.36	-577.00	-5.87	-8.69
齐鲁股交	300805.QLE	将军井	淄博	13	1300.00	1487.18	1269.60	71.60	-30.50	-30.50	217.60	14.63	-42.60	-1.94	-2.37

续表

所属板块	股票代码	股票简称	地市	员工数量(人)	注册资本(万元)	总资产(万元)	净资产(万元)	营业收入(万元)	利润总额(万元)	净利润(万元)	总负债(万元)	资产负债率(%)	销售利润率(%)	总资产收益率(%)	净资产收益率(%)
齐鲁股交	302618.QLE	安兴建筑	潍坊	22	800.00	1476.00	1043.00	846.00	-15.00	-15.00	433.00	29.34	-1.77	-1.00	-1.43
齐鲁股交	300765.QLE	沣亿农业	淄博	38	1010.00	1471.00	1127.00	362.00	36.00	36.00	344.00	23.39	9.94	2.47	3.33
齐鲁股交	100527.QLE	凯弘保险	淄博	105	608.00	1464.05	683.50	12121.52	-4.44	-5.29	780.55	53.31	-0.04	-0.48	-0.78
新三板	871178.OC	高盛信息	青岛	29	1100.00	1462.33	1366.27	2064.07	102.51	85.20	96.06	6.57	4.97	5.60	6.44
齐鲁股交	300459.QLE	泓润新材	莱芜	40	1000.00	1418.30	416.04	2612.82	84.69	80.37	1002.26	70.67	3.24	5.94	21.42
新三板	871334.OC	城业城	青岛	46	1000.00	1400.41	749.97	2300.77	-197.89	-117.41	650.44	46.45	-8.60	-8.54	-15.79
新三板	839761.OC	隽秀生物	烟台	18	1250.00	1384.89	1336.44	648.98	-36.85	-44.18	48.45	3.50	-5.68	-3.16	-3.25
新三板	838045.OC	三田科技	潍坊	68	1766.34	1379.82	364.46	1525.62	-451.75	-451.75	1015.36	73.59	-29.61	-24.34	-76.52
新三板	838039.OC	仁诚国际	青岛	105	700.00	1376.20	858.48	2649.18	73.46	53.17	517.73	37.62	2.77	3.72	6.39
齐鲁股交	600089.QLE	云脉科技	滨州	31	1375.00	1375.00	1130.00	3950.00	349.00	300.20	245.00	17.82	8.84	37.27	44.15
新三板	302322.OC	金宝防水	潍坊	38	1800.00	1357.60	1344.00	3175.80	44.20	39.80	13.60	1.00	1.39	3.67	3.71
蓝海股交	800998.OEE	中信达机械	青岛	56	1080.00	1335.31	424.81	2435.95	42.84	38.93	910.51	68.19	1.76	3.17	9.60
齐鲁股交	172169.QLE	华舜科技	淄博	29	850.00	1321.05	984.74	801.77	36.09	32.48	336.31	25.46	4.50	2.64	3.44
新三板	839265.OC	铁骑国际	青岛	16	1377.50	1297.35	1287.07	1652.18	-41.32	-31.57	10.28	0.79	-2.50	-3.28	-3.32
齐鲁股交	172128.QLE	万达渔业	潍坊	10	1250.00	1296.60	1285.30	175.80	30.20	30.20	11.30	0.87	17.18	2.59	2.61
新三板	837307.OC	环湾检测	青岛	76	800.00	1291.62	1089.19	1605.38	147.31	154.32	202.43	15.67	9.18	13.01	15.25
齐鲁股交	300986.OC	斯瑞得	滨州	15	1240.00	1289.98	1247.19	93.56	7.71	5.70	42.79	3.32	8.24	0.50	0.51
齐鲁股交	835672.OC	华育墨塔	青岛	40	1230.00	1255.38	741.56	216.52	-222.49	-222.49	513.82	40.93	-102.76	-17.76	-26.09
新三板	300692.QLE	弘泰机械	潍坊	25	500.00	1253.44	442.47	2003.13	39.49	23.47	810.97	64.70	1.97	1.82	5.45
新三板	871425.OC	富美特	烟台	156	220.00	1251.04	652.04	1828.21	258.37	244.39	599.00	47.88	14.13	23.58	46.12
齐鲁股交	302565.QLE	朗荣投资	潍坊	12	3000.00	1247.71	1107.23	388.55	23.44	21.09	140.48	11.26	6.03	1.76	1.93
齐鲁股交	171077.QLE	科创节能	聊城	39	500.00	1241.31	590.99	246.84	59.87	58.54	650.32	52.39	24.25	4.82	10.42

续表

所属板块	股票代码	股票简称	地市	员工数量(人)	注册资本(万元)	总资产(万元)	净资产(万元)	营业收入(万元)	利润总额(万元)	净利润(万元)	总负债(万元)	资产负债率(%)	销售利润率(%)	总资产收益率(%)	净资产收益率(%)
新三板	836432.OC	益信通	济南	120	500.00	1239.84	1100.05	1509.72	8.21	8.21	139.79	11.27	0.54	0.53	0.65
齐鲁股交	172075.QLE	艾莫康	济南	7	1210.00	1239.12	1234.46	513.51	1.92	1.92	4.66	0.38	0.37	0.18	0.18
新三板	871378.OC	微图软件	济南	57	965.94	1239.04	969.89	1042.81	81.48	76.92	269.15	21.72	7.81	6.74	8.26
新三板	832603.OC	蓝姿股份	青岛	42	500.00	1237.55	1043.43	2073.29	170.39	170.22	194.12	15.69	8.22	14.61	17.76
新三板	870010.OC	金盾安保	泰安	604	500.00	1233.63	643.84	2269.03	148.12	104.71	589.79	47.81	6.53	8.33	17.70
蓝海股交	801297.OEE	科信达	青岛	13	1800.00	1229.93	982.14	1595.05	0.81	4.81	247.79	20.14	0.05	0.42	0.49
新三板	871647.OC	福财股份	烟台	120	1000.50	1209.17	1052.87	854.86	-272.80	-204.68	156.30	12.93	-31.91	-13.89	-17.72
新三板	830930.OC	天行健	青岛	42	600.00	1183.94	795.71	2112.24	8.05	5.93	388.22	32.79	0.38	0.51	0.75
新三板	835685.OC	麦科三维	青岛	27	1000.00	1175.62	890.25	1019.18	139.50	138.10	285.37	24.27	13.69	13.25	16.82
齐鲁股交	171053.QLE	明锐光电	潍坊	22	1100.00	1171.90	691.30	251.70	-31.90	-31.90	480.50	41.00	-12.67	-2.75	-5.33
新三板	871380.OC	中财信	潍坊	82	500.00	1155.08	86.11	1850.65	-355.95	-405.77	1068.98	92.55	-19.23	-37.62	-148.10
新三板	837915.OC	车微联	济南	84	503.81	1148.53	257.20	487.40	-807.35	-705.88	891.34	77.61	-165.64	-58.51	-115.69
齐鲁股交	300526.QLE	铭泽环保	日照	50	1095.00	1145.00	0.00	391.00	20.00	20.00	8.00	0.70	5.12	1.83	—
齐鲁股交	301705.QLE	恒鑫生科	烟台	12	1100.00	1102.35	1102.16	35.35	2.09	1.79	0.19	0.02	5.91	0.32	0.32
齐鲁股交	300461.QLE	正建股份	东营	5	880.00	1067.24	1047.93	337.00	104.00	104.00	19.30	1.81	30.86	9.72	9.92
蓝海股交	800225.OEE	荣信宏泰	青岛	10	7546.00	1063.00	182.07	311.65	17.74	15.54	881.20	83.00	5.69	1.51	8.95
蓝海股交	800176.OEE	悦龙堂	青岛	17	800.00	1060.85	539.70	1158.26	37.50	37.10	521.15	49.13	3.24	4.00	7.11
齐鲁股交	172119.QLE	绿控农科	潍坊	13	600.00	1050.60	590.30	328.30	-25.60	-25.65	460.30	43.81	-7.80	-2.72	-4.63
齐鲁股交	302603.QLE	德利嘉	潍坊	20	1600.00	1047.63	994.10	50.49	-5.89	-5.89	53.52	5.11	-11.67	-1.12	-1.18
新三板	871367.OC	中泳股份	济宁	51	840.00	1029.53	867.75	712.49	-68.54	-66.21	161.78	15.71	-9.62	-6.57	-7.35
齐鲁股交	100295.QLE	惠中工贸	烟台	39	400.00	1023.13	819.52	446.87	-0.86	-0.86	203.61	19.90	-0.19	-0.08	-0.10
齐鲁股交	302558.QLE	旭茂装备	潍坊	40	1000.00	1020.35	1004.37	345.96	3.33	3.23	15.98	1.57	0.96	0.32	0.32

续表

所属板块	股票代码	股票简称	地市	员工数量（人）	注册资本（万元）	总资产（万元）	净资产（万元）	营业收入（万元）	利润总额（万元）	净利润（万元）	总负债（万元）	资产负债率（%）	销售利润率（%）	总资产收益率（%）	净资产收益率（%）
齐鲁股交	100308.QLE	易找传媒	淄博	12	1000.00	1017.56	1012.21	106.91	2.38	1.79	5.35	0.53	2.23	0.18	0.18
齐鲁股交	302318.QLE	金海防水	潍坊	35	5000.00	1016.90	843.30	1514.70	39.70	35.70	173.60	17.07	2.62	3.91	4.33
齐鲁股交	300759.QLE	金乾坤	淄博	24	320.00	988.90	344.74	1049.04	22.50	22.95	644.16	65.14	2.14	2.72	12.22
齐鲁股交	301638.QLE	大元包装	烟台	18	826.00	984.50	936.20	293.00	-189.90	189.70	48.30	4.91	-64.81	19.15	20.66
新三板	836635.OC	大宏智能	济南	51	700.00	982.64	666.43	1486.02	-57.29	-43.66	316.21	32.18	-3.86	-4.35	-6.34
齐鲁股交	302838.QLE	济宁能泰	济宁	16	1200.00	945.00	903.00	612.00	2.60	2.30	42.00	4.44	0.42	0.25	0.25
蓝海股交	800363.OEE	瑞德神运	青岛	35	2000.00	944.36	296.73	1038.72	-23.33	-23.33	647.62	68.58	-2.25	-2.46	-7.56
齐鲁股交	302320.QLE	东凤防水	潍坊	23	1200.00	906.17	834.63	785.15	26.90	24.03	71.54	7.89	3.43	3.07	3.33
齐鲁股交	100358.QLE	爱赛维斯	淄博	15	515.63	893.00	762.00	229.00	-6.00	-6.00	132.00	14.78	-2.62	-0.76	-0.84
齐鲁股交	301867.QLE	路博建业	青岛	31	1000.00	892.11	298.93	1313.51	78.08	58.56	593.18	66.49	5.94	12.23	38.74
齐鲁股交	300685.QLE	博大装饰	潍坊	25	1000.00	864.00	421.00	231.00	-3.00	-5.00	443.00	51.27	-1.30	-0.57	-1.15
齐鲁股交	302682.QLE	佳源防水	潍坊	50	3200.00	851.10	357.93	1587.87	-0.50	-6.08	493.17	57.95	-0.03	-0.78	-1.70
齐鲁股交	301836.QLE	美利农业	东营	19	520.00	840.95	821.00	764.10	266.11	266.11	19.95	2.37	34.83	46.06	58.75
齐鲁股交	302159.QLE	山佳股份	淄博	16	660.00	827.04	663.18	414.79	6.16	4.96	163.86	19.81	1.49	0.71	1.39
齐鲁股交	301879.QLE	恒泰微粉	潍坊	15	700.00	824.11	696.75	1509.02	1.90	1.65	127.36	15.45	0.13	0.20	0.28
新三板	836039.OC	华力石油	东营	16	500.00	814.86	254.91	68.00	-111.32	-110.94	559.95	68.72	-163.70	-14.83	-35.74
蓝海股交	800307.OEE	泰诺弘光	青岛	15	300.00	800.76	716.89	97.02	-279.63	-279.63	83.88	10.48	-288.22	-39.39	-43.92
齐鲁股交	300569.QLE	忠云防水	潍坊	26	10200.00	793.00	214.00	927.00	11.00	6.30	579.00	73.01	1.19	1.15	2.99
齐鲁股交	100539.QLE	鲁伟公估	潍坊	71	360.00	787.60	461.60	853.22	25.62	23.02	325.99	41.39	3.00	3.34	5.37
新三板	835143.OC	中顾法商	济南	208	1333.57	786.33	247.46	2179.52	131.04	131.04	538.87	68.53	6.01	20.57	72.02
新三板	834191.OC	世博演艺	济南	33	1100.00	784.23	18.44	867.61	-621.03	-621.03	765.80	97.65	-71.58	-75.38	-188.79
齐鲁股交	300681.QLE	鼎立铝业	潍坊	35	1010.00	771.08	-243.36	849.00	-10.36	-13.75	1014.44	131.56	-1.22	-1.78	—

续表

所属板块	股票代码	股票简称	地市	员工数量(人)	注册资本(万元)	总资产(万元)	净资产(万元)	营业收入(万元)	利润总额(万元)	净利润(万元)	总负债(万元)	资产负债率(%)	销售利润率(%)	总资产收益率(%)	净资产收益率(%)
齐鲁股交	302763.QLE	动力之家	潍坊	10	500.00	765.84	336.36	1002.48	59.83	57.92	429.48	56.08	5.97	8.16	33.30
新三板	831606.OC	方硕科技	烟台	18	2160.00	758.53	257.18	675.44	-842.30	-842.30	501.35	66.09	-124.70	-72.28	-124.17
蓝海股交	801195.OEE	光大石油	青岛	11	1500.00	738.45	544.05	324.34	-42.38	-42.38	194.40	26.33	-13.07	-6.27	-7.50
新三板	839132.OC	中际传媒	烟台	9	500.00	735.27	624.44	143.20	-135.94	-136.59	110.83	15.07	-94.93	-16.46	-19.72
蓝海股交	800861.OEE	嘉禾环保	青岛	13	3069.00	719.83	492.21	433.78	38.08	34.27	227.62	31.62	8.78	4.85	7.21
齐鲁股交	302300.QLE	金鑫铸瓷	潍坊	60	88.00	718.42	87.06	405.13	-5.01	-5.01	631.36	87.88	-1.24	-0.68	-5.58
齐鲁股交	301713.QLE	海硕陶瓷	淄博	20	595.00	678.00	565.00	66.00	-37.00	-37.00	112.00	16.52	-56.06	-9.25	-12.29
齐鲁股交	172109.QLE	万商维盟	济南	50	10000.00	672.08	703.14	147.89	-259.07	-259.07	-31.06	-4.62	-175.18	-29.90	-31.11
齐鲁股交	302395.QLE	帝梦圆	潍坊	25	300.00	661.24	319.84	269.94	5.13	4.52	341.40	51.63	1.90	0.77	1.69
新三板	836998.OC	速普电商	青岛	28	667.00	652.77	443.38	1121.39	-581.73	-581.73	209.39	32.08	-51.88	-86.48	-245.63
蓝海股交	800118.OEE	中和全运	青岛	98	600.00	651.55	-60.43	4360.52	-54.30	-204.92	769.83	118.15	-1.25	-31.63	—
齐鲁股交	300957.QLE	永力轴承	聊城	50	500.00	646.00	497.00	476.00	3.50	3.00	149.00	23.07	0.74	0.48	0.60
齐鲁股交	100496.QLE	永泉科技	济南	30	680.00	642.76	582.59	231.15	-40.80	-40.80	60.17	9.36	-17.65	-6.02	-6.77
齐鲁股交	302736.QLE	清池防水	潍坊	108	10086.00	621.00	569.00	3836.00	32.00	28.00	52.00	8.37	0.83	4.79	5.05
齐鲁股交	300919.QLE	雅美针织	日照	54	160.00	615.00	285.94	1578.84	5.83	3.73	329.06	53.51	0.37	0.63	1.44
齐鲁股交	172170.QLE	同筑科技	日照	14	500.00	609.82	407.23	219.36	-4.58	-4.58	202.59	33.22	-2.09	-1.36	-2.87
齐鲁股交	300573.QLE	雨燕防水	潍坊	23	6110.00	605.26	304.82	283.30	2.99	1.57	300.44	49.64	1.06	0.20	0.24
齐鲁股交	300062.QLE	吉阳科技	临沂	16	5028.00	600.73	540.84	43.71	-70.00	-70.00	59.90	9.97	-160.15	-10.62	-12.16
齐鲁股交	100422.QLE	思络信息	淄博	30	743.48	576.70	334.67	6.12	-214.04	-214.04	242.03	41.97	-3497.39	-35.22	-43.99
齐鲁股交	171069.QLE	睿联股份	潍坊	8	1000.00	571.00	514.00	278.00	23.00	23.00	57.00	9.98	8.27	6.13	7.88
齐鲁股交	302630.QLE	天金机械	潍坊	18	120.00	548.01	176.05	496.46	4.17	3.76	371.96	67.87	0.84	0.68	1.95
齐鲁股交	301722.QLE	万韦恒星	济南	17	500.00	543.69	48.03	871.04	2.85	2.41	495.66	91.17	0.33	0.44	5.15

续表

所属板块	股票代码	股票简称	地市	员工数量（人）	注册资本（万元）	总资产（万元）	净资产（万元）	营业收入（万元）	利润总额（万元）	净利润（万元）	总负债（万元）	资产负债率（%）	销售利润率（%）	总资产收益率（%）	净资产收益率（%）
齐鲁股交	301911.QLE	源水阀门	临沂	30	200.00	537.48	216.23	883.28	-19.30	-20.90	321.25	59.77	-2.19	-5.26	-13.78
齐鲁股交	172010.QLE	博德生物	济南	11	500.00	537.13	435.37	182.09	-43.87	-43.87	101.76	18.95	-24.09	-7.87	-9.59
齐鲁股交	100465.QLE	海和科技	威海	18	385.00	521.89	432.94	208.64	-35.63	-35.30	88.95	17.04	-17.08	-5.90	-7.93
新三板	833208.OC	摆渡股份	青岛	12	843.00	510.48	381.45	575.03	-225.73	-212.00	129.03	25.28	-39.26	-41.36	-51.80
新三板	834700.OC	征途科技	泰安	20	500.00	504.21	358.84	706.25	59.42	59.09	145.37	28.83	8.41	13.70	17.95
齐鲁股交	301479.OC	上坡地	淄博	24	420.00	503.48	390.75	82.60	-8.63	-8.63	112.73	22.39	-10.45	-1.84	-2.18
新三板	871859.OC	明日教育	青岛	39	500.00	480.86	191.61	493.08	-624.72	-477.04	289.25	60.15	-126.70	-71.41	-110.91
蓝海股交	800234.OEE	中富泰科	青岛	7	2000.00	468.34	295.17	554.26	7.42	7.42	173.18	37.00	1.34	1.61	2.55
齐鲁股交	301436.QLE	旭顺智能	东营	10	510.00	465.80	428.32	105.12	-44.68	-45.03	37.48	8.05	-42.50	-9.61	-10.10
齐鲁股交	301317.QLE	梦想成真	聊城	40	101.00	464.00	459.00	277.00	51.00	51.00	5.00	1.08	18.41	9.49	11.76
齐鲁股交	302636.QLE	新希望	潍坊	38	800.00	460.03	227.99	424.06	7.85	7.85	232.04	50.44	1.85	1.74	3.39
齐鲁股交	302550.QLE	金利达	潍坊	15	500.00	429.09	397.99	3.56	-13.56	-13.56	31.10	7.25	-380.90	-2.63	-3.35
齐鲁股交	300525.QLE	美创科技	东营	12	365.00	419.62	386.43	481.24	20.12	18.11	33.19	7.91	4.18	4.58	4.80
齐鲁股交	302600.QLE	盛江精密	潍坊	100	50.00	419.09	237.06	1600.27	21.83	19.64	182.03	43.43	1.36	4.60	8.64
齐鲁股交	302585.QLE	凯鑫防水	潍坊	30	5500.00	414.42	285.58	1398.59	37.03	33.30	128.84	31.09	2.65	9.94	12.38
齐鲁股交	302372.QLE	顺源防水	潍坊	23	5000.00	413.14	151.74	1070.82	32.12	28.91	261.40	63.27	3.00	10.71	21.06
齐鲁股交	302563.QLE	盛德塑胶	潍坊	20	108.00	402.79	48.64	597.95	7.57	6.80	354.15	87.92	1.27	1.65	15.39
齐鲁股交	301448.QLE	易讯信息	淄博	10	130.00	355.53	2.93	92.59	5.97	5.37	352.60	99.18	6.45	1.59	789.71
齐鲁股交	301218.QLE	天和物流	聊城	53	110.00	354.71	191.43	620.99	15.27	11.38	163.28	46.03	2.46	3.54	8.80
齐鲁股交	302537.QLE	苏哥尔	潍坊	9	100.00	346.93	60.54	269.75	4.84	4.41	286.39	82.55	1.79	1.36	7.56
齐鲁股交	300650.QLE	富城孵化	威海	4	1000.00	342.99	442.44	32.20	-14.62	-14.62	-99.44	-28.99	-45.40	-6.26	-3.25
齐鲁股交	100599.QLE	宁生文化	菏泽	18	1080.00	330.14	176.51	216.94	-38.70	-38.70	153.62	46.53	-17.84	-10.26	-24.17

续表

所属板块	股票代码	股票简称	地市	员工数量(人)	注册资本(万元)	总资产(万元)	净资产(万元)	营业收入(万元)	利润总额(万元)	净利润(万元)	总负债(万元)	资产负债率(%)	销售利润率(%)	总资产收益率(%)	净资产收益率(%)
齐鲁股交	302112.QLE	纪龙汽修	淄博	15	280.00	324.68	264.21	270.37	10.34	9.29	60.47	18.62	3.82	3.51	4.23
齐鲁股交	300375.QLE	安泰智能	东营	30	100.00	315.28	123.48	213.02	6.28	5.65	191.80	60.83	2.95	1.40	4.68
齐鲁股交	302779.QLE	远东仪表	潍坊	30	200.00	311.34	133.53	373.86	6.84	6.16	177.81	57.11	1.83	2.03	4.73
齐鲁股交	301959.QLE	小驴快跑	日照	40	300.00	300.00	54.60	27.59	9.35	9.35	44.00	14.67	33.89	5.34	18.78
齐鲁股交	301293.QLE	嘉沃生态	聊城	50	200.00	276.75	39.21	133.49	19.47	19.47	237.53	85.83	14.59	7.43	106.83
齐鲁股交	301850.QLE	欣顺电子	威海	6	200.00	265.66	217.10	465.40	9.34	8.40	48.55	18.28	2.01	4.13	6.62
蓝海股交	800035.OEE	优百宇股份	青岛	17	450.00	248.21	61.53	392.44	1.81	1.60	186.69	75.00	0.46	1.15	3.71
蓝海股交	800255.OEE	尚合农业	菏泽	13	5000.00	240.42	111.66	403.38	5.53	4.97	128.76	58.38	1.37	1.92	4.56
齐鲁股交	300623.QLE	覆下风	淄博	15	330.00	235.36	189.79	88.34	-5.81	-5.81	45.57	19.36	-6.58	-2.85	-3.21
齐鲁股交	302325.QLE	奥博防水	潍坊	32	6900.00	214.16	135.26	417.62	19.88	17.82	78.90	36.84	4.76	9.25	14.10
齐鲁股交	302593.QLE	郁沁节能	潍坊	12	200.00	213.73	34.90	234.46	1.30	1.08	178.82	83.67	0.55	0.63	3.04
齐鲁股交	302227.QLE	梓鸣乐器	潍坊	19	200.00	213.29	209.37	338.82	5.82	4.86	3.93	1.84	1.72	2.41	3.68
齐鲁股交	302531.QLE	中阿农资	潍坊	20	200.00	203.00	202.00	47.00	2.00	2.00	1.30	0.64	4.26	0.99	1.00
齐鲁股交	302327.QLE	铭丰农膜	潍坊	20	2000.00	200.77	106.02	784.73	5.85	5.27	94.75	47.19	0.75	3.29	5.09
齐鲁股交	302695.QLE	臻承食品	潍坊	10	58.60	198.27	110.06	226.78	24.68	22.63	88.21	44.49	10.88	13.26	22.92
齐鲁股交	302697.QLE	铭杰化工	潍坊	289	300.00	197.09	-29.69	308.15	11.53	9.69	226.79	115.07	3.74	6.52	—
蓝海股交	800429.OEE	聚远网络	青岛	8	100.00	196.11	89.28	308.36	8.03	6.79	106.82	54.47	2.60	3.52	7.90
齐鲁股交	302330.QLE	大友电器	潍坊	12	50.00	190.47	26.87	347.05	7.86	7.08	163.60	85.89	2.26	7.04	30.17
蓝海股交	800256.OEE	泰飞物流	青岛	9	500.00	185.28	-45.69	134.38	-92.79	-87.34	225.53	121.72	-69.05	-59.00	—
齐鲁股交	302613.QLE	诚鹿生物	潍坊	3	300.00	180.56	108.62	367.99	28.58	25.72	71.94	39.84	7.77	16.44	26.86
齐鲁股交	302089.QLE	贝加贝	东营	10	170.00	169.61	168.65	26.48	1.16	1.05	0.96	0.57	4.38	1.19	1.19
齐鲁股交	600130.QLE	新位未	烟台	13	300.00	158.69	-24.99	13.75	-27.32	-27.32	183.68	115.75	-198.69	-34.32	—

续表

所属板块	股票代码	股票简称	地市	员工数量（人）	注册资本（万元）	总资产（万元）	净资产（万元）	营业收入（万元）	利润总额（万元）	净利润（万元）	总负债（万元）	资产负债率（%）	销售利润率（%）	总资产收益率（%）	净资产收益率（%）
齐鲁股交	172097.QLE	天野生物	淄博	8	310.00	139.14	88.34	66.42	-77.39	-77.39	50.80	36.51	-116.52	-73.88	-119.92
齐鲁股交	301721.QLE	得能生物	济南	10	100.00	126.07	-173.81	243.82	-145.08	-145.08	299.87	237.86	-59.50	-92.48	—
齐鲁股交	302115.QLE	淄博顺安	淄博	20	550.00	111.84	61.23	187.76	-0.81	-0.81	43.02	38.47	-0.43	-0.98	-2.21
齐鲁股交	302581.QLE	云翔机械	潍坊	8	50.00	98.74	49.44	69.90	-1.41	-1.41	49.29	49.92	-2.02	-1.51	-3.51
齐鲁股交	302767.QLE	博鼎软件	潍坊	8	1000.00	85.79	70.64	96.02	2.34	2.34	15.14	17.65	2.44	2.68	4.19
齐鲁股交	300402.QLE	久力石油	东营	10	519.00	84.81	79.27	38.34	6.12	6.12	5.53	6.52	15.96	7.68	8.14
齐鲁股交	301493.QLE	鲁中文化	淄博	38	140.00	78.41	50.77	32.67	-7.80	-7.86	27.64	35.25	-23.88	-10.50	-82.78
齐鲁股交	302280.QLE	六合能源	威海	24	200.00	73.97	15.33	923.95	7.68	7.68	58.64	79.28	0.83	6.15	-18.62
蓝海股交	800317.OEE	润扬环境	青岛	10	5000.00	72.51	7.02	186.18	-0.92	-1.07	65.49	90.32	-0.49	-1.95	-14.12
齐鲁股交	301693.QLE	江源生物	潍坊	50	100.00	68.17	61.96	59.77	2.01	1.96	6.21	9.11	3.36	3.14	3.45
齐鲁股交	302757.QLE	德瑞汽配	潍坊	32	200.00	55.32	50.83	219.17	-13.66	-13.96	4.49	8.12	-6.23	-20.30	-24.09
蓝海股交	800511.OEE	中能达机电	青岛	6	1000.00	42.20	-18.70	9.78	8.46	8.46	60.89	144.31	86.46	20.89	—
齐鲁股交	301031.QLE	中泰代理	潍坊	4	300.00	24.12	6.87	57.44	1.28	1.17	17.25	71.52	2.23	4.17	18.62
齐鲁股交	300327.QLE	光影传媒	烟台	20	300.00	14.32	12.91	133.77	-26.97	-28.27	1.40	9.78	-20.16	-16.33	-17.09
齐鲁股交	300993.QLE	企化网络	潍坊	39	300.00	10.13	-9.86	31.75	2.58	2.42	19.99	197.33	8.13	23.56	—
齐鲁股交	302583.QLE	思忆家居	潍坊	15	100.00	5.30	4.22	18.12	1.67	1.54	1.08	20.38	9.22	35.94	44.64
齐鲁股交	301825.QLE	博之科技	青岛	3	500.00	3.94	1.94	26.85	-1.06	-1.06	2.00	50.76	-3.95	-53.81	-109.28

资料来源：齐鲁股权交易中心、青岛蓝海股权交易中心、齐鲁财富网。

B.10 参考文献

[1] 《山东省中小企业发展的历程、成就和经验》，山东省中小企业局，2018。

[2] 《中国中小企业年鉴》编委会编《中国中小企业年鉴（2015）》，九州出版社，2016。

[3] 山东省中小企业局编《山东中小企业年鉴2016》，中国文史出版社，2017。

[4] 山东省中小企业局编《培育新动能 引领新常态——山东中小企业创新发展转型升级之路》，中国文史出版社，2017。

[5] 《中小企业工作文件选编》，山东省中小企业局，2017。

[6] 《山东省中小企业新旧动能转换政策汇编》，山东省中小企业发展促进中心，2018。

[7] 《发展新经济 培育新动能2017》，山东省中小企业局、山东广播电视台，2017。

[8] 山东省地方史志编纂委员会编《山东省志 工业志》，山东人民出版社，2016。

[9] 山东省统计局、国家统计局山东调查总队编《山东统计年鉴2016》，中国统计出版社，2016。

[10] 山东省统计局、国家统计局山东调查总队编《山东统计年鉴2017》，中国统计出版社，2017。

[11] 齐鲁财富网编《山东省普惠金融发展报告（2017）》，社会科学文献出版社，2017。

[12] 孙国茂：《山东省互联网金融发展报告（2018）》，中国金融出版社，

2018。

[13] 孙国茂:《山东省互联网金融发展报告(2017)》,中国金融出版社,2017。

[14] 孙国茂:《金融改革的目标是实现金融服务的普惠性》,《国际融资》2017年第11期,第29~30页。

[15] 孙国茂:《〈山东省地方金融条例〉的立法意图》,《公司金融研究》2016年第1期。

[16] 孙国茂:《区块链技术的本质特征及其金融领域应用研究》,《理论学刊》2017年第2期。

[17] 孙国茂:《尽快推进普惠金融制度体系建设》,《经济参考报》2017年3月3日第008版。

[18] 孙国茂:《推进企业创新人才发展的政府作为研究》,《人力资源社会保障》(浙江)2010年第3期,第28~30页。

[19] 孙国茂:《降低M2增速并不等同于去杠杆》,《上海证券报》2017年7月20日。

[20] 孙国茂、胡汝银:《健全资本市场 加快新旧动能转换》,《中国社会科学报》2017年9月20日。

[21] 孙国茂、安强身:《普惠金融组织与普惠金融发展研究——来自山东省的经验与案例》,中国金融出版社,2017。

[22] 孙国茂、范跃进:《金融中心的本质、功能与路径选择》,《管理世界》2013年第11期,第1~13页。

[23] 孙国茂:《从根本上改革股票发行制度》,《理论学刊》2014年第3期,第50~60页。

[24] 孙国茂:《互联网金融:本质、现状与趋势》,《理论学刊》2015年第3期,第44~57页。

[25] 孙国茂:《金融创新的本质、特征与路径选择——基于资本市场的视角》,《理论学刊》2013年第6期,第35~42、127页。

[26] 孙国茂:《经济发展需要"金融深化"》,《上海证券报》2006年4月

11 日第 A09 版。

[27] 孙国茂：《经济发展中的金融深化研究——山东经济发展中的问题与对策》，《东岳论丛》2006 年第 1 期，第 85~89 页。

[28] 孙国茂：《释放资本市场改革的更大红利》，《人民日报》2014 年 10 月 29 日第 007 版。

[29] 孙国茂：《中国股市与经济运行背离的原因分析》，《理论学刊》2012 年第 2 期，第 49~53、128 页。

[30] 孙国茂、孙同岩：《经济增长中的全要素生产率研究——以山东省经验数据为例》，《东岳论丛》2017 年第 11 期，第 137~143 页。

[31] 孙国茂：《公司价值理论与股票定价》，《经济学动态》2002 年第 2 期，第 30~34 页。

[32] 郭妍、张立光、刘佳：《中小企业信贷风险度量模型研究——基于山东省的实证分析》，《东岳论丛》2013 年第 7 期，第 58~61 页。

[33] 油永华：《银行贷款规模歧视与中小企业信贷融资——基于山东省上市公司的实证分析》，《系统工程》2012 年第 7 期，第 68~73 页。

[34] 周彦莉、赵炳新：《投入产出视角的企业技术创新绩效评价——以山东省某大企业和中小企业为例》，《理论学刊》2013 年第 8 期，第 61~66 页。

[35] 中国社会科学院工业经济研究所中小企业改革课题组：《轻舟已过万重山——山东省淄博市临淄区深化中小企业改革经验分析》，《经济管理》2000 年第 6 期，第 53~55 页。

[36] 冯文娜：《外部网络对中小企业成长的贡献分析——来自济南中小软件企业的证据》，《山东大学学报》（哲学社会科学版）2009 年第 5 期，第 36~44 页。

[37] 肖卫东、杜志雄：《中小企业集群发展创新平台构建：鲁省案例》，《改革》2010 年第 2 期，第 98~105 页。

[38] 张鹏、王长峰：《社会资本对企业合作创新的提升作用研究——基于齐鲁软件园内中小企业的案例分析》，《山东社会科学》2017 年第 10

期，第 152～157 页。

[39] 刘瑞波、李鑫：《环渤海经济带民营中小企业融资效率问题研究》，《财政研究》2014 年第 5 期，第 54～58 页。

[40] 孙丽英：《中小企业市场营销存在的问题及对策》，《山东社会科学》2013 年第 2 期，第 182～185 页。

[41] 易金、王兴元：《中小企业品牌成长机制研究》，《山东社会科学》2010 年第 5 期，第 131～135 页。

[42] 张玉明：《中小企业财务风险的成因及其防范》，《山东社会科学》2003 年第 4 期，第 60～61 页。

[43] 于越：《利率市场化与中小企业融资问题分析》，《山东社会科学》2009 年第 11 期，第 122～124 页。

[44] 陈志军、王本东：《基于中小企业多元化战略的探讨》，《山东社会科学》2008 年第 2 期，第 88～91 页。

[45] 罗红梅：《中小企业债券担保问题分析》，《山东社会科学》2017 年第 7 期，第 151～157 页。

[46] 周宗安、夏飞飞、周婧：《银行市场环境、信贷约束与中小企业创新》，《东岳论丛》2017 年第 8 期，第 102～110 页。

[47] 郭景先、苑泽明：《生命周期、财政政策与创新能力——基于科技型中小企业的经验证据》，《当代财经》2018 年第 3 期。

[48] 陈琳、李玉刚：《国际化战略实施、公司治理与中小企业商业模式转型——以深圳证券交易所中小上市公司为例》，《科技进步与对策》2017 年第 22 期，第 100～106 页。

[49] 赵海燕：《基于 CAS 集群合作对中小型科技企业成长的影响机理》，《科学管理研究》2017 年第 3 期，第 79～82 页。

[50] 杨婷婷：《中小金融机构发展与中小企业融资》，《卷宗》2017 年第 22 期。

[51] 周志敏：《试论我国中小企业财务管理存在的问题及对策》，《财会学习》2017 年第 3 期，第 35 页。

[52] 张玉明、王春燕:《协同视角下科技型中小企业融资信用治理机制研究》,《山东大学学报》(哲学社会科学版) 2017 年第 1 期, 第 18~25 页。

[53] 姚王信、夏娟、孙婷婷:《供应链金融视角下科技型中小企业融资约束及其缓解研究》,《科技进步与对策》2017 年第 4 期, 第 105~110 页。

[54] 李一瑶:《中小企业财务管理存在问题及对策》,《商场现代化》2017 年第 1 期, 第 160~161 页。

[55] 黄德锋:《完善中小企业现金流量管理的措施研究》,《现代国企研究》2017 年第 8 期。

[56] 刘畅、刘冲、马光荣:《中小金融机构与中小企业贷款》,《经济研究》2017 年第 8 期。

[57] 梁瑞仙:《我国中小企业的移动互联网营销策略研究》,《改革与战略》2017 年第 2 期, 第 110~112 页。

[58] 陈亮:《"一带一路"背景下我国中小企业市场营销创新战略研究》,《特区经济》2017 年第 4 期, 第 119~120 页。

[59] 卢明:《中小企业财务管理存在问题及对策》,《中国科技投资》2017 年第 19 期。

[60] 程军豪:《中小企业税收筹划存在的问题及对策分析》,《中小企业管理与科技》(下旬刊) 2017 年第 5 期, 第 89~90 页。

[61] 刘思雨:《试论中小企业财务管理中存在的问题和解决措施》,《财会学习》2017 年第 6 期, 第 55 页。

[62] 向华、杨招军:《新型融资模式下中小企业投融资分析》,《中国管理科学》2017 年第 4 期, 第 18~25 页。

[63] 何启志、彭明生:《互联网金融、股票市场与中小企业发展》,《财政研究》2017 年第 9 期, 第 88~101 页。

[64] 余传鹏、林春培、姚聪:《制度与理性视角整合下中小企业管理创新作用机制研究》,《科学学与科学技术管理》2017 年第 8 期, 第 74~

84页。

[65] 高凡雅、田高良、王喜:《中小企业履行社会责任能缓解融资约束吗?》,《科学学与科学技术管理》2017年第6期,第133~143页。

[66] 田虹、崔悦:《企业家精神与中小企业成长的影响机制研究》,《南通大学学报》(社会科学版) 2017年第6期,第97~102页。

[67] 张晓玲、蒲云峤、葛沪飞:《合作与创新:中小企业商业模式典型特性与其绩效间关系研究》,《科技管理研究》2017年第17期,第233~238页。

[68] 赵福全、刘宗巍、史天泽:《工业4.0与精益思想关系辨析及中国中小企业应对策略》,《科技管理研究》2018年第3期,第156~160页。

[69] 郑烨、吴建南:《政府支持行为何以促进中小企业创新绩效?——一项基于扎根理论的多案例研究》,《科学学与科学技术管理》2017年第10期,第41~54页。

[70] 汪海粟、曾维新:《科技型中小企业的知识产权证券化融资模式》,《改革》2018年第4期。

[71] 陈加奎、徐宁:《共享经济下知识产权如何驱动中小企业创新》,《科研管理》2018年第S1期。

[72] 李晓翔、刘春林:《为何要与国有企业合作创新?——基于民营中小企业资源匮乏视角》,《经济管理》2018年第2期。

[73] 秦续忠、王宗水、赵红:《公司治理与企业社会责任披露——基于创业板的中小企业研究》,《管理评论》2018年第3期,第188~200页。

[74] 时晨:《互联网金融云平台中小企业客户信用评价研究》,《财经问题研究》2018年第5期。

[75] 李海燕:《金融深化与科技型中小企业股权众筹融资》,《经济问题探索》2017年第10期,第150~155页。

[76] 王倩、邵华璐:《不对称信息条件下中小企业股权众筹问题研究》,《经济纵横》2017年第10期,第60~66页。

[77] 李晓翔、马竹君、谢阳群:《拼凑与朴素:资源匮乏情境下中小企业知

识管理策略》,《情报理论与实践》2017年第12期,第81~87页。

[78] 张金清、阚细兵:《银行业竞争能缓解中小企业融资约束吗?》,《经济与管理研究》2018年第4期。

[79] 杨惠芳:《企业家社会资本对中小企业商业信用融资的影响》,《社会科学战线》2017年第3期,第260~264页。

[80] 彭小宝、陈鼎祥、宋小燕等:《中小企业开放式创新商业化模式分析——基于8个中小企业的案例研究》,《科技管理研究》2017年第9期,第136~143页。

[81] 黄苒、范群、郭峰:《中小企业违约风险系统性和异质性测度——基于违约风险成分分析法的研究》,《中国管理科学》2018年第3期。

[82] 吕健:《影子银行有助于中小企业发展吗》,《人文杂志》2018年第3期。

[83] 于立强:《科技型中小企业知识产权质押融资模式探究》,《科学管理研究》2017年第5期,第91~94页。

[84] 陈啸:《普惠金融、关系型借贷与农村中小企业融资》,《经济问题》2017年第4期,第65~69页。

[85] 罗仲伟、侯静如:《供给侧结构性改革与中小企业转型发展》,《价格理论与实践》2017年第6期,第39~44页。

[86] 李枫:《"中小企业贷款难"与贷款结构和经济结构优化》,《内蒙古社会科学》(汉文版)2017年第1期,第114~119页。

[87] 黄莎、代江龙:《供给侧改革视域下中小企业知识产权服务模式变革》,《理论视野》2018年第5期。

[88] 周宇亮、赵海珠、张彩江:《银企关系对中小企业银行贷款的影响:技术创新的调节作用》,《广东财经大学学报》2017年第6期,第33~45页。

[89] 邹伟、凌江怀:《普惠金融与中小微企业融资约束——来自中国中小微企业的经验证据》,《财经论丛》2018年第6期,第34~45页。

[90] 黄江泉、张国庆、谢艳华:《成长导向下中小微企业网络化协同发展机

制创新及路径研究》,《科技进步与对策》2017年第23期,第106~113页。

[91] 张建明:《民营企业发展中的财务管理问题研究》,《中国商论》2017年第3期,第99~100页。

[92] 李炜光、张林、臧建文:《民营企业生存、发展与税负调查报告》,《学术界》2017年第2期,第5~13页。

[93] 罗军:《民营企业融资约束、对外直接投资与技术创新》,《中央财经大学学报》2017年第1期,第96~103页。

[94] 刘进、袁玎、揭筱纹:《产业环境、企业家战略领导能力与民营企业绩效——基于认知心理学视角》,《科技进步与对策》2017年第6期,第75~80页。

[95] 赵景华:《山东民营企业的发展模式与战略选择》,《东岳论丛》2002年第3期,第26~30页。

[96] 唐宁:《发展普惠金融的三部曲与三支撑》,《清华金融评论》2014年第7期。

[97] 王云、卢华:《山东民营企业调查与分析》,《宏观经济研究》2004年第12期,第53~55页。

[98] 栗军雄:《民营企业管理人员压力现状和对策研究——以山东民营企业为例》,山东大学硕士学位论文,2009。

[99] 时英、袁其刚、张力珂:《山东民营企业"走出去"战略面临问题及对策分析》,《经济与管理评论》2004年第6期,第6~9页。

[100] 张彩霞、张曼:《山东民营企业文化的构建》,《科学与管理》2004年第6期,第46~47页。

[101] 闫乔:《山东民营企业家媒介素养研究》,新疆大学硕士学位论文,2011。

[102] 张守谋:《山东民营企业的成长之道》,《科技信息》2005年第3期,第9~11页。

[103] 尹燕霞:《山东民营企业融资渠道的拓展》,《东岳论丛》2004年第4

期，第 133~135 页。

[104] 齐家滨：《山东民营企业战略管理研究》，山东大学硕士学位论文，2003。

[105] 夏天翼：《中小民营企业人才激励约束机制探讨——以山东民营企业为例》，《现代经济信息》2016 年第 24 期，第 38~39 页。

[106] 丁述军、蔺清冰：《国际金融危机下的山东民营企业：挑战与对策》，载《建设经济文化强省：挑战·机遇·对策——山东省社会科学界 2009 年学术年会文集（1）》，2009。

[107] 马尧：《山东民营企业核心竞争力研究》，《企业文化旬刊》2012 年第 12 期。

[108] 齐家滨：《核心竞争力——山东民营企业战略管理核心》，《现代企业教育》2002 年第 10 期，第 24~25 页。

[109] 许立民：《山东省民营中小企业融资渠道选择影响因素实证研究》，《调研世界》2010 年第 7 期，第 17~20 页。

[110] 周政伟：《山东省民营中小企业融资效率研究》，山东财经大学硕士学位论文，2013。

[111] 王新军：《山东省民营中小企业融资问题与策略探讨》，《山东工商学院学报》2010 年第 6 期，第 57~60 页。

[112] 毕玮：《中小民营企业家成长机制研究——基于山东省中小民营企业的数据》，山东财经大学硕士学位论文，2012。

[113] 丛嘉益：《中小民营企业融资困境研究——以山东省为例》，《产权导刊》2012 年第 3 期，第 36~38 页。

[114] 王智君：《山东中小民营企业融资困境及对策研究》，山东大学硕士学位论文，2011。

[115] 武锐、胡金焱：《小额贷款公司促进小微企业发展了吗？——基于山东省数据的研究》，《山东社会科学》2015 年第 3 期。

[116] 王忠军：《民营中小企业发展的问题及对策——以山东省菏泽市为例》，《安阳师范学院学报》2008 年第 1 期，第 49~52 页。

[117] 王希胜:《技术创新路漫漫——山东民营中小企业技术创新调查》,《科技信息》2003年第8期,第4~7页。

[118] 秦琳、刘肖原:《山东省科技型民营企业融资问题分析与建议》,《中国集体经济》2015年第21期,第91~92页。

[119] 陈勇:《山东省民营企业融资问题研究》,山东农业大学硕士学位论文,2009。

[120] 邢早忠:《小额贷款公司可持续发展问题研究》,《上海金融》2009年第11期,第5~11页。

[121] 宋霞、姜春兰、周霞:《山东省民营中小企业财务管理研究——基于对省内部分民营中小企业的调查》,《财会学习》2018年第1期,第18~19页。

[122] 姜倩:《山东省上市民营企业资本结构与公司绩效关系研究》,《经济师》2016年第11期,第91~93页。

[123] 薛桂丹:《山东省民营企业转型升级路径研究》,陕西师范大学硕士学位论文,2013。

[124] 孙亚男、张媛媛:《关于山东省私营企业出口现状与对策的分析》,《商场现代化》2006年第16期,第19~20页。

[125] 潘月勇:《科技金融支持山东中小企业发展研究》,山东财经大学硕士学位论文,2016。

[126] 殷为华、杨洪爱:《山东省中小企业对区域经济增长贡献度的实证研究》,《中国人口·资源与环境》2017年第S2期,第128~131页。

[127] 李浩杰:《浅析山东省中小企业融资能力》,《财讯》2017年第27期。

[128] 张良儒:《山东省中小企业融资问题研究》,《社会科学》(全文版)2016年第9期,第25页。

[129] 田琴心:《山东省中小企业出口贸易问题及对策研究》,《现代经济信息》2018年第2期。

[130] 鲜佳雨:《山东省中小企业发展面临的困境与出路》,《赢未来》2017

年第 11 期，第 214 页。

[131] 白培华：《山东省中小企业公共服务平台网络建设研究》，山东大学硕士学位论文，2017。

[132] 魏强、张玮：《基于金融错配框架下山东省中小企业融资困境问题研究》，《现代商业》2018 年第 2 期，第 102~103 页。

[133] 孙艺娜：《中小企业信贷融资定价研究——以山东省中小企业为例》，山东大学硕士学位论文，2016。

[134] 姜迎春：《中小企业融资问题研究——以山东省龙口市为例》，《山东广播电视大学学报》2017 年第 3 期，第 58~60 页。

[135] 毛振鹏：《涉海科技型中小企业发展政策需求研究——以山东省青岛市为例》，《中国海洋经济》2017 年第 1 期。

[136] 俞懿、王兴旺：《中小企业融资问题浅探——以山东省为例》，《财会研究》2018 年第 4 期。

[137] 房文晶：《科技型中小企业融资效率研究——以山东省上市公司为例》，山东财经大学硕士学位论文，2016。

[138] 宋立温、徐丽娟：《基于资产证券化的中小企业融资问题研究》，《潍坊工程职业学院学报》2016 年第 6 期，第 46~49 页。

[139] 周晓丹：《中小企业融资困境的关系融资视角分析》，山东大学硕士学位论文，2016。

[140] 齐丹丹：《山东省老工业城市创新型企业建设研究——以淄博市为例》，《中小企业管理与科技》（中旬刊）2017 年第 8 期，第 54~55 页。

[141] 岳俊侠、董钰凯：《中小企业财务风险控制研究》，《山东纺织经济》2018 年第 3 期。

[142] 赵有广主编《安徽中小企业发展研究报告（2014）》，合肥工业大学出版社，2014。

[143] 冒乔玲：《构建企业成长性评价指标初探》，《南京工业大学学报》（社会科学版）2002 年第 4 期，第 65~67 页。

[144] 郭蕊、张雁、吴欣：《论企业可持续成长能力的内涵与评价方法》，《软科学》2005年第6期，第79~82页。

[145] 内蒙古中小企业发展研究基地编《内蒙古自治区中小企业发展研究报告（2016）》，经济管理出版社，2016。

[146] 张金如主编《2013浙江省中小企业发展报告》，浙江工商大学出版社，2013。

[147] Chetty S., Agndal H., "Social Capital and Its Influence on Changes in Internationalization Mode among Small and Medium-Sized Enterprises," *Journal of International Marketing*, 2007, 15 (1): 1-29.

[148] Øystein Moen, Servais P., "Born Global or Gradual Global? Examining the Export Behavior of Small and Medium-Sized Enterprises," *Journal of International Marketing*, 2002, 10 (3): 49-72.

[149] Acs Z. J., Morck R., Shaver J. M., et al., "The Internationalization of Small and Medium-Sized Enterprises: A Policy Perspective," *Small Business Economics*, 1997, 9 (1): 7-20.

[150] Ellis P., Pecotich A., "Social Factors Influencing Export Initiation in Small and Medium-Sized Enterprises," *Journal of Marketing Research*, 2001, 38 (1): 119-130.

[151] Francis J., Collins-Dodd C., "The Impact of Firms' Export Orientation on the Export Performance of High-Tech Small and Medium-Sized Enterprises," *Journal of International Marketing*, 2000, 8 (3): 84-103.

[152] Mike Wright, Paul Westhead, Deniz Ucbasaran, "Internationalization of Small and Medium-sized Enterprises (SMEs) and International Entrepreneurship: A Critique and Policy Implications," *Regional Studies*, 2007, 41 (7): 1013-1030.

[153] Blili S., Raymond L., "IT: Threats and Opportunities for Small and Medium-Sized Enterprises," *International Journal of Information Management*, 1993, 13 (6): 439-448.

[154] Edwards T., Delbridge R., Munday M., "Understanding Innovation in Small and Medium-Sized Enterprises: A Process Manifest," *Technovation*, 2005, 25 (10): 1119–1127.

[155] Wang Z., "On Financing Problem of Small and Medium-Sized Enterprises," *Journal of Finance*, 2003.

[156] Armario J. M., Ruiz D. M., Armario E. M., "Market Orientation and Internationalization in Small and Medium-Sized Enterprises," *Journal of Small Business Management*, 2010, 46 (4): 485–511.

[157] Emmanuel, Otley, Merchant, *Accounting for Management Control* (U.S.: Springer, 1990): 357–384.

[158] Corazza, Funari, Gusso, "Creditworthiness Evaluation of Italian SMEs at the Beginning of the 2007–2008 Crisis: An MCDA Approach," *North American Journal of Economics & Finance*, 2016, 38: 1–26.

[159] J. E. Stiglitz, A. Weiss, "Credit Rationing in Markets with Imperfect Information," *American Economic Review*, 1981, 71 (3): 393–410.

[160] E. Kempson, C. Whyley, *Kept out or Opted out? Understanding and Combating Financial Exclusion* (Bristol: Policy Press, 1999).

[161] R. W. Goldsmith, "Financial Structure and Development," *Studies in Comparative Economics*, 1969, 70 (4): 31–45.

后记
麦克米伦缺口、金融排斥与
中小企业困境

孙国茂

一

中小企业（SMEs）问题不仅在中国存在，也是世界各国普遍存在的经济现象，并且这一问题由来已久。1929 年，席卷全球的经济危机爆发后，西方国家无一幸免地遭遇了经济萧条。在严重的经济衰退面前，各国政府开始实行干预，制定反危机措施。英国政府从金融业和工商业入手，依据第 3897 号皇家指令（Royal Command）委任苏格兰大法官麦克米伦（Hugh Pattison Macmillan）成立了一个金融产业委员会（The Committee on Finance and Industry），目的是想通过对英国金融业和工商业进行调查，寻找导致英国经济萧条的根本原因。由于麦克米伦大法官担任委员会主席，人们通常也将该委员会称作麦克米伦委员会（The Macmillan Committee）。1931 年 9 月，经过对英国金融体系和大量中小企业长达两年的调查，麦克米伦委员会向英国政府提交了一份报告——《麦克米伦报告》（*The Macmillan Report*）。报告认为，由于融资体制缺陷，中小企业发展过程中存在资金缺口。中小企业的资金需求大于金融体系愿意提供的资金数额，换句话说就是资金供给方不愿意以中小企业能够满足的条件提供资金。值得一提的是，虽然是以麦克米伦的名字命名，但是这个由 15 人组成的委员会包含了一些著名经济学家，甚至大名鼎鼎的凯恩斯（John Maynard Keynes）也赫然在列——这足以使这份报告名垂青史。重要的是，凯恩斯的宿敌哈耶克（Friedrich August von Hayek）认为这份报告主要体现了凯恩斯的观点。的确，报告建议英国政府

后记 麦克米伦缺口、金融排斥与中小企业困境

维持金本位制度,管理通货和膨胀信用,加强对经济的控制,采取一系列措施解决中小企业的融资问题,以摆脱经济危机。《麦克米伦报告》最早提出了信用约束(Restriction of Credit)问题,今天,我们把这一问题称为"融资约束"(Financing Constraints)问题。麦克米伦虽然不是经济学家,但被视为现代金融史上第一个提出中小企业融资难题的人。《麦克米伦报告》问世后,中小企业融资缺口广为人知,也被称为"麦克米伦缺口"(Macmillan Gap)。

自麦克米伦缺口提出以来,在过去将近一个世纪里,很多经济学家都在尝试从理论上进行突破,找出中小企业融资难的原因并寻求破解这一难题。20世纪50年代以来,由世界银行和各国政府组织完成了一些有关中小企业发展的调查报告。1969年,英国政府成立了以博尔顿(John Eveleigh Bolton)为首的中小企业调查委员会(Bolton Committee),再次对中小企业进行全面考察。1971年完成的Bolton调查报告总结了中小企业具有市场份额较小、管理不完善和自主决策等基本特征,提出了中小企业主要的社会贡献是创造就业机会、实现规模效率、满足多样化需求、提高市场竞争力和孵化创新企业(产品)。此后陆续又有前英国首相威尔逊(Harold Wilson)等人完成的Wilson委员会报告(1979)和阿斯顿大学商学院完成的Aston商学院报告(1991),这些报告无一例外地提到了中小企业融资缺口问题。

针对麦克米伦缺口和中小企业融资约束问题,各国学者提出的理论和观点对经济政策和货币政策产生了不同程度的影响。对这些理论和观点进行梳理不难发现,大致上可以分为三种。第一观点认为是中小企业自身的原因导致了麦克米伦缺口,主要从信息不对称理论和道德风险理论出发研究中小企业融资约束问题(Stiglitz,Weiss,1981),认为融资方式的信息约束条件与向投资者传递的信号不同,产生的融资成本及其对企业市场价值的影响也存在差异。企业根据成本最小化的原则依次选择不同的融资方式,首先选择无交易成本的内部融资,其次选择交易成本较低的债务融资。信息约束条件可能会导致企业价值被低估,将股权融资排在融资次序的末位。这一观点得到了很多国内学者的赞同。在国内的研究中,认为中小企业麦克米伦缺口的实质是信息不对称导致的市场失灵,这类文献比比皆是。第二种观点认为是金

融制度或金融体系的原因导致了麦克米伦缺口。其实,《麦克米伦报告》也是这么认为的。这一观点后来逐步发展演变成了著名的信贷配给(Credit Rationing)理论。第三种观点与金融发展理论有关。产生于20世纪60年代的金融发展理论(Financial Development Theory)认为,一国金融发展水平其实是金融结构优化的结果(Goldsmith,1969)。这一理论隐含一个观点:中小企业融资约束与金融结构和金融发展水平有关。随着金融结构优化和金融发展水平不断提高,中小企业的融资需求将得到满足。对麦克米伦缺口或中小企业融资约束的不同解释导致了解决这一问题的方法论上的差异。现实中,不同国家对中小企业有不同的经济政策和融资政策。然而,对于大多数国家而言,麦克米伦缺口并未随着时间的推移和金融水平的提高而消除,相反,它似乎已经成为一种难以消除的金融现象或经济现象。

20世纪90年代,两位从事社会学研究的英国学者Andrew Leyshon和Nigel Thriftn在研究经济地理和金融地理对经济贸易的影响问题时,提出了金融排斥(Financial Exclusion)理论。从社会学角度来看,Leyshon和Thriftn主要针对英国社会一些地区和特定社会群体,如单亲家庭、失业者和低收入者等,不能看到金融服务的现象,提出了解决金融可得性问题。金融排斥指的是在金融体系中个人或机构缺少得到金融服务的一种状态,也包括社会弱势群体缺少足够的途径或方法接近金融机构以及在利用金融产品或金融服务方面存在诸多困难和障碍。这一理论认为,在利润目标驱使下,金融机构将自己的产品和服务转向城市地区或者主要针对城市地区提供能够带来丰厚利润的金融服务,而将农村地区、低收入群体和特定机构排斥在正规金融服务之外。Leyshon和Thriftn之后,研究消费金融的英国经济学家Elaine Kempson等在1999年进一步完善了这一理论并将金融排斥的对象和范围进行了扩展。在Elaine Kempson和Clair Whyley合著的《被迫还是自愿:对金融排斥的理解和反抗》(*Kept out or Opted out? Understanding and Combating Financial Exclusion*)一书中,他们将金融排斥分为五种情况:一是机会排斥(Access Exclusion),即由于地理位置偏远或金融体系风险管理过程,部分群体被排斥在金融服务体系之外;二是条件排斥(Condition Exclusion),即

后记 麦克米伦缺口、金融排斥与中小企业困境

一些特定的金融限制条件将部分群体排斥在金融服务对象之外；三是价格排斥（Price Exclusion），即由于难以负担的金融产品价格将部分群体排斥在金融服务对象之外；四是市场排斥（Marketing Exclusion），即由于金融产品销售和市场定位将部分群体排斥在金融服务体系之外；五是自我排斥（Self-exclusion），即部分群体由于害怕被拒绝等原因将自己主动排斥在金融服务体系之外。扩展后的金融排斥理论不仅针对个人，麦克米伦缺口和中小企业融资约束问题其实也都是金融排斥的结果。

二

耐人寻味的是，虽然金融排斥理论与麦克米伦缺口提出相距60多年，但是它们在同一个国家被提出，而且这个国家是金融业高度发达的国家。这一事实至少说明了两个问题：第一，尽管时光穿梭将近一个世纪，中小企业融资约束或者金融排斥问题依然存在；第二，即使是在发达国家，政府也很难提供一套机制来实现金融机构和所有金融消费者的激励相容。2005年，联合国在推广"小额信贷年"活动时，根据一些金融不发达国家的实践，提出了普惠金融（Financial Inclusion）的概念。不论是从英文字面上理解，还是从本质上理解，普惠金融都是针对金融排斥而提出的，目的就是消除金融排斥。联合国强调普惠金融要立足机会平等，商业可持续性和以可负担的成本为有金融服务需求的社会各阶层提供适当、有效的金融服务三大基本原则。在联合国倡导下，G20将普惠金融纳入峰会议题，成立了普惠金融专家组（Financial Inclusion Experts Group，FIEG），制定了《G20中小企业融资行动计划落实框架》，至此，中小企业融资问题成为普惠金融的重要内容。

但是，在长期的实践过程中，很多为金融消费者提供服务的普惠金融机构由于无法解决"成本弥补缺口"（Cost Gap）问题而逐渐改变了它们最初的宗旨和服务对象，研究人员将这种现象定义为"使命漂移"（Mission Drift）。那么，现在我们需要考虑的问题是，中小企业到底能否解决信息不

对称问题？解决了信息不对称问题就能够获得所需要的融资吗？金融排斥现象是金融发展的内生性问题吗？如果不是，那么为什么会发生使命漂移现象？根据制度经济学原理，中小企业无法解决信息不对称、公司治理缺陷（如家族控制）和经营资产质量不佳等问题，这是由企业的交易成本（Transaction Costs）决定的。这就是说，金融机构永远不要指望等中小企业解决了信息不对称问题再为它提供服务。在这一前提下，如果我们把金融排斥现象看成金融发展的内生性问题，那么使命漂移现象就是合理的或者说自然会发生的事情。换句话说，金融市场本身无法消除金融排斥，实现普惠金融的可持续发展。这也意味着，普惠金融的发展必须有政府干预。政府干预的目的是帮助企业降低交易成本和帮助金融机构消除成本弥补缺口；政府的作用主要体现在两个方面：一是制度设计，二是资金引导。目前，在为中小企业提供金融服务和金融支持方面做得比较好的国家有美、英、德、日等。在此，我们不妨看一下美国和英国政府解决中小企业融资问题的一些做法。

在美国，奥巴马政府期间中小企业数量已经达到2500万家，占全美企业总数的99%。诺贝尔经济学奖得主埃德蒙·菲尔普斯（Edmund S. Phelps）认为，民营企业具有更大的创新优势，让民营企业更容易得到融资可以极大地推动创新。事实也证明中小企业具有更强的创新能力，在美国，有50%以上的创新发明是由小企业完成的，小企业的人均发明创造数量是大企业的两倍。中小企业对科技进步也有很大的贡献，美国的高技术公司在起步阶段通常都是中小企业。1953年，在美国国会通过《小企业法案》（Small Business Act）和《小企业融资法案》（Small Business Financial Act）后，美国中小企业管理局（The U. S. Small Business Administration，SBA）成立。SBA最初只是一个独立于联邦政府的办事机构，1958年美国国会将SBA确定为永久性联邦机构，它为全美中小企业提供服务和资助。

美国政府对中小企业的政策性贷款数量很少，政府主要通过SBA制定宏观调控政策，引导民间资本向中小企业投资。其中中小企业融资方式主要有五种。一是向特定关系人的民间借款，约占中小企业投资总数的25%。二是商业银行贷款。由于中小企业的经营风险较大，资信水平比大企业低，商业银行一般不愿为中小企业提供贷款。为解决这一问题，SBA 通过向中小企业提供担保的方式使中小企业获得金融机构的贷款。当然，贷款利率会因为担保而比大企业贷款要高出 2~5 个百分点。三是金融投资公司。由 SBA 主导的中小企业投资公司（Small Business lnvestment Companies，SBIC）和风险投资公司是中小企业的重要融资渠道。1958 年，政府规定由 SBA 审查和批准成立 SBIC。SBIC 是为中小企业提供融资服务的创业投资公司，只能投资合格的中小企业，不能直接或间接地长期控制所投资的企业。投资方向主要是中小企业发展和技术改造。金融投资公司与商业银行贷款约占 50%，金融投资公司贷款利率要比商业银行的贷款利率高。四是政府资助，SBA 向中小企业提供数量很少的直接贷款，约占 2%。五是股权融资，只占 10% 左右。2012 年，奥巴马政府颁布的 JOBS 法案（也被称作《创业企业振兴法案》，*Jumpstart Our Business Startups Act*），为中小企业股权融资提供了巨大便利，股权融资比例呈上升态势。为了促进美国中小企业的科研开发，根据《中小企业创新发展法》（The Small Business Innovation Development Act），美国国会于 1982 年制订了中小企业创新研究计划（Small Business Innovation Research，SBIR），SBIR 规定，对于划拨研究与开发费用超过 1 亿美元的，政府部门必须按一定比例向中小企业创新研究计划提供资金，以用于资助中小企业开展科技开发和技术成果转化。该法定比例具有很强的法律约束力，主要资助有技术专长和发明创造能力的科技人员创建技术企业。符合条件的中小企业均可向 SBA 申请中小企业创新研究资助，促使其专利发明变成现实。

进入 21 世纪以来，英国政府出台了很多政策扶持中小企业发展。在帮助中小企业解决融资难问题的过程中，英国政府主要从五个方面发挥作用。一是制订"中小企业贷款担保计划"，通过政府担保，中小企业可以从银行获得低于金融市场利率的长期贷款，差额由政府补贴。通过此计划所获贷款可用于除认购本公司股票以外发展企业的任何方面。计划规定，面向新老企业的中期贷款，使用期为 2~10 年，一次可获得优惠利率加 0.5% 的贷款 10 万英镑；如果是创办两年以上的企业，那么最高可一次贷款 25 万英镑。政府为此类企业提供85%的担保,为其他企业提供70%的担保。二是成立专门投资中小企业的金融公司,以为中小企业提供长期信贷支持,解决"麦克米伦缺口"问题。金融公司经过评估,为任何富有活力的中小企业在各个不同阶段都提供资金支持。资金可划分为种子资金、启动资金、发展资金,收购其他股东出让股份资金,以及在经济不景气时提供的援救资金和结构调整资金。支持中小企业的项目主要是新产品或能开辟新市场的产品、高新技术开发、收购国内或国外公司、资本重组等。单项投资金额为10万~2500万英镑,甚至更多。三是注重利用另类投资市场和风险投资基金对中小企业进行资金扶持。如设立由100多家小型金融公司组成的"风险投资协会",以专门从事中小企业风险投资。四是帮助中小企业获得国际基金资助,以增强企业产品出口能力。五是政府部门自身或会同主要银行等投资机构,设立各项资助小企业发展的专项优惠贷款,如教育就业部的"小企业培训贷款"计划,小企业最多可以贷款12.5万英镑用于企业员工培训。此外,还有各种政府基金或优惠贷款,分别对新创建小企业、小企业技术创新、自我创业人员、高新技术小企业给予扶持。

三

党的十八届三中全会提出"发展普惠金融"后,国务院出台的《推进普惠金融发展规划(2016—2020年)》提出:"小微企业、农民、城镇低收入人群、贫困人群和残疾人、老年人等特殊群体是当前我国普惠金融重点服务对象。大力发展普惠金融,是我国全面建成小康社会的必然要求,有利于促进金融业可持续均衡发展,推动大众创业、万众创新,助推经济发展方式转型升级,增进社会公平和社会和谐。"值得说明的是,《推进普惠金融发展规划(2016—2020年)》是经过中央全面深化改革领导小组讨论后出台的。习总书记在深改组会上强调,发展普惠金融,目的就是要提升金融服务的覆盖率、可得性、满意度,满足人民群众日益增长的金融需求,特别是要让农民、小微企业、城镇低收入人群、贫困人群和残疾人、老年人等及时获取价格合理、便捷安全的金融服务。

如果说联合国提出的普惠金融主要针对家庭和个人的话，那么中国的普惠金融既针对家庭和个人，也涵盖了中小微企业，并且把中小微企业放在了一个更重要的位置——这是由中国国情和经济现实决定的。从前面分析我们已知，金融排斥和麦克米伦缺口是中小企业信息不对称等原因导致市场失灵的结果，致使金融资源不能实现有效配置。从经济学的角度来说，为在一个存在市场失灵的经济体系中实现资源配置的帕累托最优，政府干预是必然选择，因此，制度设计和政策性金融是实现普惠金融和解决中小企业融资难问题的关键。在过去几年里，国务院和中国人民银行、中国银监会等金融监管部门出台了一系列优惠政策，推动和实施针对中小企业发展的普惠金融。央行的《中国货币政策执行报告》也有中小企业贷款的相关数据，但是，从经济运行的效果看，中小企业融资难和普遍面临的困境仍不乐观。

最近，不断有研究报告提出，我国私营经济正遭受着40年来最大的危机。一份东北证券的研究报告显示，在社会融资规模持续紧缩条件下，融资约束是民营企业面临的最大困难。根据国家统计局的数据，2018年1~7月，我国规模以上国有企业营业收入为16.09万亿元，同比增长10.90%；民营企业营业收入为19.44万亿元，同比增长9.80%，民营企业收入增幅比国有企业低1.1个百分点。国有企业利润总额为1.19万亿元，同比增长30.50%；民营企业利润总额为1.02万亿元，同比增长10.30%，民营企业利润增幅比国有企业低了20.20个百分点。国有企业资产负债率为59.40%，民营企业资产负债率为55.06%，民营企业资产负债率比国有企业低4.34个百分点。更进一步，把2018年1~7月的经营指标和财务指标与2017年末进行比较分析的话，结果令人担忧。与2017年12月相比，国有企业的资产负债率由60.04%下降到59.40%，下降了0.64个百分点；百元收入成本由81.74元下降到80.66元，下降了1.08元；收入利润率由6.44%提高到7.69%，大幅提高了1.25个百分点。而民营企业的各项指标却呈反向变动态势：资产负债率由51.60%上升到55.60%，大幅上升了4个百分点；百元收入成本由87.03元上升到87.27元，提高了0.24元；收入利润率由5.93%下降到5.53%，下降了0.40个百分点。资产负债率远低于国有企业说明民营企业融资难，但是资产负债率上升不能证明民营企业融资约束放松。相反，从百元收入成本上升这一情况看，我们判断负债率上升是由高息债务导致财务成本上升的结果。就在前不久的一次会议上，央行行长易纲明确指出，民间借贷和小额贷款公司的利率为15%~20%。在资金成本提高和负债率上升的双重作用下，民营企业收入利润率下降势所必然，收入利润率下降本质上反映了经营状况恶化。

我们通过对山东场外市场挂牌企业年报数据的研究，验证了上述对国家统计局数据的分析。2017年，全省833家场外市场挂牌中小企业销售收入利润率为5.68%，与2016年相比下降0.39个百分点，而总资产收益率仅为3.65%，低于4.35%的同期一年期基准贷款利率［详见《山东省中小企业发展报告（2018）B3部分》］。但也有研究认为，国家统计局数据存在严重的幸存者偏差（Survivorship Bias），这些统计数据只是存活企业的统计数据，未包括大量倒闭或死亡企业。如果考虑倒闭或死亡企业，那么民营企业不论是营业收入还是利润都是负增长。也就是说，真实情况可能要比上述数据反映的结果悲观得多。

2017年9月，颁布实施15年的《中华人民共和国中小企业促进法》重新修订。新的《中华人民共和国中小企业促进法》将中小企业"融资促进"作为专章列出并规定，鼓励和引导金融机构加大对小型微型企业的信贷支持，改善小型微型企业融资环境。与修订前相比，新法强调了产权保护、机会平等和构建普惠金融体系。很显然，新法的意图在于给中小企业创造一个公平竞争的社会环境。但问题是，由谁来推动这些新规定的实施？在缺失像SBA这样的执行机构的情况下，其立法意图和立法精神如何落实？所以，尽管前面做了很多分析，但笔者仍认为作为一种经济现象，中国的中小企业问题与其他国家并不相同。融资约束的原因至多是中小企业困境的表象性原因，深层原因与所有制悖论有关。事实上，国家从未制订过任何"国进民退"计划，但国有企业"超级国民待遇"现象始终存在、日盛一日，并且在过去40年里，涉及中小企业乃至民营经济的争论也从未间断。近日，国务院促进中小企业发展工作领导小组第一次会议召开。会议照例要求加大金融支持力度,强化货币信贷政策传导,缓解融资难、融资贵问题;完善资本市场,拓宽中小企业直接融资渠道,更好满足融资需求。值得注意的是,国务院副总理刘鹤在这次会议上对中小企业的作用使用了前所未有的说法。他说,中小企业是国民经济和社会发展的生力军,是建设现代化经济体系、推动经济实现高质量发展的重要基础,是扩大就业、改善民生的重要支撑,是企业家精神的重要发源地。从国务院会议释放的信息看,国家解决中小企业发展桎梏也许为时不远。从经济运行的种种迹象来看,改变中小企业生存困境迫在眉睫,刻不容缓。

致　　谢

　　2014年，为了完成山东省人民政府和深圳证券交易所研究课题——"山东省普惠金融现状研究"，我开始调研中小企业经营情况并收集中小企业融资数据。这期间我发现一些令人费解的现象，尽管长期以来政府决策部门和政策制定者都在提中小企业问题，但是这一领域的研究成果并不多，而有价值、有意义的研究成果更是少之又少。我想找专家求教，但是问了很长时间也找不到真正从事中小企业研究的学者。从那时起，我便对中小企业产生了兴趣，尤其是美国奥巴马政府出台的JOBS法案，使我对中小企业融资问题更加关注。如果从那时算起，那么我已经为这项研究工作进行了几年的调研和准备。直到2017年下半年，山东省委、省政府召开非公有制经济发展工作会议，并出台了《中共山东省委 山东省人民政府关于支持非公有制经济健康发展的十条意见》，省政协委员、山东省自主创新促进中心主任李新峰建议我编写一本全面反映山东中小企业发展的研究报告。其建议也得到了山东省中小企业局领导的支持。

　　报告的编写工作从2017年10月开始。编写组成员按照最初确定的提纲和编写计划进行了分工，2018年5月完成报告的初稿。但不知道为什么，报告的初稿完成后我产生了一种莫名的恐惧感，一段时间里不愿意再碰报告的初稿，甚至，一度想放弃这本报告。李新峰主任和山东省中小企业局的张登方、滕典敏两位处长自始至终都是这本报告的见证人。在他们多次催促下，我和其他编写人员重新讨论和修改报告。

　　2018年8月，山东省中小企业局召开了一次《山东省中小企业发展报告（2018）》专家评审会。王兆春局长出席了这次评审会，他在讲话中说，《山东省中小企业发展报告（2018）》是一部全面概括和反映山东中小企业深入贯彻中央决策部署、奋力实现创新发展的蓝皮书，具有很强的政治性、时代性和纪实性。要坚决落实省委省政府关于实施新旧动能转换重大工程的战略部署，中小企业是新旧动能转换的主战场和生力军，报告要充分展现山东中小企业深入贯彻省委省政府决策、着力改造提升传统动能、培育壮大新动能、迈向高质量发展的强劲态势。在这次评审会上，来自中国人民银行济南分行、山东省政协、山东社会科学院、山东省金融工作办公室、山东大学、山东财经大学、齐鲁股权交易中心和青岛蓝海股权交易中心等的专家、学者围绕中小企业创新驱动发展、中小企业发展与多层次资本市场关系、中小企业规范财务管理、中小企业绿色金融、银企信息不对称以及中小企业发展评价指标体系等一系列问题，充分阐述了各自的观点和意见。评审会不仅提出很多修改意见，也拓宽了研究方向，为报告编写提供了更多思路。报告的后期修改充分吸收了评审专家的意见，可以说，没有专家们提出意见和帮助，这本报告就不可能以现在的样子与读者见面。

《山东省中小企业发展报告（2018）》共分9个部分。总报告B1由孙国茂、孙钰展编写；分报告B2由孙国茂、李宗超编写；分报告B3由孙国茂、孙东东编写；分报告B4由孙国茂、姚丽婷编写；分报告B5由孙国茂、刘叶编写；专题报告B6由孙国茂、闫小敏编写；专题报告B7由闫小敏、孙钰展编写；专题报告B8由闫小敏、褚真真编写；附录B9由孙东东整理、编写。整个报告由孙国茂统编定稿。

值此报告出版之际，我首先要感谢山东省自主创新促进中心李新峰主任和山东省中小企业局的张登方、滕典敏两位处长，在我编写报告最困难的时候，他们给了我无私的帮助，坚定了编写组全体成员完成报告的信心。感谢中国人民银行济南分行李菡处长、山东省金融工作办公室杨君伟主任科员、山东大学管理学院张玉明教授、山东财经大学金融学院董彦岭教授、齐鲁股权交易中心于宁副总经理、青岛蓝海股权交易中心雷洪志副总经理等对报告提出的专业、独到的修改意见。感谢山东省中小企业服务机构促进会会长王安中。感谢山东省中小企业局政策调研处、创新服务处、规划发展处和综合人事处等处室负责人，他们为报告的编写提供了很多有价值的文献、资料和统计数据，但是根据他们的要求，我没有在报告编写名单中写出他们的名字。感谢社会科学文献出版社谢寿光社长，感谢编辑恽薇、高雁和王楠楠等在报告的统筹策划、编辑审校方面给予的专业而耐心的指导。最后，我要特别感谢山东社会科学院袁红英副院长，山东省中小企业局王兆春局长、胡立新副局长和山东省经信委汲斌昌主任。多年来，袁红英副院长是我研究的支持者和引领者，她是我研究报告最早的读者并且总是耐心细致地提出很多极有价值的意见；王兆春局长从政府管理部门和政策执行的角度提出意见，这些意见是普通学者很难把握和想到的，帮助我和编写组其他成员理解省委省政府的决策意图，提高政治站位；汲斌昌主任在百忙之中为报告作序，让我备感编写这本报告的责任重大。

尽管编写组全体成员在编写过程中尽了最大努力，但我深知报告存在很多问题和不足。我唯一感到宽慰的是，这本报告将持续编写下去——我们还有不断改进和完善的机会。就在这本报告的专家评审会召开三天后，国务院促进中小企业发展工作领导小组第一次会议召开。国务院副总理刘鹤要求抓紧解决当前中小企业发展中的突出问题。要坚持基本经济制度，对国有和民营经济一视同仁，对大中小企业平等对待，把工作重点放到为企业发展创造环境上来。这次会议无疑为报告编写组全体人员极大赋能。我们将努力做好这项工作，为中小企业发展做出贡献。同时，我们也期待社会各界对研究报告批评指正，以使我们把报告做得更加专业、更加完善。

孙国茂

2018年8月30日于济南青龙山下

社会科学文献出版社　　　　　　　　　　　　　　　　**皮书系列**

❖ 皮书起源 ❖

"皮书"起源于十七、十八世纪的英国，主要指官方或社会组织正式发表的重要文件或报告，多以"白皮书"命名。在中国，"皮书"这一概念被社会广泛接受，并被成功运作、发展成为一种全新的出版形态，则源于中国社会科学院社会科学文献出版社。

❖ 皮书定义 ❖

皮书是对中国与世界发展状况和热点问题进行年度监测，以专业的角度、专家的视野和实证研究方法，针对某一领域或区域现状与发展态势展开分析和预测，具备原创性、实证性、专业性、连续性、前沿性、时效性等特点的公开出版物，由一系列权威研究报告组成。

❖ 皮书作者 ❖

皮书系列的作者以中国社会科学院、著名高校、地方社会科学院的研究人员为主，多为国内一流研究机构的权威专家学者，他们的看法和观点代表了学界对中国与世界的现实和未来最高水平的解读与分析。

❖ 皮书荣誉 ❖

皮书系列已成为社会科学文献出版社的著名图书品牌和中国社会科学院的知名学术品牌。2016年，皮书系列正式列入"十三五"国家重点出版规划项目；2013~2018年，重点皮书列入中国社会科学院承担的国家哲学社会科学创新工程项目；2018年，59种院外皮书使用"中国社会科学院创新工程学术出版项目"标识。

中国皮书网

（网址：www.pishu.cn）

发布皮书研创资讯，传播皮书精彩内容
引领皮书出版潮流，打造皮书服务平台

栏目设置

关于皮书：何谓皮书、皮书分类、皮书大事记、皮书荣誉、
　　　　　皮书出版第一人、皮书编辑部

最新资讯：通知公告、新闻动态、媒体聚焦、网站专题、视频直播、下载专区

皮书研创：皮书规范、皮书选题、皮书出版、皮书研究、研创团队

皮书评奖评价：指标体系、皮书评价、皮书评奖

互动专区：皮书说、社科数托邦、皮书微博、留言板

所获荣誉

2008年、2011年，中国皮书网均在全国新闻出版业网站荣誉评选中获得"最具商业价值网站"称号；

2012年，获得"出版业网站百强"称号。

网库合一

2014年，中国皮书网与皮书数据库端口合一，实现资源共享。

权威报告·一手数据·特色资源

皮书数据库
ANNUAL REPORT(YEARBOOK) DATABASE

当代中国经济与社会发展高端智库平台

所获荣誉

- 2016年,入选"'十三五'国家重点电子出版物出版规划骨干工程"
- 2015年,荣获"搜索中国正能量 点赞2015""创新中国科技创新奖"
- 2013年,荣获"中国出版政府奖·网络出版物奖"提名奖
- 连续多年荣获中国数字出版博览会"数字出版·优秀品牌"奖

成为会员

通过网址www.pishu.com.cn访问皮书数据库网站或下载皮书数据库APP,进行手机号码验证或邮箱验证即可成为皮书数据库会员。

会员福利

- 使用手机号码首次注册的会员,账号自动充值100元体验金,可直接购买和查看数据库内容(仅限PC端)。
- 已注册用户购书后可免费获赠100元皮书数据库充值卡。刮开充值卡涂层获取充值密码,登录并进入"会员中心"—"在线充值"—"充值卡充值",充值成功后即可购买和查看数据库内容(仅限PC端)。
- 会员福利最终解释权归社会科学文献出版社所有。

数据库服务热线:400-008-6695
数据库服务QQ:2475522410
数据库服务邮箱:database@ssap.cn
图书销售热线:010-59367070/7028
图书服务QQ:1265056568
图书服务邮箱:duzhe@ssap.cn

社会科学文献出版社 皮书系列
SOCIAL SCIENCES ACADEMIC PRESS (CHINA)

卡号:197578375837
密码:

基本子库
SUB DATABASE

中国社会发展数据库（下设12个子库）

全面整合国内外中国社会发展研究成果，汇聚独家统计数据、深度分析报告，涉及社会、人口、政治、教育、法律等12个领域，为了解中国社会发展动态、跟踪社会核心热点、分析社会发展趋势提供一站式资源搜索和数据分析与挖掘服务。

中国经济发展数据库（下设12个子库）

基于"皮书系列"中涉及中国经济发展的研究资料构建，内容涵盖宏观经济、农业经济、工业经济、产业经济等12个重点经济领域，为实时掌控经济运行态势、把握经济发展规律、洞察经济形势、进行经济决策提供参考和依据。

中国行业发展数据库（下设17个子库）

以中国国民经济行业分类为依据，覆盖金融业、旅游、医疗卫生、交通运输、能源矿产等100多个行业，跟踪分析国民经济相关行业市场运行状况和政策导向，汇集行业发展前沿资讯，为投资、从业及各种经济决策提供理论基础和实践指导。

中国区域发展数据库（下设6个子库）

对中国特定区域内的经济、社会、文化等领域现状与发展情况进行深度分析和预测，研究层级至县及县以下行政区，涉及地区、区域经济体、城市、农村等不同维度。为地方经济社会宏观态势研究、发展经验研究、案例分析提供数据服务。

中国文化传媒数据库（下设18个子库）

汇聚文化传媒领域专家观点、热点资讯，梳理国内外中国文化发展相关学术研究成果、一手统计数据，涵盖文化产业、新闻传播、电影娱乐、文学艺术、群众文化等18个重点研究领域。为文化传媒研究提供相关数据、研究报告和综合分析服务。

世界经济与国际关系数据库（下设6个子库）

立足"皮书系列"世界经济、国际关系相关学术资源，整合世界经济、国际政治、世界文化与科技、全球性问题、国际组织与国际法、区域研究6大领域研究成果，为世界经济与国际关系研究提供全方位数据分析，为决策和形势研判提供参考。

法律声明

"皮书系列"（含蓝皮书、绿皮书、黄皮书）之品牌由社会科学文献出版社最早使用并持续至今，现已被中国图书市场所熟知。"皮书系列"的相关商标已在中华人民共和国国家工商行政管理总局商标局注册，如LOGO（ ）、皮书、Pishu、经济蓝皮书、社会蓝皮书等。"皮书系列"图书的注册商标专用权及封面设计、版式设计的著作权均为社会科学文献出版社所有。未经社会科学文献出版社书面授权许可，任何使用与"皮书系列"图书注册商标、封面设计、版式设计相同或者近似的文字、图形或其组合的行为均系侵权行为。

经作者授权，本书的专有出版权及信息网络传播权等为社会科学文献出版社享有。未经社会科学文献出版社书面授权许可，任何就本书内容的复制、发行或以数字形式进行网络传播的行为均系侵权行为。

社会科学文献出版社将通过法律途径追究上述侵权行为的法律责任，维护自身合法权益。

欢迎社会各界人士对侵犯社会科学文献出版社上述权利的侵权行为进行举报。电话：010-59367121，电子邮箱：fawubu@ssap.cn。

社会科学文献出版社